LA MISIÓN
DE CADA UNO

Elisa Masselli

Traducción al Español:
J.Thomas Saldias, MSc.
Trujillo, Perú, Abril 2020

Elisa Masselli

Título Original en Portugués:
"A missão de cada um" © Elisa Masselli

Revisión:
Sheyla Tapia Espinoza

World Spiritist Institute
Houston, Texas, USA
E-mail: contact@worldspiritistinstitute.org

La Misión de Cada Uno

Sinopsis

¿Qué llevaría a cuatro personas, con sus historias y sus secretos, a llegar a una ciudad así, perdida en el fin del mundo con costumbres y cultura diferentes a las suyas?

Ellos mismos no sabrían la respuesta, ya que estaban demasiado decepcionados, sufriendo y atormentados para comprender su destino. Lo que más querían era olvidar un pasado de angustias y fracasos.

Pero la vida nos exige elegir y tomar decisiones. Muchas veces nos desviamos del compromiso asumido, pero se presentan las oportunidades y se muestran los caminos para que podamos entender que, en cualquier momento y en cualquier lugar, se encontrará de nuevo "La Misión de Cada Uno."

Elisa Masselli

Elisa Masselli

Cuando nacemos, todos traemos una misión. Para cumplirla, los amigos no faltarán.

Dedico este libro a todos aquellos a quienes Dios les ha dado la misión de usar bien el dinero, la mediumnidad y el poder. Principalmente "poder político."

De la Médium

Nacida el 11/9/1943, Elisa Masselli fue una niña pobre, pero nunca infeliz. Su madre tenía la teoría de que "un niño necesitaba jugar, porque cuando creciera tendría muchos problemas, y a la madre le correspondían las tareas del hogar." Durante su infancia siempre jugó mucho. A los 17 años, su hermana, Nair, quien la crio, entró en una profunda depresión hasta que intentó suicidarse dos veces. Después de varias hospitalizaciones, se suicidó colgándose en la ducha. Eso, para ella, fue la destrucción de todo lo que había aprendido acerca de Dios. Sin embargo, pronto conoció a un señor que le regaló el libro "Nuestro Hogar" (Nosso Lar) de André Luiz. Como le encantaba leer, se enamoró de la lectura y del contenido de la obra en cuestión, y dijo: "Empecé a leer, y me enamoré. Quizás porque era lo que quería escuchar, que mi hermana, tal vez no estuviera en un buen lugar, pero que no estaba sola y que en cualquier momento podría ser rescatada y que tendría una nueva oportunidad de reencarnar. Leí ese libro rápidamente y el sr. José me trajo toda la colección de libros de André Luiz. Cuando terminé de leerlos todos, estaba enamorada de todo lo que había leído, comencé a asistir a la Federación Espírita del estado de São Paulo."

En 1964 se casó con Henrique, quien falleció en 1984. "Sufrí mucho cuando vi el sufrimiento de mi esposo, porque para todos y especialmente para mí, él no merecía sufrir así, pero yo había aprendido que todo siempre estaba bien y que quienquiera que yo había aprendido que todo estaba bien y que quien sabía de las cosas era Dios, así que no me desesperé."

En 1991, sin saber por qué y cómo, comenzó a escuchar voces y una de ellas le había dicho que tendría que escribir novelas con enseñanzas. Para la psiquiatría, esto no era más que una crisis psicótica. Luego de una fase turbulenta de depresión y dudas, se le ocurrió la idea de escribir un libro, que comenzó a apoderarse de sus pensamientos y decidió escribir solo para pasar el tiempo. Poco a poco fue surgiendo la historia. "No creía que estaba escribiendo una historia como aquella. Lloraba y reía mientras escribía. Cuando estuvo listo, se lo envié al editor de doña Zibia Gasparetto. Título: 'Cuando el pasado no pasa.' En ese instante recordó lo que la voz le había dicho. "No importa el nombre, lo que importa es que escribas". Así nació la escritora Elisa Masselli.

Del Traductor

Jesus Thomas Saldias, MSc., nació en Trujillo, Perú.

Desde los años 80's conoció la doctrina espírita gracias a su estadía en Brasil donde tuvo oportunidad de interactuar a través de médiums con el Dr. Napoleón Rodriguez Laureano, quien se convirtió en su mentor y guía espiritual.

Posteriormente se mudó al Estado de Texas, en los Estados Unidos y se graduó en la carrera de Zootecnia en la Universidad de Texas A&M. Obtuvo también su Maestría en Ciencias de Fauna Silvestre siguiendo sus estudios de Doctorado en la misma universidad.

Terminada su carrera académica, estableció la empresa *Global Specialized Consultants LLC* a través de la cual promovió el Uso Sostenible de Recursos Naturales a través de Latino América y luego fue partícipe de la formación del **World Spiritist Institute**, registrado en el Estado de Texas como una ONG sin fines de lucro con la finalidad de promover la divulgación de la doctrina espírita.

Actualmente se encuentra trabajando desde Peru en la traducción de libros de varios médiums y espíritus del portugués al español, así como conduciendo el programa "La Hora de los Espíritus."

ÍNDICE

Prólogo 10
1.- El misterio 12
2.- Algunos residentes de la ciudad 21
3.- El momento de la verdad 41
4.- Comenzando de nuevo 49
5.- Inicio de la misión 62
6.- Conociendo Grutón 75
7.- El misterio continúa 90
8.- Ingratitud 101
9.- Encuentro casual 111
10.- Recuerdos 124
11.- Nunca estamos desamparados 137
12.- La respuesta del alcalde 158
13.- Sorpresa para todos 165
14.- La reacción de Clara 191
15.- Obsesión por la afinidad 206
16.- Cumpleaños de Robertito 225
17.- Una historia increíble 237
18.- El reencuentro 273
19.- Amor de madre 291
20.- La verdad siempre sale a luz 303
21.- Una historia de poder 320
22.- Historias de pérdida 360
23.- El despertar de Fábio 402
24.- Ritual necesario 411

25.- Cada uno cosecha lo que siembra..431
Epílogo...455

Elisa Masselli

Prólogo

Cada vez que comienzo a escribir un libro, nunca sé cómo irá la historia; sé que ella llegará por partes.

Una mañana, cuando casi me despertaba, como siempre, escuché la voz de un hombre que decía:

– "Una mujer abandonada."

Desperté, sabiendo de antemano que mi próxima historia sería sobre una mujer abandonada. Sonreí y comencé a escribir.

Como siempre hago, no me molesté en pensar en cómo sería la historia, ni en sus personajes, porque sabía que vendrían. No solo historia, sino, en mi opinión, lo más importante: las enseñanzas sobre la espiritualidad. Cuando escribo, no me importa demasiado la forma o la historia en sí, solo escribo.

Sin embargo, con este libro fue diferente. En un momento, después de terminar un capítulo, me detuve a pensar. Conozco a varias personas que, como yo, a menudo han tenido la tentación de abandonar la Doctrina y otras que realmente la han abandonado. La razón fue, es y siempre será la misma: conciencia e inconsciencia.

Como siempre estaba consciente y veía que las personas a mi lado decían que estaban inconscientes, pensé que estaba mintiendo, haciendo "teatro." A menudo dejaba las casas espíritas, aunque seguía creyendo en la Doctrina e intentaba vivirla de la mejor manera posible y aplicarla a mi vida sin tener que ir a las casas espíritas y mentir sobre un mentor, lo que no creía que tuviera. Pero, por una razón u otra, siempre volvía. Durante uno de esos abandonos, me estaba despertando y escuché la voz de un hombre:

– "Lo que importa es el mensaje." Desperté por completo y pensé:

La Misión de Cada Uno

– ¡Es eso mismo! No importa de qué manera lleguen los mensajes, sino que lleguen.

A partir de ese momento, ya no me preocupaba quién los transmitía o cómo, ya fuera por libros o palabras. Acabo de empezar a sacar lo mejor de ellos. En ese momento, nunca imaginé que algún día escribiría. Cuando escribí mi primer libro, ni por un minuto pensé que esa maravillosa historia era mía. Estaba seguro que estaba siendo intuida. Sabía y sé que, debido a la falta de educación que tengo, no puedo escribir una historia como esa o las otras que vinieron después. La gente me pregunta cómo se llama el mentor que escribe conmigo. De hecho, no puedo decirlo porque no lo sé. Podría, si quisiera, inventar cualquier nombre y nadie lo disputaría, pero no sería la verdad.

Creo que mi mentor no quiere identificarse, porque si quisiera, lo haría. Y en cualquier mañana, como siempre lo hago, yo despertaría escuchando su nombre. Después de este libro, mi preocupación se volvió menos o casi nula, porque entendí, a través de él, el enorme trabajo que el plano espiritual tiene que ver con los médiums para que crean y se entreguen.

Hoy, estoy seguro que lo más importante son los MENSAJES, sin importar cómo lleguen. Por lo tanto, solo puedo decir: si usted, espírita o no, creyendo o no, tiene ganas de escribir, ESCRIBA; si tienes ganas de hablar, HABLE; si tienes ganas de componer una canción, COMPONGA; recibiendo y agradeciendo con afecto la INTUICIÓN o, si lo prefiere, la INSPIRACIÓN que viene, facilitando, en gran medida, la vida del plano espiritual. Porque, al final, lo que realmente importa es el MENSAJE.

Elisa Masselli

Elisa Masselli

1.- *El misterio*

La ciudad de Cielo Dorado estaba en una esquina lejana. Tenía ese nombre porque, casi todos los atardeceres, el cielo se volvía amarillo y luego dorado, en contraste con las montañas verdes. Era un pueblo pequeño, compuesto por inmigrantes italianos, españoles y esclavos que fueron allí a fines del siglo XIX. Se casaron y formaron una comunidad alegre y festiva.

Conservaron sus tradiciones y costumbres. Es por eso que, cada año, había celebraciones conmemorativas para cada una de las colonias.

Como casi todas las ciudades del interior, había una plaza con su iglesia, un quiosco de música y muchos árboles en flor, donde los sábados y domingos los jóvenes paseaban, se reunían y comenzaban a salir.

La ciudad vivía de la agricultura. Era una ciudad, donde el progreso aun no había llegado.

Tenía una sola oficina de correos y un pequeño puesto médico, donde se atendía a pacientes con enfermedades leves, las más graves en un hospital de una ciudad cercana.

Todo el transporte era realizado con caballos, carretas y carruajes. Solo había un automóvil, que se usaba como taxi. Todo transcurría con normalidad, hasta ese día.

– ¡Sr. Simón! ¡Sr. Simón! ¿Ya sabes lo que le pasó al Sr. José?

– ¡No, Robertito! ¿Qué sucedió?

– ¡El dinero, Sr. Simón! ¡El dinero!

– ¿Qué dinero? ¡Cálmate! ¡Habla despacio, Robertito!

La Misión de Cada Uno

– Sabes que su niño está muy enfermo y que necesita ir a la Capital, ¿no?

– ¡Claro que sé! ¿Qué sucedió? ¿Murió el niño?

– ¡No! ¡El Sr. José recibió mucho dinero para llevar al niño a la capital y cuidarlo allí! ¡Tiene dinero, el nombre del hospital, y el médico! ¡Tiene todo!

– ¿Quién envió ese dinero?

– ¡Ahí está el misterio! Llegó a la oficina de correos con el nombre de José, ¡pero sin el nombre de quién lo envió!

– ¡Debe haber sido un pariente!

– ¡No puede ser, Sr. Simón! José y doña Emilia nacieron aquí, toda su familia también.

– ¡No tienen parientes ricos, no! ¡Todos viven aquí!

– Entonces, ¿quién podría ser?

– ¡Eso es lo que todos quieren saber!

– Es realmente raro, Robertito.

– ¡Me voy, Sr. Simón! ¡Necesito contarle a todos! Si no les cuento, ¿cómo lo sabrán?

– Tienes razón... ve a Robertito, ve...

El muchacho se escapó corriendo, Simón lo observó y pensó: ¡Qué muchacho inteligente!

¡Es un gran chismoso, pero inteligente! – Luego miró a la plaza. Su bar, además de servir bocadillos y café, vendía víveres, frutas y verduras. También era un lugar de encuentro.

Todas las tardes, algunos lugareños se reunían allí para hablar. Por eso, él sabía todo lo que estaba pasando en la ciudad.

Cuando no lo sabía, Robertito venía a contárselo. Su bar estaba al lado de la iglesia.

– ¡Buenos días, Simón! ¿Estás pensando en la vida?

– ¡Buenos días, Zeca! Estoy mirando la plaza y tratando de averiguar quién le envió el dinero a José.

- ¡Sí! ¿Quién será? Es realmente un misterio...

- No tengo idea... Estoy pensando, ¡pero no puedo encontrar a nadie que haya hecho esto! ¡Tiene que ser alguien de la ciudad, Zeca, porque José nunca se fue de aquí! Pero ¿quién?

- ¿No fuiste tú, Simón?

- ¿Yo? ¡Imagínate! ¡Es mucho dinero! ¡No tengo tanto! ¡Estoy pensando que podrías haber sido tú! ¡Nadie sabe de dónde viniste, ni quién eres! ¡Quizás eres un millonario excéntrico! Hablas muy bien. Cuando llegaste aquí parecías un mendigo. ¡Quizás, fuiste tú quien lo envió, Zeca!

- ¿Yo? - Dijo Zeca, soltando una carcajada. ¡Soy un pobre trapo que apenas sobrevive con su pico!

- Recuerdo el día que llegaste aquí. ¿Te acuerdas? ¿Hace cuánto tiempo fue? No sé, tal vez dos o tres años. Solo sé que realmente empecé a vivir desde ese día.

Esta ciudad me mostró una nueva forma de vida. ¡Me quedaré aquí hasta que me muera!

- ¿Por qué nunca me contaste cómo era tu vida antes de venir aquí, Zeca? ¡Siempre me consideré tu amigo!

- Eres mi amigo, Simón, fuiste la segunda persona en recibirme en la ciudad.

Este tema me pone muy mal, no me gustaría hablar de eso, soy Zeca... solo Zeca. Ahora tengo que irme. Voy a la casa del comisario, prometí arreglar su jardín y ya sabes cómo es, tengo que asegurar el dinero para pagar el alquiler de la pequeña habitación...

- Está bien. Como no quieres, ¡no hables! Pero, no tienes que irte, tómate antes un café. Un día, quién sabe, me lo contarás todo. Además, quién eras no importa. Ahora eres mi amigo y eso es suficiente para mí.

- Gracias Simón, te digo lo mismo. ¡Puedes estar seguro que siempre seré tu amigo, en cualquier momento! Ahora, por favor, dame un café y un pan con mortadela.

La Misión de Cada Uno

- ¿Mortadela? - ahora quien se rio fue Simón - ¡Realmente recuerdas ese día!

- Sí, lo recuerdo...

Zeca bebió su café y comió su bocadillo en silencio. Se despidió, y se marchó. Simón se despidió con la mano.

- "¿Qué habrá pasado en la vida de este chico? ¿Es bien educado, por qué se convirtió en un vagabundo?"

Zeca fue a la casa del comisario. Iba a trabajar a su jardín para poder pagar la pequeña habitación que alquiló en la casa de doña Consuelo, la madre de Robertito. Mientras caminaba, pensó en ese día cuando llegó a la ciudad.

Solo recuerdo que ya estaba oscuro y estaba cansado. Había estado caminando mucho, no sabía cuántos días, desde que sucedió todo eso tan horrible. ¡Lo sabía y sé que fue mi culpa! Desde el camino, vi la ciudad.

Caminé hacia ella. Llegué aquí y necesitaba un lugar para descansar.

El mejor lugar que encontré fue un escalón en la escalera de la iglesia. Estaba cansado, me recosté y me quedé dormido. En la mañana, cuando me desperté, vi gente que pasaba y entraba a la iglesia, probablemente yendo a misa. Miré a mi alrededor y encontré una plaza. El día se estaba aclarando.

Desde el interior de la iglesia, escuché una canción cantada por varias voces. También vi pájaros cantando y volando sobre árboles muy verdes.

En ese momento estaba extasiado con tanta belleza. Recuerdo dejar escapar un profundo suspiro.

- ¡Qué hermoso es este mundo! ¿Cómo es que nunca presté atención a todo esto? Pregunté en voz baja. Estaba tan fascinado con tanta belleza, cuando un niño se me acercó y me dijo:

- ¡Buenos días!

¿Dormiste allí?

- ¡Creo que me dormí! Estaba cansado y ni siquiera me di cuenta...

- ¡Debes tener dolor de espalda! ¡Este piso es muy duro! ¡Apuesto a que también tienes hambre!

- No solo me duele la espalda, sino también todo el cuerpo. ¡Este piso es realmente duro! ¿Me estás preguntando si tengo hambre? Sí, tengo, pero no tengo dinero para comer.

- ¿Cómo que no? ¿Qué es eso en el piso?

Miré y había muchas monedas. Probablemente la gente, cuando entraron a la iglesia, las arrojaron allí.

- ¡No puedo quedarme con este dinero! ¡No soy un mendigo!

- ¿No eres? ¡Pero lo pareces, pareces!

- ¡No, no lo soy! ¡Parezco, pero no lo soy!

- Está bien, dijo con voz pausada - No eres un mendigo, pero lo pareces, pareces. ¡La gente quería darte ese dinero! ¡Es tuyo! Así que vamos al bar de Sr. Simón. Tengo mucha hambre...

- ¿Tienes hambre?

- ¡Sí, tengo hambre! Mi nombre es Robertito. ¿Cuál es el tuyo?

- Bien, Robertito, comamos, luego me iré. ¡Mi nombre es... Zeca... es cierto... Zeca!

- ¡De ahora en adelante serás mi amigo Zeca! ¡Ven conmigo, Zeca! ¡Vamos allí al sr. Simón!

Seguí al niño como si él fuera adulto y yo el niño. Tenía mucha hambre.

No recordaba cuándo fue la última vez que comí.

- ¡Buenos días, señor Simón! - dijo Robertito con voz pausada - ¡Este es mi amigo Zeca!

La Misión de Cada Uno

¡Parece un mendigo, pero no lo es! Tenemos hambre. Quiero un vaso de café con leche y un sándwich de mortadela y lo mismo para mi amigo. No se preocupe, tiene dinero para pagar los dos emparedados.

- De acuerdo, Robertito. Si es tu amigo, también es mío. Prepararé los sándwiches.

- ¿Puedo usar su baño? - Pregunté -. Quisiera lavarme las manos. Están muy sucias...

- Puedes ir, está allá en esa puerta.

Entré al baño. Me miré en el espejo y no reconocí a la persona que vi frente a mí. Mi cabello estaba largo y mi barba era grande. La ropa estaba sucia y rota.

¿Cuánto tiempo llevaba caminando? No sé... Solo sé que, por mucho que camine, no lo olvidaré y no me perdonaré.

Salí del baño, volví al mostrador. Simón terminó de colocar delante de Robertito un vaso de café con leche y un gran sándwich de mortadela.

- ¡Ven, Zeca! - Dijo Robertito con el vaso en la mano - ¡Ven a comer tu sándwich de mortadela!

- ¡¿Mortadela?!

- ¿Qué pasó? ¿Nunca comiste mortadela?

- Bueno, no lo recuerdo, pero creo que nunca he comido mortadela en mi vida...

- ¿Nunca comiste? ¡Entonces no sabes lo que te estás perdiendo! Sé que te gustará, ¡y mucho! ¿No es así, Simón?

- ¡Si es verdad! El sándwich de mortadela es muy bueno.

Tomé café y comí el sándwich de mortadela. Descubrí que, al no haber comido nunca, había perdido muchas cosas, porque estaba sabroso.

Tan pronto como terminamos de comer, Robertito dijo:

- Ahora, quiero que vengas conmigo, Zeca. Creo que estás muy cansado y necesita descansar.

– Gracias, Robertito, fuiste muy bueno al ayudarme, pero tengo que irme.

– ¿Irte? ¿A dónde?

– No sé, seguiré caminando. Hasta que pueda parar...

– ¿No puedes parar? ¿Por qué? ¿Estás huyendo de la policía?

– ¡No! No estoy huyendo de la policía, simplemente no puedo parar... Necesito seguir caminando incluso si no tengo un destino.

– Está bien, pero primero ven conmigo.

Hasta ahora, no entiendo lo que tiene este chico. Solo sé que continué siguiéndolo.

Llegamos a una casa en una calle detrás de la plaza. Una casa modesta pero bien pintada, con un jardín, donde estaban plantados rosales. Entramos.

– ¡Mami! ¡Este es Zeca! ¡Parece un mendigo, pero no lo es! ¡Es mi amigo! ¡Tiene su ropa sucia! ¿No tienes ropa de papá para darle?

– Buenos días señora. Robertito me trajo aquí, pero me voy ahora. Robertito, gracias por todo! ¡Eres realmente un amigo!

Hasta cualquier día...

– ¡Buenos días joven! ¿Por qué tanta prisa? Si mi hijo dice que eres amigo suyo, ¡serás bienvenido en mi casa! Tiene razón, estás muy sucio, necesitas cambiarte de ropa. Tengo algunas prendas que mi esposo ya no usa. Deben servirte. Veo que también necesitas un baño.

– No tiene que preocuparse, señora. No quiero molestar, me voy ahora...

– ¿Por qué? ¿No te gustó la ciudad?

– ¡Me gusta mucho! ¡Es acogedora!

La Misión de Cada Uno

- Entonces no tienes que irte tan rápido. Al fondo del patio hay un dormitorio y un baño. Puedes darte una ducha. Te daré algo de ropa.

- Gracias señora. Creo que aceptaré, ¡realmente necesito un baño!

- Robertito, lleva al señor y esta toalla a la parte de atrás, muéstrale el baño. Luego ven a buscar la ropa.

- ¡Muy bien, mamá! ¡Ven Zeca! ¡Ven conmigo!

Seguí a Robertito. Necesitaba un baño. Llevaba varios días caminando sin parar.

Mientras me duchaba, Robertito fue a buscar la ropa. Permanecí mucho tiempo bajo esa agua, que cayó caliente sobre mi cuerpo. Me estaba sintiendo muy bien.

Después de asearme y con ropa limpia, me sentí como un rey.

Me miré en un pequeño espejo en la pared. No tenía peine, así que me pasé los dedos por el pelo, que, al ser lacio, se acomodó rápidamente. Miré de nuevo, me gustó lo que vi.

Me vestí y salí del baño. Robertito entró, miró y dijo con voz pausada:

- Ahora sí... ya no pareces un mendigo...

Lo acompañé en silencio a la cocina de doña Consuelo.

- Gracias señora. Muchas gracias. Tiene un buen corazón Ahora me voy...

- Sabe, joven, mientras se bañaba, estaba hablando con Robertito.

Me convenció que podías vivir en la trastienda. Está realmente vacío. Puedo alquilarte por un muy buen precio.

- Lo siento, señora, pero no puedo alquilar el lugar. No tengo dinero y no puedo dejar de caminar...

- Si no puedes dejar de caminar, debes estar huyendo de algo.

19

No servirá de nada porque eso está dentro de tu corazón. Como no puede vivir sin corazón, donde quiera que vayas, eso te seguirá. En cuanto al alquiler, no te preocupes, encontrarás algún trabajo y, cuando puedas, me pagarás. Quédate unos días para recuperar fuerzas. Entonces, si quieres, puedes irte...

– ¡Quédate, Zeca! – Robertito se levantó de un salto y dijo:

– ¡Voy a hablar con algunas personas y vas a conseguir un trabajo!

– Bien, realmente necesito descansar. Me quedaré, pero solo por unos días.

Me quedé y todavía sigo aquí. No planeo irme pronto. Hago algunos trabajos, gano lo suficiente para comer y pago el alquiler, pero no puedo olvidar todo lo que pasó...

La Misión de Cada Uno

2.- *Algunos residentes de la ciudad*

Zeca seguía perdido en sus pensamientos, en eso, escuchó una voz.

- ¡Buenos días, Zeca! ¡Pensé que no vendrías!

- Espero que cuides mi jardín.

- ¡Buenos días, doña Carmen! ¡No se preocupe, cuidaré de su jardín y quedará hermoso!

- Sé que debo preocuparme. Cuidas bien el jardín, por eso siempre da hermosas flores. Iré a preparar el almuerzo.

Tan pronto como llegue Manolo, almorzaremos. Estoy preparando esa carne que tanto te gusta.

- Gracias doña Carmen. Usted y toda la ciudad me recibieron muy bien y les agradezco por eso.

No fue difícil. Eres muy educado y amable. Hasta luego, hijo mío. Cuida mi jardín.

Doña Carmen entró y Zeca la siguió con los ojos. Tenía unos cuarenta años. Alegre y sonriente. Ella era la esposa del comisario, que no tenía mucho que hacer, porque en la ciudad no pasaba nada, solo unos pocos casos de embriaguez o peleas entre vecinos y de los que siempre se ocupó muy acertadamente.

El día que llegué - Zeca continuó pensando -, después de ducharse, estaba caminando con Robertito. El pequeño se detuvo frente a la casa y dijo, pausadamente:

- Doña Carmen... buenos días. Este es mi amigo Zeca. Llegó a la ciudad hoy. Estaba pasando y vi que tu jardín está muy feo.

¡Zeca es un gran jardinero y puede cuidar el jardín! ¡Sé qué hará que todo luzca hermoso!

– ¿Yo? – Pregunté sorprendido.

– ¿No acabas de decir que te gustan las flores y el jardín, Zeca? – Me preguntó con un guiño –. ¡Estoy seguro que harás que este jardín sea vea hermoso! ¡¿Verdad?!

– ¿Verdad? ¡Sí... sí... claro!

– Está bien. Si doña Carmen quiere... nosotros cuidaremos el jardín. Sabe, doña Carmen, no sé nada sobre el jardín, pero mi amigo aquí sabe todo. Así que me quedaré con él para que me enseñe.

¿Me enseñarás, Zeca?

– ¿Yo? ¡Enseñarte, por supuesto, ¡que te enseñaré!

– Bien, mi jardín necesita limpieza. Amo mis rosas y es hora de cuidarlas. Puedes empezar. Si me gusta, pagaré muy bien y daré el almuerzo.

– Está bien, doña Carmen. Su jardín estará hermoso, ¿no es así, Zeca?

– Sí... por supuesto – respondí, aturdido por esa situación.

Doña Carmen nos llevó a una pequeña habitación en la parte trasera del patio y nos dio las herramientas que íbamos a usar. Luego se fue a la casa. Estaba muy nervioso por todo eso.

Miré a Robertito, y le dije nerviosamente:

– Robertito, ¿qué hiciste? ¡No sé nada sobre jardines!

¡Nunca he puesto mis manos en la tierra!

– ¿Nunca? Pero ahora tienes que hacerlo. Dijiste que me ibas a enseñar... ahora vas a tener que enseñarme...

– ¿Cómo voy a enseñarte algo que no sé hacer?

– ¡¿No sabes?! Entonces... ¡tendremos que aprender! ¡No puedo llamar a doña Carmen ahora y decirle que no sabes nada sobre jardines! ¡Ella pensará que soy un mentiroso! ¡Y no lo soy!

La Misión de Cada Uno

- ¡Tendrás que limpiar el jardín! Toma esa azada y empecemos. ¡Necesitas enseñarme! No hay otra forma de salir del lío en el que nos metiste...

Yo estaba en silencio. Sabía que su intención era conseguirme un trabajo. Así comenzó mi vida como jardinero. Robertito me enseñó todo.

Era época de vacaciones, así que podía quedarse conmigo todo el día. Después de dos días, el jardín estaba limpio y las rosas fueron podadas. Doña Carmen estaba feliz y me recomendó a otras personas.

Desde entonces, he sido el jardinero oficial de la ciudad.

Mientras Zeca recordaba, Simón no dejaba de mirar la plaza intentando averiguar quién había enviado el dinero. Y vio a esa chica entrar en la pensión.

"¿Quién será esta chica? Recientemente llegó a la ciudad, alquiló una habitación, no habla con nadie. Siempre lleva un pañuelo en la cabeza, no creo que nadie la haya visto."

Estaba tan distraído, mirando a esa chica extraña, que no se dio cuenta que una persona se acercaba:

- ¡Buenos días, señor Simón! ¡Necesito algunos víveres para preparar mi almuerzo! ¿Estás bien?

- ¡Estoy muy bien, doña Paulina! Estoy mirando a esa chica que entró a la pensión y que siempre tiene la cara cubierta. ¿Quién será?

- No tengo idea de quién es, pero ¿has oído hablar del dinero? ¿Quién pudo enviarlo?

- No sé, estoy pensando, pero por más que piense, no puedo llegar a la persona que lo envió, ¡es mucho dinero! Nadie aquí en la ciudad parece tener tanto, ¡excepto tú!

- ¿Yo? ¡¿Por qué crees eso?!

- Naciste aquí, luego te fuiste, te casaste y todos saben que tu esposo era un hombre muy rico.

Él murió y tú volviste, ¡así que también debes haberte hecho rica!

- Tienes razón en casi todo. Solo que mi esposo perdió todo en el juego.

Cuando murió, me quedé sin nada, solo con una pequeña pensión, que me alcanza exactamente para subsistir.

Me alegro de tener esta casa que perteneció a mis padres. No tuve hijos, estoy sola en el mundo. Esa es la verdad.

- ¡Disculpe, doña Paulina! Creo que fui indiscreto y grosero, por favor perdóneme...

- No tiene importancia. Es bueno que la gente piense que tengo dinero.

Una persona con dinero siempre es mejor recibida. Pude ver eso...

- Tiene razón. ¿Por qué son tan importantes las apariencias? ¿Por qué solo las personas ricas son valoradas?

- No lo sé, pero desafortunadamente es así. Por esta razón, te pido que no le digas a nadie lo que acabo de decir. Que la gente piense que soy muy rica. ¡Me gusta eso!

- Disculpe, por favor, tenga la seguridad que todo lo que hablamos se quedará aquí.

- Conseguiré mis compras y me iré, de lo contrario mi almuerzo se retrasará. ¡Que tengas un buen día! - Ella tomó las cosas, pagó y se fue -. ¡Quién soy yo para criticar o juzgar la vida de los demás! ¿Yo, de todas las personas? ¡La más infame de todas las criaturas! Vine aquí, me escondí y todos me respetan. Tan respetado que incluso olvidé lo sinvergüenza que era y el daño que le hice a tanta gente.

"¡Realmente soy un idiota!"

- ¡Hola, señor Simón! ¿Estás pensando en la vida? Luces en la luna. ¿Viste a Robertito por aquí?

La Misión de Cada Uno

- ¡Hola señor Pedro! Estoy pensando en la vida, pero a veces es mejor olvidar.

Robertito vino aquí por la mañana. Vino a contarme sobre el dinero que recibió José, se fue diciendo que iba a contarle a toda la ciudad.

- Ese chico es realmente travieso. Se fue temprano de su casa y hasta ahora no ha regresado.

- Su madre está preocupada.

- No debería, ya conoces a tu hijo. Mientras no le cuente a toda la ciudad, no se calmará.

- Tienes razón. Él es mi hijo, pero no puedo negar que es un verdadero chismoso, ¿no? Hablando de dinero, ¿tienes alguna idea de quién pudo haberlo enviado?

- No te preocupes por el niño, es una chiquillada, pero es muy querido por todos. ¿En cuanto al dinero? No puedo averiguar quién lo envió. Debe ser alguien de aquí, pero ¿quién será? Ahí radica el misterio. ¿No tienes idea?

- Ya lo pensé mucho, pero no encontré a nadie aquí en la ciudad, con tanto dinero.

- José no tiene parientes fuera de aquí. ¿Pudo haber sido el alcalde?

- ¡Él no! Si fuera él, habría dado un discurso, una fiesta e incluso una banda de música - Simón dijo eso riendo.

- ¡Nunca haría algo así sin un espectáculo! Lo conoces, sabes cómo es él...

- Es verdad. ¡No fue él! Entonces ¿quién fue?

- No lo sé, pero un día lo sabremos, seguro. Incluso porque no importa quien lo envió.

Lo importante es que el niño ahora tendrá la oportunidad de sanar, ¿no?

- ¡Sabes que es verdad, Sr. Simón! Lo importante es que el niño sane.

- Tengo que irme. Si llega Robertito, pídale que se vaya a casa.

Es nuestro hijo menor, el otro está en Brasilia y solo viene aquí de vez en cuando.

Por eso su madre está tan preocupada por el pequeño.

- ¿Tú y tu esposa realmente son de aquí?

- Sí, nacimos aquí. Solo nos fuimos cuando mi hijo tuvo que ir a la capital para estudiar.

Decidimos ir con él para que no estuviera solo. Nos quedamos allí por mucho tiempo. Robertito nació allá. Como las cosas no iban muy bien, decidimos regresar. Él todavía era un bebé.

- ¿Sabes que no conozco a tu otro hijo? ¿Qué hace él en Brasilia?

- Lleva ocho años allí. Fue a la universidad en la capital, participó en un concurso y fue a Brasilia. Él es abogado.

- Tiene treinta años y aun no se ha casado. Él amaba mucho a una joven, pero sus padres no permitieron el matrimonio. Estaba muy triste y hasta ahora no ha estado involucrado con nadie más. Trabaja mucho.

De hecho, solo piensa en el trabajo. Creo que es para ocultar el dolor que aun siente por la separación.

- Yo, como padre, estoy triste, pero no tengo nada que hacer.

- ¡La diferencia de edad con Robertito es muy grande! ¿No tuviste otros hijos?

- Sr. Simón... Sr. Simón... eres peor que Robertito.

Te gusta hacer muchas preguntas. No, no tuvimos otros hijos.

Solo Robertito cuando no esperábamos tener otro más. ¡Llegó como un susto, como dicen!

- ¡Sabes que tienes razón! - dijo Simón, soltando otra carcajada -, ¡estoy siendo un gran chismoso! Es solo la falta de tener algo qué hacer. Me la paso todo el día detrás de este mostrador, observando a todos pasar por la plaza y trato de adivinar qué pasa con la vida de cada uno. ¿Puedo hacer eso? Ni se preocupe.

- Si llega Robertito, le diré que lo está buscando. Hasta pronto, Sr. Pedro.

- Hasta luego, Sr. Simón.

No entiendo - pensó Pedro tan pronto como se fue -, cómo le conté todo esto a Simón. No hablamos de nuestra vida con nadie.

Pero sentí que podía decirlo, parece de confianza. Si Consuelo se entera, se enojará mucho -. Simón continuó mirando la plaza.

Mientras tanto, Paulina volvía a casa. Puso todo lo que compró sobre la mesa.

Hacía más de un año que había vuelto a la ciudad. Miró la habitación. En un mueble, vio un cuadro con la fotografía de sus padres.

- Papá... Mamá - dijo con voz llorosa, cuando me casé, sé que eran felices.

Nunca podrían imaginar que una boda tan grandiosa, con una fiesta tan hermosa, terminaría así.

Cuando me fui de aquí, solo tenía quince años. Tenía la cabeza llena de sueños y la certeza que triunfaría en la vida. Mira lo que me queda. He estado casada por años ¿y ahora? ¿Qué voy a hacer?

¡No tengo elección! ¡No tengo un camino que seguir! - Comenzó a llorar.

Su cuerpo se estremecía con sus sollozos. Desde que todo sucedió, no había vuelto a llorar.

Ahora, sin saber por qué, no podía contener las lágrimas.

- Dios mío, muéstrame un camino para que pueda seguirte.

- No sé qué hacer con mi vida, excepto seguir fingiendo que soy feliz. Ayúdeme señor -. Después de mucho llorar, se acercó a la ventana. Miró a la calle. En ese momento los niños estaban en la escuela. Por la tarde todo sería un griterío, con todos ellos jugando en la plaza.

Niños ¿Por qué Dios no me dio un hijo? ¡No! Fue mucho mejor no haber tenido uno.

En este momento, sería peor si tuviera uno o más hijos. Bueno, no sirve de nada llorar. Necesito hacer algo con mi tiempo, pero ¿qué?

Mientras tanto, Zeca todavía estaba en el jardín de doña Carmen. Aprendió a trabajar la tierra y plantar. Trataba a las plantas con tanto amor que respondieron tanto la tierra como las flores.

Todo lo que plantó floreció maravillosamente. Ese día, por más que lo intentara, no podía olvidar el pasado.

- Hacía tanto tiempo que no pensaba en el pasado. ¿Por qué será?

¿Por qué Simón tuvo que mencionar este tema sobre el día que llegué? Estoy bien, lejos de todo y de todos. Pero ¿qué hay de mis padres?

¿Cómo estarán ellos? No he vuelto a saber de ellos desde ese día. Deben estar preocupado. Los llamaré, al menos para avisarles que estoy bien.

- ¡Hola, Zeca! ¿Sabes si Gustavo está en casa?

- ¡Buenos días, Clarita! Él no está. Vi cuando se fue temprano y aun no volvió.

- Zeca, por favor, cuando llegue, dile que necesito hablar con él urgentemente. Pídele que me llame.

- Está bien, yo le digo. ¿Qué sucedió?

- Nada importante, no hay de qué preocuparse. Tan pronto como hable con Gustavo, todo estará bien

Adiós.

- Adiós, Clarita...

La Misión de Cada Uno

¿Qué está pasando con esta chica? Está nerviosa. Esta relación con Gustavo no funcionará...

Volvió a su trabajo de jardinería. Era casi la hora del almuerzo.

- "Doña Carmen dijo que iba a hacer la carne como a mí me gusta. ¡Esto es muy bueno, tengo mucha hambre!"

- Hola, Zeca. ¡El jardín se está poniendo muy lindo!

- Así es, sr. comisario. Esta tierra es muy buena. En septiembre, todo estará en flor. ¡Ya verá!

- ¿No vas a venir a almorzar? Ya es hora. Voy a comer y volver a la estación de policía.

Estoy tratando de averiguar quién le envió el dinero a José.

- ¿Por qué? ¿Es contra la ley?

- ¡No! ¡No es contra la ley, Zeca! Es raro ¿Por qué alguien enviaría tanto dinero sin decir quién es?

- ¿Por qué?

- Es realmente extraño, comisario. Debe ser alguien de la ciudad que tiene mucho dinero y no quiere que nadie lo sepa.

- Ya lo pensé, pero ¿quién sería? Aunque nadie puede negar que este dinero llegó en un buen momento. El niño realmente lo necesitaba con urgencia.

- Eso es cierto, comisario. Sin ese dinero, José no podría cuidar de su hijo.

- Estaba muy angustiado.

- Zeca, debe ser horrible no poder cuidar de un hijo.

La enfermedad del niño es grave. Ahora, al menos, no morirá por falta de tratamiento.

Quienquiera que sea esa persona, que Dios lo bendiga.

- Vamos a entrar. ¿Viste si Gustavo llegó?

- No, aun no ha llegado. Clarita también lo está buscando.

- No me gusta esta relación. Esta chica es la hija de esa mujer que ni siquiera sabe quién es el padre de su hija.

- ¡Pero Clara es una buena chica! ¡Su madre también! Quién sabe por qué no quería decir quién es.

- No lo sé. Ella nació aquí en la ciudad. De repente quedó embarazada y nunca quiso decir quién era el padre.

- Clara nació y hasta el día de hoy nadie lo sabe. Me gusta la chica, pero es necesario saber todo sobre la familia, para que no haya problemas con los futuros hijos.

- Espero que esta relación sea solo un pasatiempo para mi hijo. No me gustaría verlo casado con una chica como ella.

- He vivido mucho, comisario, y por lo que aprendí, el dinero y la posición social no cambian el carácter de las personas.

Son buenos o no, independientemente del dinero o la posición social.

- Clara, aunque fue criada sin padre, es una buena muchacha.

- Puede ser, pero no me gustaría que se casara con mi hijo. Voy a hablar con Gustavo.

Necesito hacerle entender que no es una buena chica para casarse.

- ¿Quién soy yo para darle consejos? Pero aun así le diré. Deja que lo resuelvan ellos.

En casos como este, no tiene sentido interferir.

Cuanto más prohibido esté, peor será. Después de todo, si realmente se aman, no tiene sentido prohibirles.

- ¿Qué pasa, Zeca? ¡Yo conozco a mi hijo! ¡Nunca se atrevería a desobedecerme!

- ¡Sabes que necesita mi ayuda para seguir estudiando! Sin mi dinero, nunca podrá ser médico y ese es el sueño de su vida. Él todavía es muy joven. Él irá a la escuela de medicina.

¡Sin mi ayuda, nunca tendrá éxito!

La Misión de Cada Uno

- Tienes razón. Él todavía es muy joven. Entonces no hay nada de qué preocuparse. ¿Vamos a almorzar?

Doña Carmen dijo que iba a hacer esa carne asada que solo ella sabe cómo preparar.

- Lo que tanto nos gusta a los dos.

- Por su puesto, vamos a comer, a la hora de comer no debería haber discusión sobre ningún problema.

- Es verdad. Más aun cuando la comida es la de doña Carmen, es un pecado arruinarla.

Entraron y la mesa para el almuerzo ya estaba puesta. La pareja tuvo otros dos hijos. Sonia, de catorce años, y Wagner, de once.

Doña Carmen llamó a los niños que vinieron y se sentaron.

- Carmen, ¿dónde está Gustavo?

- Fue a la biblioteca, debería llegar pronto.

- Necesito hablar con él sobre Clara.

- ¡Vamos, Manolo! No te preocupes por eso. ¡Son dos niños! Él va a la universidad y esta relación terminará.

- Aun así, hablaré con él.

- ¡Buenos días gente! ¡Llegué a tiempo!

- Buenos días, hijo mío. Siéntate aquí.

- ¡Gustavo! - dijo el comisario con voz áspera -. Después del almuerzo tenemos que hablar.

- Está bien, papá, pero ahora tengo mucha hambre. Esta comida huele muy bien -. La familia almorzó junto a Zeca quien se convirtió en parte de cada familia para la que trabajaba.

Hablaba y se comportaba muy bien en la mesa, lo que aseguraba a todos que era una persona de educación refinada. Por lo tanto, querían su amistad. Sin embargo, lo que realmente querían era saber quién era.

Después del almuerzo, Zeca regresó al jardín. El comisario llamó a su hijo y fueron al porche. Carmen fue a llevar a los otros niños a la escuela.

En el porche, el comisario dijo:

– Gustavo, Clara vino a buscarte.

Quiero saber qué está pasando entre ustedes y por qué te está buscando.

– Estamos saliendo, pero ¿qué quería ella?

– No sé lo que quería. Ella habló con Zeca. Solo quiero que termines esta relación.

¡Ella no es una buena chica para ti!

– ¿Cómo que no es una buena chica?

– ¡Ni siquiera sabe quién es su padre!

– ¿Qué tiene esto que ver con su moral? Es una gran chica, educada, estudiosa y fiel. Me gusta mucho.

– Eres muy joven y vas a la universidad. Así que creo que es mejor terminar esta relación.

– Más adelante, cuando regreses, ya siendo médico, puedes resolverlo.

– ¡Papá! ¡Estoy enamorado! ¡No me voy a casar ahora! Me gusta mucho, pero solo estoy saliendo con ella.

– De acuerdo hijo mío. Solo espero que no quieras casarte con una chica como ella.

– No te preocupes. Voy a hablar con Zeca y ver qué es lo que ella quería.

Hasta luego, papá. ¿Tienes que volver a la estación de policía?

– Sí, ya me voy.

– ¡Adiós, Zeca! – Dijo cuando me pasó.

– Adiós, jefe.

Zeca observó al comisario irse.

La Misión de Cada Uno

No oyó lo que hablaban, pero se dio cuenta que estaban nerviosos.

– Zeca, ¿qué quería Clara conmigo?

– No lo sé, Gustavo. Me dijo que la llamaras y que estaría en casa toda la tarde.

– De acuerdo, la llamaré. Gracias Zeca –. Gustavo entró y llamó a Clara.

– Gustavo, necesito hablar contigo con urgencia.

– ¡Clarita! ¿Qué sucedió? ¿Por qué estás tan nervioso?

– No puedo hablar por teléfono. Encontrémonos en la plaza, alrededor de las seis en punto. Entonces, hablaremos.

– De acuerdo, allí estaré. Pero no estés tan nerviosa –. Preocupado, colgó el teléfono. Por la noche, después de terminar el trabajo, Zeca recibió su paga y se fue.

En el camino se detuvo en un teléfono público y llamó a su madre.

– ¡Hola mamá! ¡Soy yo!

– ¡Oh, hijo mío! – dijo llorando –, ¡me alegro que hayas llamado!

– Estoy muy preocupada por ti! ¿Dónde estás? ¿Cómo estás? Ven a casa ¡Todos te estamos esperando!

– Cálmate, mamá. Déjame hablar. Llamé porque sabía que estaban preocupados por mí, pero no es necesario. Estoy bien, pero todavía no puedo regresar. Estoy viviendo en un lugar muy bonito.

No te preocupes. Todavía no estoy listo para volver.

Quizás algún día regrese, pero lo importante es que estoy muy bien.

– ¡Hijo mío, vuelve! Ha pasado mucho tiempo y no tenías la culpa de nada.

Sucedió lo que tenía que pasar...

- ¡Sé que tuve la culpa! Si hubiera cumplido con mi deber, nada de esto habría sucedido.

- Todavía no puedo volver y, para ser sincero, ¡no creo que vuelva nunca!

- ¡No digas eso, hijo mío! ¿Dónde estás? ¡Puedo enviarte al menos un poco de dinero para mantenerte al día!

- ¡No es necesario! ¡Estoy viviendo y comiendo muy bien! ¡Estoy bien mamá! ¡Créelo y quédate tranquila!

- ¿Estás trabajando? ¿De qué estás viviendo?

- ¡Estoy trabajando! ¡Soy un gran jardinero!

- ¡¿Jardinero?! ¿Después de estudiar tanto?

¡Siempre fuiste uno de los mejores estudiantes! ¡Debes estar loco!

- No mamá. No estoy loco ¡Estoy muy feliz!

- ¡Hijo, dime dónde estás! No puedo soportar extrañarte más...

- También los extraño a todos, pero todavía no puedo volver. Quién sabe algún día. No te preocupes. ¡Estoy muy bien! ¡Voy a colgar!

- Un beso para todos. Te amo con todo mi corazón.

- ¡Espera, hijo mío! ¡No cuelgues!

Él colgó. Dos lágrimas cayeron de sus ojos.

¿Por qué Simón me recordó ese día? Pobre mamá. Pero no puedo decir dónde estoy, porque, seguro, todos vendrían por mí y no quiero volver a lo de siempre. No por ahora.

Quién sabe un día.

Colgó el teléfono y fue al bar de Simón.

Tan pronto como llegó, fue recibido con una sonrisa de Simón:

- ¡Hola, Zeca! ¿Terminado otro día de trabajo?

La Misión de Cada Uno

- Ya terminé y estoy cansado. Este negocio de la azada es agotador, es un poco pesado. ¡Pero el jardín del comisario será hermoso!

- Mira quién viene allí!

- ¡Robertito con esa extraña chica! ¿Qué hizo este chico ahora?

- Solo tenemos que esperar y ver, tan pronto como lleguen, ya que vienen aquí.

- ¡Hola Simón! ¡Hola Zeca!

- Hola, Robertito, pero ¿qué te trae por aquí?

- ¡Esta es mi amiga, Célia! Ella esconde su rostro... porque dice que no le gusta que la gente vea su rostro, pero también dijo que no es fea, ¡es muy hermosa! ¡Ella necesita hablar con usted, Sr. Simón!

- ¡Claro, señorita! ¿Qué necesita? ¡Todos los amigos de Robertito son siempre bienvenidos!

- Gracias Señor. Ya he descubierto que es un privilegio ser amigo de él. Todos lo acogen muy bien.

- ¡Puedes estar segura de eso! Es una especie de mascota de la ciudad.

- Pero, ¿qué deseas?

- Robertito me dijo que tienes una casa, aquí en la plaza, y que está vacía.

Me pregunto si quieres alquilar.

- Sí, tengo la casa, y está toda renovada. Quiero y necesito alquilarla.

- ¡Si te gusta, estaré encantado!

- ¿Podrías mostrármela?

- ¡Por supuesto! Sólo hay un problema. Estoy aquí solo, Juca se fue a casa, volverá pronto.

- Puedes ir, Simón, me quedaré aquí hasta que Juca regrese.

– Gracias Zeca. No voy a tardar.

– Puedes ir tranquilo.

Simón se fue con la chica. Zeca estaba pensando: "¿Por qué se asegura de no mostrar su cara? ¿Será realmente fea?"

Simón, también curioso, fue con ella y le dijo:

– Señorita. La casa no es grande. Solo tiene un dormitorio, una sala de estar y una cocina.

– Puedes llamarme Célia. Después de todo, ahora voy a ser residente oficial. El tamaño de la casa es perfecto.

– Vivo sola. Lo importante es que está aquí en la plaza.

– Entonces, bienvenida. ¡Hablo a nombre de la ciudad!

Llegaron a la casa. Célia miró todo y dijo:

– ¡Me gustó! Era la casa que estaba buscando.

– ¿Cuánto cuesta el alquiler?

– Doscientos mil cruzeiros. ¿Es mucho?

– ¡No, está bien! Lo alquilaré por seis meses. Todavía no he decidido cuánto tiempo me quedaré.

– Entonces, quedaremos así...

– Está bien, ¡puedes quedarte todo el tiempo que quieras! ¿Volvemos al bar? Ahí haremos el acuerdo –. Regresaron al bar. Zeca y Robertito hablaban alegremente.

Al verlos, Célia dijo:

– Robertito, me gustó mucho la casa. ¡La alquilaré!

–¡Me alegro que te haya gustado! Pero si no te gustaba, ¡te buscaba otra! Eres mi amiga.

– Cuando él dice eso es un peligro. Mi nombre es Zeca, mucho gusto en conocerla, señorita.

– Sea bienvenida.

– Mucho gusto y gracias. Como le dije al Sr. Simón, puedes llamarme Célia.

La Misión de Cada Uno

– Seré residente aquí por un tiempo.

– De acuerdo, Célia. ¡Llámame Zeca!

– Sr. Simón, ¿qué opinas de mis dos amigos?

– Parece que, esta vez también, has hecho una buena elección, Robertito.

– Bueno señorita, necesito sus documentos para hacer el contrato de arrendamiento.

– Sin documentos. Pagaré los seis meses por adelantado.

– No es necesario. Puedes pagar por mes.

– Gracias, pero prefiero pagar por adelantado.

– Está bien. Si así lo quieres. Te daré un recibo.

– No quiero un recibo, confío en ti.

Simón miró a Zeca y Robertito. Los dos sacudieron la cabeza para que él aceptara.

– Está bien. Si confías en mí, está bien.

– ¡Mira a Gustavo y Clarita! – Robertito casi gritó: ¡Parece que están peleando! Miraron una de las bancas de la plaza.

– Robertito, tienes razón, dijo Zeca – Parece que realmente están peleando. Ella está llorando. En realidad, solo estaban hablando.

– Clarita, ¡qué buenas noticias me están dando!

– ¡Eso es lo que te dije, Gustavo! Aprobé el examen de ingreso. Fui el primero en la segunda llamada en la lista de aprobados. ¡El último estudiante aprobado abandonó y recibí esta carta de la universidad diciendo que fui aprobado y que puedo postular!

– Entonces, ¿podemos ir juntos? ¡Esa será la gloria!

– ¿Cómo vamos a ir juntos? No tengo el dinero para inscribirme, ¡mucho menos para pagar la matrícula y quedarme allí! Estoy nerviosa. Ya había aceptado que fueras a la universidad.

Ahora, yo también podría ir, pero ¿cómo?

Si tuviera un padre, sin duda me ayudaría, pero con lo que mi madre gana allí en el centro de salud, nunca podrá mantenerme estudiando. Estoy tan triste.

- Lo ideal sería que me acompañaras a la capital. Alquilaríamos un departamento y podríamos vivir juntos, pero tampoco puedo pagar tus estudios y tu estadía. Mi padre me pagará la universidad, él nunca aceptará nuestro amor. Él piensa que todavía soy un niño y tiene grandes planes para mi futuro.

- ¡Puedo trabajar!

- ¡Con lo que ganes no podrás pagar ni el alquiler! Hablaré con mi padre. ¡Quizás cambie de opinión!

- Si supiera quién es mi padre, pero mi madre se niega a decirme, no importa cuánto insista.

Clara lloraba mucho. Gustavo la abrazó. Desde el bar, los cuatro continuaron observando la escena.

- ¡Iré allí y veré qué pasa!

- ¡Robertito! – dijo Zeca nerviosamente – ¡Quédate aquí! ¡No tienes que ir allí!

- Debe ser un asunto serio y lo están resolviendo.

- Ven conmigo. Tu madre nos está esperando para cenar. Hasta luego, Simón. Hasta luego, Célia –. Ella y Simón se rieron por la forma en la que Zeca le hablaba al niño.

- Ese chico es terrible, dijo Célia riendo Simón. – Quiere saber todo para que sea el primero en contar.

- Es lindo, Simón. Voy a necesitar algunos muebles. ¿Podrías decirme dónde puedo comprarlos?

- Ve a la tienda de Guerino a la vuelta de la esquina. Tiene muy buenos muebles. Dile que fui yo quien te recomendó.

- Hoy es tarde. Iré mañana por la mañana y también traeré el dinero del alquiler por los seis meses.

Si todo va bien, me mudaré mañana.

La Misión de Cada Uno

- Bien, espero que seas feliz en tu nueva casa -. Mientras Célia se iba, José entró al bar.

- ¡Hola José! ¿Cómo estás? No sé si lo sabes, pero hoy has sido el tema favorito de la ciudad.

- ¡Hola Simón! Lo sé, me alegra que haya llegado el dinero. Estoy aquí para ver si viste a Elías.

- Necesito su taxi para llevar a mi hijo a la capital temprano mañana por la mañana.

- Se acaba de ir. Fue a recoger un pasajero, pero debe regresar pronto. Mientras tanto, ¿hablamos?

- ¿Realmente no sabes quién envió este dinero?

- ¡No! No lo sé. Creo que fue Dios. Estábamos desesperados, mi hijo necesitaba una operación, pero yo no podía costearla.

Rezamos mucho, Emilia y yo. Sin que lo esperásemos, llegó un aviso de la oficina de correos.

- Fui allí y Germano me contó sobre el dinero que estaba esperando para que lo retirase, y me dio una carta con la dirección del médico que debería buscar. Había mucho dinero y la carta decía que era para llevar al niño a ese médico y a ese hospital. También había una habitación reservada en un hotel, cerca del hospital, para que Emilia y yo nos quedemos, mientras dure el tratamiento del niño.

- Emilia y yo, al principio, no lo creíamos, pero todo era cierto.

- ¿No tienes un pariente con mucho dinero? ¿O alguien que conoces?

¿Realmente no tienes idea de quién era?

- ¡No! ¡Nunca nos fuimos de aquí! ¡Nuestros parientes también nacieron, se criaron y están todos aquí!

- Además, aquí en esta ciudad, creo que no haya nadie con tanto dinero.

– Tal vez el Ayuntamiento, pero no creo que haya sido el alcalde. No sé quién lo hizo, pero le agradezco a Dios y a esa persona. Que Dios se lo pague. ¡Mira allí viene Elías! ¡Voy a hablar con él! ¡Nos vemos, Simón!

José se fue. Simón lo siguió con la mirada. José se quedó hablando con Elías. Mientras tanto, Clara y Gustavo se despidieron, cada uno yendo a su casa.

La Misión de Cada Uno
3.- *El momento de la verdad*

Clara llegó a casa con los ojos rojos de llorar.

- ¿Qué pasó, hija mía?

- ¡No pasó nada!

- ¿Cómo no pasó nada? ¡Tus ojos están rojos! ¡Lloraste mucho!

- ¡Tú tienes la culpa de toda mi infelicidad!

- ¿Yo? ¿Qué hice?

- ¿No sabes quién era mi padre? Si lo sabes, ¿por qué no me dices quién es él?

¡Por no tener padre, soy señalada por todos! ¡Por eso, no podré casarme con nadie!

- ¿Qué pasa, Clara? ¡No tienes la culpa de nada!

- ¡Ve y dile eso al comisario! ¡Nunca me dejará casarme con Gustavo!

- ¡Solo porque no sabes quién es mi padre! ¡Dime, mamá, por favor! ¿Quién es mi padre?

- Te lo dije muchas veces, pero lo repetiré. Tu padre era un vendedor ambulante que vino, me enamoré y se fue. El nunca volvió. Ni siquiera sabes que naciste.

- No hay nada que pueda hacer. Siempre he hecho lo imposible por verte feliz.

Gustavo es un buen tipo y hablará con sus padres. Si entienden que se aman, lo aceptarán.

- ¡Nunca! - Clara dijo mirando a su madre con odio. Conoces la mentalidad de la gente de esta ciudad.

- ¡Nunca lo aceptarán! ¡Al igual que la mayoría, no lo hacen! Dime, ¿cuántos amigos tengo?

¿A cuántas fiestas me han invitado?

- ¡Tú naciste! ¡Estás viva! Eres una gran chica. ¡Tienes toda tu vida por delante! ¡Seguirás siendo muy feliz!

- ¿Feliz como tú? ¿Por qué no te casaste hasta ahora? ¿Por qué no te fuiste de aquí?

¿Por qué no me criaste lejos de todo y de todos, y especialmente de esta ciudad?

- Tienes muchas preguntas. Intentaré responder a ellas. Soy muy feliz porque te tengo a ti.

No me casé porque no encontré a nadie a quien amar. No me fui porque no podía darme el lujo de hacerlo y hasta el día de hoy no tengo condiciones financieras. Lamento que extrañes a tu papá. Desafortunadamente, no puedo ayudarte en ese sentido, pero puedo ayudarte con todo lo demás.

Clara no respondió. Fue a su habitación y, llorando, cerró la puerta.

Regina se preguntó: ¿Cómo puedo contarle todo? ¿Cómo puedo decirle quién es su padre? ¡Hace tanto tiempo! Yo todavía era una niña. ¡Dios mío! ¡Todo se repite!

Al igual que Gustavo, él también iba a estudiar en el extranjero. Él se fue y yo me quedé. Cuando regresó, estaba casado.

No me buscó. Nunca quiso saber sobre su hija. No quería asumir su responsabilidad.

Se casó por interés, por dinero, para continuar con el apellido. Dios mío. Realmente debería haberme ido...

Gustavo, por su parte, también habló con sus padres.

- Papá, mamá. Clara también aprobó el examen de ingreso. Quiero que ella venga conmigo.

La Misión de Cada Uno

- ¿Cómo? ¿Quién lo va a financiar? ¡Ni siquiera sabe quién es su padre! Debes alejarte de ella.

- Es como la madre, ¡pronto estará esperando un hijo sin padre! ¡Dios quiera que no sea tuyo!

- ¡Manolo! Déjalo hablar. Gustavo, ¿te gusta Clara?

- Mucho, mamá. No sé a qué se refiere papá cuando dice que ella es igual que su madre.

- ¡Dona Regina es una mujer honesta, que trabaja y cuida mucho a su hija!

- Ella debería haber dejado esta ciudad -. Dijo el comisario enojado -, ¡o hubiera abortado a la niña!

- ¿Ves, papá, por qué Clara no sabe quién es su padre?

- ¡Debe haber sido un hombre que pensó igual que tú y no quiso asumirlo!

- Amo a Clara y quiero que me acompañe a la universidad. ¡Solo depende de ti!

- ¿De mí? ¡Es una locura! ¡No tengo nada que ver con ella!

- ¡Si nos ayudas, podemos continuar juntos!

- Puedes olvidarte de eso. ¡Ya es bastante difícil enviarte! ¡Olvídate de esa chica!

- Conocerás chicas hermosas y de nuestra clase social.

- No sirve de nada, papá, si ella no va, ¡yo tampoco iré! Tienes suficiente dinero para apoyarnos, ¡a nosotros dos!

- ¡Cálmate! - interrumpió Carmen -, ¡te estás alterando y empiezas a decir muchas tonterías!

- Gustavo, ve a tu habitación. Hablaré con tu padre. Encontraremos una solución.

Al final, todo saldrá bien.

Gustavo se fue a la habitación. Estaba muy molesto por la actitud de su padre.

Tan pronto como se fue, Carmen dijo:

– Manolo, tómalo con calma. Es inútil actuar así.

El problema está ahí, tenemos que resolverlo. ¡Por ahora, no harás nada!

Hablaré con Clara y su madre. Luego, veremos qué podemos hacer.

Es inútil querer prohibir. Esto no va a conducir a nada. Solo precipitará las cosas.

– De acuerdo, esperaré. Si no tienes suerte, tomaré mis propias decisiones.

Carmen sonrió. Ella sabía que su esposo siempre hacía una tormenta en un vaso de agua, pero en el fondo solo era un niño grande que, cuando está asustado, solo puede pelear para defenderse.

Fue al teléfono y llamó a Regina. Acordaron que ella vendría a su casa para hablar sobre sus hijos.

Regina estaba asustada, pero sabía que la conversación era inevitable. Le pidió a Clara que fuera a comprar algo para la cena.

No quería que la viera hablando con Carmen. La chica estaba muy disgustada. Había que actuar con cautela.

Gustavo se sentía asfixiado en casa. Decidió salir y dar un paseo por la plaza. Se encontró con Clara y se sentaron en una banca.

Ella le contó lo que había hablado con su madre y él, lo que le había dicho a sus padres. Se abrazaron y ella estaba llorando.

– No te preocupes. Le dije a mi papá que, si él no nos ayuda, yo tampoco iré.

¡Me quedaré aquí!

– ¡Tú no puedes hacer eso! ¡Siempre fue tu sueño ser médico!

– Mi madre dijo que no puede mantenerme allí, porque con lo que gana, solo puede mantenernos aquí.

– ¡Vas a ir a la universidad!

La Misión de Cada Uno

Estaré aquí esperándote.

- ¡Puedes estar segura que volveré y luego estaremos felices!

Carmen llegó a la casa de Regina, que sonrió cuando la vio:

- ¡Buenas tardes, Carmen! Vamos a entrar.

- No has venido a mi casa en mucho tiempo!

- ¡Buenas tardes, Regina! Ha pasado mucho tiempo, pero ahora tenemos que hablar.

- Será una conversación difícil.

- Sí, tenemos que hablar. Estoy feliz de estar aquí Entraron y se sentaron. Carmen comenzó a hablar:

- ¿Sabes lo que les pasa a nuestros hijos?

- Estoy consciente y preocupada, sin saber qué hacer.

- Nosotros tampoco lo sabemos, así que estoy aquí.

- Ya hablé con Clara y le dije que desafortunadamente no tengo posibilidades para ayudarla.

- No tengo recursos financieros.

- Gustavo dijo que, si su padre no la mantiene en la universidad, él tampoco irá. Estoy muy preocupada...

- No puede hacer eso! ¡Es el sueño de toda su vida! ¡Estudió mucho para eso!

- Desafortunadamente no puedo enviar a mi Clara, pero tú sí.

- Hablaré con Clara. ¡Ella hará cambiar de opinión a Gustavo!

Eres una buena mujer. A pesar de todos los prejuicios, criaste a tu hija con mucha dignidad.

- Hice lo mejor que pude. Especialmente en una ciudad como esta, donde todos acusan y discriminan, pero puedo decir que nunca me arrepentí de tener a mi hija ni siquiera por un minuto.

Ella es maravillosa y es todo lo que tengo en esta vida.

- Sabes, Regina, nunca entendí por qué no dijiste o dirás quién es el padre de tu hija.

- En ese momento, éramos amigas, pero aun así no me lo dijiste.

- En el momento en que no quería hacerse cargo, pensé que no sería un buen padre y que tendría que criarla sola. Eso fue lo que hice.

- ¿Quién es su padre? Ahora tienes que decirlo. Sabiendo quién es el padre, tendrá que dar todo el dinero que ella necesito También será más fácil convencer a Manolo que acepte a tu hija.

- ¡Mi hija es quien es! ¡No importa si es mi hija o la de otra persona, y sea quien sea el padre!

- Ella es una niña maravillosa. Si no conté hace diecinueve años, no se lo contaré ahora.

- Si Manolo no acepta, no importa. ¡Clara encontrará a un hombre que la ame, incluso sin saber quién es su padre! - Dijo Regina muy nerviosa.

- ¡No tienes derecho a seguir ocultando el origen de tu hija! ¡Tienes que decir la verdad!

- ¡Tú no tienes derecho a hacerme una pregunta como esa!

- ¡MI hija decidirá su vida y yo estaré a su lado! ¡Puedes quedarte con tu hijo!

- ¡No dejaré que mi hijo arruine su vida!

- ¡Entonces no tenemos nada más de qué hablar! Buenas tardes. Veremos cómo resulta todo.

- ¡Este no es asunto nuestro!

La conozco desde que era niña. Éramos amigas, pero cuando quedó embarazada, no quería decirle a nadie quién era el padre de su hija. No tenía padres, vivía en la casa del coronel como sirvienta.

Pero no pudo haber sido él, ¿podría haber sido Raúl? Debe ser unos cinco años mayor que ella.

La Misión de Cada Uno

Si fue él, ¿por qué no se lo contó? Hoy está casado y tiene dos hijos, pero en ese momento era soltero.

Estaba estudiando en la capital, él venía solo a pasar las vacaciones.

¿Fue en una de esas visitas? No lo sé. Nunca me preocupé demasiado por eso, pero si él es el padre, ¡Clara tiene derecho a saberlo!

No sé qué hacer –. Carmen se quedó pensando.

Se fue a su casa. Manolo no estaba allí. Los niños y Gustavo tampoco estaban en casa. Carmen no sabía qué hacer.

***

Después de hablar con su madre, Zeca se calmó y fue al bar de Simón, quien, después de mucho tiempo, sintió nostalgia.

En el camino, estaba pensando: "Como dijo mi madre, ha pasado mucho tiempo desde que todo sucedió. Pero todavía parece que fue ayer. No puedo regresar. Todavía no. No tengo ese derecho."

Llegó al bar. Simón estaba lavando unos vasos y pensando en todo lo que estaba sucediendo. Zeca se sentó en una silla y pidió un refresco.

– ¿Estás preocupado por algo, Zeca? Parece que no está bien –. Simón preguntó preocupado.

– Estoy bien. Hoy me tomé el día para pensar, y pensar no siempre es bueno. ¡Mira a Gustavo y Clarita! Están hablando de nuevo en la plaza. Parece que tienen algún tipo de problemas.

Simón miró en la dirección en la que se encontraban y dijo:

– No sé, Zeca, pero parece que algo está sucediendo y, por la forma que actúan, parece ser grave.

– Tienes razón, Simón, pero a esa edad, puedo apostar que estás haciendo una tormenta en un vaso de agua.

– Puede ser, pero parece que es algo serio y solo Robertito puede descubrirlo.

– Simón, tienes razón. Solo él.

Zeca sonrió cuando dijo eso. Luego se fue. Él no se sentía bien.

Quería acostarse y pensar en todo lo que había sucedido. Hablar con su madre lo puso muy triste. ¿Qué pasó en la vida de este joven? Simón pensó mientras Zeca se alejaba, en resumen, ¿quién soy yo para preocuparme por el pasado de las personas? ¡Tengo la suerte de tener a mi tío, que vivió aquí durante toda mi vida y, cuando todo sucedió, fue a buscarme! Me trajo aquí y estuve mucho tiempo en su casa.

Poco a poco aprendí a lidiar con este bar y, cuando murió, terminé viviendo una vida que no era la mía.

Hoy vivo con sencillez y en compañía de personas sencillas.

Nunca me he sentido tan bien. ¿Cómo puede cambiar todo repentinamente en nuestras vidas? ¡Ahora basta! Me voy a casa. Mañana será otro día.

Cerró el bar y se fue. En el camino miró las casas. Todo con jardines muy bien cuidados. Ese lugar era el mejor lugar del mundo para vivir. Lejos de la contaminación y el ruido de las grandes ciudades. Cayó la noche en Cielo Dorado. El sol, que era amarillento, gradualmente se volvió dorado y se ocultó. Apareció un cielo muy estrellado. La luna llena iluminó la ciudad, que se estaba preparando para dormir.

4.- *Comenzando de nuevo*

Al día siguiente, la gente se despertó y reanudó sus actividades. Zeca se despertó tarde. Se le pasó la hora, llegó tarde porque no había dormido bien.

Soñó con su hermano. No recordaba el sueño, pero sabía que había soñado.

Se puso de pie, se cepilló los dientes y miró por la ventana. El sol ya estaba alto, así que sabía que el día sería caluroso. Algo no está bien conmigo. Necesito regresar, aunque solo sea para ver a mis padres nuevamente.

No debería haber hablado con mi madre. Aunque sé que fue muy bueno para ella saber que estoy bien. Me pregunto si realmente lo fue, ¿habría sido? ¿O ella está como yo? Tal vez vuelva, aunque solo sea para visitar.

Me gusta aquí. Me está yendo muy bien y no tengo la intención de volver a vivir esa vida.

Salió y fue a tomar su café al bar de Simón, como hacía todos los días. Simón ya estaba allí, esperando clientes.

- ¡Buenos días, Zeca! ¡Estaba preocupado, llegas tarde! Prepararé tu café.

- Hoy me desperté tarde. Por ahora, debería estar trabajando. Pero me recupero al final del día.

- Trabajas para ti mismo, no tienes que ser tan estricto con el horario.

Puedes comenzar a trabajar en cualquier momento.

- Tienes razón, pero me gusta comenzar temprano, antes que el sol se caliente demasiado.

– ¡Buen día! – Buenos días, doña Paulina, ¿cómo estás?

– Estoy bien, Sr. Simón. Vine a buscar mantequilla. Ayer olvidé llevar.

– Parece que hoy va a ser un hermoso día, ¿verdad?

– Es correcto. ¿No quieres tomar un café con nosotros?

– Sí, gracias. No me gusta comer sola.

– Entonces, siéntate allí con Zeca. Toma un café juntos, no puedo, porque ahora es el momento de más movimiento, pero participaré en la conversación aquí desde lejos.

– ¡Buenos días, Zeca! Realmente necesitaba hablar contigo. He estado mirando mi jardín.

– Necesita cuidados. ¿Podrías arreglarlo?

– ¡Por supuesto, doña Paulina! Tan pronto como termine el trabajo del comisario, me ocuparé del suyo y se verá genial.

– No tengo dudas, por eso te pregunto. ¡Eres un gran jardinero!

– ¿Estudiaste jardinería en alguna parte?

– ¡No! Simplemente me gustan las flores, me siento muy bien cuidando de ellas y trabajando con la tierra.

Célia se acercó, con un pañuelo blanco en la cabeza y los lentes inseparables que ocultaban la mayor parte de su rostro, dejando solo su boca visible.

– ¡Buen día a todos!

– Buenos días, Célia, pero ¿qué haces aquí tan temprano?

– Ayer debía traer el dinero del alquiler, Simón.

– No tuvo que ser tan temprano, pero ya que estás aquí, ¿por qué no te sientas allí con Zeca y doña Paulina?

– Como vivirás en la ciudad, es bueno que comiences a hacer algunos amigos.

– Si lo permiten, me gustaría. ¡Me siento muy sola!

La Misión de Cada Uno

– ¡Claro que puedes! – dijo Zeca sonriendo – ¡Estamos teniendo una pequeña charla!

– Esta es doña Paulina. Vive dos casas de la tuya. Son vecinas.

– ¡Qué bien! ¡Mucho gusto, doña Paulina!

– El placer es todo mío, pero no tienes que llamarme doña, no soy tan vieja...

– Tienes razón, no eres realmente mayor. Eres joven y bella. Está bien, todos nos llamaremos por nuestro primer nombre. Asintieron de acuerdo. Paulina sonrió. Célia, que ya conocía a Zeca, se sentó.

– Entonces, Célia, ¿realmente decidiste quedarte aquí?

– Sí, Zeca, me quedaré un rato. La ciudad es tranquila y hospitalaria.

– Me siento bien aquí. Necesito paz y tranquilidad. ¡Creo que no hay mejor lugar que este!

– Si eso es lo que estás buscando, ¡puedo asegurarte que has encontrado el lugar correcto!

– Aquí encontrarás lo que estás buscando.

– También estoy muy sola – dijo Paulina, si quieres puedes venir por la tarde a tomar el té a mi casa.

– Me encantaría, Paulina, pero me estoy mudando.

– Compré algunos muebles en la tienda de Señor Guerino y él debía entregarlos hoy.

– Tan pronto como me instale, podemos acordar, no solo para ir a tu casa, sino también para recibirte en la mía.

– Entonces, es un trato. Como todos vivimos aquí, ¡nada mejor que ser amigos!

– Zeca, después de cuidar el jardín de doña Paulina, ¿podrías cuidar el jardín de la casa que le alquilé a Célia?

– NO hay problema. ¡Parece que voy a tener mucho trabajo en estos días y esto es muy bueno!

- Mira hacia allá! Gustavo y Clarita están discutiendo nuevamente –. Dijo Simón señalando a la plaza. Los tres, siguiendo el asombro de Simón, miraron la plaza.

De hecho, Gustavo y Clara estaban hablando:

- ¡Clara! ¡No sé cómo será!

- ¡Mi papá no quiere nuestro matrimonio! Dijo que, si me quedo contigo, no me ayudará a ir a la universidad. No sé qué hacer.

- ¡Yo tampoco sé qué hacer! ¡Solo sé que no puedes dejar de estudiar por mi culpa! ¡Siempre ha sido tu sueño!

- ¿No? ¡Lo que no puedo hacer es alejarme de ti, ¡sabiendo que ahora podrías estar a mi lado para siempre!

- ¿Si me fuera contigo?

- Sería muy bueno, pero ¿de qué viviríamos? Estudiaré todo el día, no tendré tiempo para trabajar.

- Voy a vivir en una pensión. Mi padre pagará por todo.

- Si tuviera un padre, yo también podría ir. ¿De qué me sirve aprobar el examen de ingreso si no puedo pagar la universidad?

- Es verdad. No sé qué hacer. Si tuviéramos dinero, alquilaríamos un departamento, y tú también estudiarías.

- Como no tenemos dinero, Gustavo; es mejor que te vayas, te gradúes y cuando regreses, nos casaremos.

- Creo que esta será la mejor solución. ¡No quiero que renuncies a tu sueño!

- Quizás esa sea la única solución, pero todavía tenemos tiempo.

Tal vez pueda convencer a mis padres. Solo tienes que estar segura: ¡te quiero mucho! – Se abrazaron.

Desde el bar todos siguieron la escena. No podía escuchar lo que decían, pero sabían que había un problema.

Terminaron de tomar café.

La Misión de Cada Uno

- Realmente disfruté la compañía y del café, pero me tengo que ir. Estoy ansiosa por poner en orden mi casa.

- Todavía necesito comprar ropa de cama, mesa y baño, dijo Célia.

- Yo también me voy, Célia. Debo ocuparme del jardín de doña Carmen. Ella debe estar preocupada - Zeca y Célia se fueron en la mismza dirección. Paulina permaneció sentada, mirando la plaza.

- Sabes, Simón, es realmente agradable aquí. Parece que todo va bien.

- Durante el tiempo que estuve fuera, a menudo en mis tribulaciones, recordé aquí y lo extrañé. Y a veces tuve la tentación de volver.

- Sí, parece un pedacito de cielo...

- ¿Por qué Célia esconde su rostro, Simón? Tiene un cuerpo hermoso y se ve joven.

- No sé, Paulina, me preguntaba lo mismo, ¡pero no obtuve una respuesta! Debe haber una razón... quién sabe, ¡algún día lo sabremos!

- ¡Sí! Debe haber una razón para todo este misterio. Pero quién no tiene sus secretos, ¿verdad?

- Creo que todos los tenemos.

- Así es, todos siempre tienen un secreto.

- ¿Usted tiene alguno?

- ¿Yo? No, no tengo ninguno.

- Yo tampoco. Los secretos solo nos pueden hacer mucho daño. ¡Me voy, hasta luego! - ¡Hasta luego, Paulina! Paulina se fue pensativa, Clara y Gustavo ya no estaban en la plaza.

Zeca y Célia caminaron juntos, cuando llegaron a la esquina, Célia se despidió y entró en una tienda, donde se vendían ropa de cama, baño y mesa, Zeca continuó su camino.

En la tienda, Célia compró todo lo que necesitaba. Se fue con un chico que la ayudó con los paquetes y entró en la casa.

Poco después, llegaron dos hombres. Vinieron a armar los muebles. Ella le dio al muchacho algunas monedas. Dejó los paquetes y fue a la pensión, donde se había estado quedando.

Habló con el dueño de la pensión, pagó la cuenta, fue al dormitorio, tomó sus cosas y se fue a su casa. La cocina ya estaba instalada.

Una estufa, un refrigerador, un armario, una mesa y cuatro sillas.

Recordó que no tenía vajilla ni cubiertos. Regresó a la plaza y entró en otra tienda. Compró lo que necesitaba. Para la sala de estar, compró dos sofás, un televisor y una pequeña estantería. Para el dormitorio, una cama y un armario, cuyo ensamblaje los hombres estaban terminando.

"Ese olor a muebles nuevos me está haciendo mucho bien. Ahora, comenzaré mi vida de nuevo. Quizás, dentro de un tiempo, pueda encontrarme de nuevo."

Los trabajadores terminaron y se fueron, sola, comenzó a guardar sus ropas.

Se dio cuenta que había llegado la hora del almuerzo y que no tenía nada para comer. Fue al bar de Simón.

- Simón, todo ya está acomodado, pero no tengo nada para comer. Voy a tomar un aperitivo.

- ¿Ya está listo? ¿Estás feliz?

- Muy feliz. Sé que voy a retomar mi vida -. Se comió un sándwich y se fue a casa. "Ahora todo está bien, me quedaré aquí, hasta que descubra todo."

Esta casa es justo lo que necesitaba. Mañana iré a la ciudad a comprar algunos lienzos y tubos de pintura y comenzaré a pintar nuevamente. Será una forma de distraerme y también de poder investigar.

Quizás pueda averiguarlo todo.

La Misión de Cada Uno

Paulina en casa también pensaba:

- "He estado aquí por mucho tiempo.

No sé cómo será, pero solo aquí podré vivir en paz, hasta que todo pase."

Al día siguiente, Célia se levantó, tomó el taxi de Elías y se dirigió a la ciudad vecina, que era más grande y tenía un gran comercio.

Regresó con varios paquetes. En casa, abrió todos. Compró pinturas, pinceles, lienzos y un caballete. Estaba radiante.

Comenzaría una nueva etapa en su vida. A la mañana siguiente, colocó el caballete en la plaza, frente a la iglesia.

Decidió pintarla. Estiró el lienzo y comenzó a pintar. Estuvo allí por un tiempo, cuando Robertito se acercó:

- Célia, ¿vas a pintar la iglesia? ¿Sabes pintar?

- ¡Sí, lo haré, Robertito! Me encanta pintar ¡Esta pintura será muy hermosa! ¡Ya verás!

- ¿Lo harás? ¡Solo estoy viendo algunos garabatos! También me encantaría aprender a pintar.

- Estos garabatos pronto tomarán forma y verás aparecer la iglesia.

Si quieres, te enseño a pintar, no es difícil.

- ¿No es difícil? ¿Realmente me enseñarás?

- Sí, te enseñaré. Si quieres, puedes venir a mi casa y te enseñaré. ¡Verás lo fácil que es!

- ¡Quiero! Hablaré con mi madre y aprenderé.

- Genial, me encantaría enseñarte.

Robertito se despidió, corrió a su casa y habló con su madre.

A Consuelo le gustó la idea. Sabía que su hijo caminaba por todas partes, queriendo saberlo todo. Mientras él pintara, ella sabría, con seguridad, dónde estaba.

- ¡Célia! ¡Mi madre dijo que sí! – Dijo Robertito, cuando regresó corriendo: ¡Mañana vengo aquí para que me enseñes!

- Ven sí, verás lo bueno que es pintar y verás cómo los garabatos se convierten en hermosas figuras –. Célia estaba feliz. Ahora encontró un nuevo significado para su vida.

La gente se detuvo para ver a esa chica con el rostro cubierto, que pintaba con tanta facilidad.

Estaban encantados con la firmeza con que movía los pinceles. La iglesia estaba siendo transportada hacia el lienzo. Zeca volvía de su jornada laboral.

Vio a esa multitud, se detuvo para averiguar qué estaba pasando.

Al igual que los demás, también estaba encantado. Estaba tan absorta que no sintió su presencia, se quedó allí por un tiempo. Luego fue al bar.

- Simón, ¿viste el lienzo que Célia está pintando? Parece que ella decidió dejar el caparazón, ¿verdad?

- Sí, Zeca, ya vi el lienzo y parece que ella sabe lo que hace.

- Debe ser una pintora famosa que, por alguna razón, se esconde aquí.

- ¿Qué pasa, Zeca? ¿Estás soñando despierto? ¡Ella debe estar matando el tiempo, nada más! En un pueblo pequeño como este, las noticias se difunden rápidamente.

Pronto, mucha gente vino a ver el lienzo. Célia comenzó a sentirse mal y bajo las protestas, decidió irse, aunque cuando comenzó a pintar, sabía los riesgos que corría, pero aun así lo intentó. Le gustaba pintar y necesitaba hacer algo para pasar el tiempo.

Al estar en la plaza, conoceré a más personas y, quizás así, descubriré todo. Necesito saber dónde está.

El mal que me hicieron, no tiene perdón, pero, aun así, tengo que averiguarlo, guardó el material de pintura, bebió un vaso de leche, se acostó y comenzó a leer un libro.

La Misión de Cada Uno

La noche ya estaba cayendo. Célia se fue y salió a caminar por la plaza. No sabía mucho sobre la ciudad. Solo sabía que era un lugar agradable.

Entró en la iglesia, se arrodilló y comenzó a rezar.

"¡Padre mío! Estoy aquí, una vez más, para pedirte que me muestres el camino a seguir.

¡Estoy perdida y sin rumbo, pero sé que tengo tu protección, haz que algo suceda para que pueda encontrar mi paz! "

Salió de la iglesia y fue a su casa. En su corazón, sintió una mezcla de alegría y soledad. Había tenido todo en su vida y ahora no sabía qué hacer, estaba sin rumbo.

- ¡Hola Célia! ¿Qué pasó? ¿Parece que estás triste?

- ¡Hola Paulina! No estoy triste, solo fui a la iglesia y ahora me voy a casa.

- La noche es hermosa y cálida, por eso salí de la casa, me gusta el olor de los árboles y esta brisa. ¿Nos sentamos, Célia?

- ¿No sería mejor tomar un jugo en el bar? Podemos sentarnos en una de esas mesitas y contemplar la plaza. - Buena idea, hace mucho calor.

Se dirigieron al bar. Simón estaba hablando con Zeca, que estaba tomando un refresco. Llegaron, pidieron un jugo y se sentaron. Ellos, sonriendo, las saludaron.

Célia preguntó:

- Paulina, eres de aquí, ¿no?

- Sí, soy de aquí. Viví aquí hasta que terminé la secundaria. Cuando tenía quince años, mis padres me enviaron a São Paulo, me mudé con mi tía y comencé a estudiar. Conseguí un trabajo como recepcionista en una gran industria. Me casé y, durante quince años, estuve muy feliz, hasta que murió.

Regresé aquí y estoy recogiendo mis fragmentos. Todavía tengo muchos por recoger.

- Qué historia tan interesante.

- Cualquier otro día te la contaré. Hoy no, la noche es muy hermosa y no quiero recordar cosas que solo me entristecen.

- ¡Perdón! Estoy siendo indiscreta...

- No te preocupes, un día te contaré todo -. Simón y Zeca estaban viendo a las dos conversar.

- Zeca, parece que se están haciendo amigas, ¿verdad?

- Sí, Simón, iré allí a hab lar con ellas. - ¡Ve, Zeca! Necesitas hablar

- ¿Puedo sentarme y participar en la conversación?

- ¡Por supuesto que puedes, Zeca! ¡La noche es cálida pero agradable! Solo estamos aquí pasando el rato.

- Sabes, Paulina, no hay nada mejor que hacer que charlar.

- ¡A veces trabajamos tanto que hacemos tanto que extrañamos esos momentos de paz y tranquilidad!

- ¡Eso mismo! Y tú Zeca, ¿cómo estás?

- ¡Estoy bien! Las estaba viendo hablar, parece que se están haciendo amigas.

- Sí, nos estamos conociendo, le dije a Célia que, en un lugar pequeño como este, es bueno conocer gente. Zeca, me disculparás, pero no puedo soportar mi curiosidad: ¿por qué un chico culto como tú vive aquí así? No eres un jardinero, basta con escucharte hablar, para darse cuenta que eres una persona con una buena educación y, ciertamente, debes estar capacitado.

- Realmente soy un graduado, pero ahora estoy aprendiendo otras cosas y tengo la intención de graduarme en la vida.

- Intenta entender por qué suceden ciertas cosas. Para eso, nada mejor que meterse con tierra y flores.

- Este asunto es el más difícil. ¡La vida es tan extraña!

- Muchas cosas nos pasan, que nos llevan de un lado a otro.

- Creo que una fuerza superior nos controla.

La Misión de Cada Uno

Célia prestó atención a su conversación, pero pensó: "Es un chico guapo y realmente debe haber tenido una buena educación. ¿Quién será? ¿Qué haces en esta ciudad?

- ¿Y tú, Célia? - preguntó Zeca -. ¡Estás pensativa!

- Estoy prestando atención a su conversación.

- La vida es realmente extraña, a veces nos juega malas pasadas, nos deja y no sabemos qué camino tomar y qué hacer.

- Eres muy misteriosa - dijo Zeca sonriendo, pero ahora parece que has encontrado el camino.

- Te estaba mirando hoy, en la plaza, parece que pintas muy bien. No puedo esperar para ver tu pintura terminada.

- ¿Te gustó? ¡Me encanta pintar! Cuando pinto, me transporto al mundo de las pinturas, viajo.

Cualquier expresión de arte es muy buena para el espíritu.

- Desafortunadamente, no tengo habilidad para el arte. Lo único que sé hacer es plantar.

- Al escuchar eso - dijo Paulina -, creo que también tengo una habilidad.

- Me encanta tocar el piano y no lo he tocado en mucho tiempo, creo que volveré a hacerlo.

- Quién sabe, así podría evitar los fantasmas que me persiguen.

- ¡Debes tocar, Paulina! - Dijo Zeca -. Los fantasmas existen, pero todos debemos mantenerlos alejados.

- Estoy aprendiendo a enfrentarlos y siento que lo estoy consiguiendo.

- ¡Mira lo que puede hacer una conversación! Aquí, hablando como alguien que no quiere nada, estamos cada uno de nosotros, ¡buscando un camino para nuestras vidas! ¡Tú, Célia, vas a pintar! Tú, Zeca, plantarás y yo, a partir de hoy, tocaré el piano. Cada uno de nosotros, haciendo lo que quiera, eliminará sus fantasmas y, quién sabe, algún día, ¡estaremos felices y sonreiremos de nuevo!

Zeca miró a Paulina y sonrió. Luego dijo:

– ¿Y tú, Simón? ¿Cuál es tu habilidad?

– ¿Artística? ¡No creo que tenga ninguna! Lo que hago es escuchar a la gente. ¡Y eso me hace mucho bien!

– Saber escuchar también es muy importante. ¡Ahí lo tienes! Aquí está surgiendo un muy buen cuarteto. Quién sabe, a través de nuestras habilidades, podemos ayudarnos mutuamente.

Los cuatro se rieron. Realmente se sintieron muy bien. Una amistad estaba naciendo allí. Cuatro almas perdidas, que se encontraron, ¿para qué y por qué?

Era tarde, se despidieron y fueron a sus casas, cada uno envueltro en sus pensamientos. Paulina entró en la casa, allí estaba su piano.

– "Mi padre lo compró cuando yo tenía siete años. Doña Francisca me enseñó.

Todos los días toqué durante dos horas. Mi sueño y el de mis padres era convertirme en concertista, pero mi camino fue diferente. Llevo tanto tiempo aquí y hasta ahora nunca abrí su tapa, pero hoy, no sé por qué, tengo muchas ganas de tocar."

Se sentó, abrió la tapa y comenzó a tocar. La música invadió el medio ambiente y su alma. Se entregó y olvidó todo lo que había sucedido en su vida.

Célia entró en la casa y miró a su alrededor: todo era simple, pero muy acogedor. Realmente estoy comenzando una nueva vida y con nuevos amigos.

Logré quedarme con otras personas, sin sentirme mal. Algo que no había hecho en mucho tiempo. Empecé a pintar de nuevo, estoy empezando a entender que la vida no se detiene. Creo que lo descubriré todo. Solo entonces podré ser feliz otra vez...

Zeca, a su vez, también estaba pensando.

La Misión de Cada Uno

– "Dije que estoy estudiando la vida, pero ¿qué es la vida? ¿Es la que tuve o la que tengo hoy? ¿Por qué cambia tan repentinamente? ¿Por qué parece que todo termina y de repente todo vuelve a comenzar?

Me siento muy bien, estas dos chicas que se están convirtiendo en mis amigas, me parecen dos buenas personas. Aunque, tal vez, tengas problemas, como yo."

Simón vio a cada uno de los tres siguiendo su camino y pensó: Cuando se trata de la vida, realmente nadie sabe nada...

Elisa Masselli

5.- *Inicio de la misión*

Durante esa noche llovió. El sonido de la lluvia hizo que todos durmieran plácidamente. El día amaneció con el sol escondido entre las nubes, pero todos sabían que pronto brillaría.

Para esas personas, ya brillaba, pero de una manera diferente.

Tenían sus corazones más ligeros. Encontraron amigos, con quienes, poco a poco, podrían hablar y, quién sabe, contar sus problemas. Zeca llegó al bar para tomar su café.

- ¡Buenos días, Simón! Parece que Paulina realmente se está reuniendo.

- Acabo de pasar por su casa ahora y ella está tocando el piano. No sé mucho sobre música, pero a mi oído le gustó. Entonces puedo decir que toca muy bien.

- No lo he escuchado todavía, pero si lo dices, lo creo. ¡Mira a Célia! Está en la plaza pintando su lienzo.

- ¡Tenemos artistas aquí en la ciudad y no lo sabíamos!

- Iré allí para ver el lienzo. Por la forma en que esconde su rostro, verás que es una gran artista escondida aquí.

Después de tomar su café, Zeca fue a la plaza y se detuvo cerca de Célia, quien, distraída, pintaba. Entonces no se dio cuenta de su presencia. Se puso de pie, mirando.

La cabeza de Célia estaba envuelta en la bufanda y todavía tenía esas gafas oscuras, lo que solo permitía ver su boca.

- ¿Cómo será su cara? - Zeca pensó mientras la miraba. - Parece joven y hermosa, ¿por qué se esconde así?

- Buenos días, Célia. ¡Tu lienzo se está poniendo hermoso!

La Misión de Cada Uno

– Buenos días, Zeca. Es lo que veo. Me encanta pintar. Este juego de colores me hace mucho bien. Estoy muy feliz.

– Me alegro por ti, ahora me iré a mis flores.

– Hoy las trataré mucho mejor. Después de la conversación que tuvimos anoche, me convencí aun más de lo importantes que son para mí.

– ¡Hola Zeca! ¡Hola Célia!

– ¡Hola Robertito! ¿Vas a la escuela?

– ¡No, Zeca! ¡Hoy no hay clases y pensé que es muy bueno, porque podré aprender a pintar con Célia!

– ¡Ella dijo que me iba a enseñar! ¿Verdad, Célia?

– ¡Claro que lo haré! Pensé que solo vendrías solo por la tarde. Entonces no traje tu lienzo.

– Si te quedas aquí, encargándote de todo, iré a casa a recogerlo.

– ¡Puedes ir! Me quedo aquí y no me muevo para nada. ¡Voy a pintar un lienzo completo y lo llevaré para que mi madre lo vea!

Célia sonrió cuando dijo:

– No del todo. ¡No pintarás un lienzo en un día!

– Tomará unos días, pero será muy bueno.

– Voy por ese camino, Célia, podemos ir juntos.

– Ok, Zeca, ¡vamos!

Se fueron juntos. Mientras caminaban uno al lado del otro, Zeca preguntó:

– Célia, no sé por qué ocultas tu cara, ¡pero tengo curiosidad por saberlo! ¿Cuál es tu edad? Parece que eres joven.

– Tengo buenas razones para esconder mi rostro. No soy vieja, tengo veintiocho años.

Ahora estoy empezando a conocerte. Todavía no me siento cómoda hablando de mi vida.

Quién sabe, dentro de un tiempo, tendré el coraje de contarte todo. Por ahora, mantengámoslo así, ¿de acuerdo?

- ¡Por supuesto! Pero debes entender que, como yo, todos sienten curiosidad por saber el motivo por el cual escondes tu cara. Algunos dicen que eres muy fea. No lo creo, aunque la belleza no está solo en la cara. - Esto, con el tiempo, se acaba, pero, el tipo de belleza que veo en ti, nunca se acabará.

- Paulina tiene razón al decir que no eres un simple jardinero.

Hablas muy bien y también eres muy galanteador. Gracias por lo que dijiste, pero por ahora, dejémoslo así.

Llegaron a la puerta de la casa. Se despidió con una sonrisa y se fue. Entró, tomó el lienzo de Robertito y volvió a la plaza.

Estaba rodeado de gente y decía emocionado: ¡voy a aprender a pintar!

- Pronto haré un lienzo como este. Célia me enseñará. Si alguien quiere puede quedarse y aprender. Además, ¡a ella no le importa!

Llegó Célia. Todos la miraron. Ella sonrió: Robertito realmente aprenderá. Eso si tiene un don para pintar y, si alguien más quiere, puedo enseñar.

Un niño la miró y le dijo:

- Me llamo Maurício. También quiero aprender.

Célia miró al niño pequeño. Un chico guapo con cabello negro, ojos muy vivaces y brillantes.

- De acuerdo, si quieres, te enseñaré. Si vas a aprender, no sé si aprenderás, pero intentaré enseñarte. ¿Cuántos años tienes?

- Tengo nueve años. Mi madre trabaja en la oficina de correos.

- ¿Ella sabe que estás aquí?

- Sabe, Robertito fue a avisarle y le pidió permiso para que me enseñaras. Ella aceptó.

La Misión de Cada Uno

– Pasará a buscarme. Si te vas temprano, se supone que debo ir a la oficina de correos.

– ¿Quieres decir que Robertito sabía que iba a enseñarte?

– ¡Lo sabe todo! ¡Es muy inteligente!

– Es muy inteligente y parece conocer a todos. Hoy solo mirarás y mañana si quieres te traigo un lienzo y empiezas a pintar.

Robertito sonriendo felizmente dijo:

– Célia, no quiero hacer estos garabatos...

– Si quieres aprender a pintar, debes comenzar con los garabatos. ¿Empezamos?

Maurício se sentó en el suelo y estuvo atento a todo lo que Célia le enseñaba a Robertito, quien lentamente tomó el pincel y siguió los movimientos que ella le enseñaba.

Al mediodía, Zeca regresó y se detuvo nuevamente. Célia se estaba preparando para irse. Paulina también llegó:

– Célia, ¡tu lienzo está quedando hermoso!

– Sí, gracias. Escuché que estabas tocando el piano, pero no pude ir allí, porque ahora soy profesora.

– Mire, doña Paulina, ¿cuánto he pintado? ¡Célia dijo que después de todos estos garabatos, aparecerá un lienzo muy hermoso! ¿Qué te parece?

– Sí, Robertito. No sé nada sobre pintura, pero si Célia dijo que debe ser cierto. Esperemos y veamos.

– Sabes, doña Paulina, el lienzo de Célia también era solo garabatos, pero ahora se está poniendo bonito.

Robertito tomó un poco de distancia para ver el lienzo, dijo:

– La verdad se está poniendo realmente hermoso, pero... mirándola bien... la iglesia necesita ser pintada... Nunca había prestado atención... pero realmente lo necesita... Miraron el lienzo y la iglesia, Zeca dijo: ¡Yo tampoco había prestado atención! ¡Está despintada!

– En tu lienzo, Célia, ¡puedo verlo!

- ¡En serio, Zeca! Cuando estaba pintando, me di cuenta, pero no le presté mucha atención.

- Solo tú, Robertito - dijo Paulina, pasándose una mano por el pelo -, eres el único que se ha dado cuenta.

- Doña Paulina, ¡lo sé todo! ¡No sé por qué el sacerdote no pintó la iglesia!

- ¡Le preguntaré!

- ¡Espera, Robertito! - dijo Célia, para pintar una iglesia necesitas mucho dinero.

- No creo que el sacerdote no tenga para eso.

- ¿No es así, Célia? ¡Pero necesita arreglarla! ¡La iglesia no puede estar tan fea! ¡Mi madre dice que la iglesia es la casa de Dios! ¡La casa de Dios debe ser hermosa!

- ¡Él vive allí y en todos nosotros!

- ¿En todos nosotros? ¿Qué quieres decir?

- Está dentro de nuestros corazones.

- ¡Eso no es bueno, Célia! ¡Tiene que tener una casa para vivir y esta casa tiene que ser hermosa!

¡Hablaré con el sacerdote!

- ¿Tal vez la gente ayude? Podemos pensar en ello. El alcalde también puede ayudar.

- Vamos, Célia - dijo Paulina con aire burlón -, este alcalde no hace nada por la ciudad.

- Solo quiere hacer caminos que vayan a sus granjas.

- Si es así, ¿por qué la gente vota por él?

- Su familia ha estado en el poder durante mucho tiempo. Cada vez que hay una elección, ellos ganan.

Todos los candidatos son de la familia, gane quien gane, el Ayuntamiento les pertenecerá.

- Esto no está bien Célia dijo enojada - ¡Tiene que haber alguien para derrotarlos!

La Misión de Cada Uno

¡Alguien que sea respetado!

- Sabes qué, dijo Paulina, ¡estoy pensando en alguien! Ven conmigo -. Paulina abrió el camino, los demás la siguieron.

- ¡Simón! - dijo ella cuando llegaron al bar, ¿viste que la iglesia necesita pintura? Simón fue a la puerta del bar y miró a la iglesia.

- ¡Realmente necesita que la pinten, Paulina! ¡No me había dado cuenta!

- Nadie se había dado cuenta, pero hoy, todos nos dimos cuenta después que Robertito, como no podía ser de otra manera, la vio a través del lienzo de Célia. Simón, ¿sabes por qué estamos aquí? ¡Queremos que seas nuestro candidato para alcalde!

- ¡¿Qué?! ¿Yo, alcalde? ¡Nunca! ¡¿Estás loca?! ¡Nunca seré un político! ¡Mucho menos alcalde!

- ¿Por qué no? ¡Eres la persona más conocida de la ciudad! ¡Sería el único en condiciones de competir con el alcalde y su familia, quienes han gobernado esta ciudad durante mucho tiempo!

No, Paulina. ¡Nunca seré un político! - dijo Simón enojado - ¡Elige otro!

- ¡No puedo y no quiero!

- ¡Con un alcalde diferente de los que hemos tenido hasta hoy, la ciudad y la gente vivirán mejor!

- ¡No! ¡Yo no!

- ¡Esta ciudad necesita mucho, Simón! Esta familia ha estado en el poder durante mucho tiempo.

- Ya no tienen intereses sociales. Un alcalde diferente propondría nuevas ideas.

Simón respondió juiciosamente, en una mezcla de ira y tristeza:

- ¡No! ¡No quiero! ¡Elige otro!

- Si sigues insistiendo, ¡dejaré la ciudad y nunca volveré!

- ¿Por qué estás tan nervioso? ¿Por qué no quieres ser político? ¡Cualquiera estaría contento con tal propuesta!

- ¡Cualquiera menos yo! ¡No quiero! ¡Nunca seré alcalde ni nada por el estilo!

- ¡No insistas!

- Está bien, no tienes que estar tan nervioso. Conseguiremos otro, lo pensaremos.

- Pero tu actitud es muy extraña...

- ¡No hay nada extraño en ello! Solo quiero seguir siendo como soy desde que llegué aquí.

Ciertamente hay alguien en la ciudad con muchas más cualidades que yo.

- Prometo ayudar y apoyar en lo que sea necesario. ¡Mientras no sea yo!

- Bien, no hablemos más de eso. Hasta luego. Salieron del bar. Estaban horrorizados por la reacción de Simón.

Fueron a la plaza. Se sentaron, Robertito también se sentó. Luego se levantó y volvió al bar. Simón estaba pensativo, con una expresión triste en su rostro.

- Sr. Simón, ¿por qué estás triste?

- No estoy triste, Robertito. Solo estoy pensando...

- ¡No hay necesidad de estar triste! Mi madre siempre dice que todo siempre se soluciona.

- Si no quieres ser alcalde, no tienes que hacerlo. Me seguirás cayendo bien de todos modos.

- Pero... parece que serías un buen alcalde... parece...

- Gracias, Robertito, pero para ser alcalde, primero debes ser político y yo no lo soy.

Un buen político tiene que centrarse en el bienestar de la gente y eso es difícil.

- ¿Cómo sabes todo esto? ¿Fuiste político?

La Misión de Cada Uno

- ¿Quién? ¿Yo? ¡No! ¡Nunca!

- Parece que fue y no te gustó... parece... realmente...

- ¡No! Nunca lo he sido, pero he leído mucho y sé que la mayoría de ellos no cumplen lo que prometen o con sus obligaciones.

- Todavía no entiendo nada de esto, pero cuando sea grande, ¡seré el alcalde de esta ciudad!

- ¡Creo que lo serás! - Simón dijo, sonriendo. - Como conoces a todo el mundo, seguro, cuando crezcas, ¡tu electorado estará listo!

- ¿Qué es un electorado? Nunca he oído hablar de eso...

- Son las personas las que votarán para que seas el alcalde y son ellas quienes, la mayoría de las veces, son engañadas.

- Bueno, ahora que te has reído, iré allí, cerca de ellos para escuchar de lo que están hablando.

- Apuesto a que están hablando de ti, ¿no te parece?

- Deben serlo, sí, pero son mis amigos y, seguramente, olvidarán esta loca idea que sea alcalde -. Robertito se alejó. Simón lo observaba.

Su hijo podría ser como él y estar aquí. Si no fuera por mi orgullo. La codicia y los excesos... Robertito se acercó a los demás, que realmente estaban hablando de Simón.

Célia estaba hablando ahora:

- ¿Por qué estaba tan nervioso, Paulina?

- ¡No nervioso, Célia! ¡Estaba casi histérico!

- ¡Podría haber dicho simplemente que no quería!

Zeca las interrumpió pensativo:

- Algo muy serio debe haberle sucedido para que se ponga así.

- E incluso- dijo Paulina -, parece que alguna vez fue político.

69

— ¿Será?

— No lo sabemos, Célia, pero él es nuestro amigo. Quizás un día pueda confiar en nosotros lo suficiente como para contarnos su historia. Si no quiere contarlo, debe tener sus razones. Hay que respetar eso.

— Quién no tiene sus secretos, ¿verdad?

— Sí, Zeca... respondió Célia, quien no los tiene... — Robertito estaba sentado en el suelo, escuchando la conversación de los demás, y se levantó diciendo:

— No sirve de nada hablar del sr. Simón. ¡Creo que mejor vamos a hablar con el sacerdote para ver si va a pintar la iglesia!

Todos se voltearvieron y comenzaron a reír.

— ¡Tienes razón, Robertito!

Zeca dijo, mientras pasaba su mano sobre el cabello del niño:

— Esta historia del alcalde debería quedarse para otro momento.

— Las elecciones están muy lejos, tendremos mucho tiempo. Será mejor que hablemos con el sacerdote —. El padre Jorge estaba arrodillado ante el altar cuando llegaron.

Robertito se acercó y le tocó el hombro lentamente.

Se volteó y, al ver al niño, sonrió:

— Robertito, ¿cómo estás? ¡Me alegro que estés aquí!

— No has estado en la iglesia en mucho tiempo. ¿Puedo saber por qué?

— ¡La bendición, padre, es que estoy muy ocupado! ¡Estoy pintando un hermoso lienzo!

— ¡No sabía que eras pintor!

— ¿No sabía? Bueno soy un gran pintor. Cuando mi lienzo esté listo, lo traeré aquí para que lo veas. Estos son mis amigos y están aquí para hablar contigo. Esta es doña Paulina, a quien ya

La Misión de Cada Uno

conoces. Esta es Célia y este es Zeca. Tienen algo muy serio que decir.

– Sí, estoy disponible, ¿sobre qué desean hablar?

– ¿Notamos que la iglesia necesita una pintada y queríamos saber qué piensa de eso?

– Bueno, ¿cómo te llamas?

– Zeca...

Bueno, Zeca, noté hace mucho tiempo que la iglesia necesita pintura, pero debes saber que esta ciudad es muy pobre y las ofrendas son muy pocas.

– Pintarla, ahora, sería casi imposible. Además, hay mucha gente pobre aquí que necesita ayuda y, si tuviera el dinero para pintar la iglesia, naturalmente solo lo haría después de ayudar a las familias que viven en Grutón.

– Padre, he vivido en la ciudad por un tiempo y no soy muy religioso, nunca entré a la iglesia, solo te conozco de pasada. ¿No te interesa la pintura?

– Sé cuánto tiempo llevas aquí, Zeca, no me conoces, pero te conozco muy bien.

– El día que llegaste, te vi durmiendo en las escaleras. Durante la misa le pedí a mis pocos fieles que te ayudaran si podían. Cuando terminó el servicio, salí a hablar contigo, pero ya no estabas.

– Entonces, ¿por eso, cuando desperté, había ese dinero a mi alrededor? ¡Muchas gracias padre!

– Ya no estaba allí, porque no había comido en muchos días y luego Robertito me llevó al bar de Simón, ¡y todavía estoy aquí!

– Sé que sigues aquí hoy y me parece muy bien. He estado siguiendo tu vida. Sé que eres una persona querida.

– Sí, lo soy y les deseo lo mejor a todos. Aquí encontré un paraíso, así que quiero ayudar en todo lo que pueda. – Le aseguro que hay mucho por hacer.

Elisa Masselli

La pintura de la iglesia no es mi prioridad.

¡Pero hablaremos de eso más tarde! Paulina, ¿por qué no has venido a la iglesia desde que regresaste?

- No tenía ganas, estoy muy triste con tu Dios.

- ¿Mi Dios? ¿Qué es eso? ¡Él es el Dios de todos nosotros! ¡Nuestro Padre! Quien está siempre a nuestro lado, ayudándonos.

- Conmigo, él no era un padre. Por el contrario, ¡era un padrastro y uno de los más crueles! ¡Te lo puedo garantizar!

- ¡No, hija mía! ¡Dios siempre es bueno! Pero no siempre sabemos cómo entenderlo.

- Puede ser, pero no entendí lo que me pasó. Por eso, todavía no tengo ganas de hablar con Él.

Célia se dio cuenta que su amiga se estaba poniendo nerviosa y que tenía que romper ese estado de ánimo:

- Padre, este asunto debe dejarse para otro día. Estoy interesado en la pintura de la iglesia y saber más sobre este Grutón.

- ¿Cómo te llamas?

- Célia, recientemente llegué a la ciudad, pero siempre vengo a tu iglesia.

- Te he visto varias veces, pero no viniste a hablar conmigo.

- Solo hoy sentí la necesidad, primero por la pintura de la iglesia y ahora por Grutón. ¿Qué pasa allí?

- Está en el lado pobre de la ciudad. Muchas familias que viven allí trabajan solo cuando se cosechan las naranjas. Durante el resto del año pasan por varias dificultades. Intento ayudar, pero mis recursos son pocos. Por eso, cuando hablaron de pintar la iglesia, recordé a todas esas personas y prefiero ayudarlas, antes de gastar dinero en pintura. Si tienen una idea para recaudar dinero, prefiero usarlo para ayudar a la gente de Grutón.

- ¡Tienes razón! No sabemos cómo recaudar dinero, pero si lo hacemos, discutiremos cómo se gastará.

La Misión de Cada Uno

- ¡Fue Dios quien los iluminó! He estado tratando de conseguir que alguien me ayude con esto durante mucho tiempo.

- Ahora lo tendrá, lo hablaremos y luego volveremos. ¡Muchas gracias y que Dios los bendiga! Se despidieron del sacerdote y fueron al bar de Simón.

Robertito se puso al frente, diciendo:

- ¡Sr. Simón! ¡El sacerdote nos permitirá pintar la iglesia!

- Bien, Robertito, pero ¿cómo lo haremos?

- ¡Cállate, muchacho! - Dijo Zeca cubriendo la boca de Robertito con su mano. - Simón, no es así.

- El sacerdote dijo que su prioridad es ayudar a las personas que viven en Grutón. Dijo que son muy pobres, ¿alguna vez has estado allí?

- Nunca, Zeca, pero sé que es un barrio muy pobre...

- Yo tampoco fui allí. ¡Escuché algo, pero nunca despertó mi interés!

- ¿Y tú Paulina?

- Fui allí algunas veces cuando era niña. Cerca hay un pequeño río, donde mi padre solía llevarme a pescar. Si no fuera por la pobreza que existe, sería un lugar mucho más hermoso.

- El domingo, podríamos ir allí y conocer.

- Solo puedo ir por la tarde. ¡No puedo dejar el bar solo!

- Bien - dijo Zeca -, iremos el domingo por la tarde.

- ¡Yo también voy, Zeca! - gritó Robertito.

- ¡Si tu madre te deja, irás! ¿Cómo puedo dejarte fuera? ¡Tú eres quien comenzó todo!

- ¡Pucha! - dijo Célia, cuando Paulina nos trajo aquí, salí corriendo y olvidé los lienzos y las pinturas en la plaza. Célia salió corriendo y los demás la siguieron. Cuando llegaron allí, se detuvieron y se quedaron mirando. Maurício seguía sentado cerca de los lienzos.

Cuando los vio, dijo:

– Me quedé cuidando, nadie movió nada.

– Gracias Maurício. Me alegra que te hayas quedado aquí.

– Ahora vamos a recoger todo y mañana, si quieres, puedes venir y traeré otro lienzo. – dijo Célia pasando una mano sobre su cabeza.

– ¡Yo sí quiero! ¡Quiero pintar como tú! Recogieron todo el material y fueron a la casa de Célia, que los invitó a entrar. Zeca y Paulina no aceptaron, se fueron.

Entraron los niños y ella le dio a cada uno un vaso de jugo. Bebieron y también se fueron.

– Todo está cambiando en mi vida. Yendo a Grutón, tal vez pueda averiguar algo. Siento que el día de mi felicidad está cerca.

La Misión de Cada Uno
6.- Conociendo Grutón

El tiempo pasó, el domingo, después del almuerzo, cuando llegaron frente al bar, Simón ya estaba cerrando. Lo ayudaron a guardar las mesas y las sillas. Al terminar, cerraron el bar y fueron a Grutón, que estaba a veinte minutos de la ciudad. Estaban caminando y hablando.

Robertito iba adelante con una rama en la mano, que parecía un bastón. El camino era de tierra, pero todo rodeado de árboles. Era una tarde agradable. Ellos continuaron hablando.

Su amistad se fue consolidadndo poco a poco. Al llegar a Grutón, se quedaron asombrados. El lugar era realmente pobre.

Las casas eran pequeñas y de madera. La calle principal tenía muchos agujeros y el agua corría libremente, trayendo un olor no muy agradable. Se dieron cuenta que no había agua potable, solo pequeños pozos. El agua se extraía con un cubo, atado a una cuerda sobre una polea.

Sin electricidad, la gente iluminaba sus hogares con velas, y lámparas.

Los niños jugaban corriendo por la calle. Hombres y mujeres llevaban sus ropas desgastadas y su aspecto era enfermizo. Caminaron por la calle. Los lugareños estaban sorprendidos y los miraban con desconfianza.

Robertito agitó la mano y sonrió a todos, en lo que fue respondido. Zeca preguntó:

– Robertito, ¿has estado aquí?

– Ahora siempre vengo con mi madre. Ella siempre trae ropa y comida, tiene pena de todos ellos.

– ¡No lo sabía! ¡Nunca lo dijiste, Robertito!

- Usted es quien nunca me preguntó, Sr. Simón. Mi madre dijo que cuando ayudamos a alguien, no debemos hablar de ello. Sabe a qué se refiere... sí, lo sabe...

Célia sintió una gran ternura por ese niño que a veces hablaba como un hombre grande.

- Tu madre tiene razón, Robertito. Ella parece ser una buena mujer. Eso es lo que tienes que hacer -. Zeca recordó el día que llegó a la ciudad:

- Puedes estar segura que es la persona más humana que he conocido, Célia. Y una gran mujer y la respeto mucho.

Siguieron caminando y observando todo. Robertito se detuvo frente a una casa.

Una señora estaba sentada, peinando el cabello de un niño que parecía estar enfermo.

- ¡Buenas tardes, doña Rosaura! Estos son mis amigos, ¡vinieron a conocer a Grutón!

- Buenas tardes, Robertito. De nada, aunque no hay mucho que ver aquí -. Robertito le dio unas palmaditas en el hombro al niño enfermo y, mirando a los demás, dijo:

- ¿Cómo no? Paulino es muy guapo! ¿No es así? - Ellos sonrieron, asintiendo. Simón preguntó:

- Doña Rosaura, ¿qué tiene? ¡Parece que está enfermo!

- El médico de la clínica dijo que tiene mala sangre porque, desde que nació, nunca le di buena comida.

- Dijo que ahora tiene que tomar medicamentos, también comer mucha carne, fruta y tomar leche, pero todo esto es muy costoso y no puedo comprarlo. ¿Cómo puedo darle todo esto?

- No tengo dinero y todavía tengo dos hijos más.

- Y, mi gente - dijo Paulina -, creo que el padre Jorge tiene razón. ¡La pintura de la iglesia no es una prioridad! Estaban desconcertados por la situación. Simón no podía creerlo.

La Misión de Cada Uno

Ese niño, tan hermoso, en esa situación, sintió un anhelo y una tensión en su corazón.

- Doña Rosaura, tengo un bar y una tienda de abarrotes en la ciudad. Compro muchos víveres.

- Quiero que me dés una lista de todo lo que necesitas, te enviaré todas las semanas la comida necesaria para él y también para sus otros hijos.

- En cuanto a las medicinas, me lo puedes dejar a mí - continuó Paulina.

- Enviaré a todos los que lo necesiten, este hermoso niño se pondrá bien, ya lo verás. Rosaura, con lágrimas en los ojos, quería besar sus manos, pero no lo permitieron.

- ¿Cuántas familias viven aquí? - Preguntó Zeca.

- No estoy muy segura, pero deben ser como treinta. Todos están en la misma situación.

- Solo ganamos un poco de dinero en la cosecha de las naranjas, pero es solo una vez al año.

- No solo hay tristeza aquí, ¡no! - dijo Robertito cuando se dio cuenta de la tristeza de sus amigos -, hay un lugar muy hermoso, ¡vengan a verlo! ¡Les gustará!

Corrió y los demás lo siguieron. Llegaron a un río que fluía tranquilamente. Robertito continuó corriendo hasta que apareció una hermosa cascada ante ellos.

- ¡Miren aquí! ¿Alguien ha visto un lugar como este? - Miraron, asombrados, la belleza del lugar. La cascada, de unos cinco metros de altura, caía haciendo un ruido ensordecedor.

Abajo, al final de la caída, a unos cincuenta metros de distancia, había un área muy grande de agua casi estancada, en medio de rocas, formando así una especie de piscina natural. A partir de entonces, el río fluía suavemente.

Todos rodeados de muchos árboles coloridos, los pájaros volaban alrededor del agua, los peces nadaban tranquilamente. Se sentía como un pedazo de paraíso. Simón miró todo, incapaz de creer lo que estaba viendo.

Observó durante mucho tiempo: ¡Lo que estas personas necesitan es trabajo! - dijo emocionado, aquí hay una gran fuente de recursos.

Los demás lo miraron con asombro, parecía estar en otra parte. También parecía ser alguien más.

- ¿Qué quieres decir con eso, Simón?

- ¡Zeca! ¡Esto es una belleza! Todo se puede transformar en un lugar de ocio. ¡Se puede rodear con vallas!

- Allí, a la entrada de la carretera que viene aquí, se puede colocar una especie de puerta, ¡donde las personas que ingresen pagarán una tarifa! ¡Se puede hacer estacionamiento para autos!

- Al lado del estacionamiento, se pueden construir quioscos con mesas y parrillas.

- Se pueden construir varias cabañas, donde las personas se cambiarán de ropa y nadarán en esta piscina formada por la naturaleza. ¡Los residentes tendrán trabajo, cuidando la conservación! Con algunas reformas y mucha publicidad, listo puede convertirse en una fuente de ingresos para Grutón.

- ¡Cielo Dorado se convertirá en una ciudad turística!

Estaban siguiendo la explicación de Simón:

- Por este camino por el que hemos venido, Simón.

¡Los autos no llegarán tan lejos!

- Solo falta asfaltar el camino, Zeca. La distancia de la ciudad no es tan grande. Treinta casas, no son muchas.

- ¡Se pueden construir y hacer que sean cómodas para los residentes! - A Zeca, como a los demás, les estaba gustando la idea.

- Me gusta todo lo que dices, pero ¿qué pasa con el dinero que se necesita para hacer todo esto?

- Estas tierras deben tener un dueño.

La Misión de Cada Uno

- Las tierras alrededor de los ríos son fuentes de agua. No se pueden utilizar para vivienda. Pertenecen al estado.

- Necesitamos hablar con el alcalde. Podrá liberar los recursos para construir un resort de playa.

- Será bueno para toda la ciudad.

- ¿El alcalde? - Robertito dijo riendo:

- ¡Solo si usted es el alcalde, señor Simón!

- Y escuchen amigos, ¿no está hablando como si fuera alcalde?

Se rieron y tuvieron la misma impresión. Simón parecía un político cuando soñaba con hacer algo.

- ¿Qué es eso? ¡Ya dije que no soy político!

- ¡Está bien, Sr. Simón! Pero si quieres hacer todo lo que estás soñando, tendrás que ser el alcalde, porque mi padre dijo que este, que este alcalde, no hace nada por la ciudad. ¡Así que no creo que gastes un centavo por eso!

- ¡Robertito! - dijo Célia - ¡No creo que el alcalde sea tan insensible! Hablemos con él. Estoy segura que le haré entender que será bueno para la ciudad y también para él.

Será una buena publicidad para conseguir votos en las próximas elecciones.

- No le importan los votos, Célia. - Dijo Simón con más calma, sabe que no hay oponentes.

- ¡Por eso te queríamos como alcalde Simón! - Dijo Paulina, Simón, nuevamente nervioso:

- ¡No seré alcalde y no quiero tener nada que ver con la política! ¡Nunca! ¡Nunca!

- ¡Está bien! No tienes que ponerte tan nervioso. Chicos, ¿trataremos de hacerle entender al alcalde?

- Tal vez lo acepte, ¿verdad?

- ¡Eso mismo! dijo Zeca - ¡No cuesta nada! Mañana intentaré organizar una audiencia con él.

Regresaron a la ciudad. En el camino, hablaron sobre cómo podrían transformar ese lugar.

Se sintieron renovados.

En cada corazón, nació una nueva esperanza. Ahora sabían que, aunque cada uno había tenido malas experiencias y por eso pensaban que su vida se desvanecía para siempre, se podía hacer algo por las personas que lo necesitaban. Eso les hizo mucho bien.

Al día siguiente, temprano en la mañana, Zeca, Paulina y Célia fueron al Ayuntamiento para programar una audiencia con el alcalde. Les dijeron que el alcalde estaba de viaje por Europa y que no volvería hasta quince días después. Salieron y fueron al bar.

– Simón, por favor, dijo Zeca mientras se sentaban, danos un refresco, hace mucho calor. Tenemos muy malas noticias.

– ¡No conseguimos nada!

– ¿Cómo que no conseguiste nada, Zeca?

– ¡Simón! ¡Por favor danos el refresco!

– Lo haré, Zeca, pero primero dime, ¿qué dijo el alcalde?

– ¡Nada! ¡Debido a que no está en el Ayuntamiento, está viajando y no volverá hasta dentro de quince días!

– ¿Viajando? ¡¿Quince días?!

– ¡Eso mismo! Viajando ¡Como si la ciudad no tuviera ningún problema! – Zeca dijo aun más nervioso. Simón sirvió el refresco, llegó otro cliente y fue a atenderlo.

Mientras los demás hablaban, él observaba desde la distancia, queriendo saber de qué estaban hablando.

– ¿Ves cómo funciona el Ayuntamiento? Siempre fue así, mi padre ya se quejaba.

– La familia tiene mucho dinero, por eso viajan por todo el mundo.

– Necesitamos encontrar una manera de encontrar a alguien capaz de enfrentarlos.

La Misión de Cada Uno

- Esta familia ha estado en el poder durante mucho tiempo - dijo Paulina enfadada.

Estuvieron de acuerdo y automáticamente miraron a Simón. Se dio cuenta, sabía que estaban hablando de él, y ciertamente, se trataba de esa idea ridícula de ser alcalde.

Tan pronto como atendió al último cliente, fue con ellos.

- ¿Y qué? ¿Para cuándo se programó la audiencia?

- Tendremos que esperar un poco. Nuestro querido alcalde está viajando y, cuando regrese, necesitará otra semana para descansar del viaje, y tal vez nos recibirá.

- ¡Paulina! ¡Estás bromeando!

- ¡No, no lo estoy, Simón! ¡Eso es lo que escuchaste! Es bueno que entiendas cómo funciona nuestra ciudad.

Tal vez cambies de opinión y decidas ser nuestro alcalde.

- Por favor, Paulina, no vuelvas a tener esta idea ridícula. ¡No seré alcalde, porque no sé cómo hacerlo!

- ¿Cómo no? ¡Y esa idea sobre Grutón! ¡La gran cantidad de detalles con los que transformó un lugar sucio como ese en un lugar maravilloso!

- La forma en que te preocupaste por crear empleos para los pobladores, construir casas para darles comodidad. ¡Es una prueba que sabes cómo hacerlo y que serías un buen alcalde!

- Esa fue la emoción del momento. Cualquiera, viendo toda esa miseria y luego toda esa belleza, seguramente tendría la misma idea. ¡No tienes que ser político para eso!

- Todos vimos lo mismo y ninguno tuvo la idea. ¡Sólo tú! ¿Por qué? ¿Eres un ingeniero? ¿Fuiste político?

- ¡No! No soy ingeniero ni político. Sé mirar más allá. ¡Es imposible que ustedes tampoco lo hayan visto!

- No tiene sentido insistir en eso, Paulina -. Zeca los interrumpió.

- Lo importante es poder hacer lo que Simón tenía en mente, necesitamos hablar con el alcalde.

- ¿Cuánto tiempo llevará? ¿Qué tal si comenzamos a planificar en papel? Entonces, cuando llegue, ya tendremos un plan de acción para presentar.

- Pero ¿cómo hacemos eso? No somos ingenieros.

- Debe haber algunos en la ciudad - respondió Zeca -, tenemos que escribir lo que queramos.

- Se lo presentaremos al ingeniero para que pueda hacer nuestro proyecto.

- No sé, dijo Paulina, recuerdo que cuando vivía aquí, Juárez, un amigo de la infancia, fue a la capital para estudiar ingeniería. No sé si volvió después de eso. Necesito averiguarlo.

Iré a la casa de su madre y preguntaré.

- ¡Hazlo, Paulina! - dijo Célia emocionada.

- Pero nada nos impide que cada uno de nosotros de su propia idea de cómo queremos que se haga todo.

- Creo que sería mejor hablar con el sacerdote antes de tomar cualquier decisión.

- Él tiene conocimiento sobre eso. ¡Sabrá si es una buena idea o no!

- Paulina, tienes razón -. Dijo Zeca:

- él sabe y debe haber tenido una idea.

- Unámonos a él.

Fueron a la iglesia. Se encontraron con Robertito, que regresaba de la escuela y quería ir con ellos. El padre Jorge estaba sentado en una banca leyendo.

Se acercaron y Célia le tocó el hombro:

- Padre Jorge, tenemos que hablar contigo.

- Sí, hijos míos. Vamos a la sacristía - Él se adelantó y fue acompañado por ellos. Paulina tomó la delantera.

La Misión de Cada Uno

- Padre, fuimos a Grutón...

- ¿Qué vieron allí?

- ¡Vimos que tu Dios se olvidó a esas personas!

- Mi Dios, que también es el tuyo, Paulina, no se ha olvidado de esas personas, Él no olvida a nadie...

- Por supuesto, se olvidó de mí, pero eso no importa ahora. Lo que queremos es contarte la idea que teníamos de tomar el lugar de tu Dios y ayudar a esas personas.

- ¡Nunca pueden tomar el lugar de nuestro Dios, Paulina!

Porque así es como trabaja. Solo al escuchar tu forma de hablar, veo que Dios no se ha olvidado de esas personas o de ti, pero ¿cuál fue la idea?

Zeca comenzó a hablar, los demás también querían. Estaban ansiosos. Robertito lo intentó, pero no pudo ser escuchado.

- Se olvidaron de decir que necesitan hacer un parque de diversiones para los niños, dijo Robertito, subiéndose a la espalda de Zeca y saltando sobre sus hombros.

Todos dejaron de hablar, Zeca tomó al niño de sus hombros, colocándolo sobre la mesa y diciendo:

- ¡No te preocupes, Robertito! ¡Tú también eres parte de la comisión! Ve pensando en todo lo que crees que es bueno para los niños. Luego nos hablarás de eso y veremos si se hace.

El padre Jorge agradeció a Dios por las personas que le había enviado.

Había estado siguiendo la vida de esas personas en Grutón durante tanto tiempo. Ayudó en lo que pudo, pero sabía que necesitaban mucho más.

- ¡Está bien! Estoy de acuerdo con todo lo que dijiste, si podemos hacer todo eso, los problemas terminarán. Pero ¿cómo se puede hacer? ¿Dónde conseguiremos dinero?

- Simón dijo que tenemos que hablar con el alcalde - Zeca respondió -, no sabemos muy bien cómo funciona. Dijo que es necesario que haya una autorización del alcalde y los concejales para que esas tierras sean donadas y transformadas en un lugar turístico. El dinero puede salir del Ayuntamiento.

- ¿Del Ayuntamiento? - dijo el sacerdote desolado -, con el alcalde que está allí? ¡Será muy difícil!

- He hablado con él muchas veces sobre Grutón. Él siempre dice que no puede hacer nada, porque no tiene dinero.

En realidad, no le importan las personas...

- Hablaremos con él y le demostraremos que será bueno para el progreso de la ciudad.

Con el turismo, se desarrollará y podrá decir que fue idea suya. Será un héroe ante la gente.

Puede ser que, usando su vanidad, puedas conseguirlo. ¿Alguna vez has estado en el Ayuntamiento?

- No está, salió a pasear por Europa...

- Eso es lo que más hace a Zeca. Pero no importa, ¡lo importante es poder hacer todo lo que me dijeron! ¡Será maravilloso!

- Podemos hacerlo. Si no quiere ayudarnos, encontraremos otra manera, ¡pero lo haremos!

- Esta ciudad me ha dado tanto, que tengo que devolver de alguna manera. Si puede ser así, ayudando a todas esas personas, será...

Miraron a Zeca, que decía esas palabras con una mirada distante, como si estuviera recordando algo.

- Zeca, ¿qué estás recordando? - Preguntó Paulina - Cuando llegué por primera vez y cómo fui recibido por todos -. Se dio cuenta de que, por un momento, había mostrado todo el dolor en su alma.

- Bueno, lo que pasó, pasó -. Zeca se recompuso y continuó hablando -, hoy en día, lo que necesitamos es preocuparnos por el presente.

La Misión de Cada Uno

- Y de cómo lo haremos, ¿verdad?

En ese momento, Célia y Paulina también recordaron su pasado. Sus miradas, como la de Zeca, se hicieron distantes.

El padre Jorge se dio cuenta y dijo:

- Hijos míos, no importa el pasado. Dios siempre nos muestra un camino.

- Continuaremos intentando hacer que este plan funcione... de alguna manera, podremos hacer todo lo que estén planeando. Dios nos mostrará el camino. Tenemos en nuestros corazones tristezas y sufrimientos, acciones, penas y sufrimientos, pero Él es el Padre...

Se despidieron del sacerdote y volvieron al bar. Simón estaba atendiendo a sus clientes, pero estaba ansioso por saber qué les había dicho al sacerdote. Le contaron todo lo que habían hablado con él.

Decidieron que no tenían nada que hacer antes que el alcalde regresara, a menos que, por ahora, envíen comida y medicinas a Rosaura.

Simón ya había preparado dos cajas que les enviaría a través de Elías en el taxi. Paulina recordó que había prometido las medicinas.

- Espera, Simón. Aun no envíes los suministros. Necesito ir a la farmacia a comprar medicamentos para Paulino -. Simón estuvo de acuerdo.

Ella fue a la farmacia, compró todo y regresó sonriendo:

- Aquí están todos los medicamentos prescritos en la receta.

- Enviaré todo ahora mismo, Paulina, ese chico necesita alimentarse y comenzar el tratamiento - Se despidieron y se fueron a sus casas. Estaban alegres.

Habían encontrado una razón para seguir viviendo. Robertito acompañó a Célia.

- Célia, hoy no me enseñaste a pintar...

– Hoy ya es tarde, Robertito, pero mañana continuaremos nuestras clases.

– Dile a Mauricio que venga también.

Ella le dio un beso en la frente y entró en la casa. Estaba feliz: ¡mi vida está cambiando muy rápido!

No hace mucho, cuando descubrí el mal que me habían hecho, pensé que mi vida había terminado, pero ahora estoy segura que estoy comenzando de nuevo. Es posible que no pueda arreglar mi pasado, pero ya no importa. Esas personas necesitan mi ayuda y haré todo lo posible para ayudarlos.

Mientras sea posible, me quedaré aquí en la ciudad, siento que este es mi camino.

Como ya no puedo ser feliz, al menos ayudaré a esas personas. Hace mucho calor, me voy a duchar y comer algo.

Ella hizo eso. Después de bañarse y comer un refrigerio, recogió el libro que alguien le había regalado cuando fue hospitalizada.

En ese momento, estaba tan lejos de todo lo que no tenía curiosidad por leer, hoy tengo ganas de leerlo.

Tomó el libro, miró su portada y leyó: "*El Evangelio según el Espiritismo.*"

– ¿Qué está escrito aquí? He escuchado sobre esta religión, sé algo sobre la Biblia. De niña iba a la iglesia todos los domingos. Pero después de crecer, no le presté mucha atención a ninguna religión. Tenía otras cosas que hacer. Abrió el libro al azar.

Hablaba de la reencarnación, a través de algunos capítulos del Evangelio.

Comenzó a leer y continuó así toda la tarde. Estaba oscureciendo cuando cerró el libro y pensó: "Esta religión es extraña, pero hay algo que me resulta convincente. ¿Existe realmente la reencarnación?

Es una cosa diferente, pero si realmente existe, habría respuestas a muchas cosas que no he entendido hasta hoy. ¿Por qué

La Misión de Cada Uno

esas personas en Grutón viven de esa manera? Dios no sería justo si eligiera a sus hijos y le diera a cada uno diferentes destinos. ¿Por qué algunos son tan pobres que no tienen nada para comer, mientras que otros tienen tanto que podrían tirarlo a la basura y no necesitarlo? ¿Por qué algunas personas están sanas y otras enfermas? ¿Por qué algunos tienen un cuerpo perfecto y otros no? Quizás la reencarnación es una respuesta a todo esto, necesito estudiar más esta religión, saber más..."

Sintió calor. Fue a la plaza, se sentó en una banca y pensó en todo lo que había sucedido en su vida.

Paulina miró por la ventana, y vio a Célia en la plaza, así que fue hacia allí.

- Hola, Célia, ¿estás pensando en la vida?

- Sí, y también en la gente de Grutón. Sabes, Paulina, me alegra que me guste pintar.

- Sí, tu lienzo está quedando realmente bonito. ¡Debes ser una pintora famosa!

- ¿Por qué dices eso? ¿De dónde sacaste esa idea?

- Porque pintas muy bien. No sé mucho sobre pintura, pero puedo ver que no eres una aficionada.

- Me encanta pintar, Paulina, pero no soy profesional, es solo una forma de distraerme.

Mientras pinto, no pienso en mis problemas.

- Entiendo lo que dices, me pasa lo mismo con el piano.

- Mientras toco, mi alma viaja.

- Esta tarde estaba leyendo un libro que me hizo pensar en algunas cosas, estaba aquí reflexionando sobre lo que leí.

- ¿Qué libro, Célia? ¡Me encanta leer!

- ¿Has oído hablar del Espiritismo?

- ¿Cuál? ¿Ese en el que las personas ponen cosas en la encrucijada y solo hacen el mal?

- No lo sé, pero por el libro que leí, ¡no parecía así!

– El libro habla sobre la reencarnación y la responsabilidad que cada uno de nosotros tiene con nuestros actos. Fue Allan Kardec quien escribió.

– Sobre la reencarnación, escuché algo, pero nunca me interesó ese tema.

– Me regalaron este libro cuando fui hospitalizada, pero hasta hoy nunca tuve curiosidad por leerlo.

– No sé por qué, hoy cuando lo vi, abrí una página y la lectura me interesó. Estuve leyendo durante horas.

– Es un tema interesante.

¿Te hospitalizaron, Célia?

– Sí, pero no me gustaría hablar de eso, Paulina.

– De acuerdo, no insistiré. Cuando confías en mí lo suficiente, es posible que quieras decirme, pues desahogarse es muy bueno.

– Quizás algún día te cuente toda mi vida, pero siento que aun no es hora.

– Cuando necesites desahogarte, estaré aquí. Pero, volviendo al libro, hace tiempo que dejé de creer en Dios y las religiones. No creo que nada de eso exista.

Si Dios realmente existiera, no permitiría tanta maldad, enfermedad y diferencias en el mundo. ¿Has terminado de leerlo?

– No, aun no he terminado. Pero me di cuenta que no es solo un libro para ser leído.

Es un libro para ser consultado siempre. Como piensas así acerca de Dios, ¡creo que sería bueno que lo leas!

¡Quizás, como yo, encuentres algunas respuestas!

– Me da curiosidad, ¿me lo prestas cuando termines de leerlo?

– Seguro, ahora me voy, ya está oscureciendo.

– Iré contigo hasta tu puerta. También estoy leyendo un libro, solo que el mío es una novela de detectives.

La Misión de Cada Uno

– Cuando termine, si quieres, puedo prestártelo.

– Sí, después de pintar, lo que más me gusta es leer. Leo sobre todos los temas –. Célia entró en la casa. El libro todavía estaba en la cama, se acostó y volvió a leer.

Quizás ahora pueda entender mucho de lo que sucedió en su vida.

Mañana iré a una librería de la ciudad y compraré algunos libros más sobre este tema. Siento que me harán mucho bien.

7.- *El místerio contínúa*

Al día siguiente por la tarde, Célia fue a la plaza. Robertito y Maurício estaban allí.

Ella sonrió, instaló los lienzos y comenzó a enseñarles a los dos. Robertito ya estaba empezando a ver como su lienzo se formaba.

No era perfecto, pero para él se convirtió en lo más importante. Célia dijo:

- Robertito, no sé dónde vives o cuántos años tienes.

- Vivo allí detrás de la plaza. Pronto cumpliré diez años.

- ¡Qué bien! ¿Tendremos pastel?

- Mi mamá siempre lo hace. Ella dijo que cada año es diferente. Y que nunca volveré a tener diez años.

- Ella tiene razón. El tiempo pasa rápidamente y nunca podemos regresar y cambiar lo que hicimos bien o mal.

- ¿De qué estás hablando, Célia? No estoy entendiendo...

- ¡Nada! ¡No estoy diciendo nada! Solo estoy pensando, te gusta mucho tu madre, ¿no?

- Sí, ella lo es todo para mí, ella hace todo lo que quiero. A veces me castiga, pero solo cuando hago algo mal.

Parece que es mala, ¡pero no lo es! Solo parece...

- ¿Tienes más hermanos?

- Solo uno. ¡Lleva mucho tiempo viviendo en Brasilia! Él solo viene aquí a veces y siempre me trae muchos regalos.

- ¿Qué hace él en Brasilia? ¿Trabaja o estudia?

- No lo sé muy bien, parece que es abogado.

La Misión de Cada Uno

– ¿Cuándo volverá?

– No sé, él nunca avisa.

– Me gustaría conocer a tu madre, parece muy buena.

– ¡Realmente lo es! Hablaré con ella y le pediré que venga a hablar contigo. ¡Te agradará! ¡Lo sé!

Maurício se ensució las manos y la ropa con pintura roja. Célia, estaba distraída y hablando con Robertito que no se dio cuenta. Cuando Robertito lo vio, se echó a reír y Maurício se puso a llorar.

– No llores, Maurício... – dijo Célia abrazándolo, al principio es así.

Mira, tomemos este trapito y en un instante limpiaremos todo.

Cuando aprendas a manejar las pinturas, ya no sucederá. Lo siento, me distraje y olvidé que nunca habías usado las pinturas.

Con el trapo, limpió las manos del niño. Recogió todo el material. La madre de Maurício vino a buscarlo y cuando vio al niño completamente sucio, y conb la cara de haber llorado, dijo:

– ¿Qué pasó?

¿Se cayó el pincel sobre tu ropa?

– No, respondió Célia, apenas está empezando a aprender. ¡Pronto será un gran pintor! – La madre del niño sonrió, lo besó, se despidió y le agradeció a Célia.

Se fue tomando al niño de la mano y Célia se fue a su casa. Al día siguiente, como lo había estado haciendo hace unos días, fue al bar a encontrarse con Zeca y Paulina para el desayuno.

Simón ya los estaba esperando con la mesa puesta. Tenían mucho de qué hablar.

Paulina dijo:

– Ayer hablé con mi amigo, Juárez. Se interesó en la idea y quiere hablar contigo el próximo domingo por la tarde.

- ¡Muy bien, Paulina! Simón dijo sonriendo, el primer paso ya está dado. Cuando el alcalde regrese y decida reunirse con nosotros, ¡lo convenceremos que nos ayude!

Simón sabía que lo convencería. Mientras hablaban, vieron que Gustavo y Clara también estaban hablando.

- Clara, mi padre dijo que no nos ayudará. Le dije que no iría solo, él está muy preocupado.

- ¡Sí lo harás! No deberías preocuparte por mí, estaré bien y esperándote.

- Estoy triste porque tengo tantas ganas de estudiar y no puedo hacerlo por dinero. ¿Qué clase de país es este?

- Además, el país no tiene la culpa, si tuviera un padre, me enviaría a la universidad y estaría orgulloso como el tuyo.

- Todavía somos muy jóvenes, te esperaré...

Desde el bar los vieron, pero no pudieron oírlos. Permanecieron allí durante mucho tiempo, luego cada uno se ocupó de sus propios asuntos. Zeca fue a trabajar y Célia fue a la plaza a pintar. Paulina fue a su casa a tocar el piano y Simón se quedó en el bar, pensando en la gente de Rio Grutón y cómo podía transformar todo eso...

Los días pasaron, sin muchas noticias. Se reunían por la mañana y por la tarde.

El domingo se reunieron con Juárez, quien luego de escucharlos dijo:

- Puedo hacer el proyecto y no cobrar, pero creo que el costo será alto y si el alcalde no lo aprueba, será muy difícil.

Simón, de todos, era el que estaba más emocionado:

- ¡Hablemos con él! Estoy seguro que lo entenderá.

¡Sabrá que será bueno para la ciudad y para él mismo!

Al igual que los demás, Juárez también se rio y dijo:

- Simón, puedes intentarlo, pero creo que será difícil.

No le importa mucho la ciudad, solo sus viajes.

La Misión de Cada Uno

- Es imposible que sea tan insensible, Juárez.

Espero que lo consigan. Haré mi parte. Cuando esté listo te lo haré saber.

Tomará tiempo, porque solo puedo hacerlo en mi tiempo libre. Pero lo haré tan pronto como pueda.

- Si está hecho para cuando regrese el alcalde, será genial, así que te mostraremos el proyecto terminado.

Creo que será más fácil.

- Lo intentaré, Paulina, incluso si no es el proyecto final, pero al menos tendrán una idea aproximada del costo-beneficio.

Simón sirvió refrescos a todos. Ahora eran amigos y tenían mucho que hablar sobre Grutón.

- ¿Has pensado en lo bonito que sería, si todas esas personas tuviesen una buena casa para vivir, además de trabajo?

- Sería realmente bueno, Zeca, pero corremos el riesgo que esta ciudad deje de ser lo que es, con tantos turistas...

- No había pensado en eso, Paulina, pero será inevitable. Esas personas en Grutón necesitan vivir con dignidad -. Célia, mientras asentía, dijo:

- Paulina, terminé de leer el libro.

- Confieso que me gustó. ¿Realmente querrás que te lo preste?

- Ya te dije que no creo en Dios y nada de eso, pero si te ha parecido bueno, lo leeré.

- No prometo llegar al final.

- Fue muy bueno para mí. Si no lo quieres, no importa. No tienes que preocuparte.

- ¿De qué libro están hablando? - Simón preguntó.

- He estado leyendo un libro sobre Espiritismo. Me gustó lo que leí, encontré algunas respuestas a mis problemas.

- ¡Lo de Espiritismo es pura charlatanería, Célia! De hecho, todas las religiones lo son.

- ¡En todas ellas el dinero los vuelve locos!

¿Qué pasa, Simón? ¡Hay muchas personas que se dedican a eso sin pedir nada a cambio!

- Puede que algunos no ganen dinero, pero detrás de ellos, alguien está ganando.

- Se ha dicho durante mucho tiempo que la religión es el opio de la gente. ¡Mientras la gente reza, los poderosos se vuelven más ricos y más poderosos!

- ¡Eres un socialista! - Zeca se echó a reír -, ¡seguidor de Karl Marx! ¡Ya se ha demostrado que la lucha de clases no es la solución!

- No estoy hablando de la lucha de clases. Estoy hablando de religión.

- Todos predican conformismo. Mientras tanto, la gente espera la ayuda de Dios y no lucha por sus derechos. Por eso le dije a Célia, que no creo, ni siquiera en Dios.

- No existe, porque si existiera, ¡no habría tanta tragedia, sufrimiento y desigualdad en este mundo!

- ¡No, no existe!

Zeca y Paulina asintieron de acuerdo con lo que decía Simón.

- Yo también lo pensé, pero después de leer ese libro, encontré algunas respuestas a todo eso.

Quién sabe, tal vez si leen y tampoco encuentren respuestas. Me gustó lo que leí. Voy a averiguar más. Tengo el libro.

- Cualquiera que quiera puede leerlo.

- Trataré de leerlo, Célia, aunque sé que será difícil volver a creer en Dios - dijo Paulina. Cambiaron de tema, y volvieron a hablar sobre el proyecto.

La Misión de Cada Uno

Robertito, con cada día que pasaba, traía a otro amigo para que lo viera pintar. Algunos querían aprender. Célia ya enseñaba a seis niños, por eso solo podía pintar su lienzo en casa por la noche.

Los niños se llevaron toda su atención.

La gente de la ciudad que, al principio, encontró extraña a esa chica con el rostro cubierto, ahora la apreciaban, por todo el amor y afecto que mostraba al tratar con los niños.

Esa tarde, después de regresar de la escuela, Robertito entró al bar, gritando, nervioso y jadeante:

– ¡Sr. Simón! ¡Sr. Simón! ¡El dinero! ¡El dinero!

– ¡Cálmate, Robertito! ¿De qué dinero estás hablando?

– ¡El dinero de Clarita!

– ¿Qué dinero?

– ¡Llegó mucho dinero para ella!

– ¡¿Que está diciendo?! – Simón preguntó con curiosidad:

– Al igual que el dinero de José. ¡Llegó a la oficina de correos!

Llegó una carta en la que le dice que use el dinero para estudiar.

– ¡No creo! ¡¿Otra vez?! ¡¿Estás seguro?!

– ¡Sí, estoy! En el correo todos comentan sobre eso. ¡Fui a recoger a Maurício y escuché!

– ¿Quién lo envió?

– ¡No lo sé y nadie lo sabe! ¡Eso me pone nervioso!

Necesito averiguarlo...

– Quieres ser el primero en saberlo y contarlo, ¿verdad?

– Así es, pero no importa, hay muchas personas que no saben y tengo que decirles, ¡de lo contrario no lo sabrán! Adiós.

– ¡Adiós Robertito! Corre, de lo contrario podría ser demasiado tarde –. Robertito se escapó, Simón se quedó riendo.

En la casa de Regina, la alegría era total. Clara vio todo ese dinero y la carta que decía que se suponía que debía ir a la universidad.

- Mami, ¿quién la habrá enviado? ¡Con este dinero podré vivir y estudiar!

- ¡Podré hacer realidad el sueño de mi vida! ¡Ser una doctora! ¡Dios realmente existe!

- Siempre creí eso, pero, ¿quién lo habrá enviado?

- Mamá, ¿no fue mi padre?

Regina ya lo había pensado, pero sabía que no había sido él. Nunca se preocupó por ella o por su hija.

- ¡No hija! No fue él. No sabes sobre tu existencia.

- ¿Estás segura de eso?

- ¡Claro! Pero no importa quién fue, lo importante es que ahora puedes ir a la universidad.

- Quien haya hecho esto, cree que trabajarás duro para ser una gran doctora.

- ¿Fue el sr. Manolo? No le comenté a nadie, excepto a Gustavo que habló con sus padres.

- Tampoco le comenté a nadie. Solo contigo.

- Solo puedo agradecerle a Dios, mamá.

¡Estudiaré mucho!

¡La persona que me dio este dinero no se arrepentirá!

- Eso creo, hija mía. ¡Sé que estudiarás mucho! - Sonó el teléfono, ella corrió para contestar.

- ¡Hola Clarita!

- ¡Hola Gustavo! ¿Has escuchado?

- ¡Sí! ¡Pero no puedo creerlo! ¡¿Es verdad?!

- ¡Así es! ¡Ahora puedo ir contigo!

- ¡Seremos los mejores médicos que pueden existir en este planeta! ¡Te amo!

La Misión de Cada Uno

- ¡También te amo! Pero, ¿le comentaste a alguien que no tenía el dinero para ir a la universidad?

- ¡No! Solo en casa, con mis padres.

- ¿No fue tu padre?

- ¡No, él no tiene todo ese dinero! Me enviará todos los meses.

- De repente, no lo habría hecho. ¿Realmente no sabes quién lo mandó?

- ¡No! Mi madre y yo estábamos hablando de eso. No le dijimos a nadie.

- Entonces no sabemos quién lo envió.

- ¡Es extraño, pero quien lo haya enviado cayó del cielo!

- ¡Eso mismo! Lo importante es que ahora iremos juntos. ¡Quienquiera que sea, que Dios lo bendiga!

El rumor en la ciudad fue nuevamente sobre dinero que, como el primero, llegó misteriosamente y de la misma manera. En el servicio de mensajería, no figuraba nombre del depositante.

Todos tenían curiosidad y querían ser el próximo ganador. La carta que llegó solo decía que era para que Clara estudiara y se quedara en la universidad. Zeca, Simón, Célia y Paulina, como los demás, también hablaron sobre eso.

Zeca estaba asombrado: ¿Quién lo habrá enviado?

- ¡Nadie sabe! respondió Paulina - ¡Es un misterio!

- Este benefactor debe tener mucho dinero...

- Bueno, Célia - dijo Paulina, ¡tal vez alguien que ganó la lotería, hizo algún tipo de promesa!

- O tal vez algún millonario condenado a muerte y ¡sin herederos! - Ahora, quien habló fue Simón. Cada uno dio su opinión, pero no estaban convencidos.

- Gustavo y Clara, por días, estuvieron muy nerviosos. ¿Fue por eso, Paulina?

- Tal vez, sabía que Gustavo iría a la universidad, pero no sabía que Clara también quería ir.

- Zeca, tú que vas a la casa del comisario, ¿nunca escuchaste nada al respecto? ¿Nunca comentaron?

- ¿Sabían que estaban saliendo, y que el comisario no estaba de acuerdo con esa relación, sino por dinero?

- ¡Nunca lo comentaron! No tenía idea.

- Ahora Clara debe estar pensando que Dios existe.

- ¿Por qué? ¿No crees, Célia? ¡Estoy empezando a creerlo!

- Célia, por cierto, empecé a leer el libro que me prestaste. ¡El tema es realmente interesante!

- No me he convencido de la existencia de Dios, pero me está haciendo pensar.

- Leeré más, luego lo discutiremos. ¿Qué te parece?

- Pensar es genial, Paulina. Quizás encuentres respuestas.

- Sí, Zeca, ¡parece que nuestros amigos encontraron algo en común para discutir!

- Siempre fui de la opinión que uno no debería descartar nada, diciendo que no creo.

- ¡Nunca pensé que eras mística, Célia!

- Zeca, durante mucho tiempo me mantuve alejada de la sociedad, lo que me hizo pensar en Dios.

Durante mucho tiempo, llegué a creer que Él no existía. De hecho, solo consideré este tema nuevamente ahora, después de haber leído este libro. Todo lo escrito en él incluso puede ser cierto, y si lo es, es maravilloso...

- Yo soy el que no quiere saber acerca de Dios o cualquier otra religión.

- Lo que sucedió en mi vida, me hizo creer que todos somos víctimas de un destino que puede ser muy cruel. Dios nos castiga a través de aquellos que amamos.

La Misión de Cada Uno

- ¿Quieres hablar de eso, Simón?

- ¿Quién? ¿Yo? No, no quiero, Paulina, y ni siquiera puedo hablar.

- Todavía no he logrado curar mis heridas - Cambiemos de tema. No quiero y no puedo recordar el pasado. Llevo mucho tiempo queriendo olvidar todo.

- Después de leer el libro, Simón, entendí que quizás nuestro encuentro aquí, en esta ciudad, tiene un propósito mayor.

- ¿Qué quieres decir, Célia?

- Vinimos, cada uno con un pasado que insistimos en no revelar.

- Nos conocimos y estamos juntos, involucrados en un proyecto. ¿No crees que esto es extraño?

- Sí, dijo Zeca, te hace preguntarte. ¿Cómo nos hicimos amigos tan rápido? ¿Cómo nos llevamos tan bien?

- ¿No es porque ya nos conocíamos?

- ¿Cómo, Célia? ¡Uno no sabe nada sobre la vida del otro!

- ¡Ella quiere decir otra encarnación! - dijo Paulina -. ¿No es cierto, Célia?

Célia miró a cada uno muy lentamente, respondió:

- ¡Eso es correcto! Eso es lo que leí en el libro.

- ¿Qué? ¿Reencarnación? - dijo Simón -. ¡No lo creo! ¡Es una locura! ¡Pura charlatanería!

¡No puedo aceptarlo!

- ¿Por qué no? ¡Solo ella puede explicarnos muchas cosas!

- Nunca supe nada de eso - dijo Zeca, y confieso que no deseo saberlo.

- Bueno, desde que lo leí, la primera vez, estoy pensando en ello seriamente.

– Tal vez algún día lo lea, pero ahora solo estoy interesado en nuestro proyecto. Quién sabe, tal vez... algún día... ese asunto de espíritus y reencarnación me llamará la atención.

– De acuerdo, Zeca. Algún día, hablaremos de ello nuevamente. Hoy tenemos otra prioridad.

Ellos continuaron hablando. Ese viaje a Grutón despertó un sentimiento de solidaridad, que no habían sentido en mucho tiempo. Todos estaban atrapados en el pasado. Pero ahora era diferente, dejaron de pensar en sus problemas y soñaron con cambiar las cosas para las personas que sufrían.

8.- Ingratitud

Los días pasaron, el alcalde finalmente regresó. Paulina fue al ayuntamiento y pidió una audiencia, que sería en tres días. Juárez trajo el proyecto, poniendo todo lo que pretendían hacer.

No era el proyecto final, pero era posible tener una idea aproximada de costo-beneficio.

En el día señalado, los cuatro acompañados por Juárez, fueron al Ayuntamiento. Fueron recibidos por el alcalde. Un hombre de unos cuarenta años y con buen aspecto.

Se sentaron en sillas señaladas por él:

- ¿Qué les trae por aquí? - Preguntó el alcalde con una sonrisa forzada. - ¿Cómo puedo ayudarles?

- Mi nombre es Simón, estos son Célia, Zeca, Juárez y Paulina.

- Somos residentes de la ciudad y estuvimos en Grutón. Tuvimos algunas ideas para cambiar todo allí.

- Ese lugar me trae muchos problemas. Necesito sacar a esas personas de allí, pero no tengo a dónde enviarlas. Lo que viste allí, puedes estar seguro que no será por mucho tiempo.

¡Pronto todos serán enviados lejos porque es un manantial y la ley estarán de mi lado para sacarlos!

- ¡Alcalde, espere! ¡No estamos aquí para que la gente salga de allí!

Por el contrario, queremos que se queden, ya que son personas pobres.

Cuando estuvimos allí, surgió una idea que nos gustaría transmitirle para que pueda evaluarla.

– ¿Cuál fue la idea?

Juárez mostró los proyectos. El alcalde prestó atención a todo.

Cuando terminaron de hablar, lo miraron esperando una respuesta.

Miró a todos, luego a los papeles sobre la mesa:

– La idea es buena, pero es un proyecto inviable.

– ¿Qué tan inviable? – preguntó Simón.

– La ciudad no tiene dinero para un proyecto como este. Es un manantial, no puede haber casas. Este proyecto tendría que ser aprobado por la mayoría de los concejales.

Simón interrumpió nerviosamente:

– ¿Cómo no tiene dinero la ciudad? ¡No se ha hecho nada nuevo aquí durante mucho tiempo! ¡Una ciudad como esta, que cultiva para exportar, debe recaudar muchos impuestos!

– En cuanto a las casas, pueden estar en un lugar cercano, sin pertenecer al perímetro del manantial.

– Si la gente tiene trabajo podrán pagar por los gastos de sus hogares.

– Todo el dinero recaudado, solo alcanza para los gastos. ¡No se puede arriesgar en un proyecto loco como este!

– ¿Loco? ¿Entendió bien el alcance de los beneficios que traería a los residentes y a la ciudad? Se convertiría en una ciudad turística, atrayendo gente de todas partes.

¡Estas personas gastarían y ayudarían al comercio de la ciudad, trayendo mucho dinero al Ayuntamiento!

– Sería una gran idea, Sr. Simón, pero también dejaría de ser una ciudad tranquila y pacífica.

– Por otro lado, la gente viviría mejor y su imagen mejoraría pudiendo ser reelegido nuevamente.

– No me interesa, porque mi familia ha estado cuidando esta ciudad durante mucho tiempo.

La Misión de Cada Uno

Todos siempre votan por nosotros... - dijo con una sonrisa irónica.

Simón no pudo ocultar su ira. ¿Cómo podía ser tan pedante e insensible? - Jugó su última carta.

- Hay algo en lo que no pensaste, habló en voz baja y prestando atención a la cara del alcalde.

- Para que todo esto se lleve a cabo, deberá contratar empresas de construcción...

El alcalde se detuvo, pensó, pensó y pensó, luego, con un brillo en los ojos, dijo:

- Me has hecho pensar. Hablaré con algunas personas. Entonces me pondré en contacto contigo de nuevo. Extendió la mano y se despidió. Se levantaron y se fueron.

Simón mantuvo una sonrisa malvada en su rostro. Los otros lo miraron sin entender lo que había sucedido. Cuando estaban de salida, encontraron a Regina, que estaba entrando. Se saludaron y ella entró y ellos se dirigieron al bar.

Regina se acercó a la secretaria del alcalde:

- Buenas tardes, Sueli - dijo Regina acercándose a la secretaria del alcalde - Necesito hablar con el alcalde. ¡Es urgente!

- Buenas tardes, Regina. ¿Tienes una cita?

- ¡No, pero es urgente!

- Voy a hablar con él. Espere un momento por favor -. Entró en la oficina del alcalde y regresó poco después.

- Me pidió que dijera que está ocupado, pero si quieres esperar un poco, él te atenderá pronto.

- Esperaré, necesito hablar con él hoy. Se sentó en un sillón, recogió una revista en la mesa y comenzó a leer.

Esperó casi dos horas hasta que la secretaria le pidió que entrara. Entró con el corazón en la boca.

- ¡Hola Regina! ¿Cómo estás? ¿Qué sucedió? ¡Nunca viniste a hablar conmigo!

- Realmente nunca vine, pero ahora tenía que hacerlo. Quiero saber si fuiste tú quien envió el dinero a Clara.

- ¡Yo no! ¡Ni siquiera sabía que quería ir a la universidad! ¡Nunca me pediste nada!

- Nunca, y no lo haré. Simplemente no entiendo por qué llegó este dinero y quién lo envió. Pensé que eras tú quien quería hacer algo por tu hija.

- ¡No! - dijo casi gritando -, ¡te digo de nuevo que no sabía que ella lo necesitaba!

- He estado viajando por más de un mes.

- Regresé a trabajar hace unos días. También estoy buscando averiguar quién es esta persona que envió tanto dinero. Primero para José, ahora para Clara. ¡Necesito saber cuál es el interés detrás de todo esto! ¡Sí, solo puede haber uno! Nadie haría una donación así, si no hubiera un interés.

- ¿Por qué siempre crees que hay un interés?

- Cuando nació Clara, me acusaste de insistir en el embarazo, ¡solo porque eras hijo de una familia rica y poderosa! Así que nunca quise nada que fuera tuyo. Crie a mi hija sola y hoy es una niña maravillosa, que solo me trae felicidad. ¡No sé en qué estaba pensando cuando pensé que podrías haber sido tú! ¡Soy tan idiota! Ella se pregunta quién es el padre. ¡No se lo dije y nunca se lo diré!

Me avergüenzo de haberte amado un día. ¡Eres mezquino y cruel! ¡Buenas tardes!

- Espera, hablemos, ¿por qué tanto alboroto? Sabes que dependía del dinero de mis padres. Nunca podría haber asumido a ti y a la niña, ¡nunca aceptarían!

- Eras un cobarde, ¡pero no necesitaba nada! Lo necesitaría ahora, para poder enviar a mi hija a estudiar. Pero, gracias a Dios, alguien lo hizo por mí.

- ¿No es alguien con quien mantienes un romance oculto? No te has casado hasta hoy, ¿por qué?

La Misión de Cada Uno

- ¡Realmente eres un idiota! Como eres un tipejo, ¡crees que todos son como tú!

No me casé porque tenía que seguir viviendo aquí y todos saben que soy madre soltera.

- ¡Nunca, ningún hombre se me acercaría! ¡También sería muy difícil para mí creer en otro hombre! ¡No tenemos nada más que hablar! ¡Hasta pronto, o mejor aun, hasta nunca!

Regina salió de la habitación. Temblando de rabia, salió del edificio. "¡Realmente soy una imbécil!"

¿Cómo pude, por un minuto, pensar que este sinvergüenza pudiera ayudar a su hija? ¡Es egoísta, cobarde y orgulloso!

Al final, menos mal que no fue él. ¡De esa manera no tendré que volver a verlo ni le deberé ningún favor! - Ella fue a la iglesia. Se arrodilló.

El padre Jorge se acercó:

- ¿Cómo estás, Regina? ¡Estoy feliz de verte aquí!

- Estoy bien, padre. Acabo de llegar aquí para buscar la paz.

- Escuché sobre el dinero que recibió Clara, pensé que estabas feliz, pero parece que estás triste y nerviosa.

- Sí, padre. Acabo de hablar con Raúl. Como siempre, ¡ha demostrado ser el canalla que siempre fue!

- Cuando todo sucedió, eras una niña. Él se aprovechó de tu buena fe.

- Me dijiste todo en confesión, así que no hice comentarios, pero te aconsejé que lucharas por todos los derechos de tu hija.

Preferíste quedarte callada, porque dijiste que, siendo de la familia que era, además de no hacer nada, podría hacerte daño. Pasó el tiempo, criaste a Clara y muy bien. Ella es una niña de gran carácter.

Ahora, con ese dinero, será una buena doctora. Debes agradecer a Dios.

- Estoy nerviosa, porque pensé que él envió el dinero. ¡Pero no!

Sigue siendo el mismo imbécil de siempre. En ese momento, debería haber tomado su consejo para irme lejos de la ciudad antes que Clara naciera. No me fui porque, en el fondo, pensé que la asumiría, pero no lo hizo. Cuando regresó de la universidad, traté de hablar con él, quien simplemente me ignoró y me dijo que estaba casado con una chica de su clase. ¿Recuerdas que vine aquí?

- ¡Por supuesto que lo recuerdo! Quería enviarte a la capital. Iba a trabajar en la casa de mi hermana, pero no querías hacerlo, porque siempre creíste que algún día reconocería a su hija.

- Lo amabas mucho y no sé si aun no lo haces.

- Tienes razón, no quería creer que todo hubiera sido un capricho. Que solo me había utilizado.

Dijo que me amaba, y tan pronto como volviera de la universidad, seríamos felices para siempre.

Sola en el mundo, viviendo en su casa, padre, creí todo lo que me prometió.

- Ahora se acabó. No tiene sentido quedarse atrapado en el pasado o tener dolor o amargura.

- Tu hija está bien, tienes un buen trabajo, pero, aun así, deberías irte de aquí y vivir con ella. Con el dinero que recibieron, pueden alquilar una casa y permanecer juntas.

- Lejos de él y de esta ciudad, quién sabe, ¿tal vez puedas comenzar tu vida de nuevo? ¡Todavía eres muy joven y hermosa! Encontrarás un trabajo y podrás estudiar más, convirtiéndote en una profesional.

No pierdas más tiempo, has esperado demasiado por él.

¡Estás mostrándome un camino en el que no había pensado!

Regina comenzó a llorar ya no con dolor o tristeza, sino con alegría.

La Misión de Cada Uno

- He estado atrapada en el pasado por mucho tiempo. Me haré cargo de mi vida y continuaré.

- ¡Lo que pasó, pasó! ¡Hablaré con Clara y me iré con ella! ¡Gracias padre!

- Me ayudaste mucho, como trataste de hacerlo en ese momento. Estaba nerviosa, pero ahora estoy tranquila y en paz.

- Ve, hija mía. Tienes todo el derecho de ser feliz. Si te quedas aquí, solo sufrirás; tienes toda una vida por delante.

Regina se levantó, besó su mano y se fue aliviada y en paz. Pasó la plaza, miró todo, como si ya no perteneciera allí. Llegó a casa, Clara no estaba, fue a la cocina, tomó un vaso de jugo. Fue al porche, se sentó en una mecedora, cerró los ojos y pensó en todo lo que había sucedido. Solo que esta vez no estaba enojada. Solo podía agradecer a Dios por haberle dado una hija maravillosa. En eso Clara llegó.

- ¡Mami! ¿Estás durmiendo?

- No, hija, solo estoy pensando en todo lo que pasó.

- Yo también he estado pensando. Quiero disculparme por todas esas cosas que dije ese día.

- ¿Qué cosas?

- ¡Cuando dije que eras culpable de todo mi sufrimiento! Pese a que dije todas esas barbaridades, Dios siguió siendo bueno y me ayudó. Llegué a la conclusión que no quiero y ya ni siquiera me preocuparé por quién es mi padre. No me importa, solo te tengo a ti, que me criaste con todo el amor y siempre me diste todo lo que necesitaba. Ahora que tengo el dinero para irme, voy a comenzar una nueva vida, lejos de todo y de todos. Olvidaré que esta ciudad existe. ¡Nunca volveré a poner un pie aquí!

- ¡No digas eso, hija mía! Regina dijo sin creer lo que estaba escuchando, naciste aquí, vas a estudiar y tal vez puedas volver y trabajar aquí, ¡ayudando a los pobres de la ciudad!

- Estando contigo, sin preocuparme por el dinero, ¡también podré estudiar y conseguir un buen trabajo!

— ¡¿Qué?! — Clara gritó, ¿estás pensando en ir conmigo? ¡De ninguna manera! ¡Me voy con Gustavo!

— Cuando dijiste que me olvidaría de todo y de todos, ¡estabas incluida!

— ¡Tuve una infancia infeliz por tu culpa! Solo me quedé porque no tenía alternativa, ¡pero ahora puedo vivir mi vida! ¡No estás incluida en mis planes! ¡Permanecerás aquí! ¡Vivir junto a estas personas inútiles! Si quieres ir, vete. ¡Pero sola! Ya no necesito tu ayuda, ¡mucho menos tu compañía!

Clara entró en la casa para llamar a Gustavo. Regina permaneció en el porche, con los ojos llenos de lágrimas. No quería creer lo que acababa de escuchar: lo extraña que es esta vida, hace unos días, estaba triste y desesperada por no poder darle a su hija lo que necesitaba y ahora que todo se estaba acomodando, descubría que siempre la odiara.

¿Dios realmente gobierna nuestras vidas y personas? ¿Realmente tenemos un destino preparado para nosotros?

Conozco todas estas respuestas, pero, aun así, me resulta difícil aceptar...

Mientras todo esto sucedía, en el bar, los amigos conversaban.

— Simón, ¿qué pasó? preguntó Zeca. — ¡No entendemos lo que dijiste para que, de repente, el alcalde cambie su actitud y opinión!

Él respondió con una sonrisa sarcástica:

— Se evaluará y, según el alcalde, se aprobará...

— ¿Cómo puedes estar tan seguro? Confieso que no entendí cuál fue la razón por la que cambió de opinión.

— Ten la seguridad. Puedes continuar con el proyecto, Juárez. Estoy seguro que el alcalde pronto nos llamará y nos dirá que el proyecto está siendo evaluado.

Se miraron sin entender, pero lo importante era que el alcalde realmente había cambiado su actitud. Simón continuó:

La Misión de Cada Uno

- Algunos políticos no piensan en el bienestar de las personas, excepto cuando pueden beneficiarse de ello. Este nuestro alcalde es una prueba viviente de eso...

- ¿En qué momento cambió de opinión, Simón?

- Espera, Célia. Creo que me estoy enterando...

- ¿Cuándo fue, Zeca? – Insistió Célia.

- Fue cuando Simón habló de los contratistas, ¿no fue así, Simón?

- ¿Crees que ahora evaluará el proyecto, porque con la contratación de los contratistas puede ganar dinero?

- ¡Es eso mismo! ¡Él solo construirá lo que queremos, si se da cuenta que puede ganar algo! Todos ahora entendían cuál era el movimiento de Simón.

- Tienes razón, Simón – dijo Paulina, asombrada. – Pero, ¿cómo sabías qué decir y cuál sería su reacción? ¿Ya sabes cómo funciona el mundo de la política?

- Por supuesto que lo sé y todos ustedes también deberían saberlo. Y es solo leer el periódico o mirar las noticias en la televisión.

- Confieso que leo los periódicos y veo las noticias, pero nunca me di cuenta de estas cosas. Nunca tendría esa idea.

- Bueno, Paulina, ¡ya no importa! ¡Esperemos y veamos qué pasa!

- Simón, si él aprueba, ¡esas personas en Grutón cambiarán sus vidas! Podrán vivir con dignidad.

- Por supuesto, Célia, ¡ten por seguro que no solo esas personas, sino toda la ciudad!

Todos se rieron. Simón sabía lo que estaba diciendo. Comenzaron a sospechar que él entendía el mundo de la política. Se despidieron y se fueron.

Cuando Paulina llegó a casa, vio el libro que Célia le había prestado sobre la mesa. Lo recogió y se fue a su habitación. Se acostó y continuó leyendo desde donde se había detenido. Leyó algunas páginas, lo dejó a un lado, cerró los ojos y siguió pensando...

9.- Encuentro casual

Regina se fue de casa sin saber qué hacer y adónde ir. Lloró mucho.

Zeca también iba a su casa. Desde que habló con su madre, no pudo olvidar el pasado. Cuando dobló la esquina, se encontró con Regina que venía en la dirección opuesta.

Se asustaron, dejó caer un paquete de dulces que llevaba a Robertito. Se agacharon para recogerlo. Sus miradas se encontraron y él se dio cuenta que estaba llorando. Él la tomó de las manos y se pusieron de pie juntos.

– ¿Por qué lloras, Regina? ¿Qué sucedió? ¡Pensé que estabas muy feliz con la llegada del dinero!

– Perdón por el golpe. Estaba distraída y pensando en la vida.

Estoy un poco nerviosa, pero pronto pasará...

– Nerviosa, ¿por qué?

– Lo siento, pero ahora, no quiero hablar de eso...

– Está bien, pero como estás nerviosa y triste, ¿por qué no vamos a la plaza y podemos hablar?

– No sé si quiero hablar, estoy aturdida...

– No tiene sentido pensar, hablemos. Sé que no quieres hablar, pero necesitas hablar con alguien.

– Está bien, me convenciste. Vamos a hablar.

– Algunos amigos y yo, estamos involucrados en un proyecto para mejorar la vida de las personas que viven en Grutón.

— ¡¿Cómo es eso?! ¿Un proyecto para Grutón? – Se sentaron en una banca en la plaza. Zeca le contó los planes. Regina escuchó con mucha atención.

— ¡Pero es formidable! ¿Quién tuvo esta idea? ¿Quiénes son las personas involucradas en esto?

Zeca se dio cuenta que estaba emocionada. Le contó sobre la visita que él y sus compañeros hicieron a Grutón.

— ¿Puedo participar también?

— ¡No solo puedes, sino que deberías! Cuantas más personas estén interesadas, más fácil será que se haga realidad.

— Solo veo un inconveniente. Si depende del alcalde, será difícil. Es demasiado egoísta para querer ayudar a la gente.

— Simón ya sabe cómo ocuparse de esto. ¡Lanzó el anzuelo y está seguro que el pez lo morderá!

— Si hay alguna ventaja financiera para él, puedes estar segura que Simón tendrá éxito.

Ella dejó de llorar. Ese tema la involucró y, mientras hablaban, se olvidó de Clara y de todo lo que había dicho.

Desde el bar, Simón los vio hablando.

— ¡Caramba, Zeca! ¡Estamos hablando tanto que olvidé mis problemas!

— Es muy triste... No entiendo y no quiero creer lo que escuché hoy.

— Estabas sonriendo al escucharme y ahora estás triste otra vez. ¿Quieres hablar de eso?

— No sé, para ser honesta, soy muy infeliz. Hoy descubrí que toda mi vida fue inútil.

No vi el daño que le estaba haciendo a mi hija. Se ha convertido en una persona amargada e infeliz, y tiene un inmenso odio hacia mí.

— ¡¿Qué estás diciendo?! ¡No creo! Clarita es una chica dulce y educada y todo eso se debe a ti, ¡seguro!

La Misión de Cada Uno

- Siempre pensé eso de ella, pero no era cierto. Hoy, me dijo cosas que nunca pensé escuchar de mi propia hija.

Las lágrimas cayeron de sus ojos nuevamente. Zeca sacó un pañuelo y se lo ofreció. Ella lo aceptó. Se secó las lágrimas y contó todo lo que Clara le había dicho. Al escuchar todo no podía creerlo.

- ¿Estás diciendo que ella no quiere que vayas con ella?

¿Crees que, al no necesitarte financieramente, puede abandonarte? ¿Es eso lo que ella dijo?

- Sí, pero tiene razón. Debería haberme ido antes que ella naciera, pero yo era demasiado joven y no sabía cómo vivir afuera. Aquí tendría la oportunidad de criarla. Nunca pensé que sería discriminada y que otros la señalarían como una extraña. Por eso me odia tanto...

- ¡Ella no puede hacer eso! La criaste con amor, tanto que la persona que envió el dinero debe conocerte y, sabiendo cuánto quiere estudiar, quiso hacer todo más fácil.

¡Ciertamente no pensaste que su reacción sería esta!

- No sé quién lo hizo, pero igual le agradezco a esa persona de todos modos. Nací y viví en esta ciudad, tengo mi trabajo y, en la medida de lo posible, fui feliz. Hoy, Clara es una niña, puede y debe elegir su camino. No voy a parar. Si me dejas participar en este proyecto, sé que ocuparé mi tiempo.

Al ayudar a las personas, podré olvidar mis problemas.

- Eres una gran mujer.

Déjala ir. La vida generalmente enseña, soy una prueba viviente de lo que digo...

- ¿Por qué llegaste como un mendigo? Al hablar contigo, pronto se ve que tuviste una buena educación y que nunca debería haber sido jardinero.

- Bueno, hemos hablado mucho. ¿No quieres ir al bar de Simón?

- ¿Hablamos con él sobre tu participación en el proyecto?

- Vamos, pero prométeme que no hablarás con nadie lo que te dije.

- ¡No quiero que la persona que dio el dinero lo sepa!

- Podría dañar a Clara y no quiero eso. ¡Solo quiero que estudie y se convierta en la doctora que siempre ha soñado!

- No hablaré con nadie, ¡ten la seguridad! Ahora solo quiero ver la sonrisa en tu rostro... - Se secó las lágrimas y sonrió. Fueron a hablar con Simón, Zeca le contó sobre la disposición de Regina a participar.

- Regina, será muy bueno, dijo Simón alegre, ¡cuanta más gente participe, mejor será!

- ¿Estás haciendo esto en agradecimiento por el dinero que recibiste?

- Siempre quise ayudar, pero nunca supe cómo. Estoy agradecido por el dinero, pero no es mío, es de Clara.

- ¡Si es de Clara también es tuyo! ¿No vas a ir con ella?

- ¡No, ella no lo hará! - Dijo Zeca cuando se dio cuenta que Regina no sabía qué decir.

A ella le gusta aquí y piensa que será mejor que Clara vaya sola. ¡Entonces, piensas que, con este proyecto, puedes distraerse y no extrañará tanto a su hija!

- ¡Tienes razón, Zeca! Estoy de acuerdo en que es saludable tener algo que hacer.

- La falta de esto es la razón de muchas enfermedades.

- Todavía somos pocos, Regina - continuó Simón -, ¡pero sé que vendrán otras personas cuando se den cuenta que el proyecto es honesto y que realmente se está implementando! Por ahora, nos encontraremos todos los días, ¡si quieres puedes venir! Estamos esperando una respuesta del alcalde.

- Tan pronto como él autorice, comenzaremos a involucrar a la ciudad.

La Misión de Cada Uno

- Ese será nuestro principal problema, pero tal vez deje de ser egoísta y decida ayudar a la gente.

- Sé que ya le di una buena razón para ayudarnos.

- Zeca me lo dijo, espero que pueda. Me voy y volveré mañana.

- ¡Está bien por la mañana, porque por la tarde trabajo en el centro de salud y no puedo ir! ¡Hasta luego, Zeca!

- Gracias por todo, la conversación que tuvimos me hizo muy bien.

- ¡Hasta luego, Regina! Tómalo con calma y sé paciente.

- Zeca, los vi a ustedes dos en la plaza -. Dijo Simón, mientras ella se alejaba -, ¿de qué hablaron?

- ¡Nada! Estaba hablando con ella sobre nuestro proyecto. Ella estaba interesada y me hizo muchas preguntas.

- Es una buena chica.

- ¿Te dijo quién le envió el dinero a Clara?

- Ella no tiene idea. Clara se va y ella estará aquí sola.

- Quiere trabajar con nosotros en el proyecto.

- ¡Cualquiera será bienvenido!

- Me voy, Simón, por cierto, me iba cuando me encontré con Regina.

- No podemos hacer nada antes de la decisión del alcalde. ¡Solo podemos esperar, adiós!

- Y eso, Zeca. Solo podemos hacer eso. Adiós.

Regina se fue a su casa. Se le encogió el corazón al descubrir qué pensaba su hija sobre ella. Sintió que toda su vida había sido inútil, pero ahora sintió un nuevo aliento:

- "No entiendo por qué le conté todo a Zeca. No quiero que la gente lo sepa.

Me temo que, si la persona que envió el dinero lo sabe, se arrepentirá y dañará a Clara. Me involucraré en este proyecto.

Trabajando duro, no tendré tiempo para llorar. Dios bendiga a mi hija, que sea muy feliz en su nueva vida."

Entró en la casa, Clara estaba en su habitación, Regina fue a la cocina. Clara notó que su madre entró en la casa.

- Mamá - dijo acercándose -, he estado hablando con Gustavo.

- Discutimos porque él pensó que te llevaría conmigo. Dijo que no era justo que estuvieras aquí sola.

- Por eso puedes prepararte. Comencemos una nueva vida juntas.

Regina la miró. La hija que había criado con tanto amor se estaba disculpando, solo porque su novio se lo pidió.

- ¡No hija! ¡Yo no iré! En todo lo que dijiste, tenías razón. Nací y crecí aquí, tengo mi trabajo, amigos y personas a las que puedo ayudar. Ve con Gustavo, él es un buen chico y te hará feliz.

Me quedaré aquí y, cuando quieras, puedes venir a visitarme. Ahora eres una señorita y debes continuar tu camino. Haz tu sueño realidad, estaré aquí esperando que todo salga bien.

- ¡No puedes hacer eso! ¡Gustavo no creerá que no quieres ir!

¡Pensará que no quiero llevarte!

- Hablaré con él y le mostraré que no puedo dejar mi trabajo y todo lo que tengo aquí. ¡Fue una idea tonta la que tuve! ¡No sería feliz lejos de todo y de todos!

- Eres joven y es hora de construir tu vida. ¡No te preocupes, estaré bien como siempre lo he estado!

- ¡Entonces habla con él! ¡No quiero que piense que soy yo quien no lo hace!

- ¡Lo siento, quiero que vengas con nosotros! Será bueno, mamá...

- Mi parte en relación a ti ya lo hice, te permití nacer.

La Misión de Cada Uno

Hoy, Dios te envió ese dinero, que no sabemos de dónde vino, para hacer realidad tu sueño.

Agradécele y regresa, estudia mucho y sé un buen médico. No te preocupes, estaré bien... - Salió de la cocina, fue a su habitación. Se acostó. Ella solo vino a hablar conmigo, porque Gustavo se lo dijo. ¿Cómo podría aceptar, sabiendo ahora lo que piensas de mí? ¡No lo haré!

Me quedaré aquí y haré todo lo posible para no guardar rencor. Solo puedo agradecer a Dios por hacerme encontrar a Zeca y a él se le ocurrió esa propuesta de trabajo. Me recordó lo que siempre supe, que cuando pensamos que todo está perdido, siempre hay un nuevo camino por recorrer.

Clara seguirá el suyo y yo el mío...

La noche había llegado. Llegó una nueva mañana. En cada vida, siempre, viene una sorpresa.

Los amigos se levantaron y fueron al bar. Ahora, tenían una razón más para encontrarse. Un proyecto que tomaría todo el tiempo ocioso que tenían para pasar pensando en sus problemas.

Estaban llegando. Sonriendo, mostraron en sus rostros la felicidad de estar allí, pero ahora con un propósito mayor.

Zeca fue el primero en llegar, Simón ya tenía la mesa puesta, incluido un asiento extra para Regina. Poco a poco, fueron llegando.

- Para aquellos que no saben, Simón - dijo que cuando llegaron todos -, esta es Regina, que será parte de nuestro grupo. Ella también es entusiasta y quiere ayudarnos.

- Ya la conozco - dijo Paulina sonriendo, crecimos juntas.

- Estoy seguro que nuestro grupo solo se enriquecerá con su presencia. ¡Sé bienvenida!

- Gracias Paulina - Dijo Regina emocionada -. Realmente crecimos juntas y asistimos a la misma escuela, pero el destino nos separó. Ahora nos vuelve a unir.

- No la conozco - dijo Célia -, pero por esta presentación, sé que seremos amigas. ¡Sé bienvenida! - Simón mientras sirve café, escucha la conversación y piensa: "Nuestro grupo está aumentando.

Pronto seremos muchos..." - Bebieron café y hablaron animadamente.

Zeca fue el más feliz:

- Con cada día que pasa, estoy más feliz de haber llegado a esta ciudad, Regina, ¿fue el destino lo que nos unió?

Uno miraba al otro como si acabaran de conocerse.

Célia dijo:

- Creo que sí. Según esta Doctrina que estoy estudiando, nada sucede por casualidad. Todos tenemos un camino a seguir y ese camino siempre está acompañado por amigos y enemigos. Tarde o temprano, todos se encuentran. Quizás, tenemos algo que hacer juntos.

- Esta idea es interesante - dijo Simón:

- Regina es la única que nunca se fue de aquí.

Paulina se fue y regresó. Zeca llegó ese día, parecía que no quería nada más de la vida y se quedó.

- Célia vino a quedarse unos días y está aquí hasta ahora. En respuesta a una solicitud de mi tío, también lo hice. Todos nos encontramos y estamos juntos, luchando por la misma causa.

- Célia, tal vez tengas razón. Si es así, estamos en el camino correcto.

Se miraron y, durante unos minutos, guardaron silencio. Cada uno tratando de encontrar al otro amigo o enemigo en el otro...

- Célia, ¿qué Doctrina estás estudiando?

- La Doctrina Espírita, encontré en ella muchas respuestas a mis problemas.

La Misión de Cada Uno

- Entre ellos está la reencarnación, que puede explicarnos muchas cosas. Sabes, Regina, después que comencé a leer sobre el tema, estoy revisando mi vida.

- He estado siguiendo esta Doctrina durante mucho tiempo. Por lo tanto, cada vez que me pasa algo malo, trato de saber qué, por qué; con ella, aprendí que nada sucede por casualidad. Dios siempre nos está dando gracias y oportunidades. Jesús vino a enseñarnos que el perdón es la única forma de alcanzar la perfección.

- Tengo varios libros y, si quieres, puedo prestarte, sé que muchas cosas cambiarán en tu vida.

- Regina, no creo en la religión o en lo religioso.

- ¡Yo tampoco, Simón!

- ¿Cómo no? ¡Estás predicando una ahora mismo!

- ¡Estoy hablando de Doctrina, no de religión! Todas las religiones que existen en el mundo fueron creadas por hombres. Jesús vino y dejó muchos mensajes, pero cada uno interpreta lo que quiere.

- Creo que lo importante es el ser humano en su viaje. La religión es como un partido político, en el que las personas deben creer lo que él propone. Estamos aquí porque creemos en el proyecto y nos sentimos bien. Podríamos decir que es una religión. Dios no tiene religión.

Es el Padre de todos y ama a todos...

- Todo lo que dices está bien fundamentado, Regina - dijo Paulina -, incluso puedes pensar.

- Así es, Paulina, incluso puedes pensar, pero sin prejuicios.

- Creo que estamos unidos para una misión. Dios nos está dando la oportunidad de hacer algo juntos por alguien o por muchos. Depende de nosotros, a través del libre albedrío, hacer nuestra parte o no. Hay varias preguntas que debemos hacernos. Si nuestro pasado hubiera sido diferente, hoy, ¿estaríamos aquí, involucrados en este proyecto?

Zeca, mientras estaba de pie, dijo:

- Sí, puedes pensar. Pero ahora tengo que ir y cuidar mi jardín.

- De lo contrario, ¿cómo pagaré el alquiler?

- Yo también tengo que irme. Los niños ya deben estar esperándome, Célia se puso de pie. Se fueron. Simón, solo, comenzó a pensar: "Tienen una cierta razón.

Yo era un hombre feliz y realizado. Todo iba tan bien en mi vida, que nunca me preocuparía por nadie más que por mí. Era demasiado egoísta y codicioso para eso..."

- ¡Buenos días, señor Simón!

- ¡Buenos días, José! Estaba tan distraído que no lo vi venir. ¿Cómo estás? ¿Su hijo realizó la operación? ¿Cómo está él?

- Hizo la operación y está muy bien! Necesitamos quedarnos allí, hasta que el médico dé el alta.

Está teniendo un tratamiento postoperatorio, pero volveremos pronto. Vine aquí para ver cómo está todo. Estoy muy feliz y le agradezco a Dios todos los días, así como a la persona que me envió el dinero.

- Si no fuera así, seguro, mi hijo ya estaría muerto.

- Así es, debes agradecer a Dios que iluminó a esa persona. ¿No has descubierto quién es hasta ahora?

- No, pero también dejé de preocuparme por eso. Si esa persona no quiere ser reconocida, creo que debería respetarla. No tuve problema con el dinero. Estoy con mi familia viviendo en un muy buen hotel. Quería pasar a una más simple, pero el gerente del hotel no lo permitió, dijo que le habían ordenado que nos diera todo lo que necesitábamos. Todos los gastos del hospital fueron pagados, también los médicos. Todavía queda algo de dinero. Cuando mi hijo sea dado de alta, tomaré el dinero restante y se lo daré al sacerdote. Se lo dará a alguien que, como yo, también lo necesita.

- ¡Esa actitud tuya es hermosa!

La Misión de Cada Uno

- Toda mi vida trabajé y viví relativamente bien. No necesito más dinero del que gano con mi trabajo.

- Solo ver a mi hijo sano es suficiente. Ese dinero vino para su curación, lo que queda será para ayudar a otros. Debo irme. ¡Nos vemos, Simón!

- Hasta luego, José. Que todo siga funcionando.

José sonrió y se fue. Simón miró y pensó: ¿Cuál es el valor del dinero?

- ¿Por qué se hacen tantas cosas malas en su nombre? ¿Por qué hay tanta maldad y avaricia en el mundo, cuando es tan fácil vivir en paz?

Célia llegó a la plaza. Los niños ya estaban esperando.

- ¡Buen día niños! - Sonriendo - ¡Hoy es un hermoso día para pintar!

- ¿Me ayudas a armar el caballete?

Los niños sonrieron. Aunque todavía tenía la cara casi completamente cubierta, no tenían más miedo. Aprendieron a confiar y a querer a esa chica. Célia instaló los lienzos y comenzó a enseñar. Estaba distraída, enseñando y no notó la llegada de una señora:

- ¡Buenos días!

¡Los niños realmente están aprendiendo!

- Buenos días, así es. Algunos, al principio, tienen un poco de dificultad, pero luego entienden y simplemente es esperar.

- Lo siento, no me presenté. Mi nombre es Consuelo, soy la madre de Robertito.

- ¡Mucho gusto! ¡Tienes un hijo maravilloso!

- Sí, él es mi tesoro, pero por todo lo que escuché, él y Zeca hablan de ti, también eres una muy buena persona.

- ¡Nada de eso! Solo soy alguien que necesitaba un camino, y gracias a tu hijo, lo encontré.

- ¿Cómo así?

– Cuando sea grande, creo que debería trabajar en relaciones públicas.

– Es muy bueno en eso.

– Ah, es porque habla demasiado y conoce a todas las personas que viven en la ciudad, ¿no?

– Cuando llegué, no conocía a nadie, me quedé en la pensión.

Pasé muchos días deambulando por la ciudad, hasta el día en que vino a hablar conmigo.

– En un instante me presentó a todos y pronto tuve varios amigos.

– ¡Le gustas mucho!

– ¡Y él a mí! ¡Por favor no me llames señorita! ¡Me gustaría que me llamaras Célia!

– De acuerdo, Célia. Vine aquí por dos razones. Conocerla e invitarla a ir el próximo domingo a almorzar en casa. Es el cumpleaños de Robertito. Todos estaremos felices con tu presencia.

– Hablaré con los demás en el grupo. Además, mi esposo y yo queremos saber más sobre este proyecto de Grutón. ¡Zeca y Robertito están emocionados!

– ¿Almorzar en tu casa? ¡No sé si pueda! ¡Generalmente vamos a Grutón todos los domingos por la tarde!

– Muy bien, ¿iremos todos juntos o está prohibido tener extraños en el grupo?

– ¡No es eso! Simplemente me tomó por sorpresa.

– ¡No tienes que responder ahora! Hablaré con los demás. Si decides ir, estaré muy feliz.

– ¡Gracias! ¡Estoy feliz con tu invitación!

Consuelo se fue, Célia se quedó observando:

– Qué mujer tan hermosa, no debe tener cincuenta años y es muy agradable, pero no sé si debería ir a su casa.

La Misión de Cada Uno

Consuelo fue a hablar con Simón e hizo la misma invitación. Ella le pidió que se lo dijera a los demás. Con Zeca, ella hablaba solo por la noche.

Simón estaba feliz con la invitación y con la posibilidad que ella y su esposo también se involucraran en el proyecto. Tan pronto como se fue, pensó:

– Solo falta que el alcalde acepte.

Elisa Masselli

10.- Recuerdos

Regina llegó a casa. Entró y fue a la nevera para sacar un trozo de tarta de naranja. Comía mientras caminaba por la casa.

Su pensamiento volvió al pasado, ¡qué largo camino he recorrido para llegar hasta aquí! Tengo treinta y ocho años. No conocía a mi padre. Cuando nací, él ya había muerto. Para mi pobre madre, sin educación, ¡solo le quedó ser cocinera y era muy buena!

Fue a trabajar a la casa de Raúl, la familia más rica de la ciudad. Estudié un poco y cuando cumplí quince años también fui allí para ser una criada. Un año después, mi madre murió, estaba sola, sin nadie. Al no tener lugar para vivir, me quedé allí. Raúl tenía veinticinco años y estudiaba en la capital.

Solo venía a casa de vacaciones. Lo recordaba muy poco. Cuando, después de mucho tiempo, lo volví a ver, mi corazón se aceleró.

Alto, fuerte y muy guapo. Tan pronto como llegó, me miró sin decir nada. Estaba avergonzado

Era tímida, sin saber nada de la vida. Seguía mirándome, su mirada me hizo feliz.

Sentí que le gusté. Yo, por mi parte, ya lo amaba. Una mañana, estaba arreglando su cuarto cuando entró:

- ¡Buenos días, niña! ¡Buenos días, de verdad, porque es un hermoso día! ¿Verdad?

Lo miré fijamente, incapaz de mirar hacia otro lado.

- ¿Qué tienes? ¿Tienes miedo?

- Sí, tu madre me dijo que nunca debería hablar con nadie de la familia.

La Misión de Cada Uno

– Si ella me ve hablando contigo, me castigará y, quién sabe, incluso me despedirá.

No tengo a dónde ir, ¡así que te pido que no me hables más!

– ¿Qué es eso? ¡Eres gente y puedes hablar con quien quieras! ¡Solo te deseo buenos días, nada más!

– ¡No puedo hablar! ¡Buen día!

Salí de la habitación, mi corazón latía con fuerza. La semana siguiente, doña Raquel advirtió que ese domingo la familia viajaría, que debía levantarme, arreglar la casa e ir a misa.

Entonces lo hice. Fui a la parte superior de la casa hacia la habitación de Raúl. La cama estaba desordenada. Tomé la almohada y comencé a olerla.

Olía bien. Puse la almohada contra mi cara, cerré los ojos y seguí pensando en él. Sabía que no podía estar allí haciendo eso, pero era más fuerte que yo.

De repente, sentí manos abrazándome por detrás.

– ¿Te gusta mi olor?

Tuve un gran susto, intenté librarme de esos brazos, pero él comenzó a besar mi cuello y mi cabello. Sin poder resistir, mi cuerpo comenzó a suavizarse. Me dio la vuelta y me besó. Sentí que mi alma volaba hacia el cielo. Ese beso, el primero de mi vida, me dejó indefensa. Lo amaba mucho. Me tendió en la cama y continuó acariciándome.

Como si una bomba me hubiera golpeado, volví a la realidad, me levanté, salí corriendo de la habitación y de la casa. Fui a misa.

Por mucho que quisiera enojarme, no pude. Me sentí como la mujer más feliz del mundo.

– ¡Mami! ¿Estás en casa? – Regina regresó de sus pensamientos. Clara la llamaba.

– ¡Hola, hija! ¡Aquí en el cuarto!

– Me alegra que estés en casa –. Clara dijo entrando a la habitación:

– Gustavo está afuera y quiere hablar contigo.

– De acuerdo, ya voy.

Se levantó, se alisó el pelo y entró en la sala de estar.

– ¡Buenas tardes, Gustavo! ¿Quieres hablar conmigo?

– ¡Buenas tardes! Sí, necesito hablar con usted.

– Sentémonos. Clara, trae un poco de jugo de la nevera para que lo bebamos mientras hablamos –. Clara fue a la cocina. Gustavo y Regina se sentaron.

– ¿De qué quieres hablar conmigo, Gustavo?

– Clara dijo que no quiere venir con nosotros.

– Vine aquí para decirle que estaré muy feliz si se une a nosotros. Con usted alrededor, tendremos comida casera y una madre que nos cuidará. Después de todo, solo tiene a Clara y no es justo separarse de ella.

¡Sería muy feliz si estuvieras con nosotros!

Clara regresó de la cocina con una jarra y vasos, miró a su madre.

Tenía temor y miedo que ella dijera algo sobre lo que habían hablado.

– Eres un gran chico, Gustavo. Tus padres tienen mucha suerte de tener un hijo como tú, pero no puedo dejar todo lo que tengo aquí. Mi casa, mi trabajo y mis amigos. Clara ya es mayor y sé que estar contigo estará bien. Yo también estaré bien, y mejor ahora. Voy a participar en un proyecto para ayudar a la gente de Grutón. Los echaré de menos, pero este proyecto ocupará mi tiempo.

Gustavo miró a Clara, quien disimulaba, como si solo ahora estuviera hablando con su madre sobre ese asunto. Regina miró a su hija y sintió que su corazón se tensaba.

La Misión de Cada Uno

No podía entender cómo nunca se dio cuenta del odio que sentía:

- Si crees que estará bien, doña Regina, está bien. Pero si quiere, puede venir. No viviremos juntos. Ya tengo una pensión a la que ir y Clara puede alquilar un departamento cerca de la universidad. Me gusta, pero no podemos distraernos saliendo, vamos a estudiar.

- Tengo absoluta confianza en ti. Sé que mi hija estará bien. Estoy y estaré bien, y le pido a Dios que los bendiga a los dos.

- Tengo que salir. Hasta luego, Gustavo.

Gustavo es un buen chico - pensó, tan pronto como se fue, con lágrimas cayendo por su rostro.

Clara no lo merece, pero ¿quién soy yo para juzgar? Siguió caminando, llegó a la plaza, se sentó en una banca.

Miró a su alrededor. Esa plaza, la iglesia y la gente yendo y viniendo. Él comenzó a pensar. Siempre he vivido aquí, no conozco ningún otro lugar. Dediqué mi vida al trabajo y a Clara.

Ahora me siento tan sola. Después de esa mañana cuando Raúl me besó, no pude dejar de pensar en ese beso y en él. Continuó persiguiéndome y, para ser sincera, siempre me gustó verlo buscándome. Dormía en una habitación en la parte trasera de la casa.

Esa noche, me desperté con él acostado a mi lado. Quería correr, pero él me abrazó, besándome. Al principio me resistí, pero el amor que sentía por él fue muy grande y gradualmente cedí a su afecto. Él me poseyó amorosamente. Me entregué a él con amor, cuando todo terminó, fui feliz. Se quedó a mi lado y me abrazó. Luego me besó y fue a su habitación.

Me quedé allí, soñando con todo lo que había sucedido, por la mañana fui a la cocina. Benedita, la cocinera, ya estaba terminando el café.

Cuando me vio, dijo:

- No sé si soñé, pero escuché un ruido extraño esta noche.

– Parecía que alguien estaba caminando y hablando en voz baja, ¿oíste?

– ¿Quien? ¿Yo? ¡No! Dormí profundamente y me desperté justo ahora.

– Creo que realmente lo soñé. Eso debe haber sucedido.

Tomé mi café y salí, fui a la sala de estar y comencé a arreglarla. Tenía muchas ganas de verlo.

Bajó acompañado de su madre. Me pasó por delante de mí sin mirar, se sentaron a tomar un café.

Ayudé a Benedita a servir la mesa y no me miró. No me preocupé, sabía que, por mi propio bien, su madre no podía sospechar. ¡Yo estaba feliz!

Terminaron de tomar café. Esa mañana no jugó como siempre. Fue a su habitación y regresó poco después con dos maletas.

– Hijo mío, que tengas un buen viaje, estudia mucho y vuelve para las vacaciones de julio.

– Cuida tu comida.

– No te preocupes mamá. Yo me cuidaré. Estudiaré tanto como pueda.

– ¡Seré un gran abogado!

Se fue sin mirarme. Sentí una opresión en mi corazón y seguí pensando en lo que sucedió. ¿Soñé? No podía irse así, sin hablar conmigo, sin decir adiós... pero se fue y yo me quedé allí, sin saber qué hacer. El tiempo pasó, me sorprendió cuando mi barriga comenzó a crecer. Fui muy ingenua.

No sabía cómo tener un hijo, después de cuatro meses, Benedita me llamó.

– Regina, ¿por qué tu barriga está tan grande?

– No sé, comenzó a crecer, creo que estoy engordando...

– Nadie engorda solo en el vientre. ¡Esto se ve como un niño! ¿Qué hiciste?

La Misión de Cada Uno

- ¿Niño? ¿Cómo así?

- Estás esperando un hijo. ¿Con quién te acostaste?

- No sé de qué estás hablando, Benedita...

- ¿Te acostaste con algún hombre?

Estaba callada pensando:

- "¿Fue esa noche?" ¡Habla, niña! ¿Te acostaste con un hombre?

- ¡Creo que sí!

- ¿Cómo que te parece, Regina? ¿Quién fue?

Le conté a Benedita todo lo que había sucedido.

- ¡Mi Dios del cielo! ¿Cómo pudiste hacer eso?

- Y ahora, ¿qué va a pasar cuando la ama se entere?

- No lo sé, pero dijo que me ama y que se va a casar conmigo, así que sé que estará feliz de saber que va a ser padre.

- ¡Eres realmente tonta! ¿Crees que se casará contigo?

- ¡Olvídalo, él dirá que nunca te miró!

- ¡No! ¡Sé que le gusto! Regresará en un mes, ¡ya verás lo feliz que se pondrá!

- Está bien. Espero que tengas razón.

Después de unos días, doña Raquel me miró desde lejos. Miró, miró y dijo:

- Regina, ¿estás esperando un hijo?

La miré sin saber qué decir. - ¿Estás esperando un hijo? - Ella volvió a preguntar.

- No sé, creo que sí, doña Raquel...

- ¿Crees? ¿Qué quieres decir?¿Estás o no?

- Benedita dijo que sí, pero no sé...

- ¿Con qué hombre has estado?

- Llorando, le conté todo. Pensé que sería feliz por ese niño. Igual que yo.

129

– ¿Estás diciendo que fue mi hijo? ¡Lo está inventando! ¡Un hijo mío nunca se acercaría a una chica como tú!

Lo aclarará todo. Por ahora, quédate aquí, pero después que él llegue y todo esté aclarado, ¡te irás y tendrás a ese niño en cualquier lugar menos aquí! Me puse de pie, mirándola. Parecía que le salía fuego de los ojos. Muy roja y temblorosa, me fui llorando.

Benedita, que escuchó todo, me abrazó diciendo:

– No esperes que acepte que te hizo esto.

– Mejor consíguete un lugar para irte. ¡Tan pronto como llegue y todo esté aclarado, tendrás que mudarte de aquí!

– ¿A dónde voy, Benedita? ¡No tengo a nadie!

– No puedo ayudarte, tampoco tengo a nadie más y necesito seguir viviendo aquí...

Doña Raquel nunca me miró ni dijo nada. Llegó Raúl. Mi corazón, cuando lo vi, se aceleró. Sabía que todo se aclararía. Se empeñó en ignorarme. Después del almuerzo, doña Raquel me llamó a la oficina. Cuando llegué, me encontré con Raúl, su padre y su madre, ella me miró con mucho odio.

Miró a Raúl diciendo:

– ¡Regina está esperando un hijo y dijo que solo estuvo contigo! ¿Qué tienes que decir al respecto?

Me miró a sus padres y dijo enojado:

– ¡Están locos! ¡Nunca me acerqué a ella! Ella me miraba, ¡pero siempre la ignoré!

Al escuchar eso, mi corazón casi se detuvo. Habló con tanta firmeza que incluso yo creía que lo había soñado. Doña Raquel, con mucho odio en sus ojos, dijo:

– ¿Escuchaste lo que dijo mi hijo?

– ¿Creías que podrías unirte a nuestra familia con esta excusa barata? ¡Empaca tus cosas y sal de esta casa! ¡Me alegra que

La Misión de Cada Uno

tu madre esté muerta! ¡Si estuviera vivo, estaría muy avergonzada de ti!

— ¡Pero no tengo a dónde ir! ¡No sé qué hacer! ¡Solo estuve con Raúl! ¡Con nadie más! — Ella, abrumada por mucho odio, gritó:

— ¡Nunca más repitas eso! ¡No me importa a dónde vayas! ¡Intentaste manchar nuestro apellido! ¡Sal de aquí ahora!

— Sabes que nunca he estado con otro hombre, ¡ayúdame, por favor! ¡No tengo a donde ir! — Él desvió la mirada y dijo:

— ¡Nunca he estado contigo, y estoy asombrado por lo que dices!

— ¡Nunca me acercaría a una chica como tú! ¡No tienes estudios y ni siquiera sabes hablar!

— ¡Mejor haz lo que ordenó mi madre! ¡Sigue tu camino y olvídanos!

Me fui llorando a mi habitación. Cogí mi ropa, toda gastada y maltrecha, y la puse en una bolsa. El salario que recibí no fue suficiente para comprar muchas cosas.

Sin saber qué hacer, me fui y caminé por mucho tiempo.

Llegué a esta misma banca y, llorando, me senté, sin saber a dónde ir y qué hacer.

— Hola Regina, ¿en qué estás pensando?

— Hola, Zeca — respondió levantando la cabeza —, realmente estoy pensando en los giros que toma la vida para llevarnos a ciertos lugares.

— Parece que estás triste...

— No estoy triste, solo pienso en todo lo que sucedió en mi vida y me pregunto si podría haber sido diferente.

— No soy la persona indicada para responderte, pero creo que vivir siempre es bueno.

— Como dijiste tú misma: los giros que toma la vida para llevarnos a ciertos lugares son extraños.

– Mi vida también ha dado muchos giros y hoy estoy aquí, junto con personas que me ayudaron y me ayudan mucho. Cuando llegaron a la ciudad, pensé que todo estaba perdido, ¡pero no! Regina recién estaba comenzando.

– Así es, Zeca. Siempre estamos empezando de nuevo.

– Ahora mismo, siento que estoy comenzando una nueva etapa en mi vida.

– ¡Si Clara me hubiera dejado ir con ella, no habría hablado contigo y no habría sabido sobre este proyecto!

– ¡Ya ves! Pon una sonrisa en esa cara y unámonos a los demás. Es la hora de la merienda.

Regina se levantó y acompañó a esa nueva amiga que Dios le había enviado en tan buen momento. Fueron al bar y se sentaron junto a Célia y Paulina, que ya estaban allí.

– Entonces, chicas, ¿cómo estuvo el día hoy?

– Bueno, Simón, cuidé bien mis plantas.

– Yo – dijo Regina – me he perdido en el pasado. Solo me detuve cuando Zeca llegó y me trajo de vuelta.

– Regina, recordar el pasado no siempre es saludable.

– Tienes razón, Paulina, pero también puedes reconfortarnos por las batallas ganadas.

– Recibí la visita de doña Consuelo y una invitación para almorzar en la casa de Robertito.

– Es su cumpleaños. De hecho, ¡extendió la invitación a todos ustedes!

– Ella también estuvo aquí, Célia – dijo Simón. – Es una mujer maravillosa.

– Cuando llegué a la ciudad, sin conocerme, me recibió en su casa y me dio todo el apoyo.

– Desde entonces, me hice amigo de la familia y principalmente de Robertito. Creo que deberías ir.

La Misión de Cada Uno

- Ya los conozco y siempre me gustaron todos, por mí deberíamos ir - dijo Paulina.

- De acuerdo, Zeca. ¡Dile que prepare un buen almuerzo y que llevaré las bebidas! Después del almuerzo, podemos ir a Grutón. ¡No abriré el bar este domingo!

- Muy bien, hablaré con ella.

- Tengo algo más que decirte - dijo Simón -, el alcalde programó una audiencia para las diez de la mañana. Quiere darnos una respuesta sobre nuestro proyecto. ¡Confieso que estoy ansioso por saberlo!

- ¿Ya? - Los cuatro dijeron juntos.

- ¡Está actuando rápido! - dijo Zeca -, ¿eso significa que no, Simón?

- Quizás, Zeca, pero tenemos que ir allí para averiguarlo.

- ¡Sr. Simón! ¡Sr. Simón! ¡El dinero! ¡El dinero!

- ¿De qué dinero estás hablando, Robertito?

- ¡El dinero que recibió el sacerdote para pintar la iglesia!

Todos se miraron con asombro:

- ¿Cuándo llegó el dinero? ¿Quién mando?

- ¡No lo sé, Zeca! Solo sé que vino mucho dinero para el sacerdote.

También había una carta que decía que el dinero es para pintar la iglesia, ¡no debe usarse para nada más!

- Extraño, ¿quién es esta persona que está enviando tanto dinero a la ciudad?

Paulina, tan admirada como las demás, respondió:

- No lo sé, Célia, pero eso es extraño, ¡eso es!

- ¿Sabes qué? ¡Creo que es un político que pronto se revelará para obtener votos!

- ¿Crees eso, Célia?

– ¡Lo creo, Paulina! Nadie gasta tanto dinero por nada. Debe tener un plan y eso solo se puede ser ganar una elección.

– Puede ser, pero ¿por qué no se revela?

– Quiere crear suspenso, quiere que todos hablen de él. ¡Esa debe ser su idea!

– ¿Vamos a la iglesia a comprobar esto?

– ¡Vamos!

Fueron a la iglesia. El único que se quedó allí fue Simón, no podía salir del bar.

En la iglesia, el sacerdote estaba feliz:

– ¡Miren, hijos míos! ¡Llegó mucho dinero, incluso más de lo que necesito para pintar la iglesia! Preferiría usarlo para ayudar a la gente de Grutón, pero la carta fue muy explícita.

– Solo se puede usar para pintar la iglesia. ¿Me pregunto quién envió este dinero y para los otros?

– ¡Célia cree que es alguien tratando de ser elegido en las próximas elecciones! ¿Qué piensa?

– Puede ser, Paulina, pero si fuese así, ¡esa persona querría que todos lo supieran!

– Si esto es cierto, no es ninguno de la familia del alcalde actual, lo que en sí mismo sería muy bueno – dijo Regina.

– ¡Eso es verdad! Si se tratara de alguien de la familia, se mostraría y lo anunciaría. Pero ¿quién será entonces?

– Hijos míos, eso no importa. Contrataré a algunos albañiles y pintores.

– Necesito pedirle a Simón que me ayude a comprar el material. Él debe saber cómo hacerlo.

– ¿Puedes pedirle que venga aquí para conversar?

– Por supuesto, padre! Simplemente no está aquí, porque no puede dejar el bar solo. Pero tan pronto como lo cierre, vendrá – explicó Zeca.

La Misión de Cada Uno

- Está oscureciendo, es hora de irse a casa. Mañana hablaremos con el alcalde. Quizás él autorice el proyecto.

¿Nos vamos chicos?

- Sí, vamos, dijo Paulina Zeca, hoy hubo muchas sorpresas, pero mañana deberá ser mejor - Regresaron al bar. Le contaron a Simón todo lo que el sacerdote había dicho y el pedido que le había hecho para que fuera allí. Simón estuvo de acuerdo.

Después de cerrar el bar, fue a hablar con el sacerdote:

- Padre, vine a saber qué quieres que haga.

- Como sabes, el dinero vino para la pintura de la iglesia...

- Claro que sé. Yo y toda la ciudad, hace una hora, que no sabía, Robertito ya lo contó.

- Ese chico es un verdadero dolor de cabeza. ¿Ni siquiera sabes quién lo envió?

- ¿Por qué iba a saberlo?

- Escuchas a la gente en el confesionario.

- Generalmente, las personas que confiesan, solo dicen lo que es, para ellos, un pecado y donar dinero para pintar la iglesia no es pecado. Si esa persona no quiere ser reconocida y quiere guardar un secreto, debemos respetarlo. De hecho, casi todos tienen secretos, debes tener uno tú también, ¿no?

- ¡¿Quién yo?! ¡No, no tengo secretos!

- Sabes, hijo mío, cada gesto que hacemos para ayudar a alguien nos trae mucha felicidad. Cada amigo sincero que ganamos también nos trae mucha felicidad. Todos los secretos que guardamos, cuando lo recordamos, pueden traernos tristeza.

Por lo tanto, lo mejor es no tener secretos, debemos confiar en las personas que son nuestros amigos.

- Como dijiste, escucho a todos en el confesionario. Entonces, si quieres abrir tu corazón, siempre estaré aquí para escucharte y ayudarte con lo que necesites. Pero, lo que realmente quiero de ti es que me ayudes a comprar el material para pintar la iglesia. Debes ser fácil para ti, ya que compras a múltiples proveedores.

¿Puedes hacer eso?

– ¡Claro que puedo! No te preocupes, te lo proporcionaré todo. Tan pronto como me des la lista de materiales, haré que todo venga.

En cuanto a lo que dije sobre el secreto, no tengo ninguno, pero si lo tuviera, serías la persona en la que confiaría...

La Misión de Cada Uno

11.- *Nunca estamos desamparados*

Mientras Simón hablaba con el sacerdote, los otros se fueron.

Paulina y Célia siguieron en la misma dirección. Zeca, aunque vivía frente a Regina, insistió en acompañarla. Cuando llegaron a la misma banca en la plaza, él dijo: "¿Nos sentamos un rato, Regina?"

– Sí, esta banca me trae muchos recuerdos.

– Ya me di cuenta. Por la forma en que te encontré hoy, los recuerdos no deben ser buenos, parece que estás triste.

– Realmente, cuando llegaste, estaba recordando cosas que sucedieron y que me entristecieron.

– ¿Quieres hablar de eso?

– Eres la única persona que conoce la reacción de Clara. Una reacción que me puso muy triste y me hizo repensar mi vida. Estoy tratando de entender dónde me equivoqué en su educación y cómo es que nunca me di cuenta del odio que siente por mí.

– No debes haberte equivocado. Ella es joven, no sabe nada de la vida.

Así que no deberías preocuparte por eso.

– Cuando llegaste, estaba pensando exactamente el día en que me encontré aquí, en este mismo banco, con una bolsa de ropa, ¡sin saber qué hacer ni a dónde ir!

– ¿Quieres contarme? Te prometo que te escucharé con atención y solo podrás decirme lo que quieras. Nada más.

– Después de contarte sobre Clara, me preguntaba por qué confiaba en ti. No sé por qué.

Solo sé que confío, necesito hablar con alguien, necesito un camino.

– No me conoces muy bien, pero puedo asegurarte que también he sufrido mucho y que te ayudaré de cualquier manera posible.

Regina le contó todo hasta el momento en que estaba sentada en la misma banca, con la bolsa en la mano y él llegó.

– ¿Cómo tuvieron el coraje de ponerte en la calle, Regina? Esperando un hijo y sin tener a dónde ir.

– No lo sé, pero lo hicieron. Estaba aquí sola, llorando y sin saber qué hacer, cuando doña Julia, una vieja amiga de mi madre, se me acercó y, al verme aquí, me preguntó:

– ¿Qué haces aquí, Regina? ¿Con esa bolsa y llorando así? ¿Qué sucedió?

– Cuando la vi, no pude controlar mi llanto y colapsé.

Después de contarle todo, desesperada dije:

– Doña Júlia, no sé qué hacer.

Creo que la única forma será matarme y llevarme a este niño conmigo.

Ella me escuchó sin interrumpirme, y cuando terminé, se levantó y me tomó de las manos:

– Hija mía, nunca estamos solos. Dios siempre está a nuestro lado.

Somos los que no confiamos en él. Fui muy amiga con tu madre y sé cuánto sufrió para criarte.

Vivo sola y tengo una habitación libre, irás conmigo ahora y te quedarás allí hasta que nazca este niño.

– Escuché esas palabras con el corazón lleno de alegría y fui a su casa.

La Misión de Cada Uno

Cuando llegamos, ella me mostró la habitación en la que me iba a quedar. Una habitación grande y bien ventilada.

- No tienes que preocuparte por nada, Regina. No tengo mucho, pero lo que tengo nos dará una buena vida. Esta es mi casa, no pago renta. Estuve casada durante veinte años y no tuve hijos.

- Con la pensión de mi esposo y mi jubilación, puedo vivir muy bien.

- Cada vez que nace un niño es un regalo de Dios. Debemos recibir a nuestro hijo con cuidado y amor.

- Dona Júlia, no sé cómo agradecerle...

- No hay nada por qué estar agradecida. Aprendí, a través de mi religión, que todos tenemos una misión en esta Tierra.

- Hasta ahora, no sabía cuál sería la mía, porque ni siquiera tenía un hijo que criar, pero hoy descubrí que es acogerte a ti y a tu hijo.

Me estás haciendo un bien enorme. Ya no estaré sola. Si alguien tiene que agradecerte, soy yo.

- Me convenciste de una cosa. ¡Dios nunca nos abandona!

Estaba tan desesperada y usted se me apareció como si fuera un ángel enviado por Él...

- No soy un ángel, pero enviado por Él, sí. ¡Puedes estar segura de eso!

- Ahora, ¿arreglemos tu habitación? Solo la usaron unos pocos amigos que vinieron a visitarnos mientras mi esposo estaba vivo. Después de eso, las visitas se hicieron cada vez más escasas y finalmente terminaron. Tendrás esta cama y pronto compraremos la cuna que también se colocará aquí.

¡No te preocupes! Dios nos ama...

- Solo puedo agradecerle a Dios y a ti, pero a Raúl nunca lo perdonaré. ¡No debió haberme hecho eso!

- Mintiendo de esa manera. ¡Es un sinvergüenza! ¡Sabes que luché mucho contra el amor que sentía por él y que a menudo me escapaba para no hablar! ¡Me las pagará! ¡Puedes estar segura de eso!

– Aprendí de mi religión, que Dios nunca nos abandona y que también debemos perdonar a nuestros enemigos. Cuando Jesús vino a la Tierra, fue humillado e incluso llevado a la cruz, pero en los últimos momentos de su vida, perdonó a todos los que le habían hecho tanto daño.

¿Quiénes somos nosotros para juzgar? Dios es quien sabe por qué sucede todo.

Solo tenemos que continuar nuestra vida siempre. Pase lo que pase

– Me disculparás, pero no puedo perdonar. ¡Solo si no tuviera sangre en mis venas!

– De acuerdo, Regina, el perdón solo se debe dar cuando viene del interior del corazón. Sé que ese día aun llegará para ti, por ahora, ¿arreglaremos esta habitación?

– Sí vamos. Necesito conseguir un trabajo, no puedo quedarme aquí en tu casa sin ayudar con los gastos.

– Por ahora no tienes que hacerlo, te dije que lo que tengo es suficiente para las dos.

– Después que nazca el niño, si lo desea, puedes conseguir un trabajo, pero no será necesario.

Lo que tienes que hacer es darle todo tu amor y afecto al niño.

– Preparamos la habitación y la cama. Ella trajo ropa de cama, me dio una toalla y me llevó al baño.

– Le agradecí y entré. Debajo de la ducha, con agua caliente cayendo por mi cuerpo, me sentí enormemente bien.

"Hace unas horas estaba tan desesperada y ahora todo está resuelto. Gracias Dios mío."

– Me quedé allí sintiendo el agua correr por mi cuerpo y recordando a Raúl.

La Misión de Cada Uno

Esa noche, me sentí la persona más feliz del mundo. Pero el odio que sentía por él era inmenso.

Realmente lo amaba y no entendía cómo podía fingir que no había pasado nada.

¿Cómo podría perdonarlo?

– Doña Júlia disculpe, pero no puedo, ¡no! – Salí de la ducha, doña Julia estaba en la cocina con la mesa puesta.

– No esperaba visitas, Regina, así que la cena será simple.

– Mañana iré a la tienda a comprar más víveres.

– ¡Es perfecto para mí! Pensé que hoy ni siquiera tendría nada para comer. ¡En verdad eres un ángel!

– De nada, niña. Siéntate allí y comamos.

– Desde ese día, mi vida se convirtió en un paraíso. Doña Julia era más que una madre.

– Me llevó al médico para que mi cuidado prenatal. Clara nació y ella fue su madrina.

– Ambas le dimos a Clara todo el amor posible. A pedido de doña Júlia, el médico, Carlos, me dio un trabajo en el Puesto de Salud. Empecé a trabajar y él, con gran paciencia, me enseñó todo sobre enfermería y es donde trabajo hasta hoy. A Clara no le faltaba nada y ella siempre tuvo amor.

– Con doña Julia, comencé a aprender sobre esta Doctrina de la que estábamos hablando esta mañana.

Y es la cual ahora me está ayudando a aceptar la actitud de Clara.

Tengo la conciencia tranquila. Hice todo lo posible para asegurarme que no le faltara nada.

Decidí continuar mi vida. Este proyecto fue útil. ¡Como siempre, Dios no me ha abandonado!

– ¿Aun vives con doña Julia?

– No, cuando Clara cumplió doce años murió, dejando su casa a mi nombre. Es ahí donde aun vivo.

- ¿El alcalde nunca vino a verte?

- No, regresó casado y actualmente tiene su familia. Ya no lo odio, aunque todavía tengo mucho dolor.

- ¿No hay manera de demostrar que es el padre de Clara?

- No la hay y, además, sería mi palabra contra la suya. Quién sabe, algún día haya un examen que se pueda usar para esto, pero hoy, ¿de qué serviría? Clara estaría más disgustada.

- Siempre ha tenido una vida sencilla. Sabiendo ahora que su padre es rico y que se lo oculté, su odio sería mayor.

- Creo que tienes razón. ¿No fue él quien envió el dinero para que ella pudiera estudiar?

- Incluso lo pensé, así que fui al ayuntamiento el otro día para hablar con él.

Nos encontramos allí. ¿Qué dijo? ¿Lo confirmó?

- No, él sigue tan orgulloso como siempre. Él no fue quien envió el dinero y además insinuó que tal vez él era un admirador mío. ¡Sigue siendo un descarado!

- Aunque sé que no debería hacerlo, ¡a veces lo odio mucho!

- Bueno, lo que importa ahora es que está bien. Como dijiste, intentaste hacer lo mejor. Tu hija es una niña hermosa y, con seguridad, algún día comprenderá todo lo que hiciste por ella.

- ¿Ahora nos vamos? Me dio hambre.

- Sí, vamos, me siento muy bien. Es muy bueno poder desahogarse con un amigo.

- Creo que también tienes mucho que contarme. Tal vez algún día confíe en mí lo suficiente como para dejarme conocer un poco más de ti.

- Quizás algún día, pero aun no, todavía no.

- Está bien. Siempre estaré aquí, dispuesta a escucharte.

- ¿Puedo hacerte una pregunta más?

- Por supuesto que puedes, te he contado todo.

La Misión de Cada Uno

- ¿Por qué nunca te casaste? Eres joven y atractiva.

- Viviendo en un pueblo pequeño como este, donde todos saben todo y de todos, ¿quién sería el hombre que se atrevería a casarse con una madre soltera? Además, nunca hubo nadie que me haya atraído de nuevo.

- Todavía eres muy joven. Hoy, los tiempos son diferentes. Una madre soltera ya no es tan discriminada como antes

- Quien sabe. Lo único que falta es que aparezca alguien que me guste - dijo riéndose.

Zeca también se rio. Se despidieron y se fueron. En el camino, estaba pensando en todo lo que ella le había contado.

"Esta chica es una ganadora, pero todavía no se ha dado cuenta." Y hermosa, ¡riendo es mucho más! ¡¿Qué es eso, Zeca?!

¿Tu corazón late diferente? ¡Para! ¡No tienes derecho a pensar en amar y recibir el amor de una chica así! ¡Tienes que continuar solo, y, aun así, nunca podrás reparar el gran daño que has hecho!

Llegó a casa, pues hacía tiempo que comía con la familia de Robertito.

- Buenas noches, Zeca. ¡Hoy llegaste tarde!

- ¡Mami! - dijo Robertito con una mirada traviesa -, ¡pasé por la plaza y vi a Zeca hablando con la madre de Clara! Parece que están saliendo... parece... realmente...

- ¿Qué dices, Robertito? - Dijo Zeca nerviosamente -. Estaba hablando con ella, ¡pero solo somos amigos!

- ¡Espera, Zeca! - dijo Consuelo riendo -, no necesitas estar nervioso. ¿Qué hay de malo en que estén saliendo?

Ella es una buena chica, honesta y trabajadora.

- Lo sé, señora Consuelo, pero no estamos saliendo. Solo somos amigos.

Estábamos hablando que Clara iría a la universidad. Es la primera vez que se separará de su hija y está preocupada. ¡Sólo eso! ¡Viste, chismoso!

– Mamá! Dijo que no está saliendo, pero que parece... parece... sí...

– ¡Cállate, hablador!

– Está bien, no están saliendo, pero parece... parece... – Zeca y Consuelo se echaron a reír.

– ¿Quién puede con este hijo mío? Esa idea suya no parece tan mala. Eres un buen tipo y vives solo. ¿No es hora que te cases y tengas compañía?

– ¡No puedo y no quiero casarme!

– ¿Por qué no puedes? ¿Ya estás casado?

– No, no estoy casado, pero no puedo casarme...

– ¡¿Por qué no?!

– No puedo decírtelo, pero nunca me casaré, ¡nunca! – Se fue a su habitación. Consuelo se sorprendió por su reacción.

Estaba realmente desesperado, ya en su habitación, fue al baño a darse una ducha.

"¿Cómo puedo pensar en casarme? Después de todo lo que he hecho, solo puedo continuar mi vida así, solo. Pero, ¿por qué no puedo olvidarme de Regina? Fue la primera mujer que me llamó la atención después que sucedió todo. Qué lindo sería si pudiera estar con ella. ¡Pero no tengo ese derecho!"

– Ve a la ducha, Robertito –. Dijo Consuelo, asustada, con la reacción de Zeca – tan pronto como llegue tu padre, vamos a cenar.

– ¡Está bien, mamá! ¡Estoy yendo!

Robertito fue al baño y cerró la puerta. Consuelo fue a la parte trasera de la casa, en la pequeña habitación donde vivía Zeca. Se acercó y llamó a la puerta. Estaba terminando de vestirse, peinándose frente a un espejo.

– ¿Puedo entrar, hijo mío?

La Misión de Cada Uno

- Sí, claro, ¡siempre eres bienvenida!

- Zeca, mírame a los ojos y respóndeme: si aun no estás casado, ¿por qué no puedes casarte? Debes saber que aquí en casa, se te considera parte de la familia. Yo podría ser tu madre.

Cuando llegaste aquí, me di cuenta que llevas sobre tus hombros grandes problemas.

Ha pasado el tiempo, te has adaptado a la ciudad. Eres una persona agradable, lo que hizo que a todos realmente nos agrades. Hoy tiene la misma expresión del día en que llegaste.

Nuevamente tu cara está triste y agobiada. ¿Qué te está pasando, hijo mío?

¿Por qué no confías en mí?

- Doña Consuelo, cuando llegué, estaba perdido, sufriendo mucho y sin rumbo en la vida.

Aprendí que, aunque me sentía solo, nunca lo estaba.

Dios puso a Robertito en mi camino, ese niño iluminado que quiere ayudar a todos.

Entonces, usted que me dio la oportunidad de empezar de nuevo. Confió en mí y, sin conocerme, me abrió las puertas de su casa, me acogió e incluso me dio ropa.

Gracias a eso, me quedé en la ciudad y, poco a poco, olvidé todo lo que había sucedido.

Volví a vivir una vida normal. Pero hoy me di cuenta que nunca podré tener una vida normal.

No tengo ese derecho.

Debo continuar como hasta ahora. Destruí muchas familias y no tengo derecho a tener la mía. ¡Nunca! ¡Nunca! - Zeca lloró sin poder evitarlo. Consuelo se acercó, puso sus manos sobre su cabeza y dijo:

- Llora, hijo mío. Las lágrimas son muy buenas cuando vienen de lo más profundo, como las tuyas ahora. Una vez que llores lo suficiente, te sentirás mucho mejor y verás todo de manera diferente. Nada sucede por casualidad, como dijiste:

– Dios nunca nos abandona.

Confía en él y todo estará bien. Me voy a casa a preparar la cena. Una vez que te sientas mejor, ve allí.

Te estaremos esperando. Después del final, solo queda volver a iniciar. Créelo...

Ella besó su frente y se fue. Al estar a solas, siguió llorando durante mucho tiempo.

Recordaba todo lo que había sucedido. En medio de los tristes recuerdos, apareció la cara de Regina, risueña y hermosa. Finalmente logró dejar de llorar. Se lavó la cara, sintiendo que se había quitado un enorme peso de su corazón. Fue a cenar y cuando llegó, los otros se sentaron y comenzaron a comer.

Pedro dijo:

– Siéntate, Zeca. Te estábamos esperando. Mientras estás comiendo, cuéntame más sobre el proyecto Grutón.

Zeca se sentó y comenzó a contar todo. Su corazón se sentía ligero y, al igual que Regina, le agradeció a Dios por el proyecto que había surgido. Dios le había mostrado una nueva dirección en su vida.

Después de la cena, se excusó y volvió a su habitación. Se tumbó en la cama, pero no pudo quitarse de la cabeza el rostro de Regina.

Estaba absorto en sus pensamientos, que no se dio cuenta que Robertito entró y lo estaba mirando:

– Zeca, quiero decirte algo...

Se dio vuelta y lo vio apoyado contra la pared sin acercarse.

– ¿De qué quieres hablar, Robertito?

– Estoy muy triste porque te puse nervioso con esa historia sobre la madre de Clara...

La Misión de Cada Uno

Vi que estabas tan feliz hablando con ella que pensé que sería bueno para ti salir con ella... - Zeca sonrió, abrió los brazos y Robertito lo abrazó.

- Robertito, estaba nervioso, sí, porque no quería creer lo que viste. Primero, no estoy saliendo con ella, pero después de lo que me dijo, no puedo negarlo más, me gusta.

No sé si tengo el derecho, pero si ella me quiere, saldremos. Solo promete una cosa.

- Sé que eres un gran chismoso, pero no se lo cuentes a nadie antes de hablar con ella. ¿Lo prometes?

Robertito se liberó del abrazo y dijo:

- ¡Lo prometo! ¡Lo prometo! Pero después de hablar con ella, ¡seré el primero en decírselo a todos!

- Sí, te lo mereces. Te diste cuenta antes que yo. Simplemente todavía no sé qué piensa ella al respecto. Así que necesito hablar con ella primero. ¿Está bien?

- Tranquilo, no se lo diré a nadie.

Salió corriendo de la habitación y se apresuró a entrar en la casa.

Consuelo notó la agitación del chico:

- ¿Qué le dijiste a Zeca que te dejó así?

- No fue nada, mamá, dijo con voz pausada:

- ¡Le prometí que no le diría a nadie que hablará con la madre de Clara y comenzará a salir con ella!

- ¿Le prometiste? ¿Cómo? ¡Me lo has dicho!

- ¡No te estoy diciendo nada! ¡Pero tú no eres todo el mundo! ¡Eres mi madre!

- Está bien, pero no se lo digas a nadie más. Deja que haga todo bien primero. ¿Vamos a dormir?

Mientras todo esto estaba sucediendo con Zeca, Regina llegó a casa.

Clara estaba en su habitación. Cuando oyó que se abría la puerta, fue a buscar a su madre.

– Mamá, tardaste mucho, ¿dónde estabas?

Estaba hablando con unos amigos. No tienes que preocuparte por mí, estoy bien...

– Gustavo hasta ahora no se puede aceptar que te quedes aquí sola, quiere que vengas con nosotros...

– No, Clara. Me quedaré aquí, tú sigue con tu vida.

Así es como tiene que ser, ahora no tienes que aguantarme más.

– ¿Alguna vez podrás perdonarme? Pensé mucho en lo que dije.

Fui injusta, no tenía ese derecho...

– No tengo nada que perdonarte. Me quedare aquí. Tengo mucho que hacer y ahora creo que encontré un interés.

– ¿Un interés? ¿Un hombre? ¿Quién es él? ¿Es rico?

– Todavía no puedo decirlo, porque él mismo no lo dijo, ni sé si le gusto. Y, no, él no es rico, pero es una persona maravillosa. Me necesita, como yo lo necesito a él.

– ¿No se te estará acercando ahora porque crees que eres rica?

– ¿Por qué dices eso? ¿Crees que no tengo cualidades para complacer a un hombre?

– No, él no está interesado en mi dinero, ¡porque sabe que es solo tuyo! También hay algo más, él no se está acercando, soy yo quien está pensando en ello. Ahora que está criada y con dinero para cuidar tu vida, no me tengo que preocupar. Es hora de pensar en mí y, por primera vez, lo estoy haciendo. Buenas noches.

Clara quería decir algo, pero Regina no se lo permitió. Se fue a su habitación con el corazón oprimido, por haber criado a una hija tan materialista y sin compasión. Se acostó y pensó.

La Misión de Cada Uno

Es muy cariñoso, muy amable. Pero, hasta ahora, no ha dejado ver que esté interesado en mí. No puedo olvidarlo

No sé quién es o de dónde viene... ¿por qué no sale de mis pensamientos? Quería quedarme a su lado conversando para siempre.

¿Dios mío qué es esto? Nunca me sentí así por nadie, ¡ni siquiera por Raúl! ¿Clara ya se habrá dormido? Esperaré un poco más, luego iré a la cocina a buscar algo de comer.

Mientras esperaba, se durmió. Soñó que estaba con Zeca en un lugar hermoso. Se despertó y volvió a cerrar los ojos, queriendo continuar ese sueño. No lo consiguió. Tenía hambre, le dolía el estómago. Se levantó y pasó por la habitación de Clara, que estaba durmiendo. Fue a la cocina, abrió el refrigerador, tomó un pedazo de pastel y un vaso de leche.

Fue al porche, se sentó en una banca y comenzó a comer. ¡Ya era muy tarde en la noche! La luna estaba alta, en la fase creciente, había muchas estrellas. ¡Era verano!

Pensó en Zeca, quien, en ese momento, debía estar durmiendo.

Es tan misterioso que no habla de sí mismo. ¿Qué le habrá pasado? ¿Qué puede ser? Parece que viene alguien, pero ¿quién es? Voy a entrar.

Se levantó rápidamente para entrar en la casa. Estaba asustado

- ¡Regina, espera! ¡Soy yo! No tengas miedo.

- ¡¿Zeca?! ¿Qué haces aquí a esta hora?

- Hace mucho calor y no pude dormir. Salí y terminé aquí.

¿Tampoco puedes dormir?

- Desperté con hambre, pero entra, ¡ven aquí!

Abrió la puerta y se acercó a ella. Se sentó en otra banca. Estuvieron en silencio por un tiempo. No sabían qué decir. Regina terminó de comer el pedazo de pastel.

- ¿Quieres un pedazo? Te traeré, está muy bueno.

Se levantó para entrar en la casa, pero él la sujetó. Haciendo que sus ojos se encontraran.

Los rostros se acercaron, sin intentar detenerse, los labios se encontraron e intercambiaron un largo beso.

En ese momento, como si el cielo quisiera dar su aprobación, la luna se escondió detrás de una nube. El amor se desbordó en calidez y silencio. No había nada que decir. Sus corazones latían al mismo ritmo. Se amaban de manera definitiva.

- Regina, no debería estar aquí, pero no puedo olvidarte.

No podía dormir porque tu imagen no salía de mi mente.

Quería verte o al menos pasar por aquí y saber que estabas, durmiendo.

Nunca pensé que estarías despierta y aquí afuera. No tengo ese derecho, pero te estoy amando, de una manera completa y absoluta.

- Tampoco puedo olvidarte. Soñé que estábamos en un lugar hermoso.

Me desperté y vine a mirar la luna, nunca pensé en encontrarte. ¿Qué haremos ahora? - Zeca no respondió. Tomó a Regina en sus brazos y continuaron besándose.

El deseo se apoderó de sus cuerpos. Ella lo llevó a la casa, a su habitación. Ni siquiera recordaba que Clara estaba durmiendo en la habitación contigua. Solo estaban los dos adentro.

Se amaron con intensidad. En ese momento, nada importaba. Solo querían estar juntos. Cuando terminaron de amarse, se acostaron y se abrazaron, en silencio.

No querían hablar, solo sentir ese buen sentimiento de amor consumado.

- Estoy muy feliz, pero ¿cómo será a partir de ahora?

- No me sentí así en mucho tiempo. No sé cómo será, solo sé que ya no quiero separarme de ti.

La Misión de Cada Uno

- Clara está en la habitación de al lado. La próxima semana, ella se habrá ido y tú podrías venir a vivir aquí.

- No tengo nada que ofrecerte. Sabes que soy un simple jardinero, ¡nada más!

- Nada de eso me importa, no quiero saber sobre tu pasado: solo me importa el futuro, nuestro futuro.

- Me haz hecho revivir y puedo asegurarte que te he estado buscando todos estos años, ¡te amo y eso es todo lo que me importa!

- ¡La gente comentará, Regina!

- ¡No me importa! Perdí mucho tiempo preocupada por lo que la gente diría.

- ¡Descubrí que te amo! ¡Y eso que amo tanto! ¡Es todo lo que me interesa!

La besó dulcemente. Se levantó y comenzó a vestirse:

- Tengo que irme, intentaré dormir el resto de la noche. A las dos en punto tenemos una reunión con el alcalde.

- No quiero ir, no quiero verlo más, Zeca. Pero por la tarde pasaré por el bar y me contarás cómo te fue.

- ¿No vas a desayunar con nosotros por la mañana?

- ¡Estoy tan feliz que no sé si podré ocultar toda esta felicidad!

- Tenemos que esperar a que Clara se vaya a la universidad.

- De acuerdo, Regina, no se lo diremos a nadie hasta entonces.

- El primero, en saberlo, debe ser Robertito, Regina. ¡Se lo prometí, porque él me hizo ver cuánto te amo!

- ¡Ese chico no tiene remedio! De acuerdo, estoy de acuerdo.

Se abrazaron.

La puerta del dormitorio se abrió:

- Mamá, ¿con quién estás hablando? ¿Usted? - gritó cuando vio a Zeca.

- ¿Qué hace aquí?

- ¡Cálmate, hija! ¡Te lo explicaré todo! - Clara estaba fuera de sí y gritaba mucho:

- ¿Explicar? ¿Explicar qué?

- ¿Por qué estás en tu habitación, a esta hora de la madrugada, con un sucio jardinero?

- ¡No admitiré que hables así!

- Clara, ¡siempre me trataste bien! - Zeca dijo avergonzado. - ¡Siempre parecías ser mi amiga!

- ¡¿No te das cuenta?! Siempre te he tratado como a cualquiera. ¡Nunca como un igual!

- ¡Estás sucio, no tienes donde caerte muerto! Mamá, ¿cómo puedes involucrarte con él?

- Nos amamos y ¡vamos a estar juntos!

- ¡¿Estar juntos?! ¡Estás loca! ¡Nunca lo permitiré!

- ¡No tienes que permitirlo! ¡Tienes dinero, vete y sé feliz!

¡Ya has decidido qué vas a hacer con tu vida! ¡No tienes derecho a querer decidir la mía!

- ¡Mamá! ¡Él es un don nadie! Si la persona que me dio el dinero descubre que está saliendo con un mendigo, ¿qué va a pensar? ¡Puede que se arrepienta y quiera que le devuelva el dinero!

- ¡Zeca es el hombre que amo! ¡Me quedaré con él, lo quieras o no! Te crie, hoy ya no me necesitas. ¡Podré vivir mi vida! Hasta ahora, en ella, solo exististe tú, ¡pero a partir de ahora seré feliz!

- ¡La persona que te dio el dinero, ciertamente, no sabe lo mala y mezquina que eres!

- ¡Ahora sé por qué nunca quisiste decir el nombre de mi padre! ¡Estuviste con tantos que no sabes de quién soy hija!

Regina abofeteó a Clara:

- ¡Sal de mi habitación! ¡No tienes derecho a hablar así!

La Misión de Cada Uno

- Tu padre era un sinvergüenza que me abandonó en la calle, ¡sin importarle si tenía a dónde ir o no! ¡Sal de aquí!

Clara se puso la mano en la cara y se fue llorando. Regina estaba temblando y llorando.

Zeca la abrazó:

- No seas así. Ella es joven y no admite que las madres son mujeres y pueden sentir deseo y amor como ella. Se irá, te extrañará y todo estará bien.

- ¡No me merecía esto! ¡He dedicado toda mi vida a ella! Tal vez me equivoqué, pero siempre intenté darle todo lo que pude. ¡Siempre traté de hacer lo mejor!

- ¡Lo hiciste, Regina! ¡Ella es una buena chica! Hiciste lo mejor que pudiste, pero ella fue la primera de muchas personas que no entenderán nuestra unión. Necesitamos estar preparados.

- Es verdad. Ve y trataremos de dormir el resto de la noche.

- Lo haré, pero no olvides que te amo mucho. - Yo también te amo.

- Te ves hermosa con esa sonrisa!

- ¡Tengo la intención de quedarme así siempre! ¡Muy feliz! - Se besaron, él se fue. En el camino, él se puso a pensar:

- ¿Cómo pude hacer eso?

No puedo, no tengo ese derecho, ¡pero ella es un amor y yo la amo! Si Clara descubre todo sobre mí, seguramente me odiará aun más. ¿Y Regina? ¿Cuál sería tu reacción? Bueno, solo sé una cosa, ¡la amo! Llegó a su casa, ya en su habitación, se acostó y se durmió. Se despertó con el sonido del despertador.

Pensó: ¿realmente sucedió? ¿No fue un sueño? ¡No! La tenía en mis brazos y ella también me ama.

Dios del cielo, no sé si merezco toda esta felicidad. Solo puedo agradecerte. Si me das este camino, tal vez sea porque ya me has perdonado.

— ¡Zeca! ¿No te vas a levantar? ¡Hoy no tengo clase, voy a jugar en la casa de Tiago! Dijiste que me llevarías.

— Ya voy, Robertito. Puedes ir tomando tu café.

Robertito fue a tomar un café y Zeca se levantó, se duchó y se fueron juntos.

Llevó al niño a la puerta de la casa de Tiago, luego fue al bar. Cuando llegó, Paulina y Célia ya estaban hablando con Simón.

— ¡Buen día a todos!

Respondieron con una sonrisa y Simón dijo:

— ¡Buenos días! ¡Hoy es un hermoso día!

Zeca se sentó y Simón sirvió café:

— Simón, hoy estoy especialmente feliz. ¡Necesito celebrar!

— ¿Qué tal un buen sándwich de mortadela?

— ¡Mortadela! ¡Algo especial debe haber sucedido! ¡Solo comes mortadela cuando estás triste o feliz!

— ¡Por tu cara, no estás triste! ¿Podemos saber la razón de tanta alegría?

— Todavía no, ¡pero lo sabrán pronto!

— Tenemos que prepararnos para hablar con el alcalde. Estoy ansioso por saber cuál será su respuesta.

— Tienes razón, Célia. Estamos ansiosos, pero tengo que ir a trabajar. Volveré en el almuerzo para ir al Ayuntamiento.

— Necesito ir a la plaza, los niños me están esperando.

— Le pediré a Juca que se quede aquí en el bar. Poco antes de las dos, nos encontraremos aquí.

Hicieron sus deberes. Regina, mientras tanto en su casa, se levantó; se duchó, se vistió saliendo sin hablar con Clara, quien insistió en quedarse en la habitación, porque ella no podía aceptar que su madre estuviera involucrada con aquel mendigo.

— ¡Ella no puede hacer eso! No sé si se lo diré a Gustavo, pero si llega a saberlo por otra persona, será peor.

La Misión de Cada Uno

Mejor se lo digo yo misma.

– Después que ella se vaya y yo tome café, lo llamaré y le pediré que venga aquí. Le contaré todo y le pediré que la perdone a ella. Él aceptará, después de todo, nos iremos. Tan pronto como Regina se fue, Clara se levantó y caminó por la casa.

Mientras caminaba, habló en voz alta: no puedo aceptar que mi madre esté involucrada con un hombre así.

Necesito hablar con Gustavo. ¡La defendió tanto que incluso discutió conmigo! ¡Quería que nos acompañara a la universidad! ¡Ahora sabrá quién es ella! ¡Cambiará de opinión! ¡Verá que tenía razón!

Llamó a su casa. Tan pronto como respondió, dijo:

– Gustavo, ¡necesito hablar contigo!

– ¿Qué pasó, Clarita?

– Algo muy serio, pero no puedo hablar por teléfono. ¡No lo vas a creer! ¡Ven pronto!

– Bien, termine mi desayuno iré –. Colgó el teléfono y se preguntó cómo haría para decirle esa cosa horrible. Después de quince minutos, llegó Gustavo. Encontró a Clara muy nerviosa.

– ¿Qué sucedió? ¿Por qué estás tan nerviosa?

– No sé cómo empezar a decírtelo. ¡Todo es tan horrible!

– ¡Habla! ¡No me pongas nervioso también! – Clara comenzó a contarle y Gustavo, abriendo los ojos, escuchaba muy sorprendido lo que le decía.

– ¿Me estás diciendo que Zeca y tu madre...

– ¡Eso mismo! ¿Puedes creerlo? – ¡Nunca podría ni imaginarlo!

– Pero estoy muy feliz. Zeca es un buen tipo y tu madre es una persona muy solitaria.

Nada mejor podría pasarles a ambos. Deberías estar feliz que tu madre haya encontrado una compañía, alguien que la quiera antes de ponerle obstáculos.

Elisa Masselli

- ¿Estás diciendo que piensas que está bien? ¡Es un mendigo! ¡No tiene no un lugar donde caerse muerto!

- ¿Qué estás diciendo? ¡Tu madre te crio con tanto amor y cuidado! ¡Ella siempre estuvo dedicada a ti!

Ahora que te vas y aparece una compañía para ella, ¡vienes a hablarme de dinero!

- ¡No te reconozco! ¡He notado que cambiaste mucho después de recibir ese dinero! – Clara quedó atónita por la reacción de Gustavo. Él cambió su tono de voz, diciendo:

- ¡No es así!

- Creo que mi madre merecía a alguien mejor... no un mendigo...

- ¿Quieres decir con dinero? Si se aman, ¡nada de eso importa!

- Serán felices y eso es lo que importa. Piénsalo y deja de ser tan egoísta.

Me voy, tengo algunas cosas que hacer antes de viajar. ¡Por favor, reflexiona sobre lo mucho que significa tu madre para ti! Yo, por mi parte, reflexionaré sobre esta actitud que estás tomando ahora.

- ¡Espera, Gustavo! Estoy nerviosa, ¡pero te quiero mucho!

- ¡Clara, pero tú eres diferente! ¿O siempre ha sido así? No me gusta tu manera de actuar. Me enfrenté a mi padre por ti. Creo que debería reflexionar sobre eso.

- ¡Pero Zeca es un mendigo!

- Puede que sea un mendigo, ¡pero también es un buen amigo! ¿Sabes cuántas veces me escuchó durante horas cuando tuve un problema con mi padre? ¡Me cae bien! ¡Y también me gusta tu madre!

Después de eso, esta actitud tuya, ¡estoy pensando seriamente si todavía me gustas! ¡Hasta luego!

La Misión de Cada Uno

Gustavo se apresuró a salir, estaba realmente nervioso. ¿Me he equivocado todo este tiempo? ¿Clara es solo una niña mimada y egoísta? Tengo que pensarlo.

Pero ahora tengo que ir a la biblioteca, tengo que devolver este libro. Entró en la biblioteca.

12.- La respuesta del alcalde

Regina fue al bar. Sus amigos se despedían. Ella se acercó:

– Buenos días, no podré ir al Ayuntamiento, tengo que trabajar, pero por la tarde pasaré a ver cómo les fue. Pues como todos, ¡también tengo curiosidad!

– Te estaremos esperando – dijo Célia. Regina miró a Zeca, con la cara iluminada. Ella guardó silencio, pero era evidente que algo había sucedido.

Zeca también le sonrió. Simón notó las miradas entre ellos.

"¡Hum! Aquí hay algo. Algo sucedió entre ellos. Ayer, estaban hablando en el banco de la plaza, ¿se llevaban bien? Dios mediante, pero no voy a comentar, Zeca, cuando quiera, me lo dirá."

El día transcurrió sin problemas. Solo Zeca y Regina estuvieron pensando en todo lo que había sucedido. Se habían encontrado, y eso era lo que importaba. Antes de las dos de la tarde, llegaron.

Robertito también vino, quería ir al Ayuntamiento, después de todo, fue él quien llevó a todos a Grutón.

– De acuerdo, irás – dijo Zeca, pero tienes que prometer que estarás callado y no interrumpirás la conversación.

– ¡Lo prometo, Zeca! ¡Sabes que puedo guardar un secreto! No se lo he dicho a nadie todavía. Zeca puso su mano sobre la boca de Robertito:

– Está bien, no lo contaste y no lo contarás.

– ¡Te llevaremos, pero solo tendrás que escuchar, sin decir nada!

La Misión de Cada Uno

Fueron al ayuntamiento. La secretaria les pidió que esperaran.

Se sentaron. Después de cinco minutos, ella les pidió que entraran. El alcalde los recibió con una amplia sonrisa:

— ¡Míos, amigos! Siéntense. Sueli, por favor sirve un café para mis invitados.

La secretaria se fue y regresó poco después trayendo café.

— Bien, señor alcalde – dijo Simón con la taza en la mano –, todos estamos ansiosos por saber cuál es su respuesta.

— Hablé con algunas personas. El presidente del Consejo de la ciudad dijo que expropiar la tierra no será difícil.

Pero, en cuanto al dinero para la construcción del balneario y las casas, habrá un problema.

Es una gran cantidad y la ciudad no lo tiene. Si se compromete a obtener el dinero, la tierra será liberada pronto.

— No sé cómo, pero conseguiremos el dinero. Puedes despejar el suelo.

— Este proyecto es importante para todos nosotros, mucho más para los residentes de Grutón.

— Viste que lo intenté – dijo, con una mirada pícara –. Entonces, si obtienes el dinero, permítanme contratar, en nombre de la ciudad, las empresas de construcción. ¿Qué tal?

— De acuerdo, alcalde, cuando tengamos el dinero, hablaremos de nuevo.

Simón habló, los otros solo escucharon. Zeca estaba muy enojado, mirando a ese hombre, que ahora sabía era el causante de tanta infelicidad para Regina y que estaba haciendo esa propuesta indecente. Él creía aun más en todo lo que ella le había dicho.

El alcalde continuó:

— ¡Quizás este benefactor en la ciudad nos envíe el dinero!

— ¡Necesitan descubrir quién es! ¡Tal vez él pueda subir a la tribuna a mi lado!

- No sabemos quién es. Estamos pensando que tal vez es un político que quiere complacer a la gente para ser elegido.

- ¿Un político? ¡No! Los conozco a todos, y ninguno de ellos gastaría tanto dinero, Sr. Simón.

- Quién sabe, algún día descubriremos quién es, ¿no?

- Espero que sí. En quince días se liberarán los terrenos para el proyecto.

- Señor Simón, ¿dónde se construirán las casas?

- Sabemos que tendrá que estar lejos del área de la cascada.

- Estudiaremos un buen lugar, no se preocupe. Iremos allí el domingo, hablaremos con la gente y veremos cuál será el mejor lugar. Luego, nos comunicaremos con usted.

Se despidieron, se fueron. Estaban horrorizados por la actitud del alcalde.

En la calle, Simón dijo:

- El hecho que hayamos logrado obtener la tierra ya es genial.

- ¿Cómo conseguimos tanto dinero? Si el Ayuntamiento no ayuda, ¡nunca tendremos éxito!

- ¡Cálmate, Célia! - dijo Paulina, de alguna manera el dinero vendrá -. Hablemos con la gente del pueblo.

Si cooperan, al menos tendremos parte del dinero.

- Paulina tiene razón, ahora tenemos un comienzo, dijo Simón. - Mucho más que al principio.

- El alcalde, al donar la tierra quiso decir que, si el proyecto no sale bien, no será su culpa.

- Tenemos que pensar en una forma de obtener el dinero.

- Simón, ¿qué quisiste decir con esa historia de dejarle la contratación de las empresas de construcción a él?

Zeca, si contrata a la empresa constructora, el costo aumentará mucho.

La Misión de Cada Uno

Porque una buena parte del dinero irá a él.

¡Qué sinvergüenza! ¡No se preocupa por la gente!

– Desafortunadamente, casi todos los políticos usan esta práctica, Zeca.

– Afortunadamente, tenemos muchos que son honestos y realmente se preocupan por las personas.

– Por eso aprueban muchas leyes. Pero al igual que nuestro alcalde, hay muchos.

– ¿Sabes que nunca me preocupé por la política?

– Bueno, deberías estar preocupada, Paulina. De hecho, todos deberían hacerlo.

Llegaron al bar. Célia dijo:

– He estado pensando. Si los residentes de Grutón hicieran algunas artesanías, podrían venderse a turistas y las familias tendrían dinero extra para sobrevivir. Para esto, se debe incluir un taller en el proyecto, donde aprenderían a lidiar con la pintura y la madera.

– Es una gran idea, Célia, pero ¿quién enseñaría?

– ¡Yo, Paulina! Sé mucho sobre manualidades, no solo sobre pintura.

Yo enseñaré a algunas personas, y ellos enseñarán a otras.

– Es una muy buena idea, Célia. Puedo enseñar música y baile.

– ¡Podemos ofrecer a los turistas un buen espectáculo!

– ¿Ves cómo surgen las ideas? – Dijo Simón – Así es como se producen los cambios.

– No podemos dejar todo en manos del gobierno. Juntos lograremos esto y mucho más.

– Esto se llama ciudadanía...

Robertito estaba callado todo el tiempo. Solo ahora, cuando se sacó el vaso de refresco de la boca, dijo:

- Sr. Simón... dijiste que no eres un político. Pero pareces serlo... ah... eso parece...

Todos miraron a Simón y comenzaron a reírse:

- ¡Ya dije que no lo soy y que no quiero ser político, Robertito! - Simón dijo nerviosamente.

- Bien - dijo Zeca -, ¡no tienes que estar nervioso! - Cambiaron de tema.

Sabían que sería difícil obtener el dinero, pero tampoco era mucho. Si la población estuviera interesada, tendrían éxito.

- Tenemos que encontrar una manera de ayudar a todos.

- ¿Qué tal una fiesta típica, Zeca? Tenemos aquí, españoles, italianos y negros.

- ¡Podría ser una fiesta con baile y comida típica de cada colonia!

- Célia, ¡hoy estás iluminada! ¡Y una muy buena idea! ¡Podemos enviar invitaciones a ciudades cercanas! ¡Podemos hacer carpas y juegos!

- Sí, Zeca - dijo Simón -, parece que las mujeres siempre tienen buenas ideas. Incluso podría funcionar.

- ¿Cómo participarán los niños?

- No te preocupes, Robertito. Si la idea sigue adelante, también organizaremos algo para los niños.

Todos estaban emocionados y ni siquiera notaron el paso del tiempo. Regina dejó el trabajo y fue donde ellos. Quería saber qué había pasado en el Ayuntamiento. Al llegar, Zeca se levantó y sacó una silla para que se sentara y le contó todo lo que sucedió.

- ¡Puedo enseñar primeros auxilios y todo sobre enfermería! - Ella dijo emocionada:

- ¡Podemos hacer un mini centro de salud!

- ¡No faltan ideas y todas son dadas por mujeres, Simón!

- Con este equipo lo lograremos todo.

La Misión de Cada Uno

Ya eran las seis de la tarde. Se despidieron y se fueron a sus casas. Zeca acompañó a Regina y se sentaron en la banca de costumbre.

Mantuvieron la distancia como siempre:

– No pude olvidarte en todo el día, Regina.

– Yo tampoco, tuve que pellizcarme varias veces para ver si no estaba soñando.

– ¡Nunca había sido tan feliz en mi vida!

– ¿Clara dijo algo?

– No la vi. Estaba durmiendo cuando me fui por la mañana. No sé si la encontraré ahora.

– ¡Tómalo con calma, es difícil para ella ver a su madre interesada en alguien que no sea ella!

– Lo sé, pero no me importa lo que esté pensando.

– Después de recibir el dinero, cambió mucho.

– ¿Crees que fue por el dinero?

– El dinero solo la hizo revelarse, pero siempre me culpó por no decir quién era su padre.

– Su actitud me liberó. Ahora puedo cuidar de mi felicidad.

– En lo que a mí respecta, serás la persona más feliz del mundo. Créeme...

– Buenas tardes, ¿cómo estás?

– ¡Hola Gustavo! ¡Estamos muy bien! – respondió Zeca. Clara me contó todo y estoy muy feliz por ti.

– ¡Espero que sean felices!

– ¿Clara te lo dijo? ¡Ella no tenía ese derecho!

– No te preocupes, doña Regina. Ustedes dos me caen muy bien y sé que serán felices.

Al menos, eso es lo que quiero de corazón.

– Gracias Gustavo. Eres un buen chico. Ya se lo dije a tu madre y ahora te lo digo.

- Espero que puedas hacer muy feliz a mi hija.

- Lo haré, porque me gusta mucho. Aunque, a veces, ella se comporta como una niña, pero, aun así, haré todo lo posible para hacerla feliz.

- Ahora entiendo por qué no querías ir con nosotros. ¡Creo que estarás mucho mejor aquí, junto con el mejor jardinero que hay!

- ¡Te aprecio mucho, hombre! Cuida bien de mi suegra. ¡Ella es una mujer maravillosa!

- Lo sé, puedes estar tranquilo. Ciertamente seremos felices. Gracias por entender y aceptar nuestro amor –. Gustavo los abrazó a ambos y se fue. Regina dijo:

- Gustavo es bueno, Zeca, sé que hará feliz a Clara.

- Sí, lo es, Regina. Clara tuvo suerte de encontrarlo. Tenían ganas de abrazarse, pero sabían que no podían. Se despidieron, y cada uno se fue por su lado. Regina entró en su casa.

- Clara estaba en la sala viendo la televisión.

- Me alegra que estés aquí, mamá. Necesitamos conversar.

- ¿De qué quieres hablar?

- He estado pensando en todo lo que pasó. No creo que tenga derecho a involucrarme, pero él es solo un mendigo. Si te gusta, bien, ¡adelante! Me iré y solo volveré de vacaciones.

Así que haz de tu vida lo que quieras. No me involucraré. Es tu vida.

- ¿Qué te hizo cambiar de opinión?

- Nada, seguí pensando en mí misma.

- ¿Se lo dijiste a alguien?

- ¡No claro que no!

- De acuerdo, hija mía. Estoy segura que seré feliz y tú también. ¿Vamos a cenar?

Regina no quería decir que había encontrado a Gustavo y sabía que había cambiado de opinión por él. Cenaron.

La Misión de Cada Uno

13.- Sorpresa para todos

Era jueves, se acercaba el domingo y sería el día del almuerzo en la casa de Robertito. Al mediodía, él regresó de la escuela con unos amigos.

Vieron, entrando en la ciudad, un automóvil grande y lujoso. Se quedaron boquiabiertos, porque nunca vieron uno igual. Delante, un hombre con gorra conducía. El auto se acercó y se detuvo cerca de ellos.

La ventanilla trasera del auto se abrió y una elegante dama, sonriente, preguntó:

– ¿Conoces a un jardinero llamado Ricardo?

– Aquí en la ciudad, no hay un jardinero llamado Ricardo, no... solo Zeca –. Robertito respondió.

– ¿Es un jardinero?

– No lo era, pero ahora... lo es... ¿por qué quieres saberlo?

– Necesito hablar con él. ¿Sabes dónde puedo encontrarlo?

– Sí lo sé, debe estar esperándome en el bar del sr. Simón.

– ¿Me llevarías con él?

– ¡Solo si nos dejas subir en ese gran auto!

– Entra – dijo amablemente. – Juan, acomoda a los chicos. Nos acompañarán

– ¡No todos entran adelante, señora!

– ¡Algunos que vayan atrás!

El conductor salió, y abrió la puerta trasera. Dos niños se sentaron al lado de la señora que les sonreía. Robertito y otro niño se sentaron al frente con el conductor. Él les mostró el camino. El

165

auto rodeó toda la plaza y finalmente se detuvo frente al bar. Todos miraron.

Robertito salió del auto, después que el conductor abrió la puerta, corrió gritando:

– ¡Zeca! ¡Zeca!

– ¡Esa señora quiere conocerte! ¡Creo que aquí tienes un gran jardín para arreglar!

– Zeca se puso de pie. El conductor abrió la puerta trasera del automóvil. La señora bajó a mirarlo, estaba paralizada, sin saber qué hacer. Ella abrió los brazos:

– ¡Hijo mío! ¡Finalmente te encontré!

– ¡Mamá! ¡¿Qué haces aquí?!

– Todo este tiempo te he estado buscando, hijo... – Él la abrazó llorando también.

Sus amigos miraban sin entender lo que estaba pasando. Regina, que estaba llegando, se quedó quieta sin acción.

Continuaron abrazándose y llorando. Ella se alejaba, para mirar la cara de su hijo, y luego lo abrazaba y besaba nuevamente, sin ocultar la alegría que sentía.

– ¡Hijo mío! ¡Te buscamos por todas partes! ¿Cómo pudiste dejarnos tanto tiempo sin noticias? ¿Cómo estás?

– Estoy bien, mamá, no tienes que preocuparte. ¿Papá, cómo está?

– Desde ese día, estaba muy triste. Después que te fuiste, se arrepiente de las cosas que te dijo. Está muy enfermo y quiere pedirte perdón.

– ¿Pedirme perdón? ¡Madre, lo que hice es imperdonable! ¡Tenía toda la razón! ¡Yo fui el culpable! Continuaron abrazándose, hablando y olvidándose dónde estaban. La presencia de ese auto, cuando se detuvo frente al bar, llamó la atención.

Mucha gente vino a verlo de cerca. Todos siguieron ese encuentro.

La Misión de Cada Uno

Simón se acercó, puso su mano sobre el hombro de Zeca:

– Zeca, creo que es mejor que vayas a hablar a otro lado. Todos son curiosos y miran. Ve a tu casa.

– Sí, lo haré, Simón, pero antes tengo que decir algo – se levantó, mirando a la gente, dijo:

– Fui muy bien recibido por todos aquí en la ciudad. ¡Quiero que conozcan a mi madre!

¡Es la mujer más fabulosa del mundo! – La gente, sorprendida, comenzó a aplaudir.

– Simón, tienes razón. Llevaré a mamá a casa y hablaremos allí. Necesito contarle todo lo que me pasó.

Miró a Regina, quien, como los demás, no entendió y continuó hablando con Simón:

– Volveré más tarde y te contaré todo. Vamos, a mi casa mamá. Robertito, lleva a Juan a casa, yo caminaré con mi madre.

– Está bien, Zeca, ¡me llevaré al sr. Juan! ¡Sr. Simón! ¿No le dije que parecía... un mendigo... pero que no lo era?

– Sí, Robertito, tenías razón – dijo, sonriendo. Madre e hijo se fueron abrazados.

Robertito, todo imponente, subió al auto. La gente se alejó, dejando solo a los amigos que se miraron. Clara se acercó a Regina:

– Mamá, ¿qué significa todo esto?

– No sé, Clara, ¡pero parece que tu mendigo no era tan mendigo! Estoy muy feliz por él...

– ¿Tomamos algo? – preguntó Simón, aturdido, ¡y no será refresco!

– ¡Necesito algo más fuerte!

– Tomaremos refrescos. Sabes que no bebemos, Simón – dijo Paulina.

– Está bien, pero ¿qué piensas de todo eso?

- Es muy educado. Siempre me trató muy bien y elogió mi pintura.

Ellos hablaban. Cada uno se preguntaba quién sería Zeca y por qué había dejado todo. Regina pensó: ¿Por qué no me dijiste que eras rico? Estaba tan feliz ahora ¿qué pasaría?

¿Cómo será? Su madre es una persona fina y educada, no aceptará a una mujer pobre sin educación. El auto se estacionó frente a la casa de Consuelo. Robertito vino corriendo y gritando:

- ¡Mamá! ¡Mamá! ¡Ven a ver qué coche tan grande!

Consuelo escuchó los gritos de su hijo, asombrada:

- ¿Qué pasó? ¿Por qué gritas tanto? Cuando vio el auto parado en su puerta, se detuvo y dijo: ¡Robertito! ¿Qué carro es ese?

- ¡Es de la madre de Zeca! ¡Ya vienen!

- ¿Qué Madre? ¿Quién viene?

- ¡Zeca y su madre, mamá! Parece que es rico...

- Joven, no te preocupes por mi hijo, es un poco raro. ¿Puedo saber lo que deseas?

- Soy un conductor. Mi señora se acerca. Mire hacia allá, ella viene con mi jefe.

Miró y vio a Zeca llegar abrazando a la dama:

- Doña Consuelo - dijo acercándose -, esta es mi madre. Mamá, esta es doña Consuelo, el buen ángel que me recibió en su casa y me dio todo el cariño como si fuera una madre. Este es Robertito, a quien ya conoces.

- ¡Soy su primer amigo!

La madre de Zeca pasó su mano sobre la cabeza de Robertito, sonrió y extendió la mano para saludar.

Consuelo estaba avergonzada, con las manos envueltas en el delantal y sin saber qué hacer o decir. Soltó una mano y se la tendió a la señora tan fina, pero que, mantenía en su rostro una sonrisa feliz y tan humilde.

La Misión de Cada Uno

- Mucho gusto, mi señora. Quiero agradecerle por cuidar a mi hijo y cuidarlo todo este tiempo -. Consuelo, muy tímida, estando en su presencia, tartamudeó:

- El placer es todo mío, pero no fue difícil. Su hijo es un gran chico. ¿Vamos a entrar?

- Me quedaré aquí en el auto grande con el sr. Juan, ¿puedo?

- Puedes, Robertito, pero el sr. Juan puede querer entrar.

- No, señora. Gracias, me quedo aquí afuera -. Entraron y Zeca llevó a su madre a su habitación.

Consuelo sabía que tenían mucho de qué hablar, y dijo:

- Creo que tienen mucho de qué hablar. Prepararé un jugo. Tan pronto como termine la conversación, se lo llevaré.

- Gracias, doña Consuelo, dijo la señora, realmente tenemos mucho de qué hablar.

- ¡Mamá! ¡Esta es mi habitación! - Dijo Zeca, abriendo la puerta. Ella entró por la puerta que él abrió y miró.

- ¿Cómo puedes vivir en un lugar como este? ¡Una cama, un armario!

¡Tenías todo en la vida! ¡Esa ropa que llevas, te ves como un mendigo!

Como dice Robertito: "Parezco, pero no lo soy" - dijo, imitando a Robertito:

- Mamá, no te dejes engañar por las apariencias. Estoy vivo y muy feliz. ¡Hoy, comprendo que todo esto pasó para poder encontrar la verdadera felicidad!

- ¡No estoy entendiendo! ¿Cómo puedes ser feliz viviendo en un lugar como este? ¡Debes estar loco!

- ¡Nunca he sido más feliz en mi vida, mamá!

- ¡Hijo mío! ¡Ahora que te he encontrado, ya no tienes que quedarte aquí! Ha pasado mucho tiempo ¡Todo se acabó!

- Volverás conmigo. Necesitas hablar con tu papá, él está ansioso por verte.

— Estoy muy feliz de verte. Pero no me iré de aquí. Tengo muchos amigos que me aceptaron sin siquiera saber quién era. Son verdaderos amigos, como nunca los tuve.

— No puedes quedarte aquí!

— Hablaremos de eso más tarde, pero ¿cómo me encontraste?

— Tu padre contrató a varios detectives. El día que llamaste a casa, uno de ellos fue a la compañía telefónica. No me preguntes cómo, porque no lo sé, pero logró descubrir la ciudad desde la que llamaste. Entonces fue fácil.

— Muy inteligente. ¡Te amo! No llamé antes porque no quería volver.

Te extrañé ese día, así que llamé. No podía imaginar que me encontrarías.

Ahora, que ya sabes dónde estoy, ve a casa y dile a papá que estoy bien y que pronto volveré a casa a verlo.

— ¡No puedo dejarte aquí! ¡Viviendo de esa manera!

— ¡Por favor, mamá!

— ¡Estoy feliz, descubrí la magia que existe al trabajar con la tierra y estoy realmente feliz! Créeme. ¡No volveré!

— ¡A menos que mis amigos cambien de actitud, sabiendo que no soy un simple jardinero!

— ¡Estudiaste mucho! ¡Eras un estudiante brillante! ¿Cómo puedes ser feliz siendo jardinero?

— Soy feliz, mamá. Créeme. Iré a casa ahora, ¡ya no tengo motivos para esconderme!

— Creo que Dios me está dando una nueva oportunidad.

— ¿Dios? ¿Estás hablando de Dios? ¡No puedo estar escuchando esto de mi hijo!

— ¡El mayor ateo que he conocido!

— ¿Como ves he cambiado? La vida nos enseña mucho, además, escucho ciertas cosas que me hacen pensar. He aprendido

La Misión de Cada Uno

bastante y lo más importante fue que hoy los amo a ustedes y a papá mucho más que antes.

Ella comenzó a llorar de nuevo. Zeca la abrazó y besó su mejilla.

- Perdóname, mamá, por todo el daño que he hecho. Sé que te hice sufrir mucho, pero hoy soy otro hombre.

Descubrí que la felicidad está en las cosas más simples. Está en la cara de las personas cuando reciben ayuda. También está en la cara de cualquiera que ayude sin interés, puedes estar tranquila. Vuelve a casa

- Para que suceda tanto bien, es porque Dios ya me ha perdonado.

- Ahora estoy involucrado en un proyecto que ayudará a muchas personas. Eso, ahora, es mi felicidad.

- ¿Qué proyecto?

Zeca le contó, desde el día que llegó a la ciudad, cuando Robertito lo encontró en los escalones de la iglesia. Incluso habló sobre el sándwich de mortadela, finalmente habló sobre el proyecto Grutón.

Ella escuchó en silencio, pero prestando mucha atención.

Cuando terminó, ella dijo:

- ¡Tuviste una experiencia maravillosa! Entonces cambiaste.

¡Nunca podría imaginar que algún día te preocuparías por otras personas!

- Podemos ayudar con este proyecto.

- Lo sé, mamá, pero aun no. Intentaremos movilizar a los residentes.

Si no recibimos el dinero necesario, hablaré contigo.

- De acuerdo, no insistiré. Veo que lo estás haciendo muy bien. Tienes mejor aspecto, luces más fuerte y bronceado, solo prométeme que no volverás a escapar y que irás a casa y hablarás con tu padre.

171

- Lo prometo, mamá. No tengo más razones para escapar. Me alegra que me hayas encontrado.

- ¿Hablamos con doña Consuelo? Ella, como los demás, no debe estar entendiendo la situación.

- Sí, vamos. ¡Tengo mucho que agradecerle a esta señora!

- Doña Consuelo - dijo la madre de Zeca entrando a la cocina -, ahora que lo sé todo, solo puedo agradecerle nuevamente por haberlo recibido y ayudado.

- ¡No hay nada por lo que estar agradecido! Simplemente nos trajo alegría.

Estaban hablando cuando llegó el señor Pedro. Al entrar en la habitación y ver a esa señora hablando y bebiendo jugo, se detuvo, sin saber qué decir.

- ¡Hola señor Pedro! Esta es mi madre. Mamá, este es el Sr. Pedro, esposo de doña Consuelo y padre de Robertito. Al igual que doña Consuelo, él también me recibió en su casa.

Ella le tendió la mano. Pedro, asombrado por todo eso, también extendió la suya y ella dijo:

- Mucho gusto, gracias por cuidar a mi hijo.

- Su hijo es un gran chico. Lo considero como mi propio hijo.

- Gracias Señor. ¡Su hijo también es lindo! Ahora necesito ir a casa y contarle a mi esposo todo lo que ha sucedido aquí. Hijo mío, prometiste que visitarías a tu padre.

- ¡No está bien y necesita hablar contigo!

- Sí, lo haré, ¡todavía tengo más sorpresas!

- ¿Más? ¡No sé cómo mi corazón está soportando toda la emoción que sentí hoy!

Todos se rieron. Zeca acompañó a su madre al auto. Robertito, en el interior, estaba jugueteando con el volante.

- Zeca! ¡Qué coche! ¡Nunca he visto un igual! ¿Puedo ir con el sr. Juan y tu madre a la entrada de la ciudad?

- Si tu madre te deja, puedes.

La Misión de Cada Uno

Consuelo estuvo de acuerdo. La señora besó a su hijo, subió al auto y se fue, Robertito, feliz, la acompañó.

- Doña Consuelo, Sr. Pedro, tengo que ir a hablar con mis amigos que están allí en el bar.

- Después les contaré todo. No se preocupen. Sigo siendo el mismo Zeca de siempre y no quiero que nada cambie, ¡por favor! Estoy y me quedaré en esta ciudad.

Agitó una mano y fue al bar. Al llegar, todos lo miraron como si fuera un extraño que había llegado.

- ¿Qué es esto chicos? ¿Qué son esas caras? ¡Soy Zeca! ¡El jardinero! ¿Me recuerdan?

Intentaron encontrar algo diferente en su amigo, pero no importaba cuánto buscaran, no encontraron nada. Parecía ser el mismo:

- Zeca, siéntate aquí – dijo Simón. Ahora sabemos que no eres quien dijiste ser, pero para nosotros eso no cambia nada. Eres nuestro amigo ¡está aquí y siempre serás bienvenido!

- Si lo deseas, y lo consideras necesario, puedes contarlo todo. De lo contrario, siéntate y continuaremos donde nos quedamos, hablando sobre Grutón.

- Gracias Simón, solo podía esperar eso de ti. Ellos fueron y siempre serán mis amigos.

- Ha llegado el momento de contarles todo, no tengo nada más que ocultar. Se los diré.

¡Tengan paciencia, porque la historia es larga!

- De acuerdo, conseguiré más refrescos.

Simón se levantó y regresó poco después:

- ¿Qué tal si hacemos algo diferente?

Parece que este tema llevará mucho tiempo y es importante. Quiero escuchar todo sin perderme nada.

Si nos quedamos aquí, seremos interrumpidos en todo momento.

– ¿Qué tal si vamos a la casa de alguien? Le pediré a Juca que se quede aquí en el bar.

Todos estuvieron de acuerdo. Simón habló por teléfono y llamó a Juca, un estudiante de confianza, que a veces lo ayudaba a cambio de algo de dinero. Además, fue muy bien aceptado por todos los clientes. Tan pronto como llegó, los demás se levantaron y fueron a la casa de Paulina.

Simón trajo refrescos. Se sentaron alrededor de la mesa en el comedor. Después de acomodar a todos, Zeca comenzó a hablar:

– Cuando termine de contar mi historia, entenderán por qué estoy aquí y tal vez ya no me quieran como amigo.

Ese será el precio que tendré que pagar por todo lo que hice mal, yo y otras personas.

Paulina miró a los demás y dijo:

– Zeca, ¿no sería mejor no contarlo y que todo se quedara como está?

– No veo necesidad.

– Gracias, Paulina, pero necesito contárselo. Tengo la intención de reiniciar mi vida y eso solo será posible si no hay más misterio. Ahora, no hay vuelta atrás...

– Si es así como lo quieres, ¡que así sea! – dijo Simón.

Estaban algo aprensivos. Zeca respiró hondo, soltó el aire lentamente y apretando las manos, comenzó a contar:

– Comenzaré desde el principio:

– Me llamo Ricardo, nací en Santa Catarina.

Mi abuelo, un joven inglés, vino a Brasil a principios de siglo. En Inglaterra, pertenecía a una familia rica y tradicional.

Impulsado por el deseo de aventura, vino aquí trayendo mucho dinero y sueños.

Llegó a São Paulo, en el momento en que el estado comenzó a industrializarse.

La Misión de Cada Uno

Se casó y tuvo tres hijos, mi padre, un tío y una tía. Comenzó con dos telares en un cobertizo.

Luego el cobertizo quedó pequeño, se mudó a uno más grande y compró más telares.

El negocio se estaba expandiendo y pronto tuvo varias fábricas de tejidos repartidas por todo Brasil.

Tiempo después, mi padre y mis tíos decidieron ingresar al negocio de la ropa. Los activos de la familia crecieron cada vez más. Mi padre se casó con mi madre, que pertenecía a una familia rica y tradicional.

Su fortuna se sumó a la de mi padre. Les digo todo esto para que sepan que nací en una cuna de oro. Como nací hombre, fui la felicidad de toda la familia.

Me criaron muy bien, asistí a las mejores escuelas. Mi padre quería que me quedara en su lugar al frente de las industrias y al lado de mis primos, pero no me gustaba y no quería ser un empresario.

Desde que era niño, siempre veía películas de la corte y leía sobre abogados, ese era mi sueño, ser un buen abogado. En cuanto a las industrias, a lo sumo podría proporcionar asistencia jurídica.

El embarazo de mi madre fue muy difícil, así que cuando nací, los médicos le prohibieron tener otro hijo.

Después de doce años, no sé cómo, tal vez fue un descuido, mi madre tuvo otro niño. -

Aunque este embarazo también fue difícil, el niño nació sano y hermoso.

Como ya era grande, se convirtió en la alegría de toda la familia. Su nombre era Cláudio.

- Estaba contento con su llegada, porque estaba muy solo y ahora tenía una compañía.

Crecimos felices y nos llevamos muy bien. Aunque la diferencia de edad fue grande, no interfirió con nuestros juegos. Me convertí en su amigo y protector.

Cuando tenía un problema en la escuela o con los niños mayores, siempre pedía ayuda y siempre estaba presente.

Zeca dejó de hablar. Sus ojos estaban distantes. Por el rabillo del ojo, una lágrima insistió en caer.

- No tienes que continuar, Zeca. Puedes parar. Somos tus amigos, nos gustas tal y como eres.

Esos recuerdos te están lastimando. Estás sufriendo mucho.

- No puedo parar, Regina, necesito continuar. Siento que me hará bien.

- Tú eres el que decide, Zeca, soy tu amigo y también digo que no tienes que continuar.

- Simón, sé que son mis amigos, así que necesito continuar.

Tal vez, cuando termine, ya no me acepten.

Antes que dijeran algo, Zeca continuó:

- Me gradué con honores en derecho.

Estaba muy feliz, porque finalmente era abogado. Cumplí mi sueño.

Cuando tienes todo lo que el dinero puede comprar en la vida, hay pocas opciones.

Ser abogado no dependía del dinero, sino de mí mismo, de mi deseo de estudiar.

Cuando tomé ese diploma en mis manos, me sentí poderoso. Había logrado conquistar algunos sueños, no por todo el dinero de mi familia, sino porque estudié y eso me hizo mucho bien.

Les dije a mis padres que abriría un bufete de abogados y que pasaría el trabajo de las empresas a mi hermano y primos. Quería ser abogado, nada más. Mi padre estaba furioso, pero al ver que estaba determinado, aceptó.

Tenía veinticuatro años cuando me gradué. En mi oficina, comencé a ocuparme de las causas familiares.

La Misión de Cada Uno

Un día, una señora se me acercó. Estaba llorando mucho mientras decía:

– ¡Doctor, vi su letrero afuera! Necesito su ayuda, nunca he pasado por algo como esto, pero mi hijo está bajo arresto.

– Mi señora – dije cuando me di cuenta que era una persona humilde y que sin recursos – no sé si puedo ayudarla, no trabajo en el área penal.

– Necesita ayudarme, vine de Ceará y no conozco a nadie. No sé qué hacer – dijo llorando.

– ¿Qué hizo su hijo para ser arrestado?

– Vive aquí hace mucho tiempo. La policía lo atrapó con muchas drogas, donde sea que viva.

– ¿Traficante de drogas? ¡Esto es serio!

– ¡No! Esas cosas no son suyas, fue alguien que las puso allí. ¡Mi hijo no es un criminal, no!

– ¿Cómo sabe eso?

– Él me lo dijo y creo en él, solo tiene diecinueve años. Vino aquí porque no había trabajo en Ceará. Es un buen chico, ¡nunca se metería con esas cosas!

¡Por amor de Dios, necesita ayudarme!

– De acuerdo, hablaré con él – dije más para deshacerme de ella –, pero será difícil. ¿Cuál es su nombre?

¿En qué estación está detenido?

Iré allí para averiguar qué está pasando.

– Ella me dio su nombre y el de la estación de policía, donde estaba arrestado.

– Ahora, vete a casa, iré allí y veré qué se puede hacer. Después de eso, te diré si tomo el caso o no.

– ¡Está bien! ¡Sé que usted liberará a mi hijo!

– Haré lo posible.

Se fue y no me interesó ese caso, pero después de un tiempo, fui a la estación de policía.

Escuché que no era la primera vez que había sido arrestado.

Estaba involucrado con una banda de traficantes de drogas. Las otras veces que fue arrestado, siempre fue por robo, nunca por narcotráfico.

Hablé con el comisario y obtuve permiso para hablar con él. Encontré a un hombre joven, delgado y nervioso.

Soy tu abogado. Tu madre me contrató. Tenemos que hablar, quiero que me cuentes cómo sucedió.

- ¿Tienes un "porro" para mí?

- ¡Claro que no!

- ¡Lo necesito doctor! ¡Estoy volviéndome loco!

- No tengo ni sé dónde conseguirlo. Nunca he estado en una estación de policía a menos que estuviera estudiando, pero no voy a ser un abogado penalista. Solo estoy aquí para responder a una solicitud de tu madre, que cree que eres inocente.

- Doctor, hágame un favor, ¡envíe a mi madre de regreso a Ceará!

- Ella vino porque siempre escribía diciendo que estaba bien, que tenía un trabajo.

- Cada vez que iba a visitarla, ella recibía muchos regalos y siempre iba con ropa "de marca", pero todo era mentira.

- Hace tres años que llegué, intenté conseguir un trabajo, pero fue difícil porque no tenía una profesión.

- El muchacho temblaba mucho mientras me contaba su vida, queriendo convencerme que ayudara a su madre y dijo:

- Cuando llegué, me fui a vivir a la casa de un tío. Vivía en un barrio pobre y trabajaba como albañil. Me consiguió un trabajo como sirviente. Empecé a trabajar, pero lo que ganaba era muy poco y tenía que dárselo casi todo a mi tío. El trabajo era pesado, comencé a enojarme por haber venido aquí. Un amigo me ofreció

La Misión de Cada Uno

un cigarrillo de marihuana, sabía que no era bueno, pero quería probarlo. A partir de entonces, lo necesitaba cada vez más y pasé a otro tipo de drogas.

El dinero que ganaba no fue suficiente para comprarla. Entonces, comencé a vender.

Él dejó de hablar y me miró, pero no parecía verme frente a él.

En realidad, estaba hablando consigo mismo.

Dejó de hablar durante unos minutos, luego continuó:

- Así es como me metí en el mundo criminal y siempre me fue bien.

Tengo muchos amigos, sé que me sacarán de aquí, doctor. Así que no tiene que defenderme.

- Por favor, solo envíe a mi madre a casa donde debería quedarse.

Salí de allí y volví a la oficina. Sentía algo extraño.

Siempre tuve mucho dinero, no conocía ese lado de la vida. La señora me estaba esperando ansiosamente.

- ¿Entonces doctor? ¿Habló con él?

- Hablé y no necesitas preocuparte. Puedes volver a tu tierra. Pronto estará libre.

- ¡No, no lo hará, doctor! No está en buena compañía, necesita ayuda. ¡Solo tú puedes ayudarlo!

- ¡No puedo! ¡Ya tiene un abogado!

- No quiero a ese abogado. ¡Necesita ser libre sin la ayuda de esas personas! De lo contrario, no servirá de nada.

- Al darme cuenta de toda la desesperación de la mujer, le prometí que la ayudaría, aunque sabía que no podía.

- Se fue y al día siguiente me visitó un tipo extraño.

- Hola doctor. Estoy aquí porque me envió mi jefe.

- Sabemos que te contrataron para defender a Jabá. Mi jefe quiere hablar contigo.

- No conozco a tu jefe ni a Jabá, ¡así que no necesito hablar con él!

- Será mejor que vaya. Al jefe no le gusta que lo contradigan. ¡Doctor, tiene que venir con nosotros ahora!

- Tenía miedo y decidí ir para deshacerme de esa situación.

- Llegamos frente a un restaurante respetable frecuentado por personas de clase alta.

- Me sorprendió que esas personas me llevaran a un lugar así.

- Doctor baje y entre al restaurante. En una mesa justo en frente de la puerta, hay un hombre con un traje oscuro y un pañuelo rojo en el bolsillo. Siéntese a la mesa.

- ¿Entendió todo correctamente?

- Asentí diciendo que sí. Antes que llegara el valet, salieron, dejándome allí parado. Entré en el restaurante y vi al hombre frente a mí. Me senté mirándolo.

Un hombre elegantemente vestido, con un vaso de whisky en la mano.

Comenzó a hablar con acento extranjero. Estaba nervioso en lo que él dijo:

- Doctor, siéntese por favor.

¿Quiere tomar algo?

- No gracias, ¿por qué me trajo aquí?

- Usted aceptó la defensa de uno de mis hombres. Necesito saber por qué y cuál es su interés.

- No sabía que era uno de sus hombres, su madre se me acercó e insistió en que lo liberara.

- Esta mujer puede volverse peligrosa para nuestra organización.

La Misión de Cada Uno

- Por lo tanto, usted debe continuar la defensa. Debe liberar a mi hombre.

- No sé si puedo hacerlo. ¡Nunca he trabajado en un caso penal y el tráfico es un delito muy grave!

- No se preocupe. El juez llamará a estas personas. Harán todo más fácil.

- Me entregó una lista de nombres. Pagó la cuenta y se despidió.

Se fue, dejándome solo, me quedé allí, mirando esa lista, había nombres de policías y comisarios.

No quería creer lo que estaba leyendo. Después de un rato, me fui.

Tan pronto como llegué a la acera, un taxi se detuvo:

- ¿Necesita un taxi?

¿Yo? Sí, gracias.

Me subí al taxi y, sin decir adónde quería ir, el conductor se dirigió a mi oficina.

Salí del auto.

- Ya está pagado - doctor - dijo - cuando intenté pagar.

Entré en la oficina con ese papel en mis manos. Estaba un poco mareado, todavía no entendía, o no quería entender, lo que había sucedido. Ya en mi oficina, me senté, tomé el papel y miré esos nombres. Me horrorizaron los nombres que encontré allí.

¿Cómo puede estar pasando esto? ¿Detectives y policías que deberían proteger a las personas y que estaban conspirando con delincuentes? ¡No puedo entrar en una situación como esta!

Lo pensé por mucho tiempo, hasta que sonó mi teléfono -. Respondí y fue esa voz con acento:

- ¿Ya ha llamado el doctor a alguien?

- Todavía no, estoy pensando...

- No piense demasiado, Doctor, nuestro hombre no puede estar en prisión por mucho tiempo.

- Tan pronto como colgué el teléfono, volví a levantar el papel. Empecé a llamar a la gente.

- Mañana, al mediodía, esté frente a la estación de policía con un taxi - dijo el último al que llamé.

- Al día siguiente y a la hora señalada, estaba frente a la estación de policía.

Mi cliente salió silenciosamente por la puerta principal, despidiéndose de todos los que conoció en el camino. Me sorprendió ver lo fácil que era burlar las leyes.

Jabá se acercó y subió al auto, diciendo:

- ¡Gracias, doctor! Sabía que me iba a liberar.

- El conductor, asustado, miró por el espejo retrovisor:

- No te preocupes, soy un abogado y este es mi cliente, por favor llévanos al mismo lugar donde me recogiste.

Él obedeció, pero siguió mirando y prestando atención a cada uno de nuestros movimientos.

Tan pronto como llegamos, le pagué el doble de la tarifa y, aun así, se fue rápidamente y asustado.

Entramos en la oficina.

- No entendía cómo había sido liberado, sin que yo hiciera nada, le pregunté:

- ¿Cómo saliste?

- ¡No me fui a ninguna parte! Nunca fui arrestado...

- ¿Me estás diciendo que todos los documentos de tu ingreso han desaparecido? ¿Cómo puede ser eso?

- ¡Eso mismo! Si nunca entré, ¿cómo podría estar allí?

Dijo eso con una carcajada. Estaba escuchando eso, pero no quería creerlo.

La Misión de Cada Uno

- ¡No puedes estar diciendo la verdad! ¡No puedo creer esto! La policía no puede ser tan corrupta.

- Doctor, eres muy inocente. No es la policía la que es corrupta, son algunos policías, ya sabes... todos tienen su precio. ¿No tenías una cita para ir a la estación de policía?

- Sí, pero no lo entendí. ¿Por qué sucedió esto?

- Si hubiera venido en otro momento, los policías con los que te ibas a encontrar, no me dejarían salir, no. Ahora usted me llevará a la casa donde está mi madre y dirá que usted me liberó y que todo fue una mentira. Voy a viajar con ella a Ceará. Luego vuelvo y ella se quedará allí, ¿entiende, doctor?

- ¡Entiendo, lo entiendo todo...! - Respondí asustado.

Hice todo lo acordado. Viajó con su madre y volví a mi vida.

Estaba harto de todo eso, pero no podía hacer nada. Cuando me gradué y establecí la oficina, le dije a mi padre que ya no quería su dinero. Solo viviría con lo que pudiera ganar con mi trabajo.

La oficina había estado abierta durante seis meses. Estaba representando algunas causas que, si ganaba, podrían brindarme un buen dinero. Pero hasta el día en que recibí la visita de esa señora, fue difícil y tuve que pedirle algo de dinero a mi padre. Estaba nervioso por tener que hacer eso.

Era muy orgulloso, quería demostrarle que necesitar su dinero era malo para mí.

Un día después que el muchacho y su madre se fueron, un mensajero llegó a mi oficina y me entregó un paquete.

Tan pronto como se fue, curiosamente abrí el paquete. Dentro había una carta y dinero.

En la carta me felicitaban por mi buen desempeño en la liberación de Jabá y decía que ese dinero era el pago por mi trabajo. Era el triple de lo que recibiría si ganara los procesos que se estaban procesando en el Fórum.

Miré todo ese dinero que había ganado sin hacer prácticamente nada, sonriendo pensé: "No fue un mal trabajo.

Nunca quise el dinero de mi padre, pero para eso necesito tener mi propio dinero. Con trabajos como este, me estableceré financieramente y no lo necesitaré más."

Zeca volvió a dejar de hablar, todavía con la mirada distante.

Simón lo interrumpió:

– ¿Qué hay de malo en ser rico y vivir del dinero de tu padre?

Los padres trabajan para lograr eso.

– Hoy también creo que no hay nada de malo en eso, pero en ese momento pensé que no tenía derecho a usar dinero que no había ganado con mi esfuerzo. Cuando conocí a esa señora, vi que había mucha pobreza en el mundo y me pregunté por qué fui elegido para nacer rico.

No pensé que fuera justo y, por eso, no creía en Dios. Si Dios existiera, ¿por qué elegiría unos para dar todo y otros nada? Siempre me hice esas preguntas. Entonces quería ganar dinero por mi cuenta.

Mirando todo ese dinero, decidí: dado que este Dios injusto me eligió para tener todo lo que el dinero puede comprar, no lo aceptaré.

No quiero el dinero de mi familia. Seré muy rico, pero con mi trabajo.

A partir de ese día, comencé a trabajar con la organización. No hice prácticamente nada.

Los muchachos eran arrestados, llamaba a las personas adecuadas y eran liberados.

Descubrí que mi dinero provenía de la organización, a través de pagos realizados por los presos, con el dinero que ganaban vendiendo drogas, robando y asaltando. Pero no me importó.

Mi cuenta bancaria crecía cada día más y más. Viajé y visité muchos lugares sofisticados, ahorré dinero en el extranjero para no

La Misión de Cada Uno

pagar impuestos aquí en Brasil y, lo más importante, al hacerlo, no tendría que demostrar de dónde venía toda esa fortuna.

Compré un departamento y tuve la mujer que quise. Mi familia estaba orgullosa de verme triunfar, pensando que era con el sudor de mi frente. Trabajé en la organización por más de dos años.

Un día mi padre vino a visitarme a la oficina. Mi hermano cumplía quince años y la familia estaba planeando una fiesta sorpresa para él.

Papá vino y yo no estaba allí. Decidió esperarme. Mientras esperaba, llegó un chico de la organización y mi padre lo recibió:

- El Doctor no está aquí. Puedes esperar o dejar un mensaje.

- Dígale que el alemán está bajo arresto y que debe ir a la estación de policía hoy mismo.

El alemán necesita salir de allí.

- Mi padre no quería entender - dijo que me daría el mensaje.

- Cuando llegué, él estaba muy nervioso:

- ¿Estás involucrado con delincuentes?

- ¿Quién dijo eso?

- Un hombre estuvo aquí y dijo que debías ir a la estación de policía para liberar a un tal alemán.

- Dijo que el jefe lo envió. ¿Por qué, hijo mío? ¿Porque estás haciendo esto?

- ¡Por dinero, papá!

- No lo necesitas, ¡tenemos mucho dinero, todo lo que quieres o necesitas!

- ¡No tenías ninguna razón para actuar así!

- ¡No quiero tu dinero! ¡Este es mío! ¡Lo gané con mi trabajo!

- ¿Por qué no quieres mi dinero? ¡Se ganó honestamente!

- ¡Le damos trabajo a personas que apoyan a sus familias! ¿Cómo ganas ese dinero?

– ¿Con el narcotráfico? ¿Destruyendo a los jóvenes? ¿Familias?

– ¡No vendo drogas!

– Pero proteges a los traficantes, ¡los dejas sueltos en las calles atrayendo a jóvenes e incluso niños!

– ¡No tengo nada que ver con eso! ¡Cada padre debe cuidar a sus hijos!

– ¡Obtuve mi diploma y la usaré para ganar dinero! ¡Me gusta el dinero, pero no quiero el tuyo!

– Realmente lo siento por ti. Espero que tu madre y tu hermano nunca se enteren de lo que estás haciendo.

El domingo, organizaremos una fiesta para tu hermano. ¡Espero que asistas y pretendas que nada de esta suciedad existe!

– Mi padre salió de la oficina muy nervioso. Después que fuera, estuve pensando por un tiempo, pero conseguí el nombre del prisionero y llamé a la persona indicada. Ella me aseguró que al día siguiente lo liberarían y eso sucedió.

El domingo fui a la casa de mis padres, donde se celebraría el almuerzo con toda la familia, y por la noche la fiesta sorpresa. Llegué, mi padre me recibió como si nada hubiera pasado, pero me evitó todo el tiempo. Mi madre estaba muy feliz. Durante el almuerzo, hubo mucha alegría.

Después del almuerzo, Cláudio se fue diciendo:

– Voy a la casa de un amigo. Regresaré pronto

– Mi madre se vio obligada a revelar la sorpresa. Él se puso feliz y prometió que volvería pronto.

La tarde transcurrió, algunos en la piscina, otros jugando a las cartas. Pasaba el tiempo y Cláudio no regresaba.

Nos estábamos poniendo aprensivos.

– Eran las once de la noche y no había vuelto. Comenzamos a entrar en pánico. En eso el teléfono sonó.

La Misión de Cada Uno

Mi padre respondió y mientras escuchaba, su rostro cambió, poniendo a todos muy nerviosos.

Dejó caer el teléfono y cayó sobre el sofá.

– Mientras alguien lo ayudaba, levanté el teléfono:

– ¡Hola! ¡Soy su hijo, mi padre se desmayó!

– Por favor, ¿qué está pasando?

– Un joven fue encontrado muerto por una sobredosis de cocaína. En su bolsillo estaba este número de teléfono,

Se llama Cláudio. ¿Vive allí?

– ¿Cómo? ¿Qué está diciendo?

La persona repitió, y yo, como mi padre, también me quedé en shock.

La familia me estaba mirando, queriendo adivinar lo que había sucedido. Les dije.

Hubo un gran alboroto, nadie sabía qué hacer, cada uno corriendo a un lado.

Mi madre lloraba desesperadamente. Parecía estar en otro mundo.

Junto con mi primo, fuimos al Instituto Médico Legal para reconocer el cuerpo.

Durante el viaje, estaba rezando para que no fuera él. Cuando llegué allí me identifiqué y, después de un tiempo, trajeron el cuerpo en un ataúd de aluminio. Cuando vi a mi hermano allí, mi corazón comenzó a latir rápido, salí corriendo a la calle. No sabía qué hacer. Mi primo vino detrás de mí y me abrazó.

– Espera, Ricardo, necesitamos ser fuertes y hacer todo el papeleo, trata de calmarte.

Quédate aquí, sentado en esa banca, yo me encargaré de todo y luego nos iremos a casa.

– Me senté allí, incapaz de moverme, escuchando la voz de esa persona en el teléfono:

¡Murió de una sobredosis de cocaína! ¡Murió de una sobredosis de cocaína!

- Me quedé allí, hasta que mi primo regresó:

- Vamos a casa, todo está bien. El cuerpo no será entregado hasta mañana. No tenemos nada más que hacer aquí.

- Seguí a mi primo, como si fuera un robot. No pude olvidar esa voz.

Cuando llegué a casa, mi padre, me vio entrar, corrió hacia mí gritando:

- ¡Mataste a tu hermano! ¡Fuiste tú! ¡Dejaste a esos bastardos en las calles, involucrando a jóvenes! ¡Tienes la culpa! ¡Sal de mi casa!

¡No quiero volver a verte frente a mí!

- Me quedé, mirando a mi padre a quien amaba y que sufría como nadie más.

Los demás me miraron, sin saber lo que estaba pasando. Mi madre corrió hacia mí y me preguntó, asustada y nerviosa: ¿Qué está diciendo? ¿Qué hiciste?

La miré a ella y a él. Sentí un gran dolor en mi cabeza y corazón.

Avergonzado, con todos y de mí mismo, salí corriendo. Caminé sin rumbo, intenté arrojarme debajo de un auto, pero no tuve el coraje.

Sabía que, innecesariamente, había vendido mi alma al diablo y que, con mi ayuda, mi hermano se convirtió en un adicto. La adicción fue tan grande que incluso murió. Mi dolor y remordimiento fueron enormes.

Caminé, caminé mucho.

No sé por cuánto tiempo hasta que llegue a esta ciudad y a la escalera de la iglesia. El resto ya lo saben.

Cuando terminó, Zeca lloró mucho. Su cuerpo estaba temblando. Sus amigos lo miraron con cariño.

La Misión de Cada Uno

No sabían qué decir. Regina, que estaba sentada frente a él, se levantó y fue hacia él. Le puso las manos en la cabeza y se acarició el pelo.

- No podemos mentir y decir que no cometiste un error, pero no fue tu culpa que tu hermano muriera.

- No sé los demás, pero creo que, si se cometiste algún error, ya lo has pagado.

- Viviste todo este tiempo humildemente y aprendiste el verdadero valor del dinero. Eres amigo de todos los que te conocen.

- Tu madre, al encontrarte hoy, es una prueba viviente que Dios te perdonó. Levanta la cabeza, Dios está a tu lado y yo también.

Seguía llorando. Se levantaron y lo abrazaron.

Simón lo hizo mirarlo a la cara:

- Amigo mío, el único que conocemos y amamos es Zeca.

- Ahora queremos conocer a Ricardo. Toda esta historia de ninguna manera ha cambiado mis sentimientos hacia ti.

La siguiente en hablar fue Célia:

- Mi opinión no ha cambiado. ¿Quiénes somos nosotros para juzgar?

- Todos tenemos nuestros problemas. Ricardo, bienvenido, ¡pero te seguiré llamando Zeca! ¿Puedo?

Zeca no pudo evitar sonreír:

- ¡Por supuesto que puedes! ¡A mí también me gusta más Zeca! ¡Bueno chicas!

- ¡Se acabó el misterio de nuestro jardinero! Ahora ya no tendrá que ocultar su origen.

- Todo esto sucedió en otro momento y con otra persona.

- Seguiremos siendo los mismos amigos de siempre, dijo Célia. Todos se tomaron de las manos y las levantaron:

- ¡Somos, y seremos los mismos amigos de siempre!

– Ahora volveré a mi bar, ¡Juca debe estar volviéndose loco por mi retraso!

– ¡Espera un momento, Simón! Como me aceptaron, a pesar de todo, tengo una solicitud que hacer.

– ¿También me aceptas, a pesar de todo, Regina?

– ¡Claro que sí! Como dijo Célia, bienvenido, pero yo también, como ella, te seguiré llamando Zeca. ¿Qué vas a hacer ahora? ¿Regresar a tu casa?

– Volveré para hablar con mi papá. Mi mamá dijo que está enfermo y que quiere verme. Hoy, ya puedo hablar con él y pedirle perdón, ¡pero llevaré a mi novia conmigo!

– ¿Novia? Todos hablaron al mismo tiempo.

– ¡Eso mismo! Novia Si ella todavía me acepta. Regina, ¿quieres casarte conmigo?

Regina se puso roja y sin poder moverse, no pensó que él haría la propuesta frente a los demás:

– Zeca... ¡Yo... quiero hacerlo! ¡Claro que quiero! ¡Sabes cuánto te amo! No me importa quién eras. Te amo...

– Sí, te amo, ¡y mucho!

– Miren eso! ¿Cuánto tiempo han estado saliendo?

– Miraron a Paulina que había hecho la pregunta:

– Exactamente, hace unas horas.

– Para ser sinceros, fue esta mañana. Nos descubrimos por casualidad.

Todos se rieron, Célia dijo:

– Que seas muy feliz, eso es lo que quiero desde mi corazón. Fueron abrazados y besados. Después de abrazos y saludos, Simón regresó al bar. Célia se acordó de los niños que debieron haber estado en la plaza esperándola.

Regina y Zeca salieron abrazados caminando en la plaza. Paulina se sentó al piano y comenzó a tocar una hermosa melodía. Todos pensaron en la increíble historia de Zeca.

La Misión de Cada Uno

14.- *La reacción de Clara*

Zeca y Regina estaban muy felices.

Avergonzada, ella preguntó:

- ¿Por qué me lo pediste frente a todos? - Estaba avergonzada...

- Son nuestros amigos, incluso podría decir que son nuestra familia.

- Anoche, no pude pedirte que te casaras conmigo, porque quería seguir ocultando mi identidad, pero ahora eso ya no es necesario. Podemos casarnos, ¡pero solo que será con Ricardo!

- No hay problema, pero fue de un tal Zeca que me enamoré y quiero casarme con él.

- Te amo mucho. - ¡También te amo mucho!

Llegaron a casa y entraron. Clara estaba en la habitación escuchando música y leyendo un libro. Zeca con una sonrisa dijo:

- Buenas tardes, Clara.

- ¡Buenas tardes, Zeca! ¡Quiero disculparme por todas esas estupideces que dije!

- No tengo nada por de qué disculparte. Tenías toda la razón. ¿No debí entrar a tu casa por la noche?

- No te preocupes, lo olvidé. Mas bien quería hacerte una solicitud. Quiero casarme con tu madre y quería tu consentimiento.

- ¿Casarse?

- ¡Sí, casarme! ¡Si consientes, me harás el hombre más feliz del mundo! Créeme.

- ¡Por supuesto que doy mi consentimiento! Siempre me gustaste mucho - dijo, con una amplia sonrisa.

– Siempre me gustaste, pero seguiremos viviendo aquí, en esta misma casa.

– Tu madre seguirá trabajando en el Correo y yo seguiré siendo el jardinero.

No tengo la intención de cambiar mi vida. Estoy feliz así.

– ¿Seguirán viviendo en esta ciudad? En esta casa ¿Por qué? ¡Ahora todos saben que tienes mucho dinero!

– Tu madre se enamoró de mí, aunque yo era un mendigo.

No soy rico, mi familia es la que tiene dinero.

Aunque tenía mucho dinero, nunca fui feliz. Solo encontré la felicidad después de llegar aquí.

Todos los amigos que hice fueron por mí, no por mi dinero.

El dinero es importante, pero no puede convertirse en una prioridad en nuestras vidas.

Debemos respetar y ser amigos de cualquier persona, independientemente de su situación financiera.

– ¿Me estás diciendo que no te importa el dinero?

– ¡Le doy el valor justo! Hoy tienes dinero y puedes estudiar y ser médico.

– Esta profesión requerirá que sirvas a los pobres y ricos. ¿Tendrás el mismo tratamiento para ambos? ¿Realmente tratarás a ambos por igual? ¿Sabes lo que es ser un buen médico?

¿La persona que te dio el dinero no lamenta haberlo hecho?

– ¿Por qué estás diciendo eso? ¿Me diste el dinero? ¡Sí, debes haber sido tú!

– ¡No fui yo! – Dijo Zeca muy nervioso; – Pero si lo hubiera sido, ¡con seguridad lo lamentaría!

Tienes una madre maravillosa que te dio todo en la vida. Simplemente ya no te dio más porque no tenía.

La condenas por no decir quién es tu padre, un sinvergüenza que te abandonó sin preocuparse por el niño que iba

La Misión de Cada Uno

a nacer. ¡Eres injusta y mezquina! ¡Me está dando la bienvenida, porque crees que tengo mucho dinero! Repito, no fui yo quien te dio el dinero, pero si lo hubiera sido, lo lamentaría.

Espero que hayas aprendido a no juzgar a las personas por su apariencia. No soy nadie para juzgarte, espero que seas un buen médico, pero espero que seas capaz de tratar a todos tus pacientes de la misma manera –. Habló con tanta firmeza que no se atrevieron a interrumpirlo.

No se veía igual que el Zeca de siempre.

– Lo siento, dijo Zeca llorando, no sé qué me pasó.

– No soy nadie para juzgar. Clara, no importa lo que dije.

– Sé que serás un buen médico, perdóname.

Salió corriendo, ya en la calle, las lágrimas fluyeron sin que él pudiera evitarlo.

Recordó al hermano que tanto amaba, el padre que lo echó de la casa y la madre que, a pesar de todo, lo buscó durante tanto tiempo.

¡Dios mío! ¿Quién soy yo para juzgar?

Él caminó por mucho tiempo. Cuando se dio cuenta, estaba frente al cementerio. No sabía por qué, pero quería entrar, sentía mucha paz.

Caminó entre las tumbas. Miró fotos de personas enterradas.

No pensaba en nada, solo miraba. Llegó frente a una tumba, donde había una foto de un niño negro, que se llamaba Cláudio. Se detuvo y miró. La cubierta poco profunda de la tumba estaba bien cuidada, con flores plantadas.

Se arrodilló mirando la foto del niño. Miró la lápida y notó que había muerto a los dieciocho años. Siguió mirando y parecía que la fotografía estaba tomando una nueva forma, la cara de su hermano se estaba formando. En la foto, Cláudio sonrió. Oyó una voz:

– *"Ricardo, mi querido hermano, te traje aquí para que finalmente pueda ver que ya no estoy contigo. Para que finalmente puedas enterrarme y seguir viviendo en paz. La muerte es como un sueño, cuando nos despertamos estamos en otro lugar, pero junto con muchos amigos. No te culpes, nada de lo que hubieras hecho podría haber cambiado mi camino.*

Este camino que yo mismo elegí, desviándome del real. Dios, en su infinita bondad, me retiró de la Tierra, antes de ir más allá y hacer cosas peores.

Envía un beso a mamá y papá, diles que no tienen que seguir llorando. Estoy muy bien, feliz y esperando a todos, porque un día, seguro, llegarán."

Zeca estaba paralizado, asustado, porque realmente estaba escuchando la voz de su hermano.

– ¡Debo estar loco! ¡No puedo escucharte!

– *"No, Ricardo, no estás loco. Soy yo. Te quiero mucho, quiero que seas feliz."*

Zeca continuó mirando la foto, que gradualmente cambió de nuevo y la cara del chico negro regresó. Zeca lloró, asustado y conmovido. Solo entonces se dio cuenta que estaba arrodillado.

Se levantó llorando, diciendo:

– Claudio, mi querido. No sé si realmente escuché tu voz o si estoy loco, pero espero, desde el fondo de mi corazón, que él realmente esté bien y feliz con Dios.

Siento que me perdonaste, y estoy feliz por eso – dijo en voz alta.

Un poco mareado salió del cementerio. Continuó caminando y terminó en Grutón.

La gente lo reconoció y saludó cuando pasó. Llegó a la cascada. Miró ese lugar mágico.

No estoy seguro si realmente escuché a mi hermano, pero siento que ahora estoy realmente liberado de esa presión que sentí en mi pecho. Siento que él está realmente bien y feliz.

La Misión de Cada Uno

Creo que tengo algo que hacer por todas las personas que viven aquí. Haré lo mejor posible y lo imposible para ayudar.

Se fue al agua. Con las manos, se humedeció la cara y la cabeza. Miró el bosque que rodeaba la cascada.

Respiró hondo. El aire fresco y puro entró en sus pulmones. Sintió que su cuerpo era fuerte y que había recibido mucha energía.

Regresó a la ciudad. Estaba tranquilo y pacífico. Estaba oscureciendo cuando llegó. Fue a la casa de Regina, que estaba preocupada por la forma en la que se había ido.

Clara no estaba en casa, fue a buscar a Gustavo a la plaza.

Zeca llamó a la puerta. Regina le abrió, se dio cuenta que estaba muy bien y con un brillo de tranquilidad en los ojos.

- Zeca! ¡Me alegro que hayas vuelto! Tan pronto como te fuiste, tuve una pequeña charla con Clara.

- Luego fui a la plaza - pensé que estabas allí -, pero no te encontré, ¿dónde estabas?

- Regina, necesito contarte algo que me pasó y que hasta ahora no sé si era verdad o si estaba soñando.

Le contó todo lo que había sucedido desde que salió de su casa. Ella escuchó atentamente, sin perderse una palabra. Cuando terminó de contar, le tomó las manos:

- ¿Qué opinas de todo esto? preguntó ansioso:

- ¿Realmente sucedió? ¿Estoy volviéndome loco?

- Sucedió, Zeca, puedes estar seguro. No estás loco. Por el contrario, eres una persona especial.

Dios te permitió ver a tu hermano para que supieras que la muerte realmente no existe.

- Estás comenzando tu vida de nuevo. Ahora estás en el camino correcto y estás siendo bendecido por ello.

Simplemente no entendí cuando dijo que Dios lo llevó porque estaba en el camino equivocado y antes que empeorara las cosas.

Según lo que he aprendido, todos nacimos para ser buenos.

Cuando venimos, siempre traemos con nosotros algo por hacer. Un rescate, perdonar y ser perdonados, encontrar amigos y enemigos, etc. Cada uno de nosotros tiene libre albedrío.

Dios nos da todas las oportunidades para que se cumplan nuestras metas, pero a veces, por otras razones, nos desviamos de nuestros propósitos. Esta desviación puede conducirnos a cometer peores errores que los que ya tuvimos. En ese momento, dependiendo del mérito y los amigos que tenemos, se nos retira antes de cometer mayores errores.

– ¿Quieres decir que mi hermano se estaba desviando y por eso murió? ¿Eso es lo que estás diciendo?

– Sí, eso debe haber sucedido. Puede haber sido difícil regresar del camino que tomó.

– Siendo un joven algo inocente y con amigos espirituales que deben haber intercedido por él, Dios no permitió que se hiciera más daño.

– ¿En cuanto a mí? También estaba fuera del camino correcto.

Herí a mucha gente, ¿por qué no morí?

– No lo sé todo, tal vez fue porque en el momento en que viste a tu hermano muerto, podrías haber tenido varias reacciones. Perseguir a los traficantes de drogas para vengarte, culpar a tus padres porque tu hermano entró al mundo de las drogas o no prestar atención y continuar en la misma vida que antes. Usaste tu libre albedrío y escapaste de todo y de todos. Durante todo este tiempo viviste en completa humildad.

– Aprendiste que el dinero, cuando se convierte en la única prioridad en la vida, puede causarnos mucho daño.

Cuando regresaste a la Tierra, debe haber traído alguna misión que cumplir.

Durante un tiempo se alejó de ella, ahora debe haber regresado en la dirección correcta.

La Misión de Cada Uno

Dios te dio una nueva oportunidad, así que debes esperar y ver qué sigue.

- ¿Realmente crees eso? ¿Qué quieres decir cuando hablas de regresar a la Tierra?

- Sí, Zeca. He aprendido de la vida, que todos estamos aquí por alguna razón.

Cuando digo acerca de regresar a la Tierra es porque creo en la reencarnación. Hoy, viste y oíste a tu hermano hablar contigo, como si estuviera vivo. Dios, en su infinita bondad, no hubiera preferido hijos, no permitiría que uno de sus hijos fuera perfecto, saludable y otros enfermos y deformados.

Algunos ricos con todo, como tú, y otros pobres como las personas que viven en Grutón.

Solo la reencarnación puede darnos estas respuestas. Si no existe, entonces Dios tampoco existe.

Estamos en un proceso de aprendizaje eterno. Siempre evolucionando para, un día, llegar a la perfección.

Aprendemos de la vida. La reencarnación es un enorme bien que Dios le ha dado a la humanidad.

- Por la forma en que hablas, ¡parece que tienes mucha convicción!

- Sí, lo aprendí de doña Julia. Ella era una fiel creyente y todavía me habla en sueños

- Me gustaría saber más al respecto.

- Puedo prestarte varios libros, Zeca, tengo muchos. Creo que lo primero que deberías leer es el Evangelio. En él, podrás entender todo lo que Jesús dijo.

- Antes no quería, pero ahora, si lo tomo prestado, lo leeré.

- Te lo prestaré y si necesitas alguna explicación, siempre estaré aquí para responderte sobre lo que sé.

- De acuerdo, lo tomaré. ¡Pucha!

- ¿Qué pasa, Zeca?

- Con todo el ajetreo de este día, olvidé almorzar y me muero de hambre.

¡Simón ya debe haber cerrado el bar!

- Yo también tengo hambre! Prepararé algo ¡Ya que vas a ser mi esposo, tienes que ver si te gusta mi comida!

- Si no me gusta tu comida, te enseñaré a cocinar -. Estaban cenando cuando Clara llegó acompañada de Gustavo.

Gustavo, sonriendo, dijo:

- Zeca! ¿Cómo estás?

- ¡Muy bien, Gustavo ¿y tu?

- Muy feliz por ti ¡Todos en la ciudad están comentando!

¡Robertito va de puerta en puerta diciéndole a todos que se subió en el auto de tu madre!

- ¡Ese chico es realmente un chismoso!

- ¡Está diciendo que te llamas Ricardo, pero que te pareces a Zeca!

- Espero que sigas siendo como siempre ha sido. Me gustas mucho siendo Ricardo o Zeca.

- Gracias, Gustavo, eres un buen chico. ¡Te lo mereces y lograrás todo lo mejor en la vida! - Clara, parada junto a Gustavo, con los ojos bajos, estaba en silencio.

Regina se dio cuenta que su hija no estaba bien.

- ¿No quieres cenar? ¡Hay para todos!

- Gracias, doña Regina, pero cené en casa.

Zeca, al darse cuenta que Clara estaba en silencio, dijo:

- ¡Es una pena!

- ¡La comida de Regina es muy buena! ¡Clara!? ¿Estás bien?

- Sí, estoy, Zeca, con un poco de dolor de cabeza.

- Por eso la traje a casa -. Dijo Gustavo -, ya está entregada, tengo que irme, ¡buenas noches!

La Misión de Cada Uno

- Buenas noches, Gustavo, y gracias por traer a Clara.

Gustavo se fue y Clara se dirigía a su habitación.

- Clara - la llamó Zeca -, necesito hablar contigo. Quiero disculparme por todo lo que dije.

No es cierto que, si hubiera sido yo el que hubiese dado el dinero, lo lamentaría.

- Han pasado muchas cosas hoy. Me vi obligado a recordar cosas que durante todo el tiempo que estuve aquí, intenté olvidar. Me gusta mucho tu madre, quiero casarme con ella y quiero que me recibas de todo corazón.

Ella lo miró, luego a su madre y dijo emocionalmente:

- Zeca, soy yo quien tiene que disculparse.

- Todas tus palabras eran correctas. Solo me mostraste lo mezquina que he sido.

Nunca supe reconocer el amor de mi madre. Ciertamente habría sido más fácil para ella haber tomado alguna droga y haber evitado mi nacimiento. Pero no, además de dejarme nacer, ella todavía me crio con todo el cariño y el amor que había en su corazón. Gracias, Zeca. Debes saber que apruebo el matrimonio, no porque seas un hombre rico ahora, sino porque eres quien eres, un buen hombre.

Sé que harás muy feliz a mi madre. ¡Mamá, por favor perdóname!

¡Estoy sufriendo mucho por todas esas cosas horribles que dije! Regina se acercó a su hija y la abrazó:

- Hija mía, te quiero mucho.

Así es como aprendemos. Siento que estás siendo sincero, solo puedo agradecerte por este momento.

- Ahora vete a la cama y ten una buena noche -. Zeca le sonrió, asintiendo con la cabeza.

Elisa Masselli

Después de terminar la cena, Zeca se despidió y se fue. Al cruzar la plaza hacia su casa, su corazón se sintió aliviado. Vio la cara y escuchó las palabras de Claudio en su mente.

Sabía que su hermano estaba vivo en algún lugar y, lo más importante, estaba feliz. Llevaba en la mano el Evangelio que Regina le había dado.

Llegó a casa, era tarde y todos estaban dormidos. Lentamente, fue a su habitación.

Miró ese pobre pero acogedor lugar.

Cuántas horas de soledad pasó allí. Se duchó, cogió el libro y comenzó a leer.

Abrió el libro al azar y leyó: "Sin caridad, no hay salvación." Dejó de leer, pensó por un momento y continuó.

Se durmió con el libro en el pecho y la luz encendida. El sol entró por su ventana. Sin darse cuenta, se durmió con la ventana abierta, porque era tarde cuando llegó.

Miró su reloj, todavía era muy temprano. El libro yacía en el suelo. Durante la noche debió haberse caído. Estaba abierto en la página que contenía una parábola: "a quien se le ha dado mucho, se le pedirá mucho."

Lo leyó atentamente. Cerró los ojos y pensó en todo lo que había leído.

– "Dios me dio todo. Nací en una casa con todas las comodidades, mucho más de las que necesitaba.

Mis padres son buenas personas, trabajadoras y honestas. Me desvié de sus enseñanzas, pasé a una vida marginal. Hice mucho dinero que ahora está repartido en diferentes bancos.

El día que murió Claudio, juré que nunca volvería a tocar ese dinero, pero en este libro leí que es necesario hacer caridad.

El dinero es mío, nadie podrá retirarlo sin mi autorización.

No es justo que se quede inmóvil allí. ¡Ahora estoy empezando a entender lo que me pasó!

La Misión de Cada Uno

Estoy seguro que mi hermano está vivo en alguna parte y sé que la vida no termina con la muerte. Puedo hacer algo con ese dinero.

Se levantó y fue al bar. Simón estaba abriendo las puertas:

- ¡Buenos días, Simón! - ¡Buen día!
- Pero, ¿qué es esto? ¿Te caíste de la cama? ¿Olvidaste que hoy es sábado? ¿No dormiste bien?
- ¡Dormí muy bien! De hecho, como no lo había hecho en mucho tiempo. ¡Tengo una idea y necesito hablar contigo!
- Entra, el café aun no está listo. Mientras lo preparo, veamos cuál es esa idea -. Zeca le contó a su amigo todo lo que había sucedido en el cementerio la noche anterior.

Simón escuchó un poco incrédulo. Zeca habló con tanta certeza que se vio obligado a aceptarlo, aunque a regañadientes.

- ¿Podría ser que te pasó eso porque estuviste con tu madre y recordaste todo?
- No, Simón, cuando entré al cementerio, ni siquiera sabía por qué estaba allí, pero no es de eso de lo que quiero hablar. Quiero hablar de dinero
- ¿Dinero? Este tema siempre es bueno.
- ¿Cuánto crees que costará construir las casas?
- No sé, quién puede calcular es Juárez. ¿Por qué quieres saber? Tu pregunta es extraña.
- Tengo mucho dinero ahorrado en bancos, no estoy seguro de cuánto. Quizás podamos construir las casas.
- ¿Tanto así? Si el dinero es tuyo, ¿por qué no conservarlo y tener una buena vida, especialmente ahora que te vas a casar?
- ES dinero sucio que gané ayudando a destruir a muchos jóvenes y sus familias.
- Juré que nunca lo volvería a tocar. Pero, esta noche, al leer un libro, entendí que siempre tenemos una nueva oportunidad y

que nuestros errores siempre pueden repararse, incluso si lleva mucho tiempo.

- Aprendí que el camino es la caridad. Así que decidí que el mismo dinero que destruyó a tantos hoy puede traer felicidad a muchos.

- Si realmente crees eso, si crees que este es el camino a seguir, que así sea. Más tarde hablaremos con Juárez y le pediremos que calcule el total. El café está listo, ¿bebemos?

Estaban desayunando cuando llegó Regina:

- ¡Buenos días!

- Buenos días, Regina. Llegaste a tiempo, terminé de colar el café.

- Siéntate allí con Zeca, te serviré. Ella se sentó.

Zeca sosteniendo su mano dijo:

- Tenemos que hablar, pero lo haremos durante el viaje.

- ¿Viaje? ¿Qué viaje, Zeca?

- Estoy esperando que Elías llegue con su taxi, veré si nos lleve a la Capital.

- Vamos a visitar a mi padre, necesito hablar con él y presentarte a mi familia.

- ¿Presentarme a tu familia? ¿Así de repente? Es demasiado pronto. No estoy lista.

- ¿Lista para qué? Mi vida está cambiando. Tú misma dijiste que siempre tenemos una nueva oportunidad. Aprovecharé la oportunidad que me da la vida y esta vez haré todo bien.

- Nos amamos y nos vamos a casar. El primer paso es presentarte a mis padres. ¿Cuál es el problema?

- ¡Estoy sorprendida! No pensé que harías eso. No sé, tu madre parecía una persona fina y educada.

Solo soy una chica de provincia. No sabré hablar con ella.

- ¿Por qué no? Como dice Robertito:

La Misión de Cada Uno

- Se ve fina... pero solo se ve... es muy buena.

- ¿Nunca saliste de aquí? ¿No conoces la capital? ¡Genial! ¡Hoy la conocerás!

¡Aprovecha su invitación, Regina! Ve a la capital. Por lo menos, harás un viaje.

¡Está realmente enamorado!

Regina solo sonrió. No supo qué decir –. Elías llegó con el taxi y, como todos los días, fue al bar a tomar su café y dijo con picardía:

- ¡Buenos días! ¿Están todos bien? Doctor Zeca, ¿cómo estás? – Dijo, inclinándose y riéndose.

- Basta, Elías. ¡No soy doctor, solo soy Zeca!

- Eso no es lo que están diciendo. Ya no puedes engañar a nadie.

- ¡Todos vieron el gran auto que vino a buscarte y, si eso no fuera suficiente, para aquellos que no lo hicieron, Robertito nos lo dijo!

- Sí, todos tuvieron una alucinación. Ningún auto grande vino a buscarme.

- Sigo siendo el mismo Zeca de siempre.

- ¡Menos mal! Tenía miedo que cambiaras...

- No voy a cambiar. Estaba esperándote. Quieres llevarnos a la capital. ¿Llegará este viejo auto?

- ¿Auto viejo? – Él respondió ofendido:

- ¡Mi auto es muy bueno y puede ir a cualquier parte! ¡Puedo ir a donde quiera!

- Entonces llena el tanque. Prepáralo para el viaje.

- ¡Zeca! – dijo Regina preocupada, no puedo ir con este atuendo. ¡Me voy a casa a cambiar!

- Estás linda. De hecho, sin importar cómo esté vestida, siempre será la mujer más bella del mundo.

– Pero si quieres cambiarte, vete. Te estaré esperando aquí.

Elías fue a preparar el auto y Regina fue a cambiarse de ropa. Simón miró a su amigo, después de unos segundos le dijo:

– Estás realmente bien. Me alegro.

– Me quité un peso de encima. La vergüenza y el remordimiento me consumieron.

Hoy estoy bien. Encontré a mis padres otra vez, encontré una mujer divina. ¿Qué más puedo querer de la vida?

– Nada más, mi amigo. La peor sensación que puede tener un ser humano es la culpa, no todos son tan afortunados como tú. No todos pueden liberarse.

– ¿Por qué dices eso, Simón?

– ¡Por nada! Solo estoy haciendo una pequeña charla.

– Buenos días, caballeros... – ¡Buenos días, Célia! ¿Cómo has pasado la noche?

– En la medida de lo posible, muy bien, Simón. Y tú, Zeca, ¿cómo estás? ¿Tuviste una buena noche?

– Él está bien. – Quien respondió fue Simón, riendo –, está yendo a la capital para presentar a la novia a la familia ¡Se van a casar!

– Me alegro por ellos. Siempre es bueno ver a las personas cumplir sus deseos.

– Siéntate, te serviré café listo.

Célia estaba sentada cuando llegó Paulina. También se sentó y estaban tomando café y hablando. Zeca les contó lo que había sucedido en el cementerio.

– ¿No tenías miedo?

– No, Paulina, no tenía miedo, al contrario, estaba feliz de ver y escuchar a mi hermano, pero pensaba que estaba loco.

– ¿No habrás tenido una alucinación, Zeca?

– ¡No! Era real, él estaba allí hablando conmigo.

La Misión de Cada Uno

– Sabes ¿qué? Desde que comencé a leer ese libro, también he encontrado algunas respuestas.

– Si estás leyendo el Evangelio que Regina me prestó, te puedo asegurar que es mágico, Paulina, nos hace pensar.

– Ese fue el que Célia me prestó.

Simón lo pensó por un momento y dijo: Como todos han leído y están tan impresionados, creo que es hora que yo también lo lea.

– Simón, luego te lo traeré.

– ¡Tengo una mejor idea, Paulina! Este libro no solo se lee una vez, sino que se lee siempre. Voy a ir a la capital, ¡traeré uno para cada uno de ustedes! ¿Qué piensan?

– Te lo agradezco, Zeca – dijo Célia –, ya tengo el mío.

– Necesitas traer uno para Paulina y otro para Simón.

– De acuerdo, lo haré.

Regina llegó deslumbrante. Con un vestido azul y el cabello recogido en la parte superior de la cabeza.

– ¡Caramba! ¿Qué es eso? ¿A dónde vamos?

– ¡Ella se encontrará con sus futuros suegros! – respondió Simón.

– ¿Es cierto? ¡Qué bien! Deseo que sean felices.

– Gracias Paulina. Estoy muy feliz.

Zeca y Regina se despidieron y subieron al taxi. Regina, aunque estaba feliz, tenía mucho miedo; Nn sabía cómo sería recibida. En la primera estación de servicio en el camino, Zeca llamó a su madre para decirle que llegarían pronto.

15.- Obsesión por la afinidad

El auto estaba avanzando. Regina miraba todo y se admiraba. Nunca había viajado. Todo era nuevo para ella. Después de tres horas, vieron los primeros edificios de la ciudad. Regina nunca imaginó que podrían ser tan altos. Al entrar a la ciudad, el ruido era inmenso. Muchos automóviles, bocinas, motores y altavoces.

Zeca se divirtió con su expresión de admiración. Después de cruzar la ciudad, el automóvil tomó una ruta más tranquila. Zeca le pidió a Elías que detuviera el auto frente a una gran puerta.

Tan pronto como se detuvo, un portero se acercó. Miró el auto. Zeca asomó la cabeza:

– ¡Ivan! ¡Soy yo!

– Doctor Ricardo! ¿Cómo está?

– Estoy muy bien. ¿Puedes por favor abrir la puerta?

– Claro, doctor.

La gran puerta se abrió. Elías se subió al auto. El portero mantuvo una sonrisa en su rostro que fue respondida por Zeca. El auto siguió un camino florido, y una gran mansión apareció en lo alto. Al ver todo eso, Regina comenzó a temblar, incapaz de controlarse.

Zeca, al darse cuenta de su falta de control, la abrazó:

– ¡No te preocupes, Regina! Recuerda a Robertito: Parece... es mucho... pero no lo es...

Ella sonrió, pero no pudo controlarse. Finalmente, el auto se detuvo frente a una puerta grande.

La Misión de Cada Uno

La madre de Zeca ya los estaba esperando. Tan pronto como el auto cruzó la puerta, Ivan el portero llamó para decir que iban a venir.

– ¡Hijo mío! ¡Me alegro que hayas venido! Tu padre y yo estábamos esperando tu llegada.

– ¿Quién es esta hermosa joven?

– También estoy feliz de volver. Esta hermosa chica es Regina, mi prometida y nos vamos a casar.

– ¿Prometida? ¿Te vas a casar? ¡Bienvenida hija mía! Le tendió la mano a Regina, quien, temblando mucho, sostuvo la mano de esa mujer que era tan delgada y diferente de ella.

– ¿Estás temblando? ¡Tienes las manos frías! ¿Qué es eso? Estoy muy feliz de tenerte en mi casa.

– Si mi hijo se va a casar contigo, solo puedo darte mi bendición.

– ¡No te lo dije, Regina! Robertito tiene razón cuando dice: Parece... pero... solo parece... – Regina sintió esa sinceridad en la voz de esa mujer, sonrió aliviada. Entraron en la casa. Sostuvo el brazo de Zeca con fuerza.

Se aseguró que Elías también entrara.

– Mamá, este es Elías. Además de ser taxista, también es uno de mis amigos.

– Mucho gusto, señor. Los amigos de mi hijo también son míos.

– Siempre serás bienvenido en mi casa.

Elías, como Regina, no se sentía bien. No estaban acostumbrados a tal lujo. Apareció una gran sala con cortinas, cuadros y obras de arte.

Regina no le prestó atención. Todavía estaba temblando, pero ahora sabía que no era por el nerviosismo.

Miró frente a él y vio a un hombre sentado en un sofá. Pálido, abatido y con aspecto muy débil.

A su lado, dos entidades que dijeron:

– ¡Tú eras el culpable, sí! ¡Tu hijo murió por tu culpa! ¡El otro también se convirtió en un matón por tu culpa! ¡También somos culpables de muchas cosas!

¡Por lo tanto, somos tus amigos! ¡Nunca te dejaremos! ¡Vamos a sufrir juntos!

Regina hizo un gran esfuerzo para no mostrar a los demás lo que estaba viendo. Había visto y escuchado espíritus durante mucho tiempo, pero no se lo contó a nadie.

Siguió el consejo de doña Júlia para no ser señalada como loca. Había aprendido de ella cómo controlar estas situaciones.

Zeca también vio a su padre y fue hacia él.

Regina miró a las entidades:

– "Padre Supremo, protege a tus hijos.

Que estos hermanos nuestros que sufren puedan encontrar la luz, porque ciertamente no tienen intención de hacer daño. Que su luz de amor y bondad nos ilumine.

Doña Julia, ayúdame para que sepa actuar con sabiduría y amor. Zeca se arrodilló frente a su padre."

– ¡Papá! Soy yo, Ricardo. ¡Regresé para pedir tu perdón! El padre abrió los ojos.

Miró a su hijo como si estuviera soñando. Sus ojos se llenaron de lágrimas.

– ¡Hijo mío! ¡¿Eres tú?!

– ¡Sí papá! Perdón por todo el sufrimiento que te causé...

– Eres tú quien tiene que perdonarme, hijo mío... No sabía cómo darte una buena educación, ni a Claudio.

Yo tuve la culpa de todo lo que te pasó.

– ¿Qué pasa papá? ¡Eres el mejor padre del mundo! ¡Nos diste todo!

– Educación, cariño y mucho amor...

La Misión de Cada Uno

Se abrazaron. Regina vio que las entidades se alejaron.

Una luz iluminó a padre e hijo, que juntos lloraron. Zeca besó a su padre y fue besado por él.

Las entidades abrazadas parecían perdidas sin saber qué hacer. No sabían que Regina los estaba viendo. El momento fue muy emotivo. La madre de Zeca también estaba llorando.

Regina se le acercó:

– Señora, sé que este momento es importante para su familia, si me lo permite, saldré con Elías.

– No es necesario, hija mía, pero si quieres, siéntete libre.

Regina, mirando fijamente a las entidades, pensó: "Mis hermanos, sé que no están aquí para hacer el mal. Por eso les pido que me acompañen al jardín, hablaremos."

Las entidades escucharon esa voz, pero no sabían de dónde venía. Otra entidad se acercó.

Un muchacho joven y sonriente le dijo a Regina:

– Regina, soy Cláudio, el hermano de Zeca.

– Me alegra que mi hermano te haya encontrado. Puedes salir, yo te guiaré.

Las entidades, cada vez más asustadas, ahora vieron a Regina, que estaba iluminada por una luz que salía de las manos de Claudio. Elías no lo vio, pero en cuanto Regina salió de la habitación, la siguió en silencio.

Afuera, ella fue debajo de un árbol.

Miró hacia atrás y vio a Claudio que venía hacia ella, acompañado por las entidades.

Cuando se acercaron, ella preguntó pensativo:

– "¿Qué están haciendo mis hermanos en esta casa?" – Una de las entidades respondió, nerviosa y asustada:

– ¡No somos tus hermanos y ni siquiera te conocemos!

- No queremos hacer daño, estamos justo al lado de nuestro amigo. Sufre mucho por sus hijos. Nosotros, como él, somos culpables de muchas cosas. Entonces, nos quedamos aquí para compartir su sufrimiento.

- ¿Me estás diciendo que no lo conocías?

- ¡No! Su sufrimiento fue lo que nos atrajo. Los dos estábamos vagando y sufriendo juntos.

- Aquí nos atrajo su llanto y sufrimiento. Nos quedamos con él, sufriendo y llorando también.

- Al igual que tú - dijo con gran pena -, él no tiene la culpa. Ya han perdido mucho tiempo deambulando y quedándose aquí. Ahora pueden irse con nuestro hermano, Cláudio, quien está aquí para acompañarlos. Miraron como ella señalaba. Vieron a Claudio, tuvieron miedo y se abrazaron aun más.

- ¡No iremos con él! ¡No nos iremos de aquí! ¡No abandonaremos a nuestro amigo, él necesita nuestro apoyo!

- Lo necesitaba y tú le ayudaste, pero ahora ya no lo necesita. Su hijo ha regresado y está feliz.

Deben estar muy cansados y asustados, pero no deben tener miedo.

- Cláudio es nuestro amigo y los llevará a un lugar hermoso, donde podrán descansar.

Miraron a Claudio, que ya no estaba rodeado de luz. Cuando vieron que él era como ellos, se calmaron:

- Estamos realmente cansados, dijo uno de ellos, ¿estás segura que nos llevará a un buen lugar?

- Sí, puedes confiar en lo que digo.

- ¿Podemos seguir sufriendo allí?

Antes que Regina respondiera, la otra entidad dijo:

- No podemos ir a un buen lugar. ¡Cometimos muchos errores!

La Misión de Cada Uno

— Si no podemos quedarnos aquí, tendremos que encontrar a otra persona que esté sufriendo y necesite nuestra compañía.

— No tienes que sufrir más, ni quedarte junto a nadie. Llevan demasiado tiempo sin hacer nada y ya han perdido un tiempo precioso. Ahora ha llegado el momento de ir a un mundo, donde todo se le mostrará y donde comprenderá que siempre es posible comenzar de nuevo y corregir los errores del pasado.

— ¿Estás segura de lo que dices? ¿Podremos corregir los errores del pasado?

— Por supuesto que sí. Dios es el Padre de la bondad infinita, nunca se fue, ni dejará a su hijo sin la oportunidad de corregir los errores cometidos.

Uno miró al otro, queriendo creer lo que estaba diciendo, el primero dijo:

— ¿Qué necesitamos hacer para encontrar ese lugar?

— Solo pide perdón, desea sinceramente rescatar tus errores y sigue a Cláudio, quien está aquí para ayudarles.

Volvieron a mirar a Claudio, que seguía sonriendo.

— ¿Es verdad lo que dice? – preguntó uno de ellos:

— ¿Puedes llevarnos a este lugar?

— Sí puedo, solo depende de ti. Estoy aquí por eso –. Un poco confundidos, le tendieron las manos a Claudio, en una clara solicitud de ayuda.

Cláudio sostuvo sus manos, le sonrió a Regina y caminó con ellos. Ella sonrió y se despidió.

Tan pronto como llegaron al jardín, Elías se sentó en un banco y se durmió, sin ver lo que había sucedido. Cuando se fueron, Regina, con los ojos cerrados, hizo una oración a Dios y le dio las gracias. Cuando abrió los ojos, pudo disfrutar del hermoso jardín que rodeaba la casa.

Muchas flores y pájaros que volaban de lado a lado.

Una hermosa piscina bordeada de azulejos azules, con agua muy limpia.

Se dio cuenta de lo hermoso que todo estaba allí:

– "Qué extraña es la vida, cuántos caminos hemos recorrido para conocer la bondad de Dios. Zeca, que lo tenía todo aquí, no encontró su felicidad y allí, en Cielo Dorado, arando la tierra y viviendo humildemente la encontró."

Mientras tanto, dentro de la casa, Zeca continuó hablando con sus padres.

El momento de la emoción había pasado y ahora estaban hablando tranquilamente.

Él contó cómo había sido su vida, desde que dejó su hogar, llegó a Cielo Dorado y se convirtió en jardinero. Cuando terminó de hablar, su padre, ahora un poco renovado, sin la presencia de entidades, dijo:

– No entiendo, hijo mío, ¿por qué siempre estabas tan enojado por nuestro dinero?

– ¡Siempre fue dinero honesto, ganado con trabajo duro!

– Lo sé, papá, no se trataba de dinero, sino de lo que hace. Desde que nací siempre lo he tenido todo.

– Nunca tuve que luchar para conseguir lo que quería y todo lo que viene fácil no tiene valor.

– Lo único que obtuve para mí fue mi diploma, que solo la obtuve para tener dinero.

– No tenía que trabajar, así que tuve mucho tiempo para estudiar, a diferencia de muchos otros que, debido al trabajo, apenas tienen tiempo para estudiar, además, el salario es tan bajo que no pueden pagar una universidad.

– Entré en esa vida, no por tu culpa, porque siempre hiciste lo que creías que era lo mejor.

– Me uní porque quería mi propio dinero. Hoy sé que todo fue infantil.

La Misión de Cada Uno

– Aunque sucedió cuando tenía veinticinco años, mi mentalidad era la de un adolescente.

– No todo estuvo mal. Después de lo ocurrido, aprendí a vivir con mi propio dinero, a ser humilde y feliz con lo que pude ganar como jardinero.

Supe apreciar la belleza de ver brotar una semilla y convertirse en una flor.

Hoy tengo muchos amigos que me conocieron como jardinero, por lo que son amigos sinceros.

Conocí a una mujer maravillosa que también se enamoró de un jardinero y estoy seguro que realmente me ama. Aprendí todo esto, padre.

Hoy, en mi humildad, soy un hombre muy feliz. Mi felicidad no era completa porque estaba separado de ti, pero hoy incluso eso se acabó. Estoy aquí y nunca me iré.

– Entonces, una vez que te cases, ¿vivirás aquí de nuevo?

– No mamá. Continuaré en ese pequeño pueblo. Allí encontré una nueva vida y soy feliz.

Sabes que ahora estamos involucrados, mis amigos y yo, en un proyecto que traerá felicidad a muchas personas. Mi ayuda será una forma de agradecerles por todo lo que han hecho por mí.

– ¿Qué proyecto es ese? – Preguntó el padre.

– Mamá ya lo sabe, ayer se lo dije y ahora te contaré todo, pero ¿dónde está Regina?

– Ella quiso salir mientras hablabas.

– La buscaré. Regresaré pronto

– De acuerdo, mientras tanto, le pediré a Josefa que prepare la mesa para la merienda. Deben tener hambre.

– Gracias mamá, tenemos hambre, sí, podemos hablar mientras comemos.

Fue al jardín. Regina tenía los ojos cerrados, sentada en un banco y respirando profundamente, oliendo las flores. Elías, en el banco junto a él, todavía dormía. Zeca se acercó y la besó en la frente. Ella abrió los ojos sonriendo.

– ¿Por qué te fuiste, Regina?

– Tenía que hacerlo, te lo diré más tarde. Además, este jardín es maravilloso. Estoy encantada.

– ¿Te gustaría vivir aquí?

– Me encantaría, pero tenemos un trabajo que hacer en Grutón, pero haré lo que quieras.

– Te amo y te seguiré donde sea que vayas.

– ¿Cómo estuvo todo ahí dentro?

– Muy bien. Mi padre parece una persona diferente. Está feliz y alegre, como lo era antes.

– Sabía que iba a estar bien – dijo, sonriendo. – ¿Cómo lo supiste?

– Es una larga historia. Te lo diré en otra ocasión. Ahora, solo debes preocuparte por darle mucho amor a tus padres.

– Vamos a entrar. Elías, Elías, despierta. ¿Comemos una merienda que mamá preparó? – Elías se despertó asustado, no se dio cuenta que se había quedado dormido.

– Lo siento, Zeca, me quedé dormido. Hoy me levanté temprano.

– No te preocupes por eso, vamos adentro. ¡Mamá debe tener una mesa llena de cosas buenas! – Entraron Regina estaba bien ahora. Ya no temblaba y no se sentía mal por estar en esa casa. La mesa estaba servida y llena de cosas ricas. Los ojos de Elías se abrieron al verlo todo.

El padre de Zeca sonreía feliz, no se parecía en absoluto al hombre que encontraron cuando llegaron.

La madre de Zeca les indicó los lugares para que se sentaran. Comenzaron a comer sin mucha ceremonia. Regina y Elías no estaban acostumbrados a tantos platos y cubiertos.

La Misión de Cada Uno

Zeca, entendiendo su situación, comenzó a comer simplemente, como solía hacerlo. Los padres también siguieron el ejemplo de su hijo. Pronto, todos se sintieron cómodos y hablando.

En un momento, Zeca dijo:

– ¡Mamá, falta algo en esta mesa!

– ¿Qué, hijo mío? ¡Aquí está todo lo que siempre te gustó comer!

– ¡Me aseguré que no faltara nada!

¡No tiene lo que me gusta hoy en día!

– ¡Mortadela!

– ¿Mortadela? ¡Nunca comí mortadela!

– ¡Porque nunca la compraste! Bueno, ¡sé que es deliciosa y me encanta comerla!

– Realmente cambiaste. Está bien. ¡La próxima vez que vengas, te prometo que tendrás mortadela! Ella estaba feliz. Su hijo realmente había cambiado y para mejor.

Ellos continuaron hablando. Zeca le contó a su padre todo sobre el proyecto.

Dijo que usaría el dinero que estaba en los bancos para construir tantas casas como fuera necesario. Regina y Elías no sabían que esa era su intención.

– ¡No me lo dijiste, Zeca!

– Solo decidí, después de leer el libro que me prestaste.

– Ya veo. Creo que es una gran idea.

– Hijo, ¿crees que el dinero que tienes será suficiente para construir las treinta casas?

– No lo sé, papá, pero construiré las que pueda.

– Bueno, como esta ciudad te ha hecho tan bien, desde que regresaste y estás feliz, lo que falte lo completaré.

– Solo podía esperar eso de ti. Gracias papá.

– Hijo mío, si no quieres volver a casa, no quieres nuestro dinero, y vas a donar todo el tuyo, ¿de qué vivirás?

– De la misma manera que he vivido hasta ahora. Seré un jardinero. Regina continuará trabajando en el puesto de salud.

– No tienes que vivir así. Aquí tienes todo lo que necesitas para ser feliz. Ahora que comprendes que no fue tsu culpa, podría vivir aquí de nuevo.

– No, mamá, todavía no. Después que el proyecto esté listo, yque todas las personas que viven en ese lugar vivan bien, tal vez regrese. ¿Está bien así?

– Si no hay otra forma, hazlo a tu manera. Te quiero mucho, hijo mío.

– Lo sé, mamá y yo también te quiero. Ahora que hemos hablado y comido, es hora de irnos.

– ¿Por qué no duermes aquí esta noche? Mañana será domingo, pueden pasar el día aquí y volver por la tarde.

– No podemos. Mañana tenemos un almuerzo que no podemos perder.

– Es el cumpleaños de mi primer amigo. Además, Elías tiene una familia y necesita irse a casa.

– Tu auto está allá en el garaje. Elías puede regresar hoy y mañana tú regresas en tu auto.

– ¿Mi auto todavía está aquí, mamá?

– ¡Sí! Juan lo cuida bien.

– ¡Voy a verlo!

Sosteniendo a Regina de la mano, corrió hacia el garaje.

Se acercó a un auto deportivo muy hermoso y lo rodeó, pasando sus manos sobre él con cariño. Parecía un niño cuando recibe un regalo.

– Es hermoso, ¿no es así, Regina?

– ¡Muy hermoso!

La Misión de Cada Uno

- ¡Está en perfecto estado! Juan realmente lo cuidó. Ya sé lo que voy a hacer.

- Lo dejaré aquí y cuando tengamos la fiesta de las colonias, volveremos aquí para recogerlo y lo subastaré. El dinero se usará en el proyecto. ¿Qué te parece?

- Una buena idea, pero es tu auto. Parece que le gustas mucho. ¿Te atreverías a donarlo?

- ¡Me gusta mucho! Pero, ¿por qué necesito un automóvil como este, si esa ciudad es tan pequeña?

- No tienes que hacerlo.

Regresaron abrazados al interior de la casa.

- Mamá, gracias por quedarte con mi auto. Vendré a buscarlo.

- Recordé ahora que necesito darle un regalo a mi primer amigo. ¿Dónde están mis miniaturas?

- Incluso cuando te mudaste a tu departamento, me quedé con tu habitación. Están todas ahí.

- ¿Puedes conseguir una caja?

- Claro que sí. Vamos, te la llevaré enseguida. Zeca fue a su antigua habitación, todo estaba como antes.

En la pared había varias estanterías con muchos autos en miniatura. Él y su padre los compraron en todos los lugares en el mundo que visitaban. Mirando todo, recordó a su hermano:

- "¿Cuántas veces quería hablar y yo, involucrado en ese trabajo sucio, nunca le presté atención..."

Recordó a Robertito y pensó en la felicidad que sentiría cuando recibiera esos autos. La madre y Regina llegaron:

- ¿Vas a llevarte todos, hijo mío?

Zeca tomó la caja y comenzó a guardar los carros:

- ¡Así es, mamá! No tengo la edad suficiente para jugar con los cochecitos y el niño al que se los voy a dar merece mucho.

– ¿Es quien me llevó a ti?

– Él mismo, mamá. Robertito. Como ya sabes, fue el primero en recibirme en la ciudad y, con su estilo de alguien que no quiere nada, me hizo comer un sándwich de mortadela. Luego encontró un lugar para que me quedara y trabajara. Le debo mucho.

– Es un niño bendito, que Dios lo proteja.

– Será bendecido, pero ahora tenemos que irnos. El viaje es largo, no quiero llegar demasiado tarde.

Besó a su madre y a su padre, que ahora parecía otra persona. Estaba sonriendo alegremente y volvió a ser el mismo hombre de siempre.

– ¡Hasta luego! Pronto volveremos a recoger el automóvil y, por supuesto, a visitarlos.

– Ve con Dios, hijo mío. No nos olvides y por favor no te cases sin avisarnos.

– No, mamá. No te preocupes. Siempre volveré. Ahora ya no quiero separarme de los dos, nunca más. Subieron al auto y emprendieron su viaje.

En el camino, Zeca le preguntó a Regina:

– ¿Por qué dijiste que sabías que mi padre estaba bien? Ella le contó todo.

– ¿Hablaste con mi hermano? Entonces por eso me creíste cuando te dije que escuché y vi a mi hermano.

– Sí, hablé con él y he visto y hablado con muchos espíritus.

– Nunca me comentaste sobre eso.

– Después que Clara nació, una noche me desperté sintiendo un perfume.

Grité. Doña Júlia corrió a mi habitación y me encontró sentada en la cama con la sábana sobre la cara, dejando ver solo mis ojos bien abiertos:

– ¡Regina! ¿Qué pasó? – Preguntó ella, sorprendida.

La Misión de Cada Uno

– ¡Me desperté con alguien que me llamaba! ¡Pero no hay nadie en la habitación! ¡Tengo miedo!

Ella me abrazó, diciendo:

– Debes haber soñado. Vuelve a dormir.

– Detrás de sus hombros, vi a los pies de mi cama, un hombre sonriente, vestido con un traje azul claro. Grité:

– ¡Mire, allí está!

Se volvió y también sonriendo, dijo:

– No te preocupes y no tengas miedo, es Jarbas.

– Vino a visitarnos y conocer a Clarita.

– ¡¿Jarbas?! Pero ¿no era ese el nombre de tu esposo? Si, es él. De vez en cuando viene a visitarme.

– No te preocupes. Está todo bien.

– Estaba muy asustada, ese hombre sonrió, se despidió y desapareció. Doña Júlia, también sonriente, se despidió. ¡Estaba aterrorizada!

Ella, al ver mi estado, dijo:

– Estás muy nerviosa, Regina. Siento que no podrás volver a dormir, así que creo que será mejor que vayamos a la cocina. Tomemos un poco de leche y hablemos de lo que pasó aquí. – Hicimos eso, realmente no podía dormir, estaba demasiado asustada.

En la cocina, ya sentada, con un vaso de leche en las manos, comenzó a hablar:

– Has leído y hablado mucho sobre la vida espiritual, ¿verdad?

Asentí con la cabeza.

– Pues bien. ¿Notaste que el niño siempre viene al mundo llorando? También sabes que cuando alguien cercano a nosotros muere, lloramos, ¿no? Seguí asintiendo con la cabeza –. Estaba demasiado asustada para hablar.

– Cuando alguien se va, Regina, sufrimos y lloramos. Lo mismo ocurre en el mundo espiritual cuando regresamos a la Tierra.

– Dejamos a muchos amigos allí, que están tristes porque no saben si podremos cumplir con todos nuestros compromisos. Durante nuestra vida, aquí en la Tierra, nos siguen visitando para ver cómo estamos. A veces, cuando existe la más mínima posibilidad, nos ayudan, pero sin interferir con nuestro libre albedrío. Jarbas y yo estábamos muy felices. Se me adelantó, pero me está esperando. Él sabe que, en cualquier momento, llegaré y, hasta que llegue ese día, a veces viene a visitarme. Eso es lo que hizo hoy.

– Todo me parecía una locura, Zeca, pero lo había visto y oído, eso no podía negarse. Doña Júlia, continuó:

– Tú, hoy, viendo y escuchando a Jarbas, me demostraste que eres una médium vidente y auditiva.

– ¿Qué es eso? – Pregunté, entre curiosa y asustada.

– Significa que verás y oirás espíritus.

– ¡No quiero eso! ¡Tengo miedo!

– No tengas miedo, nunca te harán daño. Lo que necesitas es aprender cómo usar esta facultad para ayudar tanto a los encarnados como a los desencarnados.

– No estoy entendiendo.

– De ahora en adelante, te enseñaré cómo hacerlo, pero hoy ya es tarde.

– Necesitas dormir, sabes que mañana, muy temprano, Clarita se despertará y comenzará a llorar de hambre.

– Una cosa más. No tienes que temer a los muertos, pero no le digas a nadie lo que pasó esta noche, porque los vivos dirán que estás loca y ya no hablarán contigo.

– Por eso nunca hablé contigo ni con nadie, Zeca.

La Misión de Cada Uno

Desde ese día, ella me enseñó todo sobre espiritualidad y cómo debería actuar cada vez que veía o escuchaba un espíritu. Al principio tenía miedo, pero luego me acostumbré.

Hoy les hablo como si estuvieran vivos.

- Ahora entiendo por qué no te sorprendiste cuando dijiste que viste a mi hermano.

- Eso es exactamente lo que pasó.

- ¿Quieres decir que también voy a ver y escuchar a los espíritus?

- No sé. Esperemos, quién sabe. Pero si eso sucede, no tiene que tener miedo, solo habla normalmente como me estás hablando ahora. Lo único que necesita es un sincero deseo de ayudar, nada más.

- Estoy empezando a entender, pero ¿quiénes eran estos que estaban con mi padre?

- Atraemos a nuestras afinidades. Cuando una persona muere, no cambia.

- Si fue feliz aquí, seguirá siendo feliz, pero si está triste y deprimida, también lo seguirá siendo.

- Quien es feliz, no le gusta estar al lado de alguien deprimido, triste y viceversa.

Tu padre, con todo lo que sucedió, estaba muy triste y deprimido. Esos hermanos pasaron por tu casa y se sintieron atraídos por toda esa tristeza y depresión que sentía su padre. Con la intención de ayudarlo, se unieron a él y comenzaron a llorar también.

Cuanto más sufría tu padre, más se acercaban.

- ¡La mayoría de la gente no lo sabe! ¿Cómo podemos deshacernos de estas influencias?

- Durante nuestra vida, a menudo pasamos por situaciones e injusticias que nos traen tristeza y sufrimiento. Es natural que suframos, sintamos enojo e incluso odiemos. Es parte del ser humano.

Lo que no podemos hacer es preservar estos sentimientos durante mucho tiempo.

Siempre necesitamos estar bien con nosotros mismos, sabiendo que nunca estamos solos y que las cosas buenas y malas pasan. Podemos luchar, llorar e incluso maldecir, pero después de eso tenemos que volver a nuestro equilibrio. Sabiendo esto, siempre podemos elegir a nuestros compañeros espirituales.

Debemos hacer todo lo posible para estar siempre bien con nosotros mismos y con los demás.

– ¿Cómo lograste alejarlos de mi padre?

– Zeca, al escuchar tu voz, su padre estaba feliz, su energía cambió de inmediato.

Las entidades se asustaron y se fueron, porque no conocían ese sentimiento.

Con mi mediumnidad, pude verlos y ser vista. También estaban asustados por ese hecho y con la ayuda de tu hermano, logré hablar con ellos. Como no son malos espíritus y simplemente estaban perdidos, aceptaron todo lo que dije.

– ¿Siempre es tan fácil?

– No, si son malos espíritus, que quieren venganza, lleva un poco más de tiempo.

Pero la mayoría de las veces se pueden eliminar.

– ¿Quieres decir que puedo atraer a malos compañeros para mí?

– Eso mismo. Por eso es importante que nunca nos desanimemos. Cada vez que sucede algo malo, debemos tener la reacción normal del momento, pero luego tratar de olvidar, perdonar y continuar el viaje en paz.

– Si queremos caminar felices y alegres, así es como debemos comportarnos.

La Misión de Cada Uno

Siempre creyendo en Dios y en todo lo bueno que la vida nos puede dar.

– ¡Eso es muy difícil!

– Como dice Robertito:

– Ella habló imitando a Robertito –. Parece que lo es... pero en realidad... ¡no lo es!

¡Solo una persona santa, pura y sin pecado puede lograr esta perfección! ¡Un ser humano normal no puede!

No hay persona pura, buena y sin pecado. Todos somos aprendices caminando hacia la perfección.

Un día llegaremos allí, pero llevará mucho tiempo. Todos tenemos nuestros errores y defectos, pero también tenemos nuestra santidad y perfección. ¡Estos sentimientos se mezclan y nos ayudan a caminar y crecer!

– ¿Cómo sabes tanto?

– Aprendí mucho de doña Julia, a través de los libros y observé, viviendo.

Pero todavía tengo mucho que aprender.

– Yo también... yo también...

– ¡Mira, la ciudad ya se puede ver! – Dijo Elías. – Están hablando tanto que, apuesto a que no se dieron cuenta.

– ¡Así es, Elías! ¡Nuestra ciudad se acerca!

– Doña Regina, me disculpará, pero no pude evitar escuchar todo lo que habló con Zeca. Encontré muchas cosas interesantes, me gustaría escuchar más.

– Está bien, Elías, tan pronto como quieras, ven a mi casa, estaré encantada de hablar y prestarte algunos libros.

– Es que mi esposa es extraña. De repente solo llora, sin razón.

A menos que no lo sepa y haya alguna.

Llévala a mi casa, quién sabe, tal vez podamos encontrar el problema.

No sé si puedo ayudarla, pero lo intentaré.

– ¿Realmente puedo?

– Por supuesto que puedes, si no estoy trabajando en el centro de salud, está bien.

– Sí lo haré. Ella es muy extraña. Parece que ya no le gusto ni los niños.

– Después de verla, sabré qué hacer.

El automóvil salió de la carretera principal y entró en una carretera más pequeña que los llevaría a la ciudad. Ya era de noche. Elías dejó a Regina en casa, luego dejó a Zeca y regresó a casa. Todos entraron a la casa, pensando en todo lo que había sucedido ese día.

Cuando se acostó, Regina le agradeció a Dios por poder ayudar a esos pobres hermanos y al padre de Zeca. Se durmió rápidamente.

Elías, ya en casa, vio que todos estaban durmiendo. Su esposa estaba agitada, pero ella también estaba durmiendo.

Se acostó y comenzó a pensar en todo lo que Regina dijo. Pensó por un momento, pero el viaje fue agotador, así que se durmió.

Zeca estaba feliz y tranquilo de haberse reunido con sus padres, su pasado y ahora sabía que su vida sería perfecta. Se durmió.

La Misión de Cada Uno
16.- Cumpleaños de Robertito

El día amaneció hermoso. Un cielo muy azul, sin nubes y ciertamente no llovería.

Todos sabían que doña Consuelo había decidido hacer una barbacoa en lugar de almuerzo. Cuando terminó de decorar el pastel, pensó felizmente:

– "Diez años... Mi hijo cumple diez años..."

Robertito no podía soportar la felicidad. Invitó a muchos niños que vendrían por la tarde a cortar el pastel.

– Mamá, ¡voy a recibir muchos regalos! ¿Fábio viene? – No lo sé, pero cada año viene.

– ¡Siempre me trae un gran regalo! ¿Qué será este año? ¿Ni siquiera lo sabes?

– No lo sé, hijo mío, ¡pero sin duda será un gran regalo! Sabes que le caes muy bien –. Sonó el teléfono, Robertito corrió a contestar:

– ¡Hola! ¡Hola! ¿Quién es?

– ¡Soy yo, Fábio! ¿Cómo te sientes? ¡Hoy es tu día! ¡Felicidades y feliz cumpleaños!

– ¡Es Fábio, mamá! Estoy bien y te estoy esperando. ¿Cuándo llegarás? Parece... Estoy esperando el regalo, ¿verdad? ¡Pero no lo estoy! Solo parece...

– Está bien – dijo Fábio, riendo – parece que realmente no está esperando el regalo.

– No puedo estar allí este año. Tengo mucho trabajo y no puedo irme, pero la próxima semana iré a verte. ¿Está bien así? – De acuerdo, pero...

- ¡¿El regalo?!

- No te preocupes, lo recibirás cuando llegue allí. ¡Sé que te gustará mucho lo que compré! ¡Solo espera!

- Hoy papá va a hacer una barbacoa, ¡vienen muchos amigos míos!

- ¡Será una fiesta! ¡El día más feliz de mi vida! ¡Solo faltarás tú! ¿Por qué no vienes?

- Habrá muchos otros cumpleaños y estaré allí, lo prometo. Que tengas un feliz cumpleaños y que Dios te bendiga.

- ¡Gracias! ¡Me gustas mucho! Ahora te paso con mamá.

- Mis amigos vienen, ¡voy a salir a hablar con ellos y ver los regalos que trajeron!

- ¡Ve rápido! ¡Un beso, y que la pases lindo!

Robertito dejó caer el teléfono y corrió. En efecto, sus amigos habían llegado, todos tenían paquetes de regalo en sus manos.

Simón se acercó y le entregó un paquete.

- Robertito, traje este regalo, espero que te guste. Abrió el paquete y apareció un balón de fútbol oficial.

- ¡Sr. Simón! ¡Con esta pelota seré el dueño del equipo! - Simón sonrió.

Célia le dio una caja de pinturas y pinceles.

Paulina le dio una mochila para ir a la escuela. Robertito agradeció a todos con entusiasmo.

Las manos de Zeca estaban vacías. El niño lo miró sin decir nada, Zeca conocía a Robertito lo suficientemente bien como para saber lo que estaba pensando.

- Robertito, hay una caja en mi habitación; es un pequeño regalo para ti - dijo Zeca riendo.

- No sé si te gustará. Siempre me ha gustado mucho. Ahora es tuyo, puedes ir a buscarlo.

La Misión de Cada Uno

El chico corrió a la habitación de Zeca. Poco después se escuchó un grito. Todos corrieron. Regina y Zeca se miraron.

– ¡Mamá! ¡Papá! ¡Vengan a ver lo que me dio Zeca!

– ¡Son hermosos, hijo mío!

Tomó los carros uno por uno. Todos se vieron obligados a reconocer que eran hermosos y caros. Robertito no podía hablar de la emoción. En ese momento, él era el único niño en la fiesta, ya que los otros llegarían más tarde para cortar el pastel. Así que aprovechó, tomó los carros y fue al patio. Los esparció a todos en el piso y se puso a jugar, hasta que un empleado del sr. Guerino llegó con una bicicleta. Robertito estaba distraído y no lo vio.

– Mira Robertito, parece que ha llegado otro regalo –. Miró a su madre y luego a la puerta.

Cuando vio la bicicleta, se volvió loco:

– ¿Es mía, mamá? ¡¿Quién la mandó?!

– ¡Tu hermano llamó y le pidió al sr. Guerino que la trajera!

– Me lo acabas de decir mientras me hablas por teléfono. Solo pide que tengas cuidado y no te lastimes.

– ¡No me lastimaré! ¡Puedo pasear!

Tomó la bicicleta, salió a la calle y estaba feliz pedaleando. Todos observaron por un momento, pero al ver que Robertito estaba muy bien, entraron y fueron al fuego, donde se estaba asando la carne. Estaban relajados, hablando. Reían felices mientras comían y bebían.

Célia todavía tenía la cara cubierta. Llevaba un vestido, una bufanda azul, y todavía llevaba sus gafas de sol inseparables. Robertito regresó y estaba jugando a veces con un regalo, a veces con otro.

La mañana era normal y pacífica. Por la tarde los niños comenzaron a jugar.

Doña Consuelo hizo un gran pastel y colocaron las velas. Célia y Paulina entraron a la casa a buscar los dulces que estaban sobre la mesa en la sala de estar. Apoyada contra una pared, había una estantería con varias fotografías, de la boda de los padres de Robertito, de sus hijos cuando eran bebés, y luego como niños. La fotografía de un chico muy guapo lamó la atención de Célia. Miró la fotografía por unos minutos, mirando esos ojos, cabello y cara.

Paulina se acercó y, al notar la atención de su amiga, dijo:

– Este es Fábio, el hijo mayor de la casa. Está en Brasilia, ocupa un puesto importante.

– Es un chico guapo. ¿Viene para el cumpleaños?

– No lo sé, pero no lo creo, de lo contrario ya estaría aquí.

– Qué pena. Me encantaría conocerlo.

– ¿Qué es eso? ¿Nuestra misteriosa amiga interesada en un hombre?

– ¡No es eso! ¡Lo encontré interesante!

Salieron con los dulces, ayudaron a ponerlos en la mesa que estaba fuera de la casa. Se cantó el feliz cumpleaños y se soplaron las velas.

Bailaron, jugaron y comieron mucho. Fue una fiesta para recordar por mucho tiempo. Había oscurecido cuando los invitados se fueron. Se despidieron y prometieron que regresarían el año siguiente. Robertito también estaba contento con sus regalos. Llegó la noche y se fueron a casa. El día había sido agradable.

Al día siguiente amaneció y todo volvió a la normalidad. Simón, abrió el bar a primera hora de la mañana.

Poco a poco comenzó a llegar la gente. El primero en llegar fue Elías. Estacionó su taxi frente al bar. Luego llegaron Célia, Paulina y finalmente Zeca. Ese lunes era feriado escolar y los niños, por este motivo, jugaban en la plaza. Los amigos tomaron café y hablaron como siempre.

Desde la mesa en la que estaban sentados, podían ver casi toda la plaza. Hablaron sobre la fiesta, sobre el proyecto, así como sobre la ansiedad que sentían sobre si el Ayuntamiento había

La Misión de Cada Uno

aprobado la expropiación de las tierras de Grutón. Vieron a Robertito llegar en bicicleta.

El niño irradiaba felicidad. Llegó a la distancia saludando y gritando a todos para que lo vieran. Estaba tan distraído que no vio una piedra en el medio de la calle.

La rueda se atoró en la piedra, la bicicleta avanzó y lo tiró a distancia. Se cayó y se golpeó la cabeza contra la acera.

Pronto la sangre comenzó a salir. Todos corrieron. El primero en llegar fue Zeca.

Con la caída, se abrió un gran corte en la cabeza de Robertito a través del cual salía mucha sangre. Elías dijo nerviosamente:

– ¡Ponlo en mi auto y vamos al centro médico!

Zeca colocó la cabeza de Robertito en el regazo de Célia y sus piernas sobre las suyas.

El niño se desmayó. Paulina y Simón se sentaron en el asiento delantero. El auto salió a toda velocidad. Célia acarició la cara del niño. La sangre corría con mucha fuerza.

Se arrancó la bufanda del cabello y se la envolvió alrededor de la cabeza. Llegaron al Centro de Salud. Regina estaba allí y cuando vio la herida, dijo:

– El corte es demasiado grande.

– Le haré un vendaje, pero es mejor llevarlo al hospital de la ciudad más cercana.

Las lesiones en la cabeza siempre son muy peligrosas.

Le vendó la herida y se dirigieron a la ciudad más cercana, que estaba a unos veinte minutos en coche. Estaban rezando. Célia, con la cabeza de Robertito en su regazo, lloraba mucho. Paulina también.

Simón, serio y temblando mucho, dijo:

– ¡Por favor, Dios, no permitas que pase nada malo!

– ¡No otra vez! No lo soportaré, protégelo, por favor –. Célia lloraba tanto que se vio obligada a quitarse las gafas de sol para secarse las lágrimas con el borde del vestido. Todos estaban muy preocupados y asustados.

La sangre ya aparecía en el vendaje cuando finalmente llegaron al hospital. Ellos bajaron. Zeca recogió a Robertito y corrió hacia la sala de emergencias.

Lo puso en una camilla e inmediatamente una enfermera lo llevó adentro. Solo entonces fueron a llenar el formulario y contaron lo que pasó.

Estaban nerviosos Ese chico significaba mucho para todos. Era amado y apreciado.

Zeca recordó todo lo que había escuchado de Regina sobre Dios:

– "Dios en el cielo, si realmente existe, protege a este niño. He hecho muchas cosas malas en esta vida. He vivido mucho, si es necesario, cambiaré mi vida por la suya."

Todos estaban envueltos en sus pensamientos. Paulina dejó de llorar y, mirando a Célia, admirada dijo:

– ¡Célia! ¡Como eres bonita!

Los otros también miraron. Estaban asombrados con tanta belleza.

Pelo muy negro, piel clara y un par de ojos verdes. Una belleza exótica y diferente.

Solo entonces Célia se dio cuenta de que, en su desesperación, se había quitado el pañuelo de la cabeza para contener la sangre que goteaba y por llorar mucho, se vio obligada a quitarse las gafas. Sin darse cuenta, olvidó su disfraz.

– Ahora no sirve de nada querer seguir disfrazada, estaba tan nerviosa que olvidé mi disfraz.

– Todos me han visto.

Zeca, después de dejar la sorpresa, dijo:

– Como dice Robertito, parece... ser fea, pero no lo es...

La Misión de Cada Uno

- ¡Eres realmente muy hermosa! ¿Por qué esconder tanta belleza?

- Lo siento, pero tenía mis razones. Lo importante ahora es que Robertito está bien. ¿Vamos a rezar? Comenzaron a rezar, cada uno a su manera.

El doctor entró en la habitación diciendo:

- Estará bien, fue más el susto. ¿Quiénes son los padres?

- No están aquí. Solo somos amigos - respondió Zeca.

- Esto va a ser un problema, perdió mucha sangre y necesita una transfusión.

- La sangre ha sido analizada y es de tipo A negativa. No es un tipo muy común y no lo tenemos aquí en el hospital. - Ciertamente, uno de los padres debe tener el mismo tipo de sangre.

- Necesitan avisarle para que vengan pronto.

Estaba terminando de hablar cuando vieron a Consuelo, Pedro y el jefe de la estación de policía. La noticia se difundió rápidamente, el jefe los llevó en el auto de la policía. Al verlos, Simón dijo:

- ¡Doctor, han llegado! Ellos son los padres del niño.

- Eso es muy bueno. Su hijo necesita una transfusión urgente y, como ya sabrá, su sangre es rara. Uno de los dos debe tener la misma. ¿Cuál de los dos?

Se miraron el uno al otro desesperadamente. Consuelo comenzó a llorar con más fuerza y desesperación.

- No podemos hacer nada. ¡Él no es nuestro hijo!

- ¡¿Cómo no?! - Zeca preguntó y antes que Consuelo respondiera, Célia dijo:

- Doctor, mi sangre servirá. Por favor haga el examen.

- Claro, señorita, vamos al laboratorio.

Ella acompañó al doctor. Entraron en una habitación y cerraron la puerta. Los otros se miraron sin comprender.

231

– ¿Cómo es que Célia puede estar tan segura que su sangre es la misma que la de Robertito? – preguntó Zeca.

– ¡Doña Consuelo! ¡Nunca me hubiera imaginado que Robertito no fuera su hijo!

– Eso nunca sería revelado. Fue solo por esta emergencia. Promete no decírselo a nadie. Especialmente Robertito, es un niño muy feliz. Él nos ama y es amado.

– Esta sombra no puede existir en su historia. Solo nos traería mucha infelicidad. ¡Prométeme, por favor! – Conmovidos por la desesperada solicitud de Consuelo, asintieron con la cabeza.

Estaban demasiado confundidos para poder hablar.

El doctor regresó diciendo:

– Todo está bien. Su sangre es del mismo tipo que el niño.

– La transfusión ya está en marcha. No tuvo más consecuencias graves. Estará bien pronto. Todos dieron un suspiro de alivio y agradecieron íntimamente a Dios.

Solo quedaba una pregunta en sus cabezas: ¿cómo estaba Célia tan segura que su sangre era la misma que la de Robertito?

Estaban hablando tratando de entender cuando regresó el médico. Ahora, acompañado por Célia.

Él, sonriendo, dijo:

– Ahora, puedes estar tranquila, porque el peligro ya pasó. El chico estará bien.

Esta chica le salvó la vida. Solo tiene que descansar, por eso pensé que era mejor dejarlo pasar la noche aquí para que esté bajo observación.

Pueden irse y mañana por la mañana pueden venir a recogerlo.

– ¡No dejaré solo a mi hijo! – dijo Consuelo.

– No se preocupe, señora. Estará bien, solo necesita descansar. Es mejor que no se quede ningún familiar.

La Misión de Cada Uno

Ya me di cuenta que es un parlanchín y si alguien se queda con él, no dejará de hablar ni un minuto.

Si quieren, pueden entrar y despedirse.

Por supuesto que todos lo hicieron. Uno por uno entraron en la habitación.

Doña Consuelo, muy nerviosa, dijo:

- Robertito, voy a devolver la bicicleta.

¡Tu hermano no debería haberte dado un regalo tan peligroso!

Un poco mareado, debido a la anestesia local que había tomado, Robertito dijo en voz baja:

- ¿Qué pasa mamá? ¡No devolverás mi bicicleta!

- ¡Pasearé de nuevo muy pronto! ¡Era solo una piedra!

Estaba realmente bien, un poco débil, pero pronto estaría recuperado.

Célia fue la única que no entró en la habitación. Consuelo no la vio, dejó a los demás con Robertito y salió a su encuentro.

Sabía que necesitaban hablar.

- ¡Quiero agradecerte tanto por todo lo que hiciste por mi hijo!

- ¡No agradezca!

Tú y yo sabemos que el niño no es tu hijo. Es mío y me lo voy a llevar.

- ¡No puedes hacer eso! Él es la razón de nuestras vidas y, después de todo, ¡lo abandonaste sin preocuparte por lo que le pasaría! ¡No es justo venir y quitárnoslo!

- ¡No lo abandoné! - Célia gritó desesperadamente y llorando mucho - ¡me lo quitaron!

- Ahora que lo encontré, ¡nadie más me separará de él! ¡Nadie!

En ese mismo momento, los otros regresaron y todavía podían escuchar las últimas palabras de Célia. El señor Pedro corrió hacia su esposa, que lloraba desconsoladamente.

- ¡Consuelo! ¡¿Que está sucediendo aquí?!
- ¡Ella nos quitará a Robertito! ¡Ella nos quitará a Robertito!
- ¿Qué quieres decir, que te lo vas a llevar? ¡¿Cómo puedes?!
- ¡Es su madre!
- ¡No me importa quién es! ¡Él solo tiene una madre! ¡Tú, Consuelo, que lo criaste con todo amor y afecto!
- Si ella realmente es su madre, ¡no tiene derecho! Ella lo abandonó.
- No lo abandoné! ¡Fue robado!
- ¡No me importa lo que pasó! ¡Es nuestro hijo y nadie se lo llevará! ¡Nadie!
- ¡Eso lo veremos! - Dijo Célia furiosamente; - ¡Soy su madre y tengo mis derechos!
- ¿Qué derechos? ¡No tienes derecho! ¡Lo abandonaste!

Zeca, al darse cuenta que todos estaban nerviosos, dijo:

- ¡Esperen! ¡Esperen! Están muy nerviosos
- No es gritándose unos a otros que van a resolver este problema. Cálmense -. Consuelo lo miró y dijo desesperadamente:
- ¡Zeca! ¿Cómo puedo calmarme?

¡Dijo que se llevará a mi niño! No lo puedo permitir...

- No podemos estar discutiendo aquí en medio del pasillo de un hospital.
- El doctor dijo que no es recomendable que nos quedemos aquí.
- Ahora, tengo que estar de acuerdo con él. Vamos, en casa hablaremos y encontraremos una solución...

La Misión de Cada Uno

Simón y Paulina también estuvieron de acuerdo. Ella abrazó a Célia y la llevó afuera. Zeca hizo lo mismo con el Sr. Pedro y doña Consuelo.

El comisario y Elías, que estaban esperando afuera, se sorprendieron al ver a las dos mujeres llorando y siendo abrazadas.

- Zeca, ¿qué pasó? - Preguntó el comisario: ¡escuché al médico decir que Robertito estaba bien!

- No se preocupe, jefe. Robertito está bien. Están un poco nerviosas, pero pronto estarán bien.

- ¡Pucha, Zeca! ¡Estaba aterrorizado!

- Él está muy bien. Necesita quedarse aquí esta noche, solo para observación. Mañana vendremos a recogerlo. Ahora iremos a casa.

El viaje de regreso fue silencioso. Ninguno de ellos tenía nada que decir.

Pedro y Consuelo regresaron en el auto del comisario. Los otros, con Elías. Todos fueron a la casa de doña Consuelo. Regina los estaba esperando. Había terminado su turno en la clínica.

En cuanto los vio venir, se dio cuenta que doña Consuelo lloraba mucho. Corrió hacia llos.

- ¡Zeca! ¿Qué sucedió? ¿Por qué volvieron solos? ¿Dónde está Robertito?

- Cálmate, tranquila, mi amor. Está bien, solo se quedó en el hospital para observación. Mañana por la mañana lo recogeremos.

- ¿Por qué llora tanto, doña Consuelo?

- Es otra historia, pero no la sabremos hasta más tarde. Ahora vamos a dejarlos solos -. Pedro y Consuelo salieron del auto. Elías y el comisario se fueron.

Simón dijo:

- Elías, luego pasa por el bar. Pagaré la tarifa.

– ¿Qué pasa, Simón? ¡No quiero ningún pago! ¡Estoy feliz de haber ayudado a nuestro niño!

Arrancó el auto, se despidió con la mano y se fue. Zeca, Simón, Regina y Paulina se iban cuando Célia dijo:

– Amigos míos, este es un momento muy importante en mi vida.

– Por favor, quédense conmigo, los necesito. Se miraron, no sabían qué hacer.

Paulina puso su brazo alrededor de los hombros de Célia y dijo:

– ¿Estás segura que eso es lo que quieres?

– Sí, hoy son mi familia.

– Si así es como piensas de nosotros, no podemos negarnos. Después de todo, una familia siempre debe estar unida. En alegría y tristeza. ¡Vamos chicos! ¡Todos juntos!

Estuvieron de acuerdo y entraron.

La Misión de Cada Uno
17.- Una historia increíble

Entraron juntos a la casa de Consuelo, que seguía llorando, abrazando a su esposo. Pedro les mostró a todos una silla alrededor de la mesa de la cocina. Se sentaron.

– Señorita – dijo Consuelo –, sé que no me conoce, pero sabe que he sido una buena madre.

Lo amo con todo mi corazón, hoy recordé que no es mi verdadero hijo. ¡No me lo puedes quitar! ¡Por favor!

– Señora, lo siento, pero es mi hijo que he estado buscando durante varios meses.

– Ahora que lo encontré, no puedo separarme de él. Nunca más. Tampoco puedes pedirme eso.

– No puedes evitar que finalmente sea feliz...

– Espera, creo que es hora que Célia te diga por qué abandonó a su hijo.

– ¡Paulina! ¡No lo abandoné! ¡Fue robado, robado!

– Cálmate y cuéntanos todo. Sé que encontraremos una solución, buena para todos y especialmente para Robertito, Célia.

– Gracias Zeca. Comenzaré desde el principio. Pertenezco a una familia tradicional, propietaria de muchas fincas cafeteras y ganaderas. Nací y crecí con todo lo que un ser humano necesita y aun más.

Siempre me gustó estudiar y, a pesar de todo el dinero, nunca estuve muy apegado a ello.

Siempre quise tener mi hogar, casarme y tener muchos hijos.

Elisa Masselli

Mis padres no entendían por qué era así. Desde que tenía quince años, siempre he querido trabajar. Mi padre, después de mucha insistencia de mi parte, estuvo de acuerdo y comencé a trabajar en su oficina, que se ocupaba de todas las propiedades y el dinero de las haciendas. Poco a poco, aprendí y pronto dejó casi todo bajo mi responsabilidad. Cuando cumplí los dieciocho años, tuve más libertad para tomar decisiones y comencé a firmar papeles a nombre de mi padre, evitando así que tuviera que ir a la oficina todos los días. Fui a tomar el examen de ingreso, aprobé y comencé a estudiar en la facultad de derecho.

Allí conocí a un chico sencillo, pero muy educado. Siempre tímido, me resultaba muy difícil relacionarme con las personas. Tan pronto como lo conocí, comenzamos a hablar siempre como amigos.

Esa amistad creció.

Tuvo dificultades en algunas materias. Como siempre estudié en buenas escuelas, fue más fácil de aprender. Entonces comenzamos a estudiar juntos. Primero en la biblioteca de la universidad, luego en mi casa. Mis padres nunca lo conocieron, viajaban mucho.

Necesitaban recorrer las haciendas. Fui criada por Isaura, una ama de llaves que me vio nacer.

Un domingo por la tarde, cuando estábamos preparando un trabajo, que debía entregarse el lunes, dejé caer algunos papeles, me incliné para recogerlos.

Nuestras manos se tocaron y nuestros ojos se cruzaron. Nos levantamos, incapaces de mirar hacia otro lado y sin darnos cuenta que nos estábamos besando.

Fue una sorpresa para ambos, porque hasta entonces, nunca pensamos que podríamos tener ningún tipo de relación, aparte de la amistad. No entendíamos lo que estaba pasando, pero estábamos felices...

Célia dejó de hablar. Sus ojos estaban quietos. Su pensamiento estaba en el pasado. Todos escucharon atentamente y sabían que este momento estaba siendo muy difícil para ella. Pero luego, forzó una sonrisa y continuó:

- Nos besamos con gran fervor.

Cuando nuestras caras finalmente se separaron. Él dijo:

- ¿Qué está pasando aquí?

No lo sé, pero debo confesar que me gustó...

- ¡Nunca pensé en ti, excepto como una amiga!

¡Ni yo! Entonces no sé qué está pasando.

- Olvidémoslo y pretendamos que no pasó nada.

- Estoy de acuerdo. No quiero que nada interfiera con nuestra amistad.

- Me gustas mucho y no quiero que nuestra amistad se arruine por un coqueteo intrascendentes... Decidimos olvidar el episodio y continuar nuestra amistad.

Continuamos nuestro trabajo, cuando terminamos se fue.

Por primera vez, no me besó en la mejilla como siempre lo hacía. Fui a mi cuarto.

Por mucho que lo intenté, no pude olvidar ese beso. Más tarde me dijo que a él le había ocurrido lo mismo.

Lo mismo con él. Al día siguiente, en la universidad, le dimos el trabajo al maestro e intentamos hablar, pero no pudimos. Algo nos impedía ser amigos como lo éramos antes.

Evitamos cualquier contacto. Yo porque descubrí que lo amaba, pero sabía que él me veía solo como una amiga. Él, también lo hizo por la misma razón. Los días pasaron, nunca lo volvimos a tocar el tema.

Un día llovió mucho y salí corriendo a buscar mi auto, que estaba estacionado frente a la universidad. Tenía un paraguas y muchos libros mirando al suelo y corrí.

En ese momento tropecé con algo que no sabía lo que era. Estaba cayendo cuando me sostuvieron.

No sabía que estaba justo detrás de mí. Nuevamente estábamos en los brazos del otro.

Solo que esta vez, sabíamos que sería para siempre.

No pudimos evitarlo y nos besamos de nuevo, pero ahora con amor y deseo.

Cuando nos soltamos, la lluvia continuaba, estábamos mojados, pero nada más importaba.

- Nos amábamos, nada ni nadie podía separarnos. Fuimos a mi casa, ya que siempre no había nadie. En mi habitación fluyó todo ese amor. Nos amamos con todo el ardor y la emoción de quienes encuentran el amor por primera vez. Nosotros fuimos felices. Sabía que mis padres no tenían prejuicios contra nada. No les importaría saber que era un chico pobre, que venía del campo y vivía con sus padres en un vecindario lejos de la ciudad. A pesar de la universidad, seguí trabajando en la oficina.

Hice una pasantía en un bufete de abogados. Nos encontrábamos y nos amábamos todas las noches.

Si mis padres estaban en casa, nos ibamos a un hotel. En la oficina, la rutina diaria continuó.

Mi secretaria, Elaine, era eficiente y confiaba plenamente en ella.

Me traía los documentos para que los firmara y ni siquiera los leía. Simplemente me los traía y firmaba.

En mi cumpleaños, lo invité a venir a mi casa, porque habría una gran fiesta.

Mi hermano vendría de Mato Grosso, donde vivía y cuidaba la hacienda de ganado.

El otro vivía en el interior de São Paulo. De los tres, soy la más joven.

Ya están casados y tengo cinco sobrinos.

Mi novio no quería ir a la fiesta al principio, pero luego aceptó. Lo presentaría a mi familia.

La Misión de Cada Uno

El día de la fiesta, toda la casa estaba iluminada. El gran salón estaba abierto a los invitados.

Estaba muy feliz. Todo estaba funcionando en mi vida.

Tenía una familia maravillosa y ahora, a mi lado, el hombre que amaba.

Llegó tímido, pero muy bien vestido. Le presenté a todos, que lo recibieron muy bien.

- Cuando nos acercamos a mis padres, dije:

- Este es Fábio, mi novio...

- Mi hijo se llama Fábio.

- De eso estoy hablando, su hijo, doña Consuelo.

- ¿Estás diciendo que tu novio era mi hijo? ¡Estás mintiendo!

- ¡Nunca salió con ninguna Célia! ¡Solo con una chica llamada, Marisa!

- Me llamo Marisa y soy esa novia.

- ¡No puede ser! ¡Dijo que lo abandonaste!

- Sé que él piensa eso, pero no era la verdad. Continuaré para que puedas entender lo que pasó. Esa noche, cuando le presenté a mi padre, fue muy bien recibido.

- ¡Estoy feliz de darte la bienvenida a mi casa! - dijo mi padre con una sonrisa.

- ¿A qué familia perteneces?

Fábio estaba avergonzado, y le respondí:

- Él no es de una familia tradicional, ni rico.

- Pero es el hombre que amo y con el que me voy a casar.

- ¿Casarte? ¡Hija mía, todavía eres muy joven! Antes de eso, tienes mucho que estudiar, pero me gustó mucho tu novio. Joven, ¡siempre serás bienvenido en mi casa!

- Gracias, señor.

- Desde ese día, Fábio comenzó a ir a mi casa, incluso cuando mis padres estaban.

- Todo iba bien. Él y yo continuamos estudiando juntos. Nos amábamos cada vez más y más, hasta que sentí la necesidad de ir al médico. Necesitaba aclarar una duda, que me había estado atormentando durante varios días.

- Mis dudas estaban bien fundadas. Estaba embarazada

- Se lo dije a Fábio que, al principio, estaba asustado. Estábamos en los exámenes finales. Pronto estaríamos de vacaciones.

- ¿Cómo, embarazada? ¡¿Qué hacemos?! ¡No tengo un trabajo para sustentar a este niño!

- ¡Eso no importa! ¡Casémonos y tendremos a nuestro hijo sin ningún problema!

- ¿Casarnos? ¿Crees que tus padres me aceptarán? ¡Soy un estudiante pobre que no tiene dónde caer muerto!

¡Mis padres son buenas personas, pero nosotros no somos ricos! ¡Tu padre no aceptará!

- Solo quieren mi felicidad, Fábio. Saben que ella está conectada contigo.

¡Hablaré con ellos y todo estará bien!

- ¡Te amo y no quiero perderte por nada en este mundo! Siempre quise casarme y tener varios hijos, por eso estoy estudiando tanto. Quiero ser un abogado famoso y ganar mucho dinero para darle todo lo que necesita.

- Solo necesito que seas feliz, ya tengo todo lo demás. Te amo, y ahora, con la llegada de nuestro hijo, ¡mi felicidad será completa!

- Realmente estás loca! ¡Por eso te amo!

- Esa misma noche, le dije a mis padres lo que pasó, que serían abuelos.

- Al principio mi padre estaba muy enojado:

- ¿Cómo pudiste hacer eso? ¡Todavía tienes mucho que estudiar y eres muy joven! ¿Cómo cuidarás a este niño?

La Misión de Cada Uno

- Nos casaremos y viviremos aquí. Mientras estoy trabajando o en la universidad, Isaura cuidará al niño.

- Tu novio, ¿qué opina de todo esto?

- Quiere tener nuestra propia casa, pero también está estudiando, ¡sé que será un gran abogado!

- Hasta que llegue ese día, ¿quieres vivir aquí? ¿Me has preguntado a mí o a tu madre si aceptamos?

- Estoy preguntando ahora. Si no aceptan, no hay problema, con el salario que gano en la oficina y más lo que él gana de la pasantía, podemos alquilar un pequeño apartamento y todo estará bien.

- Solo necesitan entender que nos amamos y que seremos muy felices.

- ¿Quién cuidará al niño si vives sola?

- ¡Hablaremos con la madre de Fábio! ¡Sé que estará feliz!

¿Mi nieto va a ser criado por una provinciana y vivir en un barrio en las afueras? ¡Nunca! ¡Nunca!

- ¡Ya ves por qué te amo, papá! Sabía que lo aceptarías. Por eso, ni siquiera pregunté. ¡Sabía que lo aceptarías!

Salí de la casa, fui a ver a Fábio y le conté todo, él se mostraba un poco desconfiado.

- Si estás segura que todo está bien, entonces solo puedo estar de acuerdo. Tengo que hablar con mis padres.

Ellos no están aquí.

Fueron a mi ciudad para visitar a algunos familiares, ver cómo está nuestra casa y se quedarán allí por unos días.

- De acuerdo, tan pronto como regresen, me aseguro de ir a verlos. Les daremos la noticia juntos. ¿Qué opinas?

- También estarán asustados, pero luego aceptarán. Ya les había hablado mucho sobre ti.

- ¡No se imaginan que serán abuelos!

Era viernes, en la mañana estaba trabajando en la oficina, firmando algunos papeles.

- Mi secretaria dijo que Fábio quería verme. Me pareció extraño, porque no solía ir a la oficina.

- Le pedí que entrara.

- ¿Qué pasó, Fábio? ¡Debe ser serio!

- ¡Nada de eso, Marisa! ¿Por qué siempre tenemos que pensar que solo nos pueden pasar cosas malas?

- Mejor así, pero ¿qué pasó?

- Disfrutaré el fin de semana e iré a mi ciudad a visitar a mis padres y contarles todo sobre nosotros.

- ¿No estuvimos de acuerdo en que iríamos juntos?

- Sí, pero creo que mejor voy primero a preparar sus corazones.

- Voy hoy, por la tarde, y regreso el domingo por la noche. La próxima semana iremos juntos, por lo que no se sorprenderán. Sabes que soy hijo único y esto a veces puede ser un problema.

- Conozco a mis padres y sé cómo tratar con ellos.

- Estuve de acuerdo con Fábio y se fue. Por la tarde sonó el teléfono.

Elaine dijo que era mi hermano de Mato Grosso. Respondí distraídamente.

- Estaba poniendo algunos papeles en orden.

- ¡Hola Jonás! ¿Todo bien? ¿Papá y mamá se divierten y descansan?

- Te llamo precisamente por eso, Marisa. ¡Papá no está bien, fue ingresado en un hospital!

- ¿Cómo? ¿Qué pasó?

- Sufrió un ataque al corazón, pero logré rescatarlo a tiempo. ¡Él quiere verte! ¡Ven con urgencia!

La Misión de Cada Uno

Ven en avión. Toma una línea convencional, ya que nuestro avión está aquí. Llama al aeropuerto y ve a qué hora sale el primer avión.

¡Entonces llámame porque te estaré esperando en el aeropuerto aquí!

- Está bien. Lo haré ahora y te devolveré la llamada.

- ¡Cuida bien de papá!

- Muy nerviosa, colgué el teléfono. Llamé al aeropuerto y el avión partiría en dos horas.

Al no poder hablar con Fábio, escribí una nota contando lo que sucedió. No tenía el número de casa de sus padres. Le entregué la nota a Elaine pidiéndole que, el lunes, si aun no había regresado y él me estaba buscando, ella le diría lo que había sucedido y se la entregaría. Me fui a casa, puse algo de ropa en una maleta y fui al aeropuerto.

Cuando llegué a Cuiabá, mi hermano me estaba esperando.

Parecía tenso y nervioso. Inmediatamente fuimos al hospital.

Mi padre estaba en una habitación y mi madre a su lado. Cuando lo vi, me di cuenta de que, aunque estaba un poco abatido, estaba bien.

- ¡Hija mía! Me alegro que haya llegado. Tenía tanto miedo de morir sin verte de nuevo.

- ¿Qué pasa, papá? No morirás. Todavía tienes muchas cosas que hacer

- Estoy aquí y me quedaré hasta que estés bien...

Le pedí a mi hermano que llevara a mi madre a casa. Ella también estaba muy decaída.

Me quedé con él todo el tiempo. Solo iba a casa por un tiempo, para bañarme y descansar un poco.

En esos momentos, alguien de la familia tomó mi lugar.

El médico dijo que ya estaba fuera de peligro, pero que sería aconsejable quedarse unos días en observación. Creíamos mucho en ese médico, porque además de ser médico, también era un viejo amigo de la familia. El lunes llamé a Elaine preguntando por la oficina, dándole algunas órdenes y para averiguar si había hablado con Fábio. Ella respondió que todo estaba bien y había hablado con él por teléfono y que más tarde vendría a recoger la nota. Me tranquilicé, solo me preocupaba la salud de mi padre. El viernes siguiente, mi padre fue dado de alta y regresó a casa.

Sabía que no podía encontrar a Fábio porque era un fin de semana.

Me sorprendió que no intentara hablar conmigo por teléfono, pero mi mayor preocupación era mi padre. La hacienda estaba a una hora de Cuiabá.

Todos decidimos ir allí. El domingo volvería. Y así se hizo. Mi padre ya estaba bien y quería regresar a São Paulo. El domingo por la noche, todos volvimos. Mi mamá, mi papá y yo.

El lunes llamé al trabajo de Fábio, me dijeron que ya no trabajaba allí.

Lo esperé por muchos días... y nada... simplemente desapareció... – Célia dejó de hablar nuevamente. Pidió un vaso de agua.

Las lágrimas cayeron de sus ojos. Estaba pálida y muy nerviosa.

– Célia, ¿quieres parar y continuar más luego?

– ¡No, no puede parar, Paulina! ¡Necesitamos saberlo todo! ¡La vida de mi hijo está en juego!

– ¡Doña Consuelo! – dijo Célia nerviosamente – ¡Él es mi hijo!

– Cálmate, Célia, si crees que puedes, entonces continúa.

– Continuaré, Paulina. Doña Consuelo, tiene razón.

La Misión de Cada Uno

Necesito terminar. Esperé a Fábio durante varios días, pero nada. Con el tiempo, me puse tensa y nerviosa. No comía hasta que me desmayé un día y me llevaron al hospital.

- El médico, después de examinarme, dijo:

- Estás muy tensa y esto está afectando al niño.

- Con un mes de embarazo, tu cuerpo está experimentando cambios.

- Necesitas comer bien y tener una vida tranquila.

- Entendí muy bien lo que dijo, pero ¿cómo podría estar tranquilo sin saber lo que le había pasado a Fábio?

- Mis padres, al ver que estaba desesperada, decidieron hablar:

- Hija mía, desafortunadamente no volverá. Sabes que tenemos mucho dinero y él es un joven pobre. Sospeché que quería estar contigo solo por nuestro dinero. Quería hacer una prueba.

Mientras estábamos en Cuiabá, mi secretaria se acercó a él y le ofreció una suma de dinero, además de una estancia de dos años en los Estados Unidos para aprender inglés. Solo tendría que alejase de ti.

- Aceptó y ahora está allí...

- ¡No lo creo, papá! ¡Él no haría eso! ¡Estoy segura que realmente te gusto!

- No hija. No le gustas, solo quería nuestro dinero...

- ¡Estás mintiendo! ¡Nunca haría eso! Lo conozco muy bien, ¿qué le hiciste?

- ¡Nada! Solo le ofrecí dinero y él aceptó...

- ¡No creo! ¡Voy a investigar! ¡Lo descubriré todo!

- ¡Muy bien, hija mía! Hazlo para que puedas seguir viviendo.

- Ahora tienes un hijo en quien pensar...

Salí de la casa y caminé mucho tiempo sin saber por dónde empezar.

Después de pensar mucho, recordé a un amigo de Fábio que solo había visto una vez. Ese día que nos conocimos, me dio una tarjeta. Revisé mi bolso, encontré la tarjeta.

En un teléfono público, llamé:

– Hola... necesito hablar con Wilson.

– Soy yo, pero ¿quién está hablando?

– Soy Marisa, la novia de Fábio.

– ¿Cómo estás, Marisa? ¿Está todo bien?

– No, no está. ¿Sabes dónde puedo encontrar a Fábio?

– ¿Por qué quieres saberlo?

– Necesito hablar con él urgentemente, pero no sé dónde viven sus padres. ¡Pensé que tal vez lo sabías!

– Por supuesto que sé dónde viven, pero no tiene sentido ir allí. Se fue a los Estados Unidos para tomar un curso de inglés durante dos años. ¿No te lo dijo?

– Me quedé con el teléfono en la mano, incapaz de pronunciar una palabra.

Mi cabeza daba vueltas, no podía creer lo que estaba escuchando, pero no había duda... mi padre dijo la verdad.

Dejé caer el teléfono y corrí. Corrí mucho. Corrí y recordé los momentos de amor que habíamos tenido. Lloré con mucha decepción y tristeza. Finalmente llegué a casa.

Aunque fue difícil, tuve que hablar con mi padre.

Tenías razón, perdóname por dudar...

– Nada de eso, hija mía. Tú tampoco tenías la culpa, fuiste engañada e ilusionada, pero todo pasa en la vida.

– Ahora que todo está resuelto, todavía hay un problema...

– ¿Qué problema?

La Misión de Cada Uno

- Ese niño no puede nacer. Sería una vergüenza para todos nosotros.

Tu eres mi hija Pertenecemos a una sociedad que puede ser muy cruel...

- Papá, no puedo creer lo que acabo de escuchar...

- ¿Por qué no? Necesitamos ser prácticos. Este niño ahora no tiene ninguna razón para nacer.

- Eres joven, puedes casarte con un hombre a tu altura. Ahora, solo necesitas pensar en tus estudios.

- Un niño solo interrumpiría tu vida...

- Realmente, ¡no estoy escuchando lo que estás diciendo!

- ¡No querré que la gente comente que mi hija ha sido abandonada y todavía espera un hijo bastardo! Si insistes en tener ese hijo, ¡no te quedarás aquí!

Tendrás que irte a una de nuestras haciendas. ¡He tenido mucha paciencia con tus locuras! ¡Ahora basta! ¡Debes elegir!

- ¡He hecho mi elección! ¡He estado trabajando durante mucho tiempo y puedo mantenerme! ¡No dependo de ti!

¡Mi hijo nacerá!

- ¿Estás olvidando con quién estás hablando? ¿Crees que seguirás trabajando en la oficina?

¿O crees que conseguirás un trabajo en cualquier lugar de esta ciudad?

Si consigues alguno, ¡con solo una palabra mía será despedida!

- ¡Bueno, ya lo veremos! ¡Hoy me iré, me volveré una empleada y con un buen salario!

¡Soy muy competente!

- Puedes intentarlo, ¡pero sé que no lo harás! ¡Tu única salida será deshacerte de ese niño o ir a una de las haciendas y quedarte allí para siempre, porque no te quiero aquí con un niño!

- Me di una ducha, me cambié de ropa y salí a hablar con algunas personas, que siempre elogiaron mi trabajo, pero fue inútil. Antes de contratarme, hablaron con mi padre. Lo intenté durante varios días hasta que me vi obligada a aceptar. Una vez más mi padre tenía razón. Era poderoso y muy conocido.

Después de caminar otro día sin éxito, regresé a casa.

Mi padre estaba en la sala de estar, sentado, leyendo el periódico.

Me acerqué:

- Papá, desafortunadamente, tenías razón. No conseguí trabajo, pero tampoco perderé a mi hijo. Iré a donde quieras y me quedaré allí. Después que nazca el niño, veré qué hacer...

Estaba devastada, pero por el momento, era la mejor solución. Fui a una de las haciendas en Goiás.

Elegí esa, porque no había nadie de la familia cerca. El que se encargó de todo fue un capataz y su esposa, personas sencillas y buenas, que me recibieron con gran afecto y atención.

- Me quedé allí, aun sufriendo mucho por toda la traición sufrida por Fábio. Cada vez que estaba triste, el niño se movía, recordaba lo feliz y ansiosa que estaba por su nacimiento, pensaba:

"¡Mi hijo nacerá y será muy feliz! Se criará aquí, lejos de toda esa riqueza embustera. ¡Tendrá una vida saludable cerca de la naturaleza!"

Manuela, la esposa del capataz, me cuidó durante todo el embarazo. Mi dieta era saludable y completa con muchas verduras y frutas.

La hacienda estaba lejos de la ciudad, por lo que siempre había un automóvil listo para cualquier emergencia.

Con el tiempo, ese dolor que sentía por Fábio iba desapareciendo.

Por mucho que quisiera, no podía odiarlo. He intentado muchas veces ponerme en su lugar.

La Misión de Cada Uno

Sin dinero para ir a ninguna parte, tuvo la oportunidad con la oferta de mi padre de poder viajar al extranjero, además de estudiar. Él me amaba. No sé por qué, seguí creyendo eso.

Por eso, pensé que también debía estar sufriendo mucho.

¡Fábio estaba solo y yo, por el contrario, tenía a mi hijo que, cuando naciera, llenaría mi vida! Traté de engañarme y pensar que estaba sufriendo. Esa era mi forma de ser feliz. Entonces pasó el tiempo. Estaba decidida a no volver nunca más. Una noche, comencé a sentir dolor.

Llamé a Manuela que, durante el último mes, dormía en una habitación contigua a la mía. Ella vino corriendo. Cuando vio mi condición, ella corrió y fue a despertar a su esposo. Volvió a la habitación y me ayudó a salir de la casa.

El auto ya estaba esperando.

Me instalé en el auto que sería conducido por el capataz. Recordé que había olvidado mis maletas.

La mía y la del bebé. Manuela corrió a la habitación a buscarla. El dolor empeoraba cada vez más, el capataz intentó encender el auto, pero arrancaba.

Lo intentó varias veces, pero fue en vano. Los dolores aumentaron.

Él, desesperado, dijo:

- No entiendo lo que está pasando. ¡Incluso esta tarde conduje el auto alrededor de la hacienda y todo estuvo bien! ¡Es un auto nuevo! ¡No hay problema!

- ¿Tienes gasolina?

- ¡Claro que sí, Manuela! ¡El tanque siempre está lleno!

- Sentí mucho dolor y, retorciéndome, dije:

- ¡No puedo soportarlo más! ¿Qué hacemos?

- ¡Hay que ayudarla, Manuela! ¡Traeré a la señora Candita!

- ¡Ella es la partera de todas las mujeres en la granja!

- ¡Ve, esposo, corre!

– Se fue corriendo. Ella me ayudó a salir del auto y entramos en la sala de la casa grande.

Me tumbé en un sofá y esperé con miedo y con un gran dolor. Poco después, regresó acompañado de una señora sonriente. Gorda, de aspecto torpe, pero inspiraba confianza.

Ella dijo con mucha calma:

– Jovencita, no tengas miedo. Va tudu bié. Tu hijo nacerá pronto.

Le pidió al capataz que me llevara a la habitación. Él, avergonzado, me llevó.

Estaba acostada en mi cama. Ella le indicó que se fuera y le pidió a Manuela que calentara el agua. Estaba realmente asustada. Había planeado que mi hijo viniera con tanto amor, y ahora estaba indefenso allí en manos de una mujer extraña. Los dolores iban y venían, cada vez más fuertes, hasta que finalmente escuché el llanto de un niño.

– Doña Candita – sonriendo, me mostró a mi hijo, diciendo:

– ¡Es un niño travieso!

– Puso al bebé en mi pecho y tomé sus manitas.

Miré su carita. Poco después se lo entregó a Manuela para que lo cuidara y ella se encargaría de mí. Mientras estaba de parto, el capataz llamó al médico que papá había contratado para encargarse del parto y todo lo que necesitaba.

Tan pronto como el capataz sintiera los primeros dolores, lo llamaría y luego me llevaría al hospital, donde estaría esperando. Como nada funcionó, cuando llegó el niño ya había nacido.

– Me examinó:

– Parece que todo está bien. Ahora necesitas descansar.

– Te pondré una inyección, dormirás y cuando te despiertes estarás como nueva.

– No sentirás más molestias.

La Misión de Cada Uno

Sonreí agradeciéndole, me puso la inyección y me quedé dormida. Cuando desperté, no sé cuánto tiempo después, Manuela y doña Candita estaban a mi lado:

- Va bien que la niña haya comido.

- Manuela va a buscar esa sopa de pollo. ¡La niña debe tener hambre!

- ¡Realmente tengo! Pero primero quiero ver a mi hijo.

- Primero la niña comerá, el médico hablará con la niña... está bien, niña...

- ¿Por qué, el médico viene a hablar conmigo? ¿Qué pasó?

- ¡No pasó nada! La niña necesita comer. Es débil Ve por la sopa y luego el doctor hablará con la chica.

Ella habló sonriendo y, con tanta tranquilidad, eso me convenció. Tenía mucha hambre.

- Manuela entró trayendo la sopa que tenía. Las dos me cambiaron de ropa, me peinaron y solo entonces entró el médico.

- ¿Cómo estás, Marisa? ¿Sientes algo?

- Estoy muy bien. ¡Solo necesito saber sobre mi hijo! ¿Dónde está? Deberías estar allí en esa cuna.

- Ahora que estás bien, puedo hablarte francamente. Tan pronto como examiné al niño, noté algunos cambios en su corazón. Fui con él rápidamente al hospital, pero no llegamos a tiempo.

- Antes de llegar allí, falleció, lo siento...

- ¿Cómo que murió? ¡Vi cuándo nació y cuánto lloraba! ¡No puedes haber fallecido!

- Estas cosas pasan. El parto fue difícil para ti, pero mucho más difícil para él. No pudo soportarlo...

- ¡No creo! ¡¿Dónde está?! ¡Quiero verlo!

- Se está realizando una autopsia para averiguar qué sucedió.

- ¡Tan pronto como se termine, si quieres, puedes verlo!

- ¡Claro que quiero! ¡Es mi hijo!

- Mantén la calma, eres joven y puedes tener otros hijos...

Empecé a llorar. No entendía por qué había sucedido eso.

Ese bebé era todo para mí. Un pedacito de Fábio que, a pesar de todo, no dejé de amar. Célia estaba llorando. Los amigos a su alrededor no sabían qué hacer.

Consuelo se levantó, rodeó la mesa, se acercó a Célia y la abrazó con fuerza y amor.

- ¡Cómo sufriste! ¡Qué maldad! Ahora puedo entender cuando dices que mi hijo es tuyo.

Quiero mucho a Robertito, ¡pero no sé qué hacer!

Nunca imaginé que hubiera tanta maldad. Que Dios nos ayude a encontrar una solución a este drama que, incluso sin saberlo, participé y participo.

- Célia, creo que has dicho mucho y debes estar cansada. ¡Si quieres puedes parar, pero confieso que tengo curiosidad por saber cómo lograste descubrir toda esta monstruosidad!

- No, Paulina. No estoy cansada, solo estoy enojada. Mi corazón siente mucho odio por todos los que conspiraron por mi desgracia.

- Hace seis meses, mi padre enfermó gravenente. Yo estaba pintando y estaba mejorando cada día.

Todavía sentía mucho cariño por mi hijo y una mezcla de odio y amor por Fábio.

- Cuando pensaba en él, luché por olvidar y me dedicaba, aun más a mi pintura.

- Mi madre vino a visitarme, cuando me encontró pintando, dijo:

- Parece que estás muy bien, Marisa.

- Sí, mamá, los colores me transportan a un mundo hermoso, donde nada malo puede pasar.

La Misión de Cada Uno

— Mientras pinto, no pienso. Siento que justo ahora, estoy empezando a conocerme a mí misma.

— Estoy casi lista para volver y tratar de comenzar mi vida de nuevo.

— Es bueno encontrarte así. Vine aquí para traer algunas noticias no muy buenas...

— ¿Qué sucedió?

— Tu padre está muy enfermo. Le dolía el pecho y, cuando le hicieron la prueba, se descubrió que tiene un tumor y es maligno.

— Está siendo tratado, pero con poca esperanza.

— ¡Dios mío! ¿Él lo sabe?

— Siempre ha sido muy inteligente, incluso si quisiera, no podría esconderlo.

— Él sabe sobre el tumor y sabe que es muy grave. Siente mucho dolor. Por eso necesita y quiere hablar contigo.

— ¿Crees que estás en condiciones de ir a verlo?

— Estoy bien, claro que lo estoy. Amo a mi papá y quiero estar a su lado en este momento difícil.

Acompañé a mi madre. Cuando llegué a casa, apenas reconocí a mi padre. Estaba delgado y demacrado.

Hice lo mejor que pude para no mostrar mi asombro.

— Hija mía, no tienes que disimularlo. Tengo un espejo y sé que he cambiado mucho... Estoy muy mal...

— Lo siento, papá...

— No hay necesidad de estar triste, el ser humano cuando cree que es tan poderoso, incluso para poder cambiar el destino de las personas, se encontrará, algún día, con una mayor fuerza que le demostrará que nunca fue tan poderoso como pensaba...

— No entiendo, ¿qué quieres decir?

— Después de esta conversación, comprenderás y aprenderás, desde el principio, afortunadamente, que nada es más fuerte y poderoso que la enfermedad y la muerte, y contra ellos, no se puede hacer nada...

– No hables así, no morirás...

– No, hija mía... a veces le pido a Dios que me lleve pronto, no puedo soportar los dolores que siento.

Ha llegado el momento de enfrentarme a esta fuerza. Esta fuerza que proviene de un Dios justo y poderoso.

Él tiene todo el poder del mundo...

Mi padre torció la cara con una expresión de gran dolor.

– Mi madre, se acercó, diciendo:

– No estás bien, es mejor dejar esta conversación para más tarde.

– Marisa está aquí y se quedará. Tendrán mucho tiempo.

– No, tiene que ser ahora.

– Estoy bien, pero no sé por cuánto tiempo... necesito hablar ahora...

– Está bien, pero no te esfuerces demasiado...

– Hija mía, después de contarte todo... tal vez me odies, pero todo lo que hice siempre fue pensando en ti...

– Me estás asustando. Que me vas a decir.

– Tu hijo está vivo – dijo de inmediato.

– ¿Cómo? ¿Vivo? – Lloré, asustada, pero feliz. ¡Pensé que estabas delirando por la enfermedad!

Mi madre también se sorprendió:

– No puede ser. ¡Debes estar delirando!

– No estoy delirando... – dijo retorciéndose de dolor –, está vivo.

– Todo comenzó cuando me presentaste a ese chico con el que empezaste a salir.

Al principio no le presté mucha atención, pero cuando me dijiste que estabas embarazada y te negaste a llevarte al niño... No

La Misión de Cada Uno

le di mucha importancia... Sabía que eras joven y tenías toda una vida por delante.

No podías casarte con un chico que, al no tener nada, solo estaba interesado en mi dinero. Pensé que, si quería dinero, tenía mucho que dar. Pensé que solo te estaba protegiendo.

Dejó de hablar, mi madre le pidió que se detuviera.

Yo, fuera de mis casillas no quería que dejara de hablar:

- ¡No, mami por el amor de Dios!

¡Deja que continúe! Si mi hijo está vivo, ¡necesito saber dónde está!

- Continuaré... ahora sé que no soy poderoso y que no tengo mucho tiempo...

- Continúa, por favor, papá, necesito saberlo todo...

- Sabiendo que el chico solo quería dinero, envié a mi secretaria a buscarlo y ofrecerle mucho.

Golpeó a mi secretario.

El golpe fue tan fuerte que tuvo un ojo morado durante varios días. Ese chico es muy fuerte...

- No lo sabía, ¡no me lo dijo!

- Debes haber pensado que es mejor no decírtelo para que no te preocupes. Al ver que no funcionó, planeé algo más. Hablé con Novais, el dueño de la oficina donde hacía su internado.

- Fábio, es un buen estudiante y será un buen abogado.

Novais lo llamó y dijo:

- "Así que voy a darte una estadía de seis meses en los Estados Unidos."

- Puedes mejorar tu inglés y luego, si quieres, puedes quedarte más tiempo.

- Es un premio por tu rendimiento.

- Eso sería genial, pero me voy a casar. No puedo aceptarlo antes de hablar con ella. Vamos a tener un hijo.

– De acuerdo, Fábio, puedes hablar con ella, pero tiene que ser hoy. Si no quieres, tendré que elegir otro.

– Ese mismo día, hija mía, fue a la oficina, no te encontró porque fuiste a Mato Grosso, ¿recuerdas?

– Lo recuerdo, pero dejé una nota con Elaine para entregarle, ¡en caso que viniera a buscarme!

– Le entregó otra, que decía:

– Fábio me voy, por favor no me busques más.

Pertenezco a una clase social, a la que nunca podrás pertenecer. Me gustas, pero no puedo unir tu vida con la mía. No te preocupes por el niño, voy a una clínica hoy y no va a nacer. Marisa.

– ¡Nunca escribí eso! ¿Cómo pudo creerlo?

– Siempre firmabas los papeles sin leer. Por una pequeña tarifa, Elaine colocó ese papel entre los de la compañía.

– Y tú por confiar como siempre, lo firmaste sin leer.

– ¡No lo puedo creer! ¿He firmado sin saberlo? Ella siempre parecía ser mi amiga, tenía toda mi confianza...

– La convencí que sería por tu bien...

– ¿Cómo pudiste hacer eso, papá? Soy tu hija...

– Pensé que estaba haciendo lo correcto... siendo el mejor...

– Ahora entiendo la actitud de Fábio. Pensando que fue abandonado, de una manera tan mezquina, aceptó la oferta y se fue de viaje, sintiéndose el hombre más infeliz del mundo...

– Así sucedió. Al recibir el boleto, regresó a la oficina, aceptó la propuesta y se fue...

– ¿Dijiste que solo sería por seis meses, porque cuando llamé a Wilson, dijo que sería por dos años?

– Fue la información que recibiste cuando buscaste a Fábio.

– Pensé que definitivamente necesitabas olvidarte de él.

La Misión de Cada Uno

¡¿Cómo pudiste hacer eso?! ¿Quién eres tú para dirigir la vida de los demás? ¿Qué hiciste con mi hijo?

- Lo hice para evitar que se reúnan, por lo que te exigí que fueras a una de nuestras estancias.

- Entonces cuando regresó, si te buscara, no te encontraría...

- ¿Estaba todo planeado? ¿Lo sabían Manuela, doña Candita y mis hermanos?

- No, nadie lo sabía, ni siquiera el capataz...

- ¿Cuál era el plan para robar a mi hijo?

- Estuve de acuerdo con el doctor. Te atenderían allí, luego él me entregaría al niño.

- ¿Cómo aceptó un servicio tan sucio?

- Todo y todos tienen su precio. Siempre pagaba y obtenía todo lo que quería en la vida.

¡Estás allí, hablando con toda esta calma, como si fuera lo más común del mundo! ¡Has arruinado mi vida!

- ¡Casi me volví loca!

- ¡Me mentiste, engañaste al hombre que amaba y robaste a mi hijo!

- ¡Ahora vienes y me dices que todo tiene un precio! ¿Qué le hicieron a mi hijo? - Grité

- El auto no arrancó y todavía no sé por qué. Alias, ahora lo sé. Fue Dios, dándome una oportunidad más para no hacer lo que estaba programado. Los planes tuvieron que cambiarse y el médico se vio obligado a ir a la hacienda. Después de ver que todo estaba bien contigo, inventó que el niño estaba enfermo y lo llevó a la ciudad...

- Entonces, ¿qué le hiciste?

- Quería deshacerme de ese peso, pero no quería que fuera entregado a extraños.

— Descubrí, a través de Novais, la dirección de los padres de Fábio. Pensé que podrían criarlo. Una mujer, contratada por mí, lo dejó en la puerta de su casa.

— ¿Quién te dijo que quería deshacerme de él? ¿Cómo arriesgaste su vida así?

— ¿Se quedaron con el niño?

— No sé, nunca me importó...

— Eres un monstruo. Después de hacerme sufrir tanto, ahora vienes a decirme que mi hijo está vivo, pero ¿no sabes con seguridad dónde está? ¡Cuando llegué aquí, me conmovió su situación!

— Ahora, desde el fondo de mi corazón, ¡quiero que mueras, con todo el dolor de este mundo!

— Todo el sufrimiento que tienes, nunca será suficiente después de tanto mal.

Te odio con todo mi corazón. Nunca te perdonaré. ¡Nunca! ¡Nunca!

— Célia ahora lloraba y sollozaba sin control. Regina vio a un hombre que estaba acurrucado en un rincón de la habitación y que también estaba llorando.

Ofélia se quedó junto a Célia y continuó tocando la luz blanca, que gradualmente la tranquilizó. Regina tomó las manos de Célia y dijo:

— Sé que sufriste y estás sufriendo por todo el daño que te hicieron, pero solo el perdón puede darte la paz que tanto necesitas.

— ¿Perdonar? ¡Nunca, Regina! ¿Cómo puedo perdonar a ese monstruo? ¡Destruyó mi vida!

— Sí puedes. No hay nadie perfecto en este mundo, todos tenemos defectos y virtudes.

— Realmente actuó mal, pero en su mente, creía que estaba haciendo lo mejor.

La Misión de Cada Uno

- Lo que te pareció mal a ti, en ese momento, era correcto para él...

- No parecía sentirse mal, ¡estaba mal! ¡No puedo perdonarlo!

- A pesar de toda su maldad, entregó al niño a personas que realmente lo criarían con amor y cuidado...

- ¡Arriesgó la vida de mi hijo! ¿Si doña Consuelo no lo hubiera aceptado? ¿Lo hubiera entregado a un orfanato? ¿Dónde estaría?

¿Cómo lo encontraría?

Consuelo escuchó todo. Para ella también, todo fue una sorpresa.

Crio a un niño, que encontró en la puerta de su casa, sin saber que era su nieto.

- Al mismo tiempo que estaba feliz, porque sabía que Robertito era su nieto, su corazón también estaba oprimido y adolorido, porque temía que ahora su hijo le sería arrebatado.

- Señorita, me sorprende lo que ha contado. Muchas veces, mientras Robertito crecía, me preguntaba cuál habría sido la razón que podría llevar a una madre a abandonar a su hijo.

Nunca podría imaginar que estaba criando al hijo de mi hijo. Por todo lo que sentiste cuando te quitaron a tu hijo, ¿te imaginas lo que siento ahora que intentas alejarlo de mí?

No puedo soportar siquiera pensarlo...

- Sé lo que estás sintiendo, pero lo siento. Lo he estado buscando por mucho tiempo.

¡Es todo lo que tengo en la vida!

- Ofélia, ahora, estaba abrazando al hombre que todavía estaba acurrucado. Se acercó a Célia y nuevamente le tendió su mano.

Regina, conmovida, siguió sus movimientos. Paulina al darse cuenta que Célia y Consuelo iban a pelear de nuevo y sin saber de qué lado quedarse, preguntó:

— Célia, ¿por qué no buscaste a Fábio, tan pronto como te enteraste?

— ¡Lo busqué! Fui a la periferia donde vivían, se habían mudado hacía mucho tiempo.

— Muchas veces, Fábio me había contado sobre su ciudad, sin decir nunca su nombre. No tenía forma de saber dónde estaba.

— Fábio ya no estaba en la vieja oficina. No sabía si mi hijo estaba con sus padres.

— No sabía si se casó. Llamé a su amigo otra vez. Tampoco sabía sobre Fábio, pero me dio el nombre de la ciudad. Fue entonces cuando tuve la idea de disfrazarme, para que Fábio no me reconociera si vivía aquí.

— Entonces, desde que conociste a Robertito, ¿ya sabías que era tu hijo? ¿Por qué te escondiste por tanto tiempo?

— No, doña Consuelo. Vine aquí sin saber su nombre o de su esposo.

— Cada vez que Fábio se refería a usted, decía: Mi padre y mi madre, nunca sus nombres.

Cuando llegué tenía la intención de quedarme durante quince o veinte días y, si descubría algo, me revelaría, tomaría a mi hijo y me iría. Conocí a Robertito.

De hecho, él me conoció. Hablaba mucho sobre la ciudad, quería presentarme a los demás. Cuando comencé a pintar, sentí que a los niños les gustaba aprender.

Sería una forma de acercarme a ellos.

A veces, incluso pensé que podría ser Robertito, pero había otros niños de su misma edad. Podría ser cualquiera. Entonces, los conocí, que se convirtieron en mis amigos y el proyecto Grutón, me gustó y decidí quedarme. Sentí que, si mi hijo estuviera aquí, Dios me lo mostraría.

La Misión de Cada Uno

- En el hospital, dijiste con tanta certeza que podías donar sangre, ¿fue allí donde te enteraste?

- No, Zeca. Ayer, durante la fiesta, vi la fotografía de Fábio, así que estaba segura.

- Pero no quería estropear la alegría de todos. Hoy vendría a hablar contigo, señora Consuelo, pero todo se precipitó con el accidente.

- Ahora, ¿qué piensas hacer? Sabes que es un niño feliz, amado no solo por nosotros, sino por todos.

- Fábio también fue engañado. Él no sabe que es su hijo, pero también lo ama mucho.

Paulina volvió a hablar:

- Creo que antes de hablar con Robertito o tomar decisiones apresuradas, deberías hablar con Fábio, Célia.

Ofélia le sonrió a Paulina y le arrojó un rayo de luz. - Paulina no la vio y ni siquiera se imaginó que estaba allí.

- Puedo hablar con él, pero ese no cambiará mi intención de quedarme con mi hijo. ¿Dónde está Fábio? ¿Está casado?

- Estaba muy triste cuando recibió su nota - Consuelo respondió - no quería viajar, pero lo convencí de por qué sería bueno para su futuro profesional. Después de seis meses, cuando regresó, todavía no podía aceptar tu decisión.

No sonreía y ya no estaba como antes, pero siguió estudiando.

Cuando Robertito fue dejado en nuestra puerta, tenía miedo, porque a pesar de quererlo, me sentía demasiado vieja para criar y educar a un niño. La noche en que llegó, tan pronto como vio al niño, Fábio comenzó a llorar, diciendo:

- ¡Madre, quedémonos con él!

- Tu padre y yo somos viejos. ¿Cómo vamos a cuidar a un niño?

¡Cuántos años tienen, mamá! Si mi hijo no hubiera sido asesinado, ahora hubiera nacido y tendría la misma edad que este. Como estaba triste por perder a mi hijo, Dios decidió enviarme este.

– Siempre será mi querido hijo. No te preocupes, lo verás crecer, convertirse en un chico guapo.

Salió y compró todo lo que el niño necesitaba. Al día siguiente, lo llevamos a un pediatra, y él me dijo qué hacer. Registramos al niño a nuestro nombre. Fábio no echa de menos nada y, de vez en cuando, incluso discuto con él por malcriarlo tanto. Dedicó todo su tiempo entre la universidad, el trabajo y Robertito.

Después de terminar sus estudios, se graduó e hizo un examen público. Hoy está en Brasilia.

Tomará otro concurso para convertirse en juez.

Nunca se casó, porque nunca te olvidó, Célia. Eras a quien él amaba y ama –. Célia escuchó hablar a Consuelo y las lágrimas volvieron a caer.

Todos estaban emocionados. Regina siguió los movimientos del hombre y Ofélia.

Se acercó a Célia y la abrazó:

– Lo siento, hija mía... ¡Cuánto sufrimiento te causé! Cuando me di cuenta que era demasiado tarde. Perdón... perdón...

Célia sintió un extraño escalofrío la recorrió, se le puso la piel de gallina.

Ofélia se acercó diciendo:

– Hermano mío, vámonos. Este no es el momento para que ella te perdone.

– Cuando hiciste eso, no pensaste en las consecuencias. Ahora que lo sabes, sientes la necesidad de serse perdonado.

– Un día, con la ayuda de Dios, llegará, pero no puedes continuar a su lado.

La Misión de Cada Uno

- Le daremos el derecho de actuar según su voluntad. Solo ella puede saber qué hacer.

- Se aferró con más fuerza a Célia, que comenzó a sentirse mareada, bajó la cabeza sobre la mesa y su rostro se puso blanco como la cera. Ofélia extendió su mano sobre ella. Miró a Regina, que seguía todo.

Asintió con la cabeza. Regina cerró los ojos y rezó con todo su fervor.

- ¡Dios mío! ¡Ella se desmayará! - gritó Consuelo -. Ella ha pasado por muchas emociones - dijo Paulina, también asustada -, donó sangre y su presión debe haber bajado. Vamos a ponerle un poco de sal debajo de la lengua.

Consuelo tomó el salero y lo colocó frente a Célia. Le puso un poco debajo de la lengua. Zeca se sorprendió que, en un momento como este, Regina permaneciera en silencio.

Él la miró y vio que estaba en profunda oración. Miró alrededor de la habitación para ver si veía algo, pero no vio nada. Regina continuó en oración.

- Gracias, Regina - dijo Ofélia -, tu ayuda fue maravillosa.

- Quédate con Dios, nos vamos...

Regina abrió los ojos y vio a Ofélia irse, abrazando al hombre.

Célia volvió a levantar la cabeza con normalidad:

- Lo siento, no sé qué pasó...

- Pasaste por mucha tensión - dijo Consuelo -, donaste sangre y no has comido. Tengo una idea.

- Como nadie comió, ¿qué tal si comemos las sobras de la fiesta?

Pedro, todo el tiempo, escuchaba en silencio. A menudo estaba triste por el sufrimiento de Célia, pero podía hablar mucho, solo escuchaba. Estaba preocupado por sus hijos. Escuchando a Consuelo, preguntó nerviosamente:

– ¿Comer las sobras de la fiesta? ¡¿Qué es eso?!

– ¡La señorita pensará que no tenemos nada para comer y que Robertito pasa hambre!

A todos le hizo gracia su reacción, incluso a Célia:

– No se preocupe por eso, Sr. Pedro.

– Sé que mi hijo ha sido tratado muy bien. Además, la carne estaba deliciosa y aun debe estar muy buena...

– Así es – dijo Simón –, tengo mucha hambre. Esa carne estuvo muy buena.

– Zeca, ¿vamos a encender el fuego?

Acompañados por Pedro, los hombres fueron al patio. Hoy voy a hablar con Fábio.

– No le diré que estás aquí. Le contaré sobre el accidente. Le pido, antes de hablar con Robertito, hable con Fábio sobre todo lo que sucedió.

Después de todo, Fábio también sufrió con toda esta historia. Fue una víctima inocente.

– Conozco a mi hijo, sé que él sabrá cómo tomar una decisión, que hará que todos estén bien...

– Bien, solo te pido que me dejes ayudarte a cuidar de Robertito.

– Quiero quedarme con él todo el tiempo que pueda...

– Claro que sí. Mientras prometas no hablar, por ahora.

– Tenemos que pensar en una manera de decírselo para que lo entienda, sin asustarse...

– Es verdad. No quiero hacer nada que dañe a mi hijo, pero no puedo evitar decirle que soy su madre, y que lo amo mucho y que quiero que se vaya conmigo.

Paulina miró a Regina y, como si ya se pudieran entender con una sola mirada, se tomaron de las manos.

La Misión de Cada Uno

— Este asunto, ahora — dijo Paulina — debería dejarse para más tarde. Tenemos hambre

— Veamos cómo les va a los hombres con el fuego. Se fueron con los dos. Los hombres hablaban animadamente. Zeca estaba avivando el carbón, que insistió en no juntarse.

Mientras comían, hablaban. Como siempre en las barbacoas caseras, cuando el fuego finalmente decidió encender, ya habían comido mucho. Esa fue también una razón para una buena risa.

A pesar que el día estaba tan tenso y aunque Robertito todavía estaba en el hospital, se sentían tan bien juntos que, en la medida de lo posible, estaban felices.

Estaba oscureciendo cuando se despidieron y se fueron. Regina guardó silencio junto a Zeca, que estaba pensando en todo lo que había sucedido. De repente preguntó:

— Regina, ¿por qué te mantuvieste en silencio mientras se contaba toda esa inmundicia? ¿Por qué sigues en silencio? ¿Puedo saberlo?

— Sí, sí, tuve una experiencia como ninguna otra hoy. Con cada día que pasa, estoy más sorprendida por todo...

— Estabas viendo algo, ¿no?

— Sí, todo el tiempo. Te digo. Ahora puedo hablar libremente, porque sé que no pensarás que estoy loca...

Regina le contó todo, desde el momento en que vio al hombre, luego a Ofélia, hasta que se fueron...

— ¿Ese hombre es el padre de Célia?

— Sí, lo siente. Lloró mucho cuando vio lo que hizo y todavía sigue haciendo sufrir a tanta gente. Ahora quiere ayudar, pero no puede, su presencia cerca de Célia solo la lastimará...

— ¿Es por eso que casi se desmaya?

— Sí, porque en ese momento la abrazó, no quería dejarla.

— Quería pedir perdón y ayuda, pero sus energías son diferentes a las de ella, lo que la lastima.

267

- Qué bueno que Ofélia estaba allí, atenta a todo, logrando alejarlo y luego llevárselo...

- ¿Quién es Ofélia?

- Ella es una amiga espiritual de Célia y siempre está a su lado para ayudarla, en tiempos difíciles...

- Si ella no estuviera allí, ¿qué pasaría?

- Habría otra entidad, nunca estamos solos, siempre hay un amigo que nos cuida.

- Incluso el padre de Célia, que hizo tanto mal, tiene a Ofélia a su lado.

- Dios es un padre maravilloso, nunca nos deja abandonados...

- No entiendo eso, la persona es mala, solo se arrepiente y eso es todo, ¿todo se perdona?

- Dios es un Padre supremo, perdona y nos protege, pero también es justo.

- Por eso existe la reencarnación. No sabemos por qué Célia nació su hija y quién tiene deudas con quién.

- Debido a ello, no hay gente pobre. Hay quienes se desvían de sus compromisos...

- ¿Sabremos lo que realmente pasó?

- No lo sé, pero eso ya no importa. Ahora, lo único que podemos hacer es rezar para que pueda encontrar su camino y que Célia pueda, además de encontrar el camino, perdonar.

- Solo entonces será feliz...

- Todo lo que me has estado diciendo durante días suena extraño, pero me hace pensar mucho...

- Esa es la idea, dijo Regina sonriendo, tenemos que pensar, no solo aceptar...

Llegaron a la puerta de la casa de Regina:

La Misión de Cada Uno

– ¡Pucha! ¡Vinimos hablando tanto que ni siquiera me di cuenta que estaba frente a mi casa! ¿Quieres entrar?

– ¡Ni yo! Cada día que pasa, te quiero más. No voy a entrar, porque mañana por la mañana voy a recoger a ese chismoso. No sabe cuántas cosas le han pasado y le pasarán, pobrecito...

– Tienes razón, Zeca, sin embargo, no olvides que Dios está viendo todo y encontrará una solución. Buenas noches.

– Buenas noches, mi amor...

Se besaron, ella entró, él siguió caminando y pensando en todo lo que estaba aprendiendo de Regina y cuánto la amaba. Simón y Paulina también caminaron juntos.

– Simón, ¿qué pensaste de todo lo que escuchamos? Hasta ahora estoy sorprendida de lo que el poder puede hacerle a una persona.

– Paulina tiene razón, convierte a las personas en dioses, con el derecho de decidir la vida de los demás.

– ¡Odio el poder!

– Cálmate, Simón. ¡El poder no siempre es malo! También se puede usar para ayudar a muchas personas...

– Puede, pero la mayoría de las veces, no se usa para ese propósito.

– Tengo mucho miedo de tener poder, porque transforma mentes e ideas, corrompe y hace que las personas sean insensibles...

– ¡Caramba! – dijo Paulina con admiración – ¡Por la forma en que hablas, parece que ya tuviste mucho poder!

– ¿Quién? ¿Yo? No, nunca lo hice, pero conocí a varias personas que lo tenían y lo usaron muy mal.

– ¡El padre de Célia es un ejemplo!

– Es cierto, pero conocí a personas que, incluso sin poder, perjudicaron a otros.

En la puerta de Paulina se despidieron. Ella entró, él se fue pensando en su vida pasada y en todo lo que había sucedido.

"¡Odio el poder!"

Consuelo tuvo que llamar a Fábio. Necesitaba controlarse.

Tenía miedo de perder a Robertito, pero al mismo tiempo estaba feliz de saber que él era su nieto. No podía imaginar cuál sería la reacción de Fábio cuando se entere que su hijo estaba vivo y a su lado.

Pedro, a su vez, como su esposa, también estaba preocupado.

No podía imaginar qué sería de su vida si el niño les fuera arrebatado.

– Pedro, voy a llamar a Fábio.

– ¿Qué le vas a decir?

– No sé, no puedo hablar de Marisa. Tendrán que decidir qué hacer.

– ¡No permitiré que se lleven a nuestro hijo! ¡Lucharé con todas mis fuerzas! ¡Él es nuestro!

– Estoy muy asustado, Consuelo. Siempre has sido una buena madre para él y eres la única que conoce.

– ¿Cuál será su reacción cuando descubra que le han engañado? ¿Que no es nuestro hijo?

– No tiene sentido sufrir. Voy a llamar a Fábio y le pediré que venga.

– Cuando llegue, sabrá qué hacer –. Levantó el teléfono, marcó y esperó.

– ¡Hola!

– ¡Hola, hijo!

– ¡Mamá! ¿Qué sucedió? Usualmente no me llamas y hablamos ayer.

– ¿Qué pensó Robertito de mi regalo?

– ¡Cálmate! A Robertito le encantó la bicicleta...

– ¡Sabía que le gustaría! Y la fiesta, ¿cómo estuvo?

La Misión de Cada Uno

- ¡Le gustó mucho! La fiesta estuvo genial, pero...

- Pero, ¿qué, mamá? ¿Pareces preocupada?

- Se cayó de su bicicleta, se lastimó la cabeza y está hospitalizado.

- ¡No, mamá! ¡No digas eso! ¿Es grave?

- Cálmate, hijo. Él está bien. Solo se quedó para observación y mañana por la mañana lo recogeremos.

- ¿Estás seguro que me estás contando todo?

- Está bien, pero quiere verte.

- ¡Claro que voy! Tengo algunos trabajos, ¡pero nada que no pueda dejarse para otro día! ¡Mañana por la tarde estaré allí! ¿Estás seguro que está realmente bien?

- ¡Sí, hijo! ¡Está bien, pero debes venir!

- ¡Lo haré, mamá! ¡Espérarme!

- Está bien, hijo mío... hasta mañana... Hasta mañana... - Consuelo colgó el teléfono. No podría contarle sobre Marisa.

Era un asunto complicado, tendría que estar al lado de su hijo. ¡Sabía que nunca le permitiría que se llevara a Robertito! Ella lo había criado, ¡y él era su hijo! Pero pensó: "Esta pobre joven también sufrió mucho... sin culpa. ¡Oh! Dios mío, por favor, ilumínanos..."

Célia prefirió caminar sola. Ellos entendieron Todo había sucedido tan de repente.

A menudo se preguntaba cómo sería el encuentro con su hijo, pero nunca pensó que podría ser así.

Estaba desconcertada:

- ¿Qué haré? ¿Cuál será la reacción de Fábio? ¡Debe odiarme!

- Haré todo para que no me odies, ¡pero no voy a renunciar a mi hijo! No es justo después de buscarlo por tanto tiempo y, ahora que lo encontré, no dejaré de luchar por él...

En casa, Paulina abrió el piano, comenzó a tocar y pensó:

– Cuando tenemos un problema, siempre pensamos que las cosas malas solo nos suceden a nosotros, pero, después de todos estos eventos, solo puedo deducir que cada persona tiene su propia historia... Zeca, Célia, Consuelo, Pedro e incluso Robertito...

Todos involucrados en la misma historia, sin saberlo. La vida es muy extraña, pero para todos habrá una solución, encontrarán el camino. ¿Y yo? ¿Qué camino tengo? Ni uno. Dios me abandonó.

Ahora, solo puedo tratar de ayudar tanto como pueda en el proyecto Grutón. Solo eso y esperar... Nada más...

Cayó la noche. Todos los amigos estaban pensando. De una forma u otra, estuvieron involucrados en ese drama que afectó a Célia, a los padres de Robertito y especialmente al pequeño, que era amado y tenía un brillo especial en sus ojos que cautivó a todos. En su inocencia de niño, ayudó a todos de una manera simple.

Zeca tenía verdadera adoración por Robertito. Acostado en su cama, recordó cómo lo ayudó, fingiendo que no lo hizo. Poco a poco todos se quedaron dormidos.

El día había sido muy emotivo...

18.- El reencuentro

Amaneció. En ese momento, llegó la primavera con un cielo muy azul.

A primera hora de la mañana, Elías tenía su taxi frente a la casa de Robertito. Zeca, Consuelo y Pedro subieron al auto y fueron al hospital a buscarlo. El doctor los recibió con una amplia sonrisa:

– ¡Buenos días!

¡Llegaron temprano! Está bien, puede irse a casa ahora. Le diré a la enfermera que lo traiga pronto. Salió y estaban ansiosos, mirando la puerta que separaba la recepción de las habitaciones.

La puerta se abrió y Robertito llegó sonriendo, sentado en una silla de ruedas con la cabeza vendada, acompañado por una enfermera y el médico:

– Aquí está el niño, dijo el médico sonriendo, se va a su casa y dentro de una semana volverá para sacarle los puntos

– ¿Puedo andar en bicicleta?

– ¡Nunca más! – dijo Consuelo nerviosamente.

– Cálmese, señora – dijo el doctor cuando vio la expresión de miedo en el rostro de Consuelo –, tampoco es así.

– Por ahora no podrá hacerlo. Vete a casa y acuéstate allí, teniendo mucho cuidado con esa cabeza.

– Solo después de quitarte los puntos, puedes montar tu bicicleta normalmente...

– ¡No lo dejaré, doctor! ¡El susto fue demasiado grande!

– Señora, él solo se cayó porque no estaba atento, pero ahora manejará con más cuidado, sabe que siempre puede haber una piedra en el camino, ¿verdad Robertito?

– ¡Tendré cuidado! Mamá, ya no me caeré...

Consuelo solo podía estar de acuerdo. Abrazó y besó a su amado hijo. Se sintió aliviada al ver que estaba bien.

Zeca y Pedro también abrazaron al niño. Zeca lo levantó y se fue.

Al llegar a la ciudad, pasaron por el bar de Simón, que también felizmente lo abrazó. Se fueron a casa. En la puerta, Célia los esperaba ansiosamente.

– Hola Robertito, ¿cómo estás?

– Estoy bien, tendré más cuidado cuando vuelva a andar en bicicleta y tendré cuidado con las rocas.

– ¡¿Vas a pasea de nuevo en bicicleta?!

– ¿Qué pasa, Célia? ¡Suenas como mi mamá! El doctor dijo que puedo pasear, ¡no hay problema! Solo necesito tener cuidado. ¿No es así, mamá?

Se miraron la una a la otra. Corazones oprimidos.

– Así es, hijo mío. Tan pronto como te quiten los puntos, puedes volver a pedalear.

– Pero solo aquí en nuestra calle y teniendo mucho cuidado. ¿Vas a entrar, Célia?

– No, doña Consuelo, me voy a casa. Volveré más tarde para ver cómo les va...

– Ven, alrededor de las cinco en punto. Mi hijo llegará poco después del almuerzo.

Célia la miró sin saber qué decir. Sabía que se acercaba el momento y también tenía miedo, no se imaginaba cuál sería la reacción de Fábio cuando la viera.

– ¿Fábio viene hoy, mamá?

– Así es, hijo. Ayer hablé con él, estaba asustado. Dije que estás bien, él no lo creía y quiere verte...

La Misión de Cada Uno

— ¡Qué bien! Lo extraño. Célia, él es guapo, ¡sé que te gustará! Además... ¡Me alegra que te hayas quitado esa bufanda de la cabeza! Mamá, ¿no es hermosa?

— Sí, hijo mío, es muy hermosa...

— A Fábio también le gustará, ¿no?

— Creo que sí, es realmente hermosa...

— Célia, no te preocupes, él también es guapo. Incluso podrías salir, ¿verdad, mamá?

— ¿Qué pasa, Robertito?

— ¿Qué pasa, mamá?

— Nada, Robertito, pero tu madre tiene razón, no le gustaría verme...

— ¿Por qué, Célia? ¡Tú eres tan bonita!

— Está bien, pero entremos. Más tarde ella se encontrará con él.

— Almorcemos y esperemos a que llegue. Hasta luego, Célia.

— Hasta luego, doña Consuelo. Quizá vuelva por la tarde...

Célia caminó y pensó: cuánto sufrí sin necesidad, solo por el egoísmo y los prejuicios de mi padre. Dios no fue justo, me dio una vida rica y sin problemas desde mi nacimiento para luego hacer de esa misma riqueza la causa de todo mi sufrimiento. Me alegro al saber que mi hijo está vivo. Más feliz de saber que se convirtió en un niño inteligente, saludable y muy querido.

Simplemente no sé cómo actuar. Ahora que lo he encontrado, ¿no es justo alejarse, pero es justo que crezca sin saber que soy su madre y que siempre lo he querido y amado tanto? ¿Qué sentirá cuando se entere que no es el hijo de Consuelo, a quien ama tanto? ¡No! No puedo ocultar la verdad.

Tengo que contarle y llevarlo conmigo. He sufrido mucho, no puedo pagar eternamente por errores que no fueron míos. Amo a mi hijo y haré todo lo posible para tenerlo conmigo. Cuando pienso que nada de esto debería estar sucediendo y que hoy podría estar feliz con Fábio, Robertito y, quién sabe, tal vez tener otros hijos.

Si no fuera por su arrogancia, su poder sobre todo y sobre todos, nada de esto habría sucedido, ¡nunca te lo perdonaré, papá! ¡Quiero que te quemes en el fuego del infierno!

Caminando y pensando llegó a la plaza. Se sentó en una banca.

Miró al cielo, era realmente un hermoso día. Había una suave brisa que la hizo sentir muy bien. A pesar de todo lo que estaba sucediendo, estaba feliz, porque la larga búsqueda finalmente había terminado. Decidió caminar un poco más y, sin darse cuenta, llegó al bar de Simón.

Se dio cuenta que la gente miraba hacia la iglesia. También miró y vio un gran grupo de hombres cargando madera.

– Simón, ¿qué está pasando?

– Los hombres están armando andamios para que la iglesia comience a ser pintada.

– Ya ordené todo el material que es necesario.

– El padre Jorge debe estar muy feliz...

– Sí, pero no quería usar el dinero para pintar la iglesia. Solo se convenció cuando le contamos sobre nuestro proyecto para Grutón.

– Eso es porque sabe que este dinero que se gastará no será usado para ayudar a las personas más pobres.

– Es un buen sacerdote. Por todo lo que he oído, has sido el ángel guardián de esas personas.

– Eso es cierto, pero ahora nos ha transferido esa carga. ¿Quieres saber algo?

– Estoy muy feliz por eso.

– Yo también. De todos modos, es muy bueno ser útil...

La Misión de Cada Uno

– ¿Cómo estás, Célia? Lamento haber escuchado tu historia en silencio, pero todo lo que estaba contando parecía tan absurdo que me quedé sin palabras...

– No te culpo, Simón. Yo misma, aunque experimenté todos esos hechos, me cuesta creer que realmente sucedieron. Finalmente, mi búsqueda ha terminado...

– ¿Sabes qué hacer?

– Lo he estado pensando desde ayer, pero aun no he encontrado la manera de actuar frente a la situación.

– Solo sé que no estaré sin mi hijo... no ahora que lo encontré...

– Si fuera mi hijo, tampoco me gustaría estar sin él, especialmente sin haber seguido su crecimiento. ¿Has pensado en lo que dirá Fábio si intentas llevártelo? Es un niño encantador, ¡pero ten cuidado!

– Él ama a sus padres y a Fábio también.

– Lo sé, pero si Dios me permitió encontrarlo, no me prohibirá tenerlo de regreso.

– Si Dios no me ayuda, cualquier juez en la Tierra me dará ese derecho. Puedo probar que me lo robaron...

– Tienes razón, cualquier juez te dará ese derecho, pero ¿qué pasa con Robertito? ¿Te aceptará así, sin discutir?

– Tengo mucho dinero. Puedo darle todo lo que sueña y más.

¿Por qué no me elegiría?

– ¡Célia! Por todo lo que dijiste sobre tu padre, parece que lo escucho hablar a través de tu boca... – Ella se quedó allí, tratando de escuchar las palabras que se pronunciaron hace unos momentos.

Puso los ojos en blanco hacia a Simón, quien estaba sonriendo.

– ¡Simón! ¡Es verdad! Estoy usando las mismas palabras que él. Soy, como él, usando mi dinero para comprar todo y a todos.

- Eso es horrible. ¡No puedo creer que haya dicho eso!

- Sí, Célia, el poder es así. Eres consciente de todo lo que has pasado y no utilizarás tu dinero para infelicidad a otras personas...

Célia cerró los ojos. En ese momento llegó Paulina:

- ¡Buenos días! ¡Parece que la iglesia realmente va a ser pintada!

- ¡Buen día! Sí, el padre Jorge decidió comenzar, incluso antes que llegara todo el material.

- Célia, ¿qué tienes?

- No es nada, Paulina, estoy pensando en algunas palabras que acabo de decir...

- Bueno, chicas, dejemos de lado la tristeza. Tenemos mucho que celebrar.

El sacerdote está pintando la iglesia, Robertito ya está en casa, nuestro proyecto está saliendo y está linda chica decidió mostrar su rostro. Así que las invito a almorzar aquí conmigo. ¡¿Qué piensan?!

- Aceptaré, Simón, mis pensamientos son confusos y no quiero estar sola.

- Desde que empecé a vivir contigo, conozco un mundo diferente.

Estoy aprendiendo que el dinero solo es realmente bueno cuando puede traer felicidad.

Tengo que encontrar la manera de quedarme con mi hijo sin usar dinero y sin sufrir.

- Yo también me quedo, Simón, ya que todos tenemos problemas, quizás, juntos podemos encontrar un camino.

- Siempre es bueno poder compartir con amigos, Paulina...

- Ya lo creo. Juca y yo haremos un almuerzo especial.

- ¡Buenos días amigos! - dijo Zeca acercándose -, ¿puedo saber qué está pasando aquí?

La Misión de Cada Uno

- ¡Parece que están felices!

- ¡Sí, lo estamos! ¡Simón nos acaba de invitar a almorzar con él!

- ¿Qué opinas de aprovechar la ocasión y aceptar también?

- Me gustaría mucho, Paulina, pero no fui invitado...

- ¿Qué pasa, Zeca? ¡Siéntate allí! ¡Somos una familia! Se sentó y comenzó a hablar sobre varios temas, excepto sobre Célia y Robertito. En eso vieron un automóvil pasar por la plaza.

Un automóvil último modelo que no era de la región. No pudieron verlo, pero el automóvil volteó hacia una calle y se detuvo frente a la casa de Robertito. Tocó la bocina.

- ¡Mamá! ¿Es Fábio? ¿Él llegó?

- Debe ser, Robertito, ¡pero quédate allí! ¡No puedes levantarte de la cama!

- Recuerda lo que dijo el doctor! Voy allí y regreso con él...

- Está bien, ¡pero no te demores!

Consuelo, sonriendo, se fue. Realmente era Fábio. Estaba saliendo del auto cuando llegó su madre.

- ¡Hijo mío! - dijo ella abrazándolo -, ¡qué bueno que hayas llegado! Pero ¿no dijiste que solo vendrías por la tarde?

- Es verdad, pero solo te lo dije para que no estuvieras ansiosa si llegaba tarde. Sé lo preocupado que estás...

- Fue mejor así. Si no llegabas a la hora programada, lo estaría y mucho.

- Entra, Robertito está en la cama, loco por verte.

- ¿Está realmente bien, mamá?

- Esta sí. Ve a verlo, se muere por verte. Luego tenemos algo muy serio de qué hablar.

- ¿Qué es? ¿Va a tener algún problema con la caída?

- ¡No! No habrá ningún problema, pero de lo que tenemos que hablar también es muy grave.

– ¡Por favor, mamá! ¡Habla pronto!

– Ahora no. Primero ve a hablar con Robertito y no te preocupes, todo siempre tiene una solución... – Entraron en la habitación. Fábio abrazó y besó al niño con cariño, que no estaba tan feliz con él:

– ¡Muchacho! ¿Qué hiciste con la bicicleta que te di?

– Parece que fue mi culpa o de la bicicleta, pero no lo fue... solo parece... la culpable fue la piedra...

Fábio sonrió. Amaba a ese chico, que entró en su vida cuando más lo necesitaba.

– La piedra, ¿no? Travieso, como siempre tienes una excusa, ¿verdad? ¡Ya no andarás en bicicleta!

– ¡Claro que lo haré! ¡El doctor dijo que puedo! ¡Solo tengo que tener cuidado con las piedras en el camino!

– Si el doctor lo dijo, quien lo dijo ya no está aquí...

– ¿Sabes una cosa? Fue bueno haberme lastimado...

– ¿Cómo así? ¿De qué estás hablando?

– Si no me hubiera lastimado, ¿estarías aquí, Fábio?

– No, no lo estaría. ¿Sabes que tienes razón?

– Mientras hablan, terminaré de preparar el almuerzo – dijo Consuelo, saliendo de la habitación.

– Sabes, Fábio, ¡estoy aprendiendo a pintar sobre lienzo!

– ¡¿Es cierto?! No sabía que te gustaba pintar.

– Yo tampoco, ¡pero Célia me está enseñando!

– ¿Puedo saber quién es esta Célia?

– Es una chica que siempre vivía con el rostro cubierto... parecía que era muy fea y, por lo tanto, lo ocultaba. Pero parecía... ¡ahora ha dejado ver su rostro y es muy hermosa! Tienes que verla, Fábio...

– ¿Es cierto? ¿Es una artista?

La Misión de Cada Uno

- Es y me está enseñando. A mí y a un montón de niños. ¡Ella es muy agradable! ¡Podrías salir con ella!

¡Entonces casarte!

- ¿Qué pasa, niño? ¡Nunca me casaré! ¡Con ella o con otra persona! ¡Olvídalo!

- Es una pena... si no fuera un niño... me casaría con ella, sí... ¡Te lo dije! ¡Ella es bonita!

- Bonita, realmente bonita...

- ¡Pero todavía estás muy chico! Quiero ver tu lienzo

- ¡Está en su casa! Ella no me deja traerlo a casa... - Pedro llegó.

Entró en la habitación sin que los dos se dieran cuenta, se miraron y pensaron:

- Mirándolos ahora, incluso se podía notar cierto parecido. Los ojos, el cabello e incluso la forma de hablar. Robertito es la copia viva de Fábio cuando tenía su edad.

- ¡Hola hijo mío! ¿Cómo estás?

Fábio se voteó y vio a su padre y corrió a abrazarlo:

- ¡Hola papá! Estoy bien, solo estaba preocupado por nuestro chico, ¡pero parece que lo está haciendo muy bien!

- Gracias a Dios fue solo el susto. ¿Has hablado con tu madre? ¿Sabes lo que está pasando?

- Todavía no, llegué directamente a la habitación...

- ¿Vamos a almorzar? ¡El almuerzo está listo!

- ¡Sí vamos! ¡Tengo unas ganas locas por comer su comida!

¡Ningún restaurante, por bueno que sea, tiene comida como la suya! ¡Créeme, mamá!

Levantó a Robertito y fue a la cocina. La mesa estaba puesta con sencillez, pero el aroma de la comida hacía que la boca se hiciera agua. Se sentaron y comieron. Fábio contó cosas sobre su trabajo y Brasilia, mientras Robertito escuchaba atento cada palabra de su hermano.

Después del almuerzo, Consuelo dijo:

– Pedro, ¿te quedarás con Robertito por un ratito?

Voy a Simón a comprar comida para la cena. Quiero hacer una cena especial para nuestro hijo.

Fábio va conmigo.

Pedro, entendiendo cuál era la intención de la mujer, dijo:

– Adelante, este niño tiene que descansar.

– Me quedaré aquí hasta que regresen, pero no tardes, tengo que ir a la farmacia. Los dos salieron hacia la plaza.

– Mamá, por favor, ¿qué está pasando? ¡Veo que estás muy preocupada!

– Realmente lo estoy. El asunto es serio, así que te pedí que vinieras y nos ayudaras a resolverlo.

– ¿De qué estás hablando? ¿Necesitas dinero? ¿Robertito tiene un problema?

¿Tú o papá están enfermos? ¡Habla, mamá! ¡Sácame de esta agonía!

– ¡La madre de Robertito apareció y dice que se lo llevará!

– ¿Cómo que apareció? ¿Quién es ella? ¿Cómo que se lo llevará? ¡No funciona así! ¡Ella lo abandonó!

– ¡Tenemos evidencia y él es un niño feliz y muy bien cuidado! ¡Lucharemos de todas las formas posibles si ella insiste en esta locura!

– Ella no lo abandonó, ¡se lo quitaron!

– ¿Qué quieres decir con eso? ¡No importa! ¡Lo que importa es que él es nuestro y nadie se lo llevará!

– ¿Cómo apareció ella? ¿Cómo nos encontró? ¿Quién es?

Consuelo le contó desde que llegó Célia, toda misteriosa. Luego, cómo decidió quedarse y enseñar a los niños a pintar.

La Misión de Cada Uno

Ella hizo todo a propósito. Robertito me habló de ella y le gusta mucho...

Ella no sabía que era él y no lo abandonó, fue robado. Estuve aquí para averiguarlo y solo lo descubrió por el accidente.

- ¿Por qué? ¿Por el accidente? - Ella le contó todo sobre la sangre que era de un tipo muy raro.

- Necesito conocer a esta mujer y hablarle con franqueza. Demostrarle que no vamos a entregar a nuestro niño. Si ella insiste, ¡la pelea será buena!

Llegaron al bar. Los amigos terminaron de comer.

- ¡Buenas tardes! Quiero presentarles a mi hijo, Fábio.

Simón se levantó y le tendió la mano:

- ¡Buenas tardes, Fábio! Bienvenido a nuestra ciudad!

Los otros también se levantaron, excepto Célia, que estaba pegada a la silla sin poder moverse.

- Hijo mío, esta es Célia - dijo Consuelo señalando a la amiga de Robertito...

Él la miró muy enojado, ella estaba de espaldas. Como ella no se movió, él se dio la vuelta para mirarla:

- Encantado de conoooooo... - cuando la vio, dejó de hablar sin terminar su oración y temblar mucho. Se miraron el uno al otro. Ella todavía estaba sentada y él estaba de pie, pareciendo ver a un fantasma frente a él.

Los amigos se fueron, acompañando a Consuelo, que lloraba silenciosamente. Simón fue detrás del mostrador. Célia y Fábio se miraron en silencio, solo sintiendo la emoción de la reunión.

Después de unos minutos, volvió a la realidad: ¡Marisa! ¿Qué haces aquí?

Ella, con ojos llorosos, emocionada de encontrar al amor de su vida, respondió:

- Vine aquí en busca de mi hijo...

- ¿Cómo que tu hijo? ¡Él no puede ser tu hijo! Nunca lo habrías abandonado, ¡te conozco lo suficientemente bien como para decir eso!

- ¡No lo abandoné! ¡Me lo quitaron!

- Sentémonos en una banca en la plaza. Tenemos mucho de qué hablar –. Ella asintió, se levantó y salió del bar.

Fábio todavía estaba aturdido, y dijo:

- No puedo creer que después de haberme casi destruido, vuelvas ahora. ¡Después de tanto tiempo, solo para destruir la vida de mis padres y especialmente la de mi hermano!

Ella se detuvo, lo tomó del brazo y casi gritó:

- ¡Él no es tu hermano! ¡Es tu hijo! - Abrió mucho los ojos.

Deteniéndose abruptamente, la tomó por los hombros y también gritó y dijo:

- ¡¿Qué estás diciendo?!

- ¡Mataste a mi hijo!

- ¡No! ¡No lo maté!

¡Deberías conocerme lo suficientemente bien como para nunca haber creído tal mentira!

- ¡Leí tu carta! ¡Casi me muero de tristeza y desamor! ¡La guardo hasta hoy! ¡Si quieres, puedo mostrártela!

- ¡Solo lees un papel firmado por mí! ¡Un papel como tantos otros que firmé sin leer!

- No puede ser, ¡estás inventando una historia sin pie ni cabeza! ¡No te lo puedo creer!

Llegaron a un banco en la plaza, se sentaron. Fábio, todavía aturdido, no entendía cómo había sucedido todo:

- ¿Por qué desapareciste, Marisa? Te busqué por todas partes, ¡pero fue inútil! ¡Desapareciste!

- Fue un plan perfecto para separarnos...

- ¡¿Quién hizo eso?! ¡¿Tu padre?!

La Misión de Cada Uno

– Sí... no quería que nos casáramos, pensó que solo querías mi dinero y, por lo tanto, el suyo también...

– No puede ser...

– Eso no fue todo, lo peor vino después...

– ¡Por favor cuéntame todo! Necesito entender...

Ella le contó pacientemente. Escuchó sin interrumpir. Lloró mientras hablaba, él también dejó caer algunas lágrimas.

Cuando terminó de hablar, dijo:

– ¿Entiendes por qué necesito recuperar a mi hijo?

– Lo entiendo, simplemente no puedo estar de acuerdo. Ahora es el hijo de mis padres y mi querido hermano, ¡es un niño feliz! No es justo venir ahora y decir: Robertito, ¡todo lo que has vivido hasta ahora era una mentira! ¡Tu madre, no es tu madre! ¡Esta, que era una desconocida hasta ahora, es tu madre!

– ¡No podemos hacer eso!

– ¿Y mis padres? ¡Ellos aman a su hijo! ¡Sería la muerte para los dos! ¡No puedes hacer eso, Marisa!

– No puedo dejarlo ahora que lo encontré, lo conocí y siempre lo he querido, ¡aunque no sabía que era mi hijo!

– ¡Pero no puedes hacer que él y mis padres sufran por el error de tu padre!

– Sé que estará un poco desconcertado. Sé que le gusto y le daré tanto cariño que pronto me aceptará.

– ¡No puedes hacer eso! Al igual que tu padre, ¿crees que todo puede ser fácil?

¿Quieres actuar sin preocuparte por los sentimientos de otras personas? ¡No lo permitiré!

– ¡No tienes nada qué hacer! ¡Él es mi hijo! No quiero, pero si tengo que hacerlo, ¡iré a los tribunales!

– ¡¿Que está diciendo?! ¡Debes estar loca! ¿Olvidas que soy abogado?

– No quiero causarle sufrimiento a mis padres y a Robertito, pero, si es necesario, lucharemos, ¡sí! ¡Y hay algo más! ¿Eres la madre? ¡Yo soy el padre! ¡No lo abandoné! ¡Él está conmigo hasta el día de hoy y continuará conmigo!

– ¡No puedes hacerme esto! ¡No lo abandoné! ¡No fue mi culpa! ¡Yo fui una víctima!

– ¡Tampoco fue mi culpa! ¡Durante todos estos años, sufrí mucho pensando en lo cruel que fuiste!

– Ahora que nos hemos vueltro a encontrar, podríamos comenzar de nuevo, ¡pero parece que estás tratando de destruirme a mí y, peor aun, a mi familia! ¡No lo permitiré!

¡Si insistes, iré hasta las últimas consecuencias!

– Bueno, si así lo quieres, ¡lucharemos por él! ¡Nunca me rendiré! ¡No destruirás nuestras vidas!

– Haz lo que quieras! Hasta luego. Y una cosa más: ¡aléjate de mi familia! ¡Hablaremos en la corte!

Fábio se fue con mucho odio. No entendía por qué, después de tanto tiempo, ella regresaba para hacerlo sufrir. Poco a poco, se calmó. Ella era el único amor de su vida.

Nunca volvió a confiar o amar a otra persona. Ahora, ella estaba allí frente a él, pero como una amenaza para su familia: ¿Mi hijo?

Él es mi hijo por quien lloré tanto. Mi hijo siempre estuvo a mi lado y es un niño encantador. No puedo permitir que su egoísmo ponga en peligro la felicidad de mi hijo.

¡No puedo y nunca lo permitiré!

Célia, por su parte, también sintió una fuerte tensión en su corazón. Aprendió con el tiempo a no pensar más en Fábio. Siempre pensó en él como un especulador y cazafortunas.

Sigue siendo hermoso, ahora mucho más. Es mayor. No teníamos la culpa del pasado, pero no es justo que pierda a mi hijo.

La Misión de Cada Uno

Lucharé con todas mis armas. No lo perderé de nuevo. Robertito ya me quiere mucho y con el tiempo le gustaré más. Se alegrará al saber que soy su madre.

Mientras pensaba, no pudo contener las lágrimas.

Regina pasó y notó que estaba llorando, y preguntó:

– ¿Qué pasó, Célia? ¡¿Por qué lloras?!

– Estoy muy triste, Regina. Nada, nunca funcionó en mi vida.

– Tendré que tomar medidas que pueden hacer sufrir a muchas personas, ¡pero no hay otra manera!

– No sirve de nada llorar así. ¿Quieres contarme todo?

– No he confiado en nadie por mucho tiempo, pero ahora siento la necesidad de hablar.

– Eres mi amiga.

– Quizás puedas ayudarme a encontrar una manera que sea menos dolorosa para las personas que también son inocentes.

Habló del reencuentro con Fábio y de todo lo que hablaron. Regina vio al padre de Célia sentado a su lado que también la estaba escuchando. Cuando Célia terminó de hablar, Regina preguntó:

– ¿Qué sientes acerca de Fábio?

– No lo sé, Regina. Desde que descubrí toda la verdad, a veces quería encontrarlo de nuevo.

– Aunque me sentí triste por dejarme, nunca logré odiarlo.

– Pero hoy me di cuenta que todo terminó. Él me odia ¡Lo que siento ahora es odio por mi padre!

– ¡Espero que esté sufriendo mucho en el infierno por destruir nuestras vidas!

Al escuchar lo que dijo Célia, su padre que estaba allí, sentado en silencio junto a ella, la abrazó, llorando:

– ¡No digas eso, hija mía! Si pudiera retroceder en el tiempo, nunca volvería a hacerlo, ¡pero por favor perdóname!

Célia, como si se hubiera sorprendido, comenzó a llorar de inmediato.

Regina observó todo y silenciosamente planteó sus pensamientos a Dios, pidiendo que estas dos almas se encontraran y se perdonaran mutuamente. Él, abrazando a su hija, lloró sin parar.

– Célia – dijo Regina –, entiendo todo lo que dices y sientes, pero no sirve de nada culpar a tu padre.

Él, hoy, debe lamentar todo lo que hizo, debe estar muy necesitado de tu perdón. Todos somos imperfectos. Todos cometemos errores y, Dios da su perdón a todos.

Trata de quitarte esa sensación de dolor y odio, no te hará ningún bien.

Trata de perdonar y pedirle ayuda a Dios. Ciertamente de alguna manera, él te mostrará un camino, pero para eso es necesario que tu corazón esté libre de cualquier resentimiento.

Hazlo y te sentirás mejor.

La Misión de Cada Uno

- ¿Perdonar? ¿Cómo puedo hacerlo? ¡Es culpable de todo! ¡Hoy podría ser feliz junto a mi hijo y al hombre que amaba! Gracias a él, no puedo y estoy en esta situación.

- ¡Acabas de decir la palabra mágica! El amor es el único sentimiento que debe envolver tu corazón, a través de él obtienes mucho.

Eleva tus pensamientos a Dios y perdona a tu padre para que pueda continuar su viaje y tú estés libre de su presencia, pudiendo así decidir su vida.

- Leí algo sobre eso en esos libros que me prestaste.

- ¿Crees que mi padre, hasta que tenga mi perdón, no podrá continuar?

- No solo creo, sino que te lo puedo asegurar...

Aunque él continuó abrazándola, ella ya no lloró. Escuchó todo lo que Regina dijo.

Se alejó y miró a su hija, esperando su respuesta.

- Todo esto es muy hermoso, pero ¿cómo puedo sacar este odio de mi corazón y perdonar a quienes destruyeron mi vida? ¡Lo siento, pero no puedo!

- Todo tiene su tiempo y su hora. Piensa en eso, no te apresures.

- Confía, porque Dios siempre cuida nuestras vidas. Ahora, tengo que irme. Espero que todo termine bien. - Se fue y, pensativa, le dijo al padre de Célia:

- Ven conmigo.

Se dio cuenta que él la oyó y la estaba siguiendo. Él sonrió.
- Me imagino lo que estás sintiendo, continuó hablando pensativa, pero es inútil estar al lado de su hija. Su presencia solo te está lastimando.

- En ese momento, ella necesita razonar sin tu interferencia.

- Ella nunca me perdonará...

- Nunca es mucho tiempo. Lo que hizo fue muy serio, pero Dios siempre nos da una oportunidad.

- ¿Dónde está Ofélia?

- No sé, me escapé de ella para estar al lado de Marisa.

- Entonces, por tu bien y el de Marisa, vuelve con ella y espera. Al final, todo saldrá bien. Él, llorando y lamentando, dijo:

- Nunca pensé que, después de la muerte, todo continuaría.

- Pensé que tenía todo el poder, pero hoy veo que nunca lo tuve...

- Es posible que se te haya dado poder para ayudar a las personas, pero no lo entendiste de esa manera. Pero no te preocupes, todo debería estar bien. Dios es misericordioso...

- Intentaré encontrar a Ofélia. Me mantendré alejado de Marisa, pidiéndole a Dios y a ella su perdón...

- Haga eso. Es la única manera de ayudar a ambos. Pronto, todo estará bien y verá a su hija feliz otra vez... Se alejó con la cabeza gacha. Regina elevó una oración nuevamente, agradeciendo a Dios por el regalo que le había dado.

La Misión de Cada Uno
19.- *Amor de madre*

Fábio llegó a casa. Consuelo estaba en la habitación dándole a Robertito un vaso de jugo. Se acercó a él, se inclinó y lo abrazó con afecto.

- "Mi querido hijo..." - pensó imaginando que era su hijo perdido... Abrazó a Robertito con fuerza y emoción. Las lágrimas caían de sus ojos.

Robertito se sorprendió:

- ¿Qué pasa, Fábio? ¿Por qué estás llorando y abrazándome así? ¡¿Voy a morir?! - Solo entonces Fábio se dio cuenta de lo que estaba haciendo:

- ¡Qué moribundo, ni que nada!

¡Acabo de descubrir cuánto me gustas!

¡Mucho más de lo que imaginaba! ¡Eres maravilloso y te amo!

¡Siempre te protegeré y nunca te irás de nuestro lado!

- ¡Por supuesto que no me iré! ¡No me dirás ahora que, para protegerme, me quitarás la bicicleta! - Fábio miró a Consuelo, quien también tenía lágrimas en los ojos:

- ¡No! La bicicleta es tuya.

- Solo ten cuidado. Mamá, ¿no quieres servirme café recién hecho?

- Vamos a la cocina, pasaré café. Robertito, ¿puedo dejarte solo un ratito?

- Después de pasar el café, necesito ir donde Simón y me gustaría que Fábio vaya conmigo...

– Adelante, mamá. Estaré muy callado. Quiero sanar pronto y volver a montar mi bicicleta, pero ¿ya no has ido al bar del sr. Simón con Fábio hoy?

– Sí, ¡pero olvidé comprar esa galleta que tanto te gusta! Iré a comprarla.

– Si vas a compras mis galletas, ¡ve! – Sonrieron y fueron a la cocina. Robertito se quedó en la habitación mirando televisión. En la cocina, Consuelo preguntó:

– Entonces, hijo mío, ¿cómo estuvo?

– ¿Por qué no me dijiste todo?

– No tenía derecho es tu vida y solo tú puedes decidir. Tómate tu café de inmediato, luego iremos a la plaza y allí podremos hablar con tranquilidad.

Tomaron su café y se fueron. En el camino, Fábio le contó todo lo que había hablado con Célia:

– ¿Qué piensas hacer?

– No lo sé, mamá. Ella es inflexible. No quería, pero creo que tendremos que ir a la corte y será una pelea difícil. Los jueces siempre prefieren dar la custodia de los hijos a las madres.

– ¡Esto no puede suceder, Fábio! ¡No quiero que Robertito sepa que él no es nuestro hijo!

¡Es un niño mentalmente saludable! ¡Esto podría ser un shock!

– Yo también lo creo, pero en su egoísmo ella no piensa de esa manera.

– Dice que hará cualquier cosa para recuperar a su hijo. Prepárate, mamá, la pelea será larga y dolorosa...

– ¿No hay nada más entre ustedes? ¿No quedaba nada de ese amor que me pareciera tan sincero?

– Tan pronto como la vi, sentí que todavía la amaba, pero dada su actitud y viendo que no está pensando en el daño que puede hacernos a nosotros y especialmente a Robertito, no sé...

La Misión de Cada Uno

- Tengo mucho miedo, pero sentí que es una buena chica, solo que estaba perdida.

- Intentaré hablar con ella, tal vez pueda convencerla. Ve a casa, quédate con Robertito.

- Voy a hacer algunas compras e iré de inmediato.

Fábio aceptó la sugerencia y se fue. Consuelo se sentó durante mucho tiempo en la banca, pensando en lo que iba a hacer.

Célia, después de hablar con Regina, se fue a su casa. Estaba confundida, sin saber qué hacer. Al entrar, vio en la mesa el lienzo que Robertito estaba pintando.

Desde que lo conocí, he tenido un muy buen presentimiento.

Pensé que era mi hijo, pero luego llegaron los otros niños y me quedé con dudas. Todos me caen bien. Cualquiera que fuera mi hijo, me haría muy feliz.

Al lado del lienzo estaba el libro que estaba leyendo. Lo tomó, lo abrió al azar y comenzó a leer. Hablaba sobre el perdón. Lo leyó atentamente. A su lado, sin ser vista, Ofélia sonrió.

Dejó de leer cuando oyó el timbre. Se levantó, fue a la ventana. Consuelo estaba en su puerta. Era la última persona que quería ver en ese momento. Aun así, salió al balcón y dijo:

- ¡Hola, doña Consuelo! ¿Quieres hablar conmigo?

- Sí, si es posible.

Puede entrar, pero sepa que ya tomé mi decisión y nada puede hacerme cambiar de opinión.

- No quiero que cambies de opinión. Esto se resolverá entre usted y Fábio. Solo quiero hablar y conocerte un poco más. ¿Puedo entrar?

- Si es así, entra, por favor.

Consuelo entró. Se dio cuenta que Célia vivía de una manera muy simple. Pocos muebles, pero todo estaba limpio y ordenado.

- Tu casa es simple, pero acogedora. Tus lienzos también son hermosos.

- ¿Cuál es el lienzo que pinta Robertito?

- Mi casa es muy acogedora, me gusta mucho aquí. Este es el lienzo que Robertito está pintando. Tiene talento y con un poco de ayuda será un gran pintor.

- Sí, este talento lo ha heredado de su madre.

- Siéntate. ¿Quieres tomar algo? ¿Un jugo o un café?

- Un jugo, por favor, hace demasiado calor.

- Un momento, ya lo traigo, ponte a gusto.

Célia se fue, Consuelo vio el libro. Lo tomó y también comenzó a leer sobre el perdón.

Estaba leyendo cuando Célia regresó, trayendo una jarra de jugo de naranja y dos vasos.

- ¿Qué te parece? Este libro es interesante.

- Se ve muy bien. ¿De qué se trata?

- Se trata de la teoría de la reencarnación y otras cosas sobre la religión espírita.

- ¿Perteneces a esa religión?

- No, solo estoy leyendo. Algunas cosas parecen estar justificadas, pero aun tengo algunas dudas.

- A mí también me gustaría leerlo.

- Puedo prestártelo, pero tengo curiosidad por saber el verdadero motivo de tu visita.

Si es para convencerme de dejar de querer a mi hijo, no servirá de nada.

¡Haré lo que sea necesario para recuperarlo, doña Consuelo!

- Quédate tranquila. Nuestra conversación será decisiva. Hablé con Fábio, quien me contó sobre su decisión de ir a la corte. Dijo que irá hasta el final sin dudarlo, pero que no te dará Robertito.

Después de eso, estuve pensando durante mucho tiempo.

La Misión de Cada Uno

Luego fui a la farmacia de mi esposo, hablamos y decidimos que debería hablar contigo.

- ¡Nada de lo que digas me hará cambiar de opinión!

- Mientras estaba sentado en la banca del parque, muchos niños pasaban y jugaban.

Algunos con sus madres, otros solos.

Unos pequeños, otros más grandes. Me di cuenta que cualquiera de esos muchachos podría ser tu hijo y lo aceptarías y amarías como propio. Yo, por el contrario, crie a mi hijo.

Seguí sus primeros pasos. Le enseñé sus primeras palabras y lo escuché decir la palabra madre por primera vez. Todos esos momentos habrían sido tuyos si no hubieras sido víctima de una gran crueldad.

Él no es mi hijo, pero es mi nieto... él es mi continuación... y eso es suficiente para mí.

- No entiendo lo que quieres decir.

- Estoy diciendo que amo a Robertito, con todas mis fuerzas, aun más ahora que sé que tiene mi sangre. Estoy diciendo que podemos ir a los tribunales y luchar por él, pero...

- Pero ¿que?

- Esta disputa sería larga y triste. También sería doloroso para él.

- Te tiene mucho cariño. Y yo he pasado muchos buenos momentos con él.

- Casi lo perdí hace unos días debido a una piedra. ¡No peleemos por él!

Voy a convencer a Fábio y a su padre que tienes razón. Estaré de acuerdo con ellos, iré a buscarte y juntas le contaremos todo. Solo con una condición...

Célia, sorprendida por lo que estaba escuchando, preguntó:

- ¿Qué condición? ¡Habla pronto, por favor!

- Con la condición que no nos impidas estar siempre con él.

Que no nos alejes de él, que sepa que somos sus abuelos y Fábio su padre. Sabiendo esto, no sufrirá mucho...

— ¡Por supuesto que acepto! — dijo Célia, entre asombrada y feliz, nunca podría pensar en separarlo de ustedes.

— Solo quiero estar con él y recuperar el tiempo perdido...

— Entonces espera. Pasaré por la farmacia para hablar con Pedro y luego hablaré con Fábio.

Tan pronto como reciba una respuesta de ellos, volveré. ¿Está bien así?

— ¡Está bien! ¡Estoy nerviosa! No sé qué decir...

— No hay nada que decir. Solo piense en la felicidad de tu hijo. Estoy pensando en mi nieto.

Consuelo fue a la farmacia y habló con Pedro. La acompañó a su casa.

Allí encontraron a Fábio en la habitación de Robertito. Ella le hizo un gesto para que saliera.

Él la siguió. En el patio, mientras caminaban, le contó todo lo que había hablado con Marisa. Fábio, furioso, dijo:

— ¡No podías haber hecho eso! ¡Ella no podrá quitarnos a Robertito! ¡Lo criamos! ¡Es un niño feliz! ¡Y es mi hijo! ¡Tiene todo lo que necesita!

Pedro, también furioso, continuó:

— ¡Realmente no pudiste haber hecho eso! ¡Deberías haber hablado con nosotros antes y sin saber nuestra opinión!

— Algo tenía que hacerse. Fui allí a pedirle que nos dejara en paz.

— Pero cuando la vi allí sola, viviendo humildemente, aunque teniendo todo en la vida y sabiendo cuánto había sufrido, no tuve el valor. Esta chica ya ha sufrido mucho. Además, creo que será muy doloroso para Robertito vernos pelear. ¿Para qué, Fábio? Al final, como dijiste, el juez, después de saber cómo sucedió todo, ¿se lo dará a ella por ser la verdadera madre?

La Misión de Cada Uno

- ¡Tienes que entender que él es nuestro! Lo criamos, le dimos, y siempre tuvimos mucho amor y afecto de su parte. ¡Acompañamos su crecimiento! ¡Ella nunca nos quitará eso!

Fábio y Pedro estaban nerviosos, no querían perder al niño, pero sabían que Consuelo tenía razón. Ella continuó:

- Me prometió que no nos prohibirá verlo y que podrá visitarnos siempre.

Dejaron caer sus brazos sobre sus cuerpos en señal de impotencia. Ella lo entendió. Se fue a la casa de Célia:

- ¿Y? ¿Lo hiciste? - Célia preguntó con ansiedad.

- Sí, también llegaron a la conclusión que es mejor para Robertito saber toda la verdad, sin tener que presenciar peleas. Sé que sabrás cómo hablar con él. Te estaremos apoyando.

- Entendieron que has sufrido mucho y tienes derecho a estar con tu hijo. ¿Nos vamos?

- ¡Nos están esperando!

- ¡¿Ahora?! ¡No puedo ir ahora, no estoy lista! Por favor, ve adelante. Voy a arreglarme.

- ¡Quiero que piense que soy hermosa cuando descubra que soy su madre!

- Está bien. Iré adelante y prepararé una merienda para que comamos después que todo esté aclarado.

Consuelo se fue con el corazón aliviado. Sabía que nunca perdería el amor de Robertito, pero no tenía el derecho a quitarle la felicidad a Célia. Ella ya había sufrido mucho. Tantos años internada en un sanatorio, sin saber que su hijo estaba vivo.

Ahora, puedes estar con él, incluso si se ha perdido los momentos más hermosos de un niño.

En casa, Robertito, ajeno a todo, jugaba. Fábio y su padre estaban hablando en la sala de estar.

Consuelo entró, tenía un brillo de paz y felicidad en sus ojos. Pasó por delante de Fábio y Pedro, dirigiéndose a la habitación para hablar con Robertito.

- Hijo mío, recibirás una visita muy especial. Quiero que la trates muy bien.

- ¿Quién es mamá? Dime pronto...

- Célia quiere verte y estará aquí pronto. Hay algo muy importante que decirte. Trátala muy bien...

- Por supuesto que sí. ¡Ella me gusta mucho!

Fábio y su padre escucharon lo que decía Consuelo. Ella salió de la habitación, atravesó la sala tirando de ambos de las manos. En la cocina, les contó la conversación que tuvo con Célia.

Sonó el timbre, Consuelo fue a contestar. Fábio y su padre, nerviosos, la oyeron decir:

- Hola, Célia, te estamos esperando. Estás muy bonita.

Célia intentó sonreír, pero estaba temblando mucho. Ella entró. Estaba realmente hermosa, había hecho lo mejor que podía. Llevaba un vestido amarillo, con cabello suelto, y un ramo de flores en sus manos. Entró.

Estaba temblando mucho cuando entregó las flores:

- Estas flores son para usted en agradecimiento por haber entendido mi deseo.

- Tu deseo es mi deseo. Las dos queremos la felicidad de Robertito, ¿no? - Entraron. Fábio la miró como si estuviera frente a un monstruo y no la saludó.

Sr. Pedro quería decir algo, pero Consuelo lo interrumpió:

- ¡Pedro! Ya está hecho, no hay nada que se pueda cambiar - Tomó la mano de Célia y la condujo a la habitación.

- Robertito, mira quién llegó - dijo Consuelo.

- ¡Célia! ¡Me alegro que hayas venido! ¡Estoy muy feliz! ¿Has visto a mi hermano? ¿Ves lo guapo que es?

- Estoy aun más feliz de verte recuperado.

La Misión de Cada Uno

Célia dijo, llorando y besándolo en la frente:

– Nos diste un gran susto. Ahora sanarás y serás el niño más feliz del mundo y podráss tener todo lo que quiera –. Fábio quería acercarse y sacarla de allí, pero Consuelo lo abrazó.

Robertito, sin darse cuenta de nada, dijo:

– No sé por qué todos estaban asustados. ¡Era solo una piedra!

– Al final fue bueno, ¡Fábio vino a verme! ¿Viste lo guapo que es?

Fábio! ¿No te dije que era bonita? ¿Sabes que ella siempre ocultaba su cara?

No sé por qué... ella es tan hermosa...

– Fábio... ¿por qué no sales con ella?

– ¿Qué pasa, hijo mío? ¡Célia está incómoda! Ella vino aquí para decirte algo importante y que cambiará tu vida y la nuestra. Presta mucha atención.

– ¡Célia, dime pronto! Como no puedo salir de la casa, la ciudad estará sin noticias durante mucho tiempo.

Dime, porque tan pronto como mejore, se lo diré a todos.

Ella, sosteniendo sus pequeñas manos, comenzó a hablar: escondí mi rostro todo este tiempo, Robertito, porque necesitaba encontrar un niño. Tengo mucho dinero, haciendas y mucho ganado.

– Quería encontrar a ese chico y darle todo. Lo busqué en muchos lugares.

– ¡¿Quién es él?!

Fábio intentó varias veces evitarlo, pero Consuelo lo sujetaba del brazo, entre lágrimas. Pedro salió de la habitación, y se fue a la sala llorando.

Consuelo, abrazando a Fábio, escuchó a Célia, quien también con lágrimas, los miró a los dos y continuó:

– Lo busqué durante mucho tiempo, pero no lo encontré... – Consuelo apretó el brazo de Fábio, que también apretó el suyo. No podían entender lo que estaba sucediendo. Robertito abrió mucho los ojos y preguntó, sorprendido:

– ¿No lo encontraste?

– ¡No! Creo que nunca lo encontraré, pero te encontré, que me recibiste aquí en la ciudad con tanto cariño. Más tarde descubrí que eres muy querido por todos. Tu padre, tu madre y tu hermano son personas que te quieren mucho y harán todo por tu felicidad. Como no encontré a mi hijo y, como continuaré aquí en la ciudad, trabajando con mis amigos en Grutón, decidí que cuando crezcas y necesites estudiar en el extranjero, pagaré todo y serás un niño muy feliz. ¿Qué te parece?

¡Solo quiero que sigas siendo como eres, que ames mucho a tus padres y a tu hermano, que es realmente muy guapo! Y sigas siendo mi amigo...

Robertito, sin entender nada, miró a Consuelo y a Fábio, que se abrazaban, llorando suavemente.

– ¿Por qué están llorando? ¡Ella dijo que tiene mucho dinero! ¡Pagará mis estudios!

¡Deberían estar felices! Fábio, cuando crezca estudiaré allí en Brasilia. ¿Puedo?

Célia, que hasta ahora estaba arrodillada junto a la cama, sosteniendo las manos de Robertito, se levantó.

Miró a los dos que estaban unos pasos detrás de ella. Consuelo soltó el brazo de Fábio y abrió los brazos. Se abrazaron:

– Gracias, hija mía – dijo Consuelo llorando, ¡que Dios te bendiga por este momento!

– Detrás de los hombros de Consuelo, los ojos de Célia se encontraron con los de Fábio. Se miraron el uno al otro, sin decir nada. No tuvieron que hacerlo. Los ojos hablaron por sí mismos.

Esa conocida ternura resurgió. Consuelo dejó a Célia y fue a Robertito.

La Misión de Cada Uno

Célia continuó mirando a Fábio, que la miraba en silencio como si la estuviera viendo en esos momentos en que eran tan felices. Los corazones latían a un ritmo desconotrolado, en ese momento, volvieron al pasado.

- ¡Fábio! ¡No respondiste! - Robertito gritó - ¿puedo estudiar en Brasilia?

Fábio lo miró y respondió:

- ¡Por supuesto que puedes! Pero primero tengo que hacer un pedido. Dijiste que Célia es hermosa... También lo pienso... por eso...

Dejó de hablar, miró a Célia a los ojos y continuó:

- Eres lo más importante en mi vida. ¿Quieres casarte conmigo?

Ella no sabía qué decir. Solo sabía que amaba a ese hombre, siempre lo había amado, a pesar de todo. Miró a Robertito y Consuelo, que estaban sonriendo y respondió, llorando:

- ¡Sí! ¡Claro que quiero!

Robertito, tienes razón, ¡es muy guapo! ¡Me encanta tu hermano!

Se abrazaron y besaron con mucho amor y anhelo. Su amor había sido inmenso, no podía haber terminado con mentiras.

Robertito estaba feliz:

- ¡Solo hay una cosa! - Dijo con seriedad -, ¡no se lo dirás a nadie antes que pueda salir de casa! ¡Quiero contarle a todo el mundo! ¡Iré de casa en casa!

- Está bien - dijo Fábio, riendo y abrazando a su madre y Célia -, esperemos.

- Ahora, necesito llamar a Brasilia y hacerles saber que estaré aquí unos días más.

Pedro, que permaneció en la sala, esperando en cualquier momento el llanto o los gritos de Robertito, se sorprendió por la demora. Incapaz de soportarlo más, fue a la habitación. Al entrar, vio a Consuelo arrodillada junto al niño, Fábio y Célia besándose. Sin entender lo que estaba sucediendo, preguntó:

– ¿Puedo saber qué está sucediendo aquí?

– ¡Fábio y Célia se van a casar, papá! Les dije tanto a uno y otro que el otro era hermoso, ¡y lo creyeron! – Pedro miró a la mujer sin saber qué decir.

– ¡Así es, viejo! ¡Nuestro hijo se va a casar!

Ella tomó el brazo de su esposo y se fueron. Entraron en la cocina y, mientras preparaban la merienda, le contaron todo. Poco después, llegó Fábio, con Robertito en su regazo y las manos de Célia en su hombro.

Consuelo sirvió la merienda y comieron.

– La tormenta había pasado. Lo que parecía ser el fin del mundo, se ha convertido en el comienzo de una nueva vida para todos. Mientras comía y hablaba, el padre de Ofélia y Célia, que estaban allí todo el tiempo, observando todo, se fueron felices.

– Todo está bien con tu hija ahora. Fuera de la casa, Ofélia dijo:

– Era reacia, pero al final tomó la decisión correcta. Que Dios la bendiga... Ella solo necesita perdonarme ahora.

– Todo llega a tiempo. Ahora tenemos que regresar. Por ahora, nuestro trabajo aquí está terminado...

La Misión de Cada Uno

20.- La verdad siempre sale a luz

Regina, después de hablar con Célia, regresaba a su casa cuando el auto de Elías se detuvo cerca de ella. Elías dijo:

– Qué gusto encontrarte. Mi esposa no está bien.

– Se queda en la esquina de la habitación hablando con alguien que solo ella puede ver. ¿Puedes ir allí?

– Necesitas mantener la calma. Iré e intentaré ayudar. Se subió al auto y fue hacia la casa de Elías. En el camino, se encontraron con Zeca, que regresaba del trabajo. Elías detuvo el auto.

Regina asomó la cabeza por la ventana:

– Zeca, voy a la casa de Elías. ¿Tú también quieres venir?

– No sé, ¿crees que debería ir?

– Si lo que estoy pensando realmente está sucediendo, tu presencia será muy útil.

– Entonces iré.

– Cuando lleguemos – dijo Regina después que Zeca subió al auto –, veré si es realmente lo que estoy pensando. A mi señal, deben comenzar a orar a Dios por ayuda, sin importar lo que pase. Ellos estuvieron de acuerdo.

Una vez allí, encontraron a la mujer agachada en un rincón de la habitación y con los ojos fijos en un lugar frente a ella.

Regina vio que una entidad estaba a su lado amenazándola.

Otros tres, dando vueltas. El que estaba al lado de la esposa de Elías, dijo con mucho odio:

– ¡Eres culpable! ¡No te puedes esconder! Te encontramos y ahora vamos a hacer que te suicides o te vuelvas loca. Te escondiste en ese cuerpo, ¡pero te encontramos!

Regina le hizo una señal a Zeca y Elías que cerraron los ojos y comenzaron a rezar. En sus pensamientos, ella preguntó:

– "¿Qué están haciendo mis hermanos?"

No cambiaron de opinión y continuaron, como si no la hubieran escuchado. Intentó varias veces hablar con ellos, pero no lo consiguió. Cerró los ojos, rezó fervientemente y pidió ayuda.

En ese mismo momento, vio una luz muy brillante aparecer en la habitación.

Eran cuatro espíritus de luz. Uno de ellos dijo:

– Hemos estado aquí por mucho tiempo, tratando de ayudarlos, pero es difícil.

– Están llenos de mucho odio y una sed de venganza. No importa cuánto lo intentemos, no podemos hacer que nos vean.

Incluso si así fuera, no les importaría. Tu venida fue providencial.

– Estoy aquí para ayudar, solo traté de hablarles a través del pensamiento, pero no pude.

– ¿No me escuchan?

– No, ni siquiera te están viendo. Toda su atención se centra en ella.

En su última encarnación, ella era una mujer muy rica. Tenía esclavos y era cruel con ellos, hizo mucho daño, usando el poder que le dio el dinero. Ordenó que los cuatro fueran enterrados, con solo la nariz y la boca afuera. Se quedaron así durante mucho tiempo, luego ordenó que los retiraran y los quemaran vivos. Mientras ardían, ella se reía alegremente.

– ¡Dios mío! – Dijo Regina horrorizada.

– Cuando ella murió, la estaban esperando. La persiguieron durante mucho tiempo.

La Misión de Cada Uno

- Descubrió que la vida continua después de la muerte y que ya no tenía el poder del dinero para conseguirlo todo.

- No sabía cómo deshacerse de ellos. Se escapó por mucho tiempo. Atravesó lugares oscuros, hasta que un día entendió todo lo que estaba sucediendo y pidió ayuda. Luego fue llevada a un lugar donde entendió y se arrepintió de todo el daño que había hecho. Pidió regresar con una vida simple, en la que tuvo que trabajar duro para tener dinero. Ya no quería tener poder, sería una persona simple.

- Elías también regresó, pues la ayudaba en toda la maldad que practicaba.

- Algunas de sus víctimas no regresaron y la estaban buscando hasta hace unos días, cuando la encontraron de nuevo.

Vivió bien, en una situación humilde, cumpliendo su papel de madre y esposa.

Muy religiosa, pero sin ningún conocimiento de espiritualidad. Su único defecto era ser y volver con la pobre vida en la que vive. La envolvieron con mucha energía negativa, y si no podemos lograr que la perdonen y ella cambie su actitud, se suicidará o se volverá loca.

- ¿Oye lo que dicen?

- No con sus oídos, sino por dentro, sí. Mira a un punto fijo, porque cree que en ese rincón de la habitación hay algo que aparecerá en cualquier momento.

- Si no me escuchan - dijo Regina preocupada -, no sé cómo ayudar excepto rezar.

- Necesitarás hablar con ellos en voz alta. Solo entonces te escucharán.

Mira la fuerte luz que sale de la cabeza de Zeca y Elías. Están orando con mucha fe y en este momento es lo que necesitas para hacerte oír.

Regina se volteó y vio la luz que salía de sus cabezas e iluminaba la habitación.

Junto a Zeca, había un indio con un tocado blanco y muy guapo que le sonrió.

Ella se maravilló:

– ¿Quién es él?

– Es uno de los protectores de Zeca, que lo ha estado acompañando durante mucho tiempo.

– ¿Un indio? ¿Cómo puede ser?

– Han sido amigos por mucho tiempo. Él siempre está al lado de Zeca. Lo dirigió a esta ciudad esa noche, sabiendo que Zeca tenía una misión que cumplir. Ahora, ora con toda tu fe y en voz alta para que te escuchen.

– Dios de la bondad suprema, Regina se arrodilló y comenzó a hablar, aquí estoy con toda mi fe pidiendo que estos mis hermanos puedan escucharme. Con su ayuda esto será posible.

Que tu luz divina caiga sobre nosotros y me ilumine para que pueda decir las palabras correctas –. Zeca y Elías escucharon la voz de Regina, pero no dejaron de rezar.

Escucharon y siguieron sus palabras en pensamientos. Regina, mientras oraba, pidió ayuda.

Las entidades que involucraron a la esposa de Elías también la escucharon. Asustados por toda la luz que la rodeaba, se acercaron, pero manteniendo cierta distancia. Regina abrió los ojos hacia ellos.

Deslumbrada, vio que no había más paredes. Estaba en el centro de un gran campo de flores.

A su alrededor, varios indios y negros liberaron una especie de humo con un perfume embriagador en el aire. En el centro, solo ella, Elías, su esposa, Zeca y las entidades.

Regina miró a las entidades que estaban al lado de la esposa de Elías y se dio cuenta que la habían visto.

– ¡Mis hermanos! Qué hermoso lugar en el que estamos, ¿no les parece? Ellos, abrazados y asustados, intentaron escapar, pero

La Misión de Cada Uno

fracasaron, porque la cadena hecha por los indios y los negros no lo permitieron. El que estaba cerca de la mujer y que parecía ser el jefe, muy asustado, dijo:

- ¿Qué es este lugar?

¿Quién eres tú que se atreve a interrumpirnos? ¿Quiénes son estos negros e indios?

- No sé qué es este lugar, pero creo que es hermoso. ¿No lo crees?

Solo soy una hija de Dios que quiere ayudar.

Estos indios y negros son nuestros amigos y también están tratando de ayudarnos.

- ¿Ayudar en qué? ¡Ahora que la hemos encontrado, no necesitamos ayuda!

¡Ese Dios del que estás hablando nos da el derecho de juzgarla y eso es lo que estamos haciendo!

¡Juzgando todo el daño que hizo y dándole el castigo que se merece! ¡No puedes cambiar nuestra opinión!

- Dios nos da el derecho al juicio, pero también nos da el derecho al perdón...

- ¿Perdón? - Gritó furiosamente - ¡Debes estar loca! ¿Cómo perdonarla? Ella usó toda su malicia con nosotros, ¡por el simple placer de ver nuestro sufrimiento! ¡No se lo merece y no tendrá nuestro perdón!

- ¡No nos iremos de su lado, incluso cuando muera! ¡Esta vez ella no escapará!

- Creo que tienen ese derecho, pero ¿qué ganarán?

- ¡El placer de la venganza! ¡El placer de verla sufrir por la eternidad! ¡Eso es todo lo que queremos y lo lograremos!

- Ella sufrirá sola... pero, tú, ¿estarás bien?

- ¿Que están haciendo? ¿Dónde están?

- ¡Estamos a su lado, persiguiéndola! ¡Viendo el miedo y la desesperación en sus ojos!

¡Eso solo nos hace felices!

— Llevan poco tiempo aquí, pero ¿dónde estaban antes y a dónde regresarán?

¿A un lugar feo y oscuro, con figuras horrendas?

¡Mientras que, con el perdón, podrán ver y vivir en lugares hermosos como este en el que estamos!

— ¡Estás loca si crees que la perdonaremos! ¡Nunca! ¡No queremos vivir en un lugar como el que estamos viendo! ¡Ni siquiera del que estás hablando! ¡Solo queremos nuestra venganza! — Regina vio que los indios y los negros estaban a su lado. Los indios fumaban humo de sus cigarros.

Los negros, con ramas y hojas, pasaban por encima de sus cuerpos, sacando la sustancia oscura que estaba atrapada en ellos. También se dio cuenta que ellos mismos no vieron ni sintieron nada.

— Es una pena que no quieran ir a un lugar de luz y tranquilidad... aunque ella hizo mucho mal un día, hoy lo lamenta. Ella es responsable de su esposo e hijos, a quienes necesita cuidar, criar y educar.

— ¡Ella no pensó en nuestra familia! ¡No necesitamos pensar en la suya!

¡Todos ustedes fueron parte de su maldad!

— Todo lo que hizo fue en otros tiempos que no recuerda. Hoy está tratando de ser una buena persona. Sufriste por su culpa, pero Dios, nuestro Padre, ha permitido que te ayuden a encontrar la paz.

En este momento, tú y ella están siendo ayudados por hermanos que están aquí.

— Intenta olvidar y seguir adelante. Aquí hay hermanos que los aman...

— ¿Quiénes? ¡No tenemos a nadie! ¡Solo a nosotros!

La Misión de Cada Uno

- ¿Cómo qué no? ¿Quiénes son estos que están llegando ahora? –Miraron hacia donde ella señalaba. De hecho, varios espíritus estaban llegando. Los cuatro se abrazaron más fuerte. Pronto estuvieron rodeados de espíritus que conocían.

Hombres, mujeres y niños que les sonrieron. Incluso Regina estaba asombrada por tantos.

- ¡Mira! Son tus amigos y los conoces. Sabemos que los amigos solo quieren nuestro bien.

Si están aquí, es para tratar de ayudarlos.

La venganza no aporta nada, solo trae odio y te destruirá. ¡Dios te está dando, como le dio a ella, el derecho a ser feliz nuevamente, con aquellos que te aman! ¡Disfruta!

Se quedaron allí, mirando como sus amigos se acercarban para abrazarlos. Miraron a Regina que estaba sonriendo. El que sostenía a la esposa de Elías, miró a los demás diciendo:

- ¡No se dejen engañar por ella! ¡Todo esto es mentira! ¡Nos está engañando con alucinaciones!

Los demás ya no escuchaban lo que decía, tal era la felicidad que sentían al ver a padres, madres, hermanos y muchos amigos.

La madre del más resistente se acercó, diciendo:

- Hijo mío, no es una alucinación.

- Abrázame y mira que soy yo... tu madre. He estado tratando de sacarte de este sufrimiento durante mucho tiempo.

- ¡Ya basta, hijo mío! Has perdido demasiado tiempo...

Primero sostuvo la mano de su madre, luego se acercó y, llorando, se abrazaron, dejando fluir el anhelo que sentían.

- ¡Mamá! ¿Eres tú? ¡Te puedo oler! ¡Estoy cansado, mamá!

- ¡No sé qué hacer ni a dónde ir!

- No te preocupes, hijo mío. ¡Estamos aquí y los acompañaremos a la luz de Nuestro Señor Jesucristo! ¡Todo el pasado está detrás de nosotros, comenzaremos de nuevo! Sinhá hizo mucho daño, pero ahora está en camino, cumpliendo su misión.

- Dejemos que Dios la juzgue... solo Él tiene derecho a hacer eso... vamos, hijo mío...

Él, llorando mucho, miró a sus compañeros que también estaban siendo abrazados y envueltos en mucha luz. Se dio cuenta que no había nada más que hacer que acompañar a los que vinieron, no sabía dónde buscarlos.

- Jovencita - le dijo a Regina -, no sé quién eres ni por qué quiere ayudarnos.

Solo puedo darte las gracias y decir que nos vamos con nuestros amigos y, como dice mi madre, solo Dios puede juzgar. Que ese mismo Dios te pague, todo el bien que nos estás haciendo ahora.

Regina abrió los brazos y se abrazaron. Estuvieron así abrazados durante mucho tiempo, sin decir nada.

Negros e indios comenzaron a tocar la batería y a cantar una canción. Un perfume invadió todo el entorno. Esa primera entidad que se acercó a Regina, separó a los dos, que todavía se abrazaban.

El que parecía ser el jefe caminaba abrazando a su madre y todos se fueron cantando.

Regina se puso junto a ellos con los ojos llenos de lágrimas y agradeció:

- Dios mío, nunca podré agradecer tanta belleza y felicidad que siento ahora mismo.

Ese espíritu que, al principio, le habló, dijo:

- Buen trabajo, hija mía.

Supiste cómo hablar y los convenciste... ahora serán llevados, tratados y pronto estarán a nuestro lado ayudando a tantos otros.

- Que Dios te bendiga por toda esa bondad. Tengo una pregunta.

La Misión de Cada Uno

- Esta señora tuvo mi ayuda y la tuya; ¿y las personas que no la tienen?

- ¿Quienes no conocen a alguien que tenga mediumnidad? ¿Están a merced de los enemigos? ¿Sin ayuda?

- No, Regina, nunca estamos solos... siempre tendremos un amigo intercediendo por nosotros.

- En este caso, ayudamos a ambas partes. Recibió ayuda por haberse arrepentido y, hasta ahora, cumplió lo que prometió.

Fueron víctimas, por lo que tuvieron la ayuda de familiares y muchos otros.

Así es como seguimos, ayudándonos unos a otros. Un día, todos estaremos libres del egoísmo, el odio, la amargura y utilizaremos el dinero y el poder solo para hacer el bien. Pero hasta entonces, siempre estaremos bajo la protección de la luz divina. Ahora, tenemos que irnos y acompañarlos. Dios te bendiga.

- Ya sé que si necesito ayuda puedo buscarte, ¿no? - preguntó sonriendo.

- ¡Claro que sí! Siempre ayudaré en todo lo que pueda. No solo a los hermanos perdidos, sino a mí mismo, que cada día aprendo más lo bueno y justo que es Dios.

La entidad estaba desapareciendo. Regina la siguió con la mirada.

Cuando se volteó hacia Zeca y Elías, vio que todavía rezaban y con los ojos cerrados. Se dio cuenta que estaba en la habitación otra vez.

Miró a la esposa de Elías, que ahora dormía en el suelo. Tocó el hombro de ambos, diciendo: ¡Zeca! ¡Elías! ¡Todo se acabó!

Abrieron los ojos. Elías corrió a abrazar a la mujer, que aun dormía. Zeca abrazó a Regina.

- ¿Qué pasó aquí, Regina? No lo entiendo. Acabo de sentir, justo ahora, un perfume suave que me inundó.

– ¿Dónde estoy? – Dijo la esposa de Elías despertando –. ¿Qué pasó? ¿Quiénes son ustedes?

– Somos tus amigos y ya nos vamos – dijo Regina, has estado durmiendo, pero ahora todo está bien.

– Si quieres, debes ir a la iglesia y agradecer a Dios por todo lo que tienes en la vida.

– Tu esposo, tus hijos y tu salud. Quédate en paz.

La mujer no entendió, pero dijo:

– No entiendo de qué estás hablando, pero me gustaría ofrecerte un café o un jugo.

– No gracias. Llegamos tarde, tenemos mucho que hacer.

– Esté en paz, que Jesús lo proteja a usted y a su familia.

Elías los acompañó, mientras la esposa fue a la cocina a preparar la cena.

– ¡Doña Regina! Parece que ella volvió a ser como antes. ¿Crees que ella estará bien?

– Sí, lo estará. Todo volverá a la normalidad. Dios te bendiga...

Sabes, Zeca – dijo Regina cuando se fueron – cuanto más vivo, más aprendo. Hoy tuve otra experiencia maravillosa...

– Te escuché hablando con alguien. Confieso que no vi ni entendí. Qué paso allí.

– Descubrí, una vez más, hasta dónde llega la bondad de Dios para con nosotros.

– A pesar de nuestros errores, él siempre está con los brazos abiertos para recibirnos. Gracias Padre mío...

Mientras caminaban hacia el bar de Simón para encontrarse todas las tardes, ella seguía contando todo. Antes de llegar al bar, se sentaron en una banca en la plaza. Cuando terminó de contar, la tomó de las manos y la besó.

– ¿Qué aprendiste que no sabías, Regina?

La Misión de Cada Uno

- Aprendí que Dios nos ama tanto que nos da todo el derecho a la justicia y al perdón.

- ¿Cómo así? No estoy entendiendo.

- Nunca entendí por qué Dios permitió que personas aparentemente buenas e inocentes fueran atacadas por obsesores.

- Hoy, aprendí que se trata simplemente de la justicia Zeca.

- ¿Qué quieres decir? Sigo sin entender...

- Cuando hacemos algo malo a alguien, cometemos un delito.

Este crimen, aquí en la Tierra, no siempre tiene un juicio justo.

A menudo, no nos pasa nada, incluso si nuestra víctima ha sido perjudicada.

Cuando exige el derecho a la justicia, Dios le permite hacer su juicio. Puede condenar o perdonar, depende de la víctima decidir...

- ¿Me estás diciendo que, aunque una persona sea inocente en esta vida, está a merced del juicio de su víctima y si es condenada sufrirá el castigo que ella le imponga?

- No, Dios nunca abandona a sus hijos, no importa cuán malos sean. Otorga el derecho a la justicia, pero también el derecho al perdón, para obsesores y obsesados. Para eso, envía ayuda de espíritus amigos.

Para la esposa de Elías, la ayuda llegó a través de varios espíritus amigos, a través de mí, de ti y del propio Elías.

- Aun no entiendo. ¡Elías y yo no hicimos nada!

- Sí, hicieron mucho. Solo el deseo de ayudar y la fe con la que estaban orando hicieron el ambiente propicio para que los espíritus de luz pudieran hacerse notar por esos espíritus ciegos y sordos por tanto odio.

En el momento en que me escucharon y me vieron, logré mostrarles que tenían derecho a la venganza, pero que ellos también podían perdonar y así continuar su viaje hacia la luz.

Aceptaron y la cadena del odio se rompió. Ahora, continuarán su camino, buscando la perfección.

Quizás, se encuentren en una próxima encarnación, cuando se pulan las últimas aristas.

¡Dios es realmente maravilloso!

– ¿Qué podemos hacer para evitar ser obsesados?

– Intenta cumplir con nuestra obligación de la mejor manera posible.

Sueña y ve tras esos sueños. Nunca nos dejemos abrumar por las dificultades, creyendo que Dios es nuestro Padre y nos cuida. Lo más importante es nunca dañar a nadie.

Y perdonar siempre, por más difícil que nos parezca...

– ¡No siempre es posible perdonar, Regina!

Si Dios nos perdona siempre, ¿por qué no podemos perdonar nosotros mismos?

– Nadie en este mundo ni en ningún otro es perfecto. Todos estamos caminando

Algunos por delante, otros más atrás, pero todos estamos caminando...

– Si siempre perdonamos, nos volveremos débiles y otros podrán aprovecharse de nuestra debilidad...

– Perdonar, Zeca, no significa humillarte a ti mismo. Siempre debemos dejar ir y olvidar mientras caminamos.

– Cada vez que perdonamos a un hermano, estamos haciendo nuestra parte. Solo Dios tiene derecho a juzgar, porque no sabemos nada...

– ¡Sabes todo sobre espiritualidad, Regina!

No lo sé todo. Dices eso porque no sabes que, en aquel momento, con la esposa de Elías e, incluso ahora, yo estaba y estoy

La Misión de Cada Uno

diciendo estas cosas, por la intuición de un espíritu de luz, que nos está enseñando las cosas del cielo...

– ¿Quieres decir que recién ahora estás aprendiendo todo esto?

– Exactamente y ahora estoy agradeciendo a ese espíritu. ¿Es hora de ir al bar de Simón?

– Ya deben estar extrañándonos.

Zeca sonrió. La besó suavemente y con mucha alegría se dirigieron al bar. Paulina y Simón estaban realmente preocupados no solo por ellos, que no llegaron, sino también por Célia.

– ¡Buenas tardes! – dijo Simón, ¡hasta que finalmente llegaron! ¡Estábamos preocupados! ¿Sucedió algo?

– No, nos detuvimos en la plaza para hablar. Regina y yo hablamos de algo muy serio.

– Me está enseñando algunas cosas sobre espiritualidad.

– ¡Basta, Zeca! ¡No quiero hablar de eso! ¡Lo que me interesa es mi bar y ahora Grutón!

– Yo tampoco estoy listo para hablar de eso, Simón. ¿Sabes algo sobre Célia?

– ¿Qué decidió?

– No lo sabemos, Zeca. Hablé con ella esta tarde, parece que es inflexible.

– Quiere recuperar a su hijo de todas maneras. Eso me preocupa.

– No creo que debas preocuparte, Paulina, dijo Simón, ¡mira hacia allá! Miraron y vieron a Célia y Fábio, que llegaban abrazados. Se acercaron a sus amigos, que se levantaron para recibirlos.

Simón fue el primero en hablar:

– Parece que están contentos, ¿está todo bien?

– ¡Todo está genial! Pensé mucho y decidí que, para no dañar a la familia de Fábio y a mi hijo debería renunciar. ¡Con esta renuncia, sin esperarlo, recuperé al amor de mi vida!

– ¡Dios es maravilloso! ¡Siempre permaneceré con mi hijo y con mi amor también!

¿Qué más puedo pedir?

– ¡Nada más, de verdad! – dijo Regina, guiñándole un ojo a Zeca –. ¡Dios es realmente maravilloso!

– ¡Solo tenemos que elegir el camino correcto, y Él nos ayudará en todo!

– Lo difícil es saber cuál es el camino correcto...

– No se preocupe. Paulina, el camino siempre se nos muestra y tendremos todas las oportunidades para seguirlo.

– Tu religión parece darte mucha seguridad, Regina.

– No es una religión, es una comprensión. Aprendí que solo necesitas creer en la bondad y la justicia de Dios, Célia. Pero ¿vamos a cambiar de tema? ¿Cuándo será la boda?

– No lo hemos decidido todavía. Fábio tendrá que tomarse unos días de vacaciones para que todo esté preparado.

– No quería irme de la ciudad hasta que todo estuviera listo. El Grutón se ha convertido en una prioridad en mi vida. Como Fábio trabaja y vive en Brasilia, tendré que mudarme y no me gustaría antes de ver la construcción de Grutón. Ahora no tengo nada más que esconder. Saben que soy una heredera muy rica, por lo que decidí separar una buena parte de mi dinero y ofrecerlo al proyecto.

– Le debo mucho a esta ciudad y especialmente a ti.

Robertito nunca sabrá que él es mi hijo, pero haré mi testamento dejándole todos mis bienes...

– Tu dinero para Grutón será bienvenido, pero ¿para qué esto de testamento, Célia?

– ¿Estás pensando morir?

La Misión de Cada Uno

— ¡Claro que no, ¡Simón, pero nunca se sabe! — Fábio permaneció en silencio.

Algo extraño estaba pasando por su cabeza. Mientras los demás hablaban, miró a Simón, tratando de recordar cuándo lo había visto o dónde se habían encontrado.

— Conozco a este hombre, pero ¿de dónde?

Los amigos no le prestaron atención y él siguió pensando. La conversación estaba desenfrenada.

Regina dijo:

— Con todos estos millonarios que están apareciendo, ¡en poco tiempo tendremos todo el dinero que necesitamos para Grutón! Las vidas de Zeca y Célia ya están resueltas, ¡solo faltan Simón y Paulina!

— ¿Qué misterios aun estamos por descubrir?

— No hay misterio en mi vida! Todos saben que vine aquí en respuesta a la llamada de mi tío, que estaba enfermo y necesitaba ayuda.

— Yo también, Simón, solo regresé porque era viuda y quería volver a mi tierra, nada más.

— Célia, ¿fuiste tú quien envió ese misterioso dinero?

— No. Estaba tan involucrada en mis problemas que nunca pensé en ello. Pude haber sido, pero no lo fui.

— ¿Quién habrá sido? — Insistió Zeca.

— No lo sé y puede que nunca lo sepamos. Fábio, ¿por qué estás tan callado?

— Estos son mis amigos y también deberían ser tuyos...

— Lo serán, pero hay algo que me preocupa...

— ¿Qué pasa, Fábio?

— No lo sé, pero en cualquier momento lo recordaré...

Ellos continuaron hablando. Fábio trató de recordar de dónde conocía a Simón, de repente casi gritó:

- ¡Ya lo recordé! ¡Usted es Teodoro! ¡Asesor del diputado! - Todos, asustados, miraron a Fábio.

Simón se puso pálido, sin palabras. Toda la sangre se escurrió de su rostro.

Después del shock, la primera en hablar fue Célia:

- ¿Qué estás diciendo, Fábio? ¿Lo conoces? ¿Era un asesor?

- ¡Eso mismo! ¡Y el asesor del diputado federal Murilo!

Simón volvió a la realidad, diciendo:

- Debes estar equivocado, no soy y nunca he sido asesor de ningún diputado, debe ser alguien como yo...

- ¡Claro que sí! ¡Estoy seguro! Es un poco mayor y tiene el pelo más blanco, ¡pero eres Teodoro!

- Soy amigo de Luiz. ¿No me recuerdas? Estuve algunas veces en su oficina en la Asamblea. Siempre estuvo muy preocupado por su desempeño y mucho más, cuando todo eso sucedió y desapareciste. Desde entonces te ha estado buscando por todas partes... - Simón miró a Fábio sin saber qué decir.

Regina, con su tranquilidad habitual, dijo:

- Amigo mío, siempre hay un momento adecuado para todo.

- Nada permanecerá oculto para siempre. Al igual que con Zeca y Célia, creo que es tu turno.

- Somos tus amigos, nada puede cambiar esta amistad. Si estamos todos juntos, hay una razón. Así que no tienes de qué preocuparte...

Simón miró a Fábio, que estaba preocupado porque se dio cuenta que había cometido una indiscreción.

- Lo siento, Simón, no sabía que no conocían tu pasado o, mejor, tal vez me equivoqué.

Simón no respondió, continuó mirando a todos. Sus ojos estaban cambiando. La expresión era de alguien que ya no estaba allí, sino en un lugar distante en el pasado.

La Misión de Cada Uno

- No te preocupes, Fábio - dijo después de unos minutos -, que siempre supe que ese día llegaría.

- Mi nombre en realidad es Teodoro y fui asesor de un diputado. Vine a esta ciudad, huyendo de todo y de todos. Es una larga historia. No se puede contar en unos minutos.

- No puedo salir de aquí ahora, así que hagamos esto, a las ocho de la noche, podemos encontrarnos en la casa de alguien y les contaré todo. ¿Qué les parece?

- Está bien. Si lo prefieres, puede ser en mi casa - dijo Paulina -. Sabes que tengo una sala con una mesa grande.

Podemos tomar un café mientras escuchamos lo que tienes que decir.

Simón, quiero decirte que, si no quieres, no tienes que decirlo. Seguiremos siendo tus amigos.

- Gracias, Paulina, pero ha llegado el momento y no hay razón para que no sepan todo.

- Bueno, como todos estuvieron de acuerdo, ahora vámonos a nuestras casas - dijo Regina -, cenamos y luego volveremos.

Se despidieron y siguieron su camino. Cada uno atado a sus propios pensamientos. Paulina fue a su casa, Regina también. Zeca, Célia y Fábio fueron a la casa de Consuelo, que ya los estaba esperando con la cena lista.

- ¿Lo viste, Zeca? - dijo Robertito tan pronto como entraron en la casa -, ¡Fábio se va a casar con Célia! ¡Ahora ella estará aquí para siempre! ¡Estoy muy feliz!

- ¡Sí, Robertito! Yo también estoy feliz, pero ella no estará aquí para siempre. Fábio vive en Brasilia y, tan pronto como se casen, ella se irá con él.

- Lo sé, pero siempre puedo visitarlos, ¿no, Fábio?

- Claro que sí. Mi casa será tuya, siempre puedes ir. Incluso reservaré una habitación que será solo tuya -. Robertito, ajeno a todo lo que estaba sucediendo, continuó jugando con los carros que Zeca le dio.

Elisa Masselli

21.- Una historia de poder

A las ocho en punto, estaban en casa de Paulina. Simón no llegó, lo que los hizo preocuparse. Zeca quería ir a buscarlo.

– No, Zeca, no vayas. Le dijimos que decidiera si vendría o no. Si él no viene, no preguntaremos.

– Es nuestro amigo y no importa lo que pasó en su pasado. Eso es lo que le dijimos y tendrá que cumplirse.

– Tienes razón, Regina, estaba tan aliviada cuando se descubrió todo sobre mí que quería lo mismo para él.

Quince minutos después, llegó Simón. Sus ojos estaban rojos, lo que demostraba que había llorado mucho.

– Lo siento amigos. He estado pensando mucho y no he visto pasar el tiempo, pero ahora estoy listo para contarles todo.

Sonrieron aliviados. Aunque Simón, parecía haber llorado, su rostro estaba tranquilo. Se sentó en una silla:

– Estoy aquí para contarles todo lo que sucedió en mi vida.

Robertito siempre dice:

– Sr. Simón dice que no es político, pero que parece, parece... eso parece... realmente...

Realmente fui un político. Durante mucho tiempo fui asesor de un representante del estado.

– Todo iba bien hasta ese día. Me desperté por la mañana, miré a mi alrededor. A mi lado, la cama estaba vacía, pensé, sonriendo.

Cláudia ya no está aquí, debe estar preparando a los niños para ir a la escuela.

La Misión de Cada Uno

Me levanté, y miré mi habitación. Amplia, bien decorada, con todas las comodidades.

Fui al baño, también muy grande y hermoso. Acababa de terminar de construir la casa. Fue el sueño de mi vida. Fue diseñado por Cláudia y por mí, en los más mínimos detalles.

Se ha convertido en una casa rica, hermosa y confortable.

Me miré en el espejo y me sorprendí:

– ¿Un cabello blanco? ¡No puede ser!

¡Hoy lo entiendo, ya que no tenía nada de qué preocuparme! Tenía todo lo que el dinero puede comprar, además de una esposa que amaba y un par de hijos, que para mí lo eran todo.

Solo podría preocuparme mucho por un cabello blanco.

Me di una ducha, me afeité y bajé. Cláudia sentada en un sillón de mimbre leía el periódico, estaba en el porche de la casa y daba a un bosque natural. Construimos nuestra casa en la cima de una pequeña montaña. Al verla, tan hermosa allí, sentí una vez más cuánto la amaba. Al darse cuenta de mi mirada, levantó sus hermosos ojos azules:

– Buenos días, mi amor, ¿dormiste bien? – Dijo sonriendo.

Besé sus labios suavemente:

– Buenos días. Dormí muy bien. Cuando llegué, estabas durmiendo y no quería molestarte.

– Estoy acostumbrada, desde que te uniste a la política, nos vemos muy poco.

Siempre estás ocupado, en reuniones y viajes. Los niños apenas te ven. Esta mañana, después que los niños se fueron, estaba mirando toda la belleza que hay en este lugar y en esta casa. Me acordé de Luiz y Rosana.

De la época en que estábamos estudiando, llegó la dictadura y decidimos luchar contra ella.

Vivíamos escondidos, siempre en peligro, pero estábamos juntos. Nuestro amor fue más importante que cualquier otra cosa. Incluso más que nuestra lucha.

Soñamos mucho con mejores días para nuestro país. ¿Y ahora? ¿En qué se convirtieron todos esos días, esos sueños? Estamos cada vez más distantes.

Nuestro amor, que era tan importante, se convirtió en una hermosa casa y dinero.

La dictadura terminó, pero el país continúa de la misma manera. El poder solo ha cambiado de manos.

Me pregunto si valió la pena tanto esfuerzo, tantas muertes de jóvenes, tortura y sufrimiento.

No sé si ésta es la vida que quiero.

– ¿Qué estás diciendo? Tienes razón sobre el país, pero tenemos que adaptarnos al nuevo orden, la nueva política. ¡Yo te amo! Solo estoy garantizando un buen futuro para nosotros y nuestros hijos.

– Ya tenemos todo lo que soñamos. Solo un poco más de tiempo, y podré dejar este trabajo y luego viviremos cómodamente por el resto de nuestras vidas.

– Me gustaría creerlo, pero me temo que no es solo el dinero lo que te mueve. Estás enamorado del poder, el poder es mucho más peligroso que el dinero.

– No te preocupes por eso. El poder es bueno, pero te prefiero mucho a ti y a los niños.

– Dejemos pasar las elecciones, ya hablaremos sobre este tema otro día.

– De acuerdo, esperaré. Estoy leyendo en el periódico, que el mitin fue realmente bueno.

– Sí, había mucha gente. Creo que logramos convencerlos, hubo muchos aplausos.

– ¿Crees que será reelegido?

La Misión de Cada Uno

– Creo que sí. El secreto es siempre estar en el foco de la atención, en la radio y en la televisión y él sabe cómo hacerlo muy bien. ¿Ya han ido los niños a la escuela?

– Sí, Gaspar se los llevó. ¿Lo necesitarás hoy?

– Necesito que me lleve a la Asamblea, luego puede regresar y estar a su disposición.

– No lo necesitaré. Por la tarde, mientras Cayo va a la clase de judo y Carina va al ballet, yo voy a la peluquería manejando mi auto. Creo que iré a la casa de mi madre más tarde.

– En ese caso, es mejor que vayas con Gaspar. Aunque está cerca, deberás tomar una autopista.

– ¿Quieres decir que no sé conducir?

– ¡Perdón! Olvidé que eres mejor conductor que yo. Hoy, nuevamente, debo llegar tarde.

Así que puedes ir con tranquilidad. Gaspar se quedará conmigo todo el día. Ve a visitar a tu madre, pero no vuelvas demasiado tarde. Por la noche, en la carretera, todo es más complicado.

– No te preocupes. Tampoco me gusta conducir de noche, volveré antes del anochecer. ¿Quieres tomar un café?

– Sí, ¿me acompañas?

– Solo una taza de café, porque ya he tomado la mía.

Fuimos a la sala de estar, en la mesa del centro el café todavía estaba servido.

Cláudia le pidió a María que trajera el café. Después del desayuno, fuimos a la habitación.

Tenía que irme después, pero ella no se fue antes que nos amáramos. La adoraba.

Era el hombre más feliz del mundo. Al cabo de unos minutos, recordé una reunión con algunos constructores.

– ¡Dios mío! ¡Estoy atrasado! ¡Necesito correr!

La besé y salí corriendo. Gaspar ya me estaba esperando. En el camino, estaba pensando en todo lo que había dicho Cláudia. Realmente, mi vida se ha vuelto una locura. Corría mucho, no tenía tiempo para estar con ella y los niños. Ella tenía razón en una cosa, ¡me encantaba el poder! Ver gente que me hacía feliz para que pueda obtener lo que ellos querían. Cláudia se quejaba, pero fue a la peluquería y los niños asistían a las mejores escuelas. No entendía por qué se quejaba. Hablaría con ella esa noche.

Recordé que no podía, porque tenía una reunión del partido. A la primera oportunidad que tuviera, hablaría con ella y le demostraría que todo lo que estaba haciendo era para la felicidad de ella y los niños.

Llegamos a la Asamblea.

Estaba examinando algunos papeles cuando escuché a mi secretaria en el intercomunicador:

– Doctor, el Sr. Luiz está aquí y quiere verlo.

Estaba preocupado porque estaba muy ocupado, pero no podía dejar de ver a mi amigo de tantos años.

– Puedes dejarlo entrar.

Luiz entró. Lo miré y noté que ya tenía varios cabellos blancos y que éramos de la misma edad.

– ¡Hola Luiz! ¿Cuánto tiempo que no te veía?

– Hola, Teo, ha pasado mucho tiempo.

Vine aquí porque necesito tu ayuda.

– Puedes hablar y si puedo, te ayudaré. Siéntate, ¿quieres un café? Rosana ¿cómo está? Y los niños, ¿están bien?

– No quiero café, gracias. Estamos todos bien. Rosana y yo seguimos dando clases.

– De eso es de lo que quiero hablar.

– De acuerdo, si puedo, estaré encantado de ayudarte.

La Misión de Cada Uno

- Pertenezco a una asociación de vecinos y necesitamos una nueva escuela, ya que hay muchos niños que no tienen dónde estudiar.

- Tal vez puedas acordar con el diputado un proyecto en esta dirección... es muy importante para los niños.

- Hablaré con el diputado, pero puedo decirte que será difícil, ya que todo el dinero para educación ya está destinado.

- Siempre hay una manera, Teo. Simplemente hay que tomar parte del dinero de los contratistas y destinarlo a la educación.

- ¿Qué estás insinuando? ¿Que el presupuesto para construcción es mayor que para educación?

- No lo estoy insinuando, lo afirmo. ¡Es *vox populi* que te estás volviendo cada vez más rico con las negociaciones!

- Me estás ofendiendo. Te conozco desde hace mucho tiempo. Siempre hemos sido amigos. ¿Por qué eso ahora?

- Porque me conoces de hace mucho tiempo y por ser siempre tu amigo, ¡puedo decirte en la cara lo que estoy pensando! - Dijo nervioso -, Siempre fui amigo de ese Teo que, junto a mí, junto con tantos otros, luchó contra la dictadura, en una época en que murieron muchos de nuestros camaradas, fueron torturados, además de los que desaparecieron, y ¡no hay noticias hasta hoy! ¡Soy amigo de ese Teo!

¡No el que conozco ahora! La dictadura está terminando y constantemente estás adulando a los mismos políticos que alguna vez fueron nuestros enemigos. ¡Estás a las puertas de las empresas constructoras ofreciendo tus servicios de intermediación por treinta monedas! ¿No recuerdas a todos esos camaradas que fueron asesinados o torturados?

- ¡Viniste a ofenderme! ¿Quién te crees que eres?

- Soy uno de los que una vez soñó con nuestro país libre, con nuestra gente feliz y que hoy ve pocas posibilidades que eso suceda.

- Mientras haya hombres como tú, no servirá de nada luchar. Nuestro país permanecerá en manos de ¡poderosos que no les importa cuántas vidas se pierdan!

- ¡Ese Teo que conociste murió el día que conoció a la política por dentro!

Dijo con la voz alterada y muy nervioso - El sistema es así, lo aceptas o te vas. Es correcto.

- ¡Nuestro país tardará mucho en ser el que alguna vez soñamos! O, tal vez, nunca lo será.

- Descubrí que, como no podía arreglarlo, ¡lo mejor sería aliarme! ¡Eso es lo que hice! ¡Estoy muy contento con mi situación y no tengo intención de cambiar!

- Al verte ahora, ¡me alegro de no haber aceptado nunca un puesto público! ¡Somos muy diferentes!

- ¿Qué ves? ¡Somos muy diferentes, sí! ¡Ves a un hombre bien vestido en una oficina bien equipada, con un buen auto y un buen hogar! Mientras tú sigues mal vestido.

- No sé si tienes una casa, pero si la tienes, debe estar en las afueras y tu automóvil, si tienes uno, debe tener más de diez años.

¿Sabes por qué?

¡Porque sigues siendo un simple profesorcillo idealista, pensando que podrás cambiar el mundo!

- ¡Mi esposa va a los mejores peluqueros y a las mejores tiendas! Rosana ni siquiera debe tener dinero para cortarse el pelo, ¡debe viajar en el autobús para enseñar! ¡Mis hijos asisten a las mejores escuelas!

- ¡Los tuyos deben estar en alguna escuela pública! ¡Tengo dinero aquí y en bancos extranjeros!

- ¡Si pierdo este trabajo, viviré el resto de mi vida con la misma calidad!

La Misión de Cada Uno

- ¿Cuánto dinero tienes tú? ¡Junto con el poder, también soy poderoso! ¡Me gusta vivir así! ¡Nada ni nadie puede terminar con esto! ¿Quieres saber más? ¡Ni siquiera Dios! ¡Si realmente existe!

- En serio, Teo, ¡soy todo lo que dices! No tengo buena ropa, ni buena casa ni auto nuevo.

Mis hijos no van a buenas escuelas, mi esposa no va a peluquerías ni a tiendas caras, ¡mucho menos tengo dinero ahorrado aquí o en el extranjero! Si uno de nosotros perdiera su trabajo, sería difícil, ¡pero tenemos mucho amor en nuestra familia y vivimos en paz! Debes estar seguro de una cosa. Dios existe, ¡solo Él tiene todo el poder! ¿No te das cuenta de que, mientras malversas el dinero con tus trampas, muchos niños no van a la escuela e incluso se mueren de hambre?

- ¡La culpa no es mía! ¡Es el sistema! ¡Solo soy parte de eso y confieso que me gusta!

¡Me preocupo por mis hijos, tú por los tuyos! ¡Cada padre debe preocuparse por sus hijos!

¿Por qué el hijo de un pobre necesita estudiar? ¡Siempre serán perdedores, como tú!

- ¡No soy un perdedor! Tengo paz y dignidad para mirarte a la cara y decirte: ¡eres un sinvergüenza! En tu opinión, el hijo de un hombre pobre no tiene que estudiar para cuando crezca, sin escuela, sin educación, ¿deben seguir votando por sinvergüenzas como tú? De hecho, nuestro país tiene en el poder a muchos hombres como tú y políticos elegidos por esta misma gente, que continuarán sin escuela, educación y dignidad.

- Pero un día, creo que ¡todo cambiará!

Luiz se fue muy molesto, sin decir adiós.

- Yo, sonriendo, sin querer entender lo que me había dicho, pensé: realmente es un perdedor, si hubiera aceptado el trabajo que le ofrecía, podría estar tan bien como yo.

Poco después, llegó el equipo de construcción. La comisión que recibiría sería muy grande.

Esa práctica ya se había vuelto normal. Envié proyectos al diputado, siempre sobrevalorados.

El diputado los presentaba ante quién era responsable y luego, si se aprobaba, vendría la comisión gorda.

Mi diputado había estado en política durante mucho tiempo y ahora estaba tratando de ser reelegido.

Como era muy conocido, porque siempre aparecía en los medios de comunicación, creíamos que su reelección sería fácil. Si él continuaba, yo también lo haría. Durante todo el tiempo que estuve con él, gané mucho dinero. Aunque nunca había sido pobre, pues mi familia siempre ha pertenecido a la política.

Mi padre había sido diputado, ministro y senador. Siempre estuvo del lado del poder.

Cuando llegó la dictadura, estaba estudiando derecho. Se puso del lado de los militares, lo que me rebeló y me convirtió en un gran luchador. Junto con Luiz y muchos otros luchamos, fuimos arrestados, torturados y exiliados. Cuando entré en política, fue con las mejores intenciones, pero rápidamente aprendí que, para continuar, tendría que adaptarme al sistema. También me di cuenta que podía ganar mucho dinero.

A medida que el tiempo pasaba, seguí ganando más. La gente y sus problemas eran un tema aparte para mí.

En las próximas elecciones, seguiría siendo un asesor, pero en las siguientes sería un candidato.

Todo iba bien. Nada podía detenerme. Ya tenía trazado mi destino.

Un día, sería diputado. Gané mucho como asesor, ganaría mucho más como diputado, senador o incluso gobernador. Mi orgullo y ambición eran infinitos –. Mientras hablaba, Simón sudaba mucho y temblaba.

Regina, dándose cuenta de su angustia, dijo:

– Simón, ¿quieres parar un momento? Pareces cansado.

La Misión de Cada Uno

– No, Regina, como sucedió con Zeca y Célia, no puedo detenerme por más tiempo. Estoy nervioso, no porque lo cuente, sino porque me imagino en esa situación.

– Al menos toma un poco de agua o café.

Bebió agua y continuó:

– Después que Luiz se fue, continué con mi trabajo, que consistía en hacer llamadas telefónicas para averiguar cómo iban los proyectos que ya había enviado.

Durante toda la tarde recibí a varias personas, que vinieron a pedir trabajo, médicos y medicinas.

Respondí a todos, diciendo que proporcionaría la ayuda. Anotaba sus nombres y direcciones.

Tan pronto como se retiraban, tiraba los papeles a la basura.

No tenía tiempo que perder en asuntos tan insignificantes. Casi a las seis de la tarde, todavía estaba en la oficina cuando sonó el teléfono. La secretaria ya se había ido, así que respondí yo mismo.

¿Me comunico con el Sr. Teodoro?

– Soy yo, ¿quién está hablando?

– Esta es la policía de carreteras, siento informarle, pero su esposa tuvo un accidente.

– ¿Cómo? ¿Qué estás diciendo? ¿Es esto una broma?

– Lo siento, pero no es una broma. El accidente fue grave, es mejor que venga aquí.

– Temblando mucho, escribí la dirección que me dio. Antes, le pedí a Gaspar que fuera por la carretera para ver si había algún accidente. Mi corazón latía con fuerza. Tenía miedo de lo que encontraría. La voz de la persona que llamó estaba muy tensa. No me dio la dirección de un hospital, lo que me hizo sentir aun más aprensivo. A unos dos kilómetros de la salida que me llevaría a la casa de mi suegra, vi una multitud de personas y automóviles que pasaban lentamente. Mi corazón se hundió aun más.

– Gaspar, que también había visto, detuvo el auto en el arcén:

– Doctor, ¿no quiere que siga?

– Noté que, como yo, estaba preocupado.

– ¡Claro que no! ¡No deberías haberte detenido! Vamos. Aceleró el coche, que, para mí, parecía estar detenido. Finalmente llegamos, era realmente el auto de Cláudia que estaba allí, todo retorcido.

– Cuando lo vi, me inmovilicé dentro del auto, incapaz de salir.

– En el estado en que se encontraba el automóvil, algo realmente serio había sucedido. Casi nadie escaparía con su vida.

– Sin fuerzas, incluso sin aliento, no podía salir del auto.

– Gaspar, al ver mi angustia, dijo:

– Doctor, quédese aquí. Iré allí y veré qué pasó.

– Se fue. Desde lejos, me quedé observando, yo, que siempre fui tan fuerte y decidido, estaba allí, paralizado y con mucho miedo de saber lo que había pasado. Gaspar se acercó a uno de los varios policías que estaban allí.

– Desde la distancia, vi a mi conductor hablando y gesticulando. Se puso la mano en la cabeza, como si estuviera desesperado. No pude soportarlo. Salí del auto y corrí hacia el auto de Cláudia.

En ese momento, Simón comenzó a llorar y se llevó las manos a la cara.

Le temblaban las manos y el cuerpo. Los amigos, adivinando el resto de la historia, también se estremecieron.

No sabían qué decir, de hecho, no había nada que decir. Paulina se levantó, se dio la vuelta, y puso las manos detrás de sus hombros:

– Simón, deja de hablar, ya podemos imaginar lo que pasó.

– Recordar te está lastimando. No queremos que sufras.

La Misión de Cada Uno

- Ahora entendemos por qué está escondido aquí. El único que te conoce es Fábio y, desde luego, no se lo dirá a nadie que te ha encontrado. ¿No es así, Fábio?

- Puedes descansar tranquilo, Simón. Sabía lo que le había pasado a tu familia, pero no conocía los detalles. No le comentaré a nadie que te encontré aquí.

Simón se limpió las lágrimas con las manos.

- Estoy bien, amigos míos, pero necesito continuar. Estas lágrimas están lavando mi alma.

- Sé que son mis amigos y lo seguirán siendo.

Regina, también conmovida, tomó las manos de Simón: entre amigos no debe haber secretos.

- Poco a poco, nos estamos mostrando quiénes somos realmente. Nos muestra que Dios es nuestro Padre y que siempre nos da la oportunidad de rehacer nuestras vidas. Estamos involucrados en un proyecto que funcionará bien para mucha gente y será nuestra oportunidad de comenzar una nueva vida.

- Gracias, Regina, pero continuaré: me fui corriendo. Gaspar y la policía trataron de evitar que llegara al auto. Tan pronto como llegué, me detuve. La escena que vi, nunca la olvidaré.

- Cláudia y los niños seguían allí, en medio de los fierros retorcidos. ¡La escena era dantesca!

Más tarde supe que murieron al instante. Por eso todavía estaban allí.

Pronto serían retirados y llevados al Instituto Médico Legal. Los policías hablaron, pero yo no escuché.

Todo parecía una pesadilla, de la que hice un gran esfuerzo para despertarme.

Pasaron unos minutos antes que Gaspar y un policía me llevaron.

Gaspar me llevó a casa, donde encontré a familiares y amigos que me recibieron con pena, sin saber qué decir. Vi a toda esa gente mirándome.

Reconocí algunos, otros no. Me quedé allí respondiendo algunas preguntas, pero no olvidé la escena que había presenciado.

¡No podía aceptarlo! Las tres personas que más amaba, que eran todo para mí, ya no existían.

No podía llorar, porque no podía creer que todo eso estuviera sucediendo.

Alguien me llevó a mi habitación y me puso una inyección. Dormí, no sé por cuánto tiempo.

Cuando desperté, mi madre estaba a mi lado:

– Hijo mío, lamento todo lo que pasó, pero ahora tienes que levantarte e ir al funeral.

– Escuché su voz, pero aun sonaba como un sueño. Miré y vi que estaba en mi habitación.

¡En esa maravillosa habitación! La habitación en la que había trabajado tanto para construir y ver a Cláudia feliz.

Me levanté, me di una ducha y acompañé a mi madre al funeral.

Cuando llegamos allí, la gente se apresuró a darme el pésame.

Las horas se alargaban, quería estar solo, pero tenía que cumplir con mi obligación social.

Ahora toda mi vida se resumía a tres ataúdes sellados.

Finalmente se hizo el entierro. Mi madre me acompañó a casa.

Al llegar allí, dije:

– Por favor, mamá, déjame en paz, necesito poner mis pensamientos en orden. Necesito entender qué pasó y por qué sucedió. No te preocupes, estoy bien.

Estoy muy triste, cansado y confundido, pero estoy bien.

La Misión de Cada Uno

– ¿Estás seguro? ¿No es mejor volver a nuestra casa?

– No, mamá, necesito quedarme aquí y poner mis pensamientos en orden. No te preocupes, estaré bien.

– Estábamos sentados en un sofá en la sala de estar. Me levanté y la abracé.

– Ella me besó y se fue. Tan pronto como estuve solo, miré la inmensa habitación con su hermosa y muy costosa decoración. Abrí la puerta del balcón a la piscina. Esa misma piscina, donde solían jugar mis hijos y Cláudia. Parecía verlos, riendo y corriendo. Solo que nunca estuve a su lado.

Siempre los vi desde lejos, sin participar en sus alegrías y juegos. Siempre entraba o salía. Recordé que no hacía unos días que no había visto a mis hijos.

Cuando llegué a casa, ya estaban dormidos. Cuando desperté, ya se habían ido para ir a la escuela. Regresé a la sala de estar, tomé una copa y subí las escaleras. La habitación de Carina estaba decorada en rosa. En su cama, había animales de peluche, muñecas y muchos juguetes.

En esa habitación había todo lo que un niño podría desear. Lo único que faltaba era mi niña, excepto en una fotografía.

Miré todo, tratando de verla venir corriendo de algún lado para abrazarme.

Pero fue en vano, ella no vino, pensé: ¿Hace cuánto tiempo que no la abrazo?

¿Cuánto tiempo que no juego o solo me quedo viendo a mis hijos? ¿Cuánto tiempo llevo sin prestar atención a mi familia?

Me acosté en su cama y lloré mucho. Luego salí y fui a la habitación de Cayo.

También ricamente decorado con todo lo que un niño puede soñar.

Les di todo, pero mi presencia, mi cariño y mi amor.

También allí, lo llamé en voz alta, esperando que en cualquier momento apareciera. Fue en vano.

Fui a mi habitación, también grande y hermosa. En mi cama intenté ver a Cláudia.

Ella tampoco estaba allí. Recordé que esa mañana casi me había obligado a amarla.

No tenía tiempo para esas pequeñas cosas. No tuve tiempo para amarla.

Siempre estaba corriendo, necesitaba ganar dinero.

Dinero y poder que necesitaba cada vez más y que, para conseguirlo, abandoné a mi familia y dejé de tener momentos de felicidad con ellos.

Ahora, ¿qué haría con todo ese dinero? ¿Con todo el poder?

¿Con esa hermosa casa? ¿Con los autos? En resumen, ¿con todo lo que poseía?

No hubo respuesta, no sabía qué hacer. Me acosté en nuestra cama y una vez más lloré.

Me acordé de Luiz, Rosana y tantos otros, que sacrificaron su juventud por el bien de nuestro país.

Recordé nuestras luchas, los momentos de miedo y huida. Recordé mis sueños de juventud, que había tirado a la basura y la decepción que sentí cuando entré en política y vi cómo el sistema estaba tan corrupto.

Recordé que, en lugar de luchar en contra, preferí unirme y lanzar todos mis sueños a la basura, a cambio de dinero y poder. ¿Dinero? ¿Para qué? ¿Poder? ¿Para qué?

Ni el dinero ni el poder podrían traerme de regreso, a las personas que más amaba y que las usé como una excusa para cometer todos esos crímenes. Sentí que me iba a estallar la cabeza.

Mis sentimientos eran de dolor y culpa. Me acordé de Dios.

"¿Dios realmente existe? Si existe, ¿por qué, en lugar de castigar a Cláudia y a mis hijos, no me mató?"

La Misión de Cada Uno

Recordé a Luiz aun más y en todas las verdades que dijo y que insistí en no aceptar.

Dijo que no tenía todo lo que yo tenía, pero que estaba realizado, porque vivía en paz con su familia.

Recordé que Cláudia me dijo esas mismas cosas. Estuve allí por mucho tiempo.

No recibí visitas y solo contesté el teléfono cuando era mi madre.

Pasaron los días y no tuve ganas de reiniciar mis actividades. No había razón, nada más me importaba.

Me quedé así por unos días, hasta que mi madre me llamó:

– Teo, tu tío que vive en Cielo Dorado te llamó para que pasaras unos días con él. La ciudad es pequeña y tranquila, allí puedes descansar.

Quizás encuentres una nuevo caminbo.

Al principio no quería aceptarlo, pero luego pensé: "No puedo seguir así. Necesito tomar medidas. Iré a Cielo Dorado, estaré allí unos días y tal vez encuentre la manera de redimirme de todos mis errores."

Vine aquí en autobús. Ya no quería usar ese dinero que había robado.

Mi tío, el hermano de mi madre, me recibió con mucho cariño. Era anciano, soltero y sin hijos.

Tan pronto como llegué, comencé a sentirme mejor. La ciudad sencilla y las personas vivían humildemente, pero parecían felices.

Empecé a ayudar en el bar. Vine aquí para quedarme unos días, pero encontré la paz aquí, así que buscaba.

Me quedé. De repente, mi tío sufrió un ataque al corazón y también murió.

Otra vez el dolor, porque en ese poco tiempo que viví con él, me encariñé con él. Todo el recuerdo y el dolor de ese día volvieron al ver a mi tío muerto y ser enterrado. Nuevamente, la fatalidad cayó sobre mi vida.

Nuevamente perdí la voluntad de vivir. Decidí que iría a casa, que todavía estaba siendo cuidada por los empleados.

- Estaba empacando mis cosas cuando vi un sobre con mi nombre. Lo abrí y encontré una carta. Empecé a leer:

"Querido sobrino:

No lo sabes, pero estoy muy enfermo.

Mi viejo corazón no durará mucho. En nuestras conversaciones, pude sentir el gran pesar que sientes por todo lo que crees que has hecho mal.

Pronto me iré a la Gloria de Dios. Desde que llegaste, has cambiado por completo. Estás sonrojado y feliz.

Me acostumbré a trabajar en el bar. Viví una buena parte de mi vida aquí y siempre fui muy feliz.

Cuando muera, no tendré a nadie a quien dejar mis propiedades, y especialmente el bar y la tienda de abarrotes que son importantes para los residentes.

Así que te pido que los aceptes y continúes mi trabajo, viviendo aquí, hasta el día en que te sientas lo suficientemente fuerte como para volver a tu antigua vida. Todos los documentos ya están firmados y guardados en este mismo cajón.

Simplemente llévalo a una oficina de registro para que todo se legalice. El dinero que tienes y dice que ha sido robado, habrá una manera de devolverlo aquí en la ciudad, porque hay mucha gente necesitada en la región. Te estoy dando no solo mis bienes, sino toda mi vida laboral y un camino a seguir.

Que Dios te bendiga.

Tío Mario"

Cuando terminé de leer, sentí un inmenso cariño por ese hombre que, por tan poco tiempo, había conocido. Simple, aunque con mucha educación. Un día, también había abandonado su vida en la gran ciudad, viniendo a vivir aquí en Cielo Dorado y nunca

La Misión de Cada Uno

más regresó. Sostuve esa carta en mis manos, teniendo su sonrisa en mi mente. Decidí quedarme hasta encontrar a alguien que se quedara en el bar.

Pero pasó el tiempo, la gente me acepta y les caigo bien, no porque sea rico e influyente, sino por lo que soy. Todos se hicieron mis amigos. Al estar aquí en el bar, conocía a todos, así como sus problemas. Un día, viniste, tú, Zeca, y luego todos ustedes. Fue en el bar donde me enteré del problema del hijo de José. Quería ayudar, pero sin que la gente lo supiera.

- Con la ayuda de mi madre, envié el dinero. Luego a Clara y a la iglesia.

- Con el proyecto Grutón, podría ayudar mucho más.

- Mi casa, autos y dinero, todavía están allí. Mi intención era convertir todo en dinero y usarlo en el proyecto. El dinero llegaría de la misma manera, por correo, pero ahora, será imposible.

- Todos ustedes ya lo saben.

Los amigos abrieron mucho los ojos y Zeca dijo:

- ¿Entonces fuiste tú quien envió el dinero misterioso?

- Sí, mi madre me arregló todo.

- ¿Por qué no nos lo dijiste?

- No había ninguna razón para hacerlo. Lo importante era que la gente necesitaba ayuda y yo podía ayudar.

- Quiero preguntarles algo. Prométanme que no le contarán esto a nadie.

Todos asintieron de acuerdo.

- Simplemente no entiendo una cosa, dijo Regina:

- ¿Cómo supiste sobre el problema de Clara?

¡No lo hablamos con nadie!

Olvidé decirlo: cuando era niño, mi madre se ofreció como voluntaria para enseñar clases de lenguaje de señas y también lectura de labios en una institución para personas con discapacidad auditiva.

La acompañé, lo encontré interesante y quise aprender también. Vi a Clara y Gustavo hablando en la plaza. Entendí lo que dijeron. Por eso me enteré. Como también supe de tu amor, Regina, incluso antes que me lo dijeras. Los vi hablando en el banco de la plaza.

– ¿Quién podría creer una historia como esa?

– Pero es verdad, Paulina, ahora que he terminado de contar, me siento muy bien.

Todavía no he aceptado la muerte de mis amores. Pienso mucho en ellos y parece que los veo cada vez que estoy solo. Pero sé que, poco a poco, estoy recibiendo el perdón de Dios, si es que él realmente existe...

Desde el momento en que llegó, Regina había visto a una mujer joven y un caballero que estaban detrás de Simón todo el tiempo, mientras él contaba la historia.

Regina miró por encima de su hombro como si escuchara algo.

Después de un rato, dijo:

– Simón, no sé si lo creerás, pero aquí está tu tío, a quien conocía, y una chica de cabello oscuro, con cabello largo, muy negro y ojos azules. ¿La conoces?

– ¡Cláudia era así! ¡No puede ser! ¡Ella murió!

– Ella está viva, como antes. La muerte es solo una transformación.

– No hay muerte para el espíritu. Ella quiere hablar contigo sobre algo. Si quieres puede ser a través mío.

– No la conocías, no dije cómo era ella, ¡solo puedes decir la verdad!

– Si puedo hablar con ella, ¡por supuesto que sí! ¡Sería inmensamente feliz!

La Misión de Cada Uno

- Tomémonos de las manos y roguemos a Dios que nos conceda la gracia de poder hablar con esta hermana nuestra. ¡Tenga en sus pensamientos un solo deseo, ayudar!

Entonces lo hicieron. En cuestión de minutos, Regina vio que toda la habitación se iluminaba. Cerca a ella estaba doña Julia, que le puso la mano a la garganta. Cláudia también se acercó, poniéndose de pie detrás de ella, poco a poco, comenzó a hablar:

- *"Teo, mi amor. Me alegro que finalmente volvieras a tu verdadero camino. Cuando viniste a la Tierra, fue para ayudar a otros y así redimir los errores cometidos en encarnaciones pasadas.*

Te alejaste de ese camino, cuando elegiste abusar del dinero y el poder.

Hoy, por fin, estás listo para comenzar tu vida nuevamente, incluso en política, usándola para ayudar a la gente de esta ciudad y tal vez de todo el país. Como político, tienes en tus manos la herramienta para promover el bienestar de todo un pueblo. Tu error no fue involucrarse en política, sino abusar de ella.

Para que tengas la seguridad que soy yo quien estoy hablando, quiero que recuerdes la marca de nacimiento que tengo en mi pierna derecha. Ahora estás en el camino correcto. Los niños y yo estamos muy bien, apoyando tu victoria. Abre tu corazón a un nuevo amor.

No volveré, pero estaré esperando tu regreso, te amo, hoy y siempre."

Regina regresó, agradeciendo a Dios por esa oportunidad. Todo el ambiente brillaba.

- ¡Era ella! - dijo Simón llorando - ¡no podías saber sobre la marca de nacimiento, Regina!

- ¿Entonces la muerte realmente no existe? ¿Está viva en alguna parte?

- Sí, Simón, la muerte del cuerpo existe. Un día, también moriremos, pero el espíritu nunca muere.

– En algún lugar la vida continúa. La muerte es solo un breve adiós, porque un día nos reuniremos con nuestros amigos y enemigos. Esperemos que los amigos sean más.

Zeca no se sorprendió, durante varios días siguió a Regina con sus visiones, pero Simón, Célia, Paulina y Fábio estaban boquiabiertos.

Regina aprovechó la oportunidad para decir.

– Célia, ¿entiendes por qué te dije que era necesario perdonar a tu padre? Él siempre está a tu lado pidiendo perdón. Hasta que lo consigas, aun estará perdido y errante. Siempre estará a tu lado.

Su energía es diferente a la tuya, incluso si no quiere, te hará daño.

Ningún ser humano es perfecto, todos tenemos nuestros defectos, pero Dios, nuestro Padre, siempre nos da el suyo. ¿Quiénes somos para negarle el perdón a un hermano o compañero en el viaje?

– Tiene razón, mi amor – dijo Fábio, conmovido por todo lo que vio –. Aunque todavía no entiendo todo lo que Regina dice, en algo tiene razón. No somos perfectos, hoy estamos juntos y con nuestro hijo.

– Tenemos toda una vida por delante. Olvidémonos del pasado y comencemos de nuevo sin dolor ni resentimiento. – Todo ha terminado, lo perdonaremos para que, como ella dice, tu padre pueda continuar su viaje y nosotros, el nuestro.

– También fui víctima de su maldad, pero si Dios nos dio la oportunidad de estar juntos ahora, y si todo es verdad, ¿por qué no le das a tu padre la oportunidad de redimirse también?

– Tienes razón. Estoy muy feliz como para guardar rencor o dolor.

– Papá, si me estás escuchando, quiero que seas feliz, que continúes tu camino. Ya te perdoné.

– Mi hijo está aquí por tu voluntad.

La Misión de Cada Uno

Podría haberlo matado o haber desaparecido con él y nunca lo habría encontrado. Desearía que fueras feliz.

Regina sonrió al ver a Ofélia se iba con aquel hombre, que hacía mucho tiempo había pecado con amargura. Se acercó a su hija y la besó en la frente. Luego, sonriéndole, le agradeció y se fue feliz con Ofélia a una nueva etapa en su vida. Una vez más, Regina le agradeció a Dios.

- Bueno, amigos míos, ahora todo está en paz. Celebremos esta noche de felicidad.

- ¡Que la paz continúe en nuestros corazones! Ya es tarde. No hemos visto pasar el tiempo y mañana será un nuevo día, lleno de trabajo duro y logros. Que Dios nos bendiga, que nuestra amistad sea eterna... - Sonrieron, se despidieron y se fueron a casa sintiendo una paz infinita en sus corazones.

- Paulina estaba sola, intrigada por todo lo que presenció. Nunca podría imaginar que Simón, un hombre tan sencillo y amable, tuviera una historia como esa. Obtuvimos pruebas indiscutibles que su esposa había estado allí. La vida después de la muerte realmente existe, ya no podemos dudar.

- Si realmente existe, todavía está vivo y tal vez a mi lado. Regina habló de perdón. ¿Cómo puedo perdonar todo el daño que me ha hecho?

Como realmente hay una vida después de la muerte, debe estar sufriendo mucho. Es lo que más deseo.

Lo siento, Dios, ¡pero parece que no puedo tener otra cosa por él! ¡No podías haberme hecho eso! ¡Acabó con mi vida!

Simón, a su vez, en la calle miraba al cielo. La noche era hermosa, el cielo muy estrellado.

Había una brisa fresca, pero no molestaba. Su corazón se sentía ligero. Ahora, sabía que tu esposa y los niños seguían vivos y felices.

Después de todo lo que sucedió hoy, ya no puedo dudar de la existencia de Dios.

Ahora que todo se ha aclarado, puedo continuar el proyecto Grutón sin tener que esconderme.

Todo ese dinero que he obtenido por medios innombrables se utilizará para ayudar a la gente de ese lugar. Aprendí que no necesito nada más que lo que ya tengo para ser feliz.

Entró en la casa. En una cómoda, había una fotografía de su tío, que parecía estar sonriéndole. Se acostó y durmió tranquilamente, sin pensar en lo que había sucedido. Se acostó con la figura de Cláudia, viva, hablando con él a través de Regina.

Zeca y Regina llegaron a la puerta de su casa. Habían acordado que no dormirían juntos hasta que Clara se fuera, especialmente porque era antes de la boda.

Su amor era puro y no querían avergonzar a la joven. Se besaron y él fue a su habitación en la parte trasera de la casa de Robertito. Fábio también se despidió de Célia y fue a su casa.

Se encontró con Zeca cuando llegaron a la puerta. Fábio preguntó:

– Zeca, ¿qué me dices de todo lo que pasó hoy? Estoy unos días con Regina presenciando muchos hechos similares.

– Por eso no me sorprendió lo que vi. Ella tiene un don que le hace ver y escuchar espíritus.

– ¿Realmente crees eso?

– Sí, porque solo me lo dijo, después que le conté que yo también había visto uno.

– ¿También viste espíritus?

– Sí, pero es una larga historia, te lo contaré en otra ocasión. ¿Entremos? Mañana será otro día – Entraron. En casa de Consuelo todos dormían. Fábio no hizo ruido. Estaba cansado, pues todo estaba sucediendo muy rápido.

Su vida estaba cambiando sin que él pudiese evitarlo. Afortunadamente para mejor.

La Misión de Cada Uno

Ahora, con la mujer que amaba y el hallazgo de su hijo, solo podía estar feliz. Se acostó.

Al amanecer el sol brillaba intensamente. Zeca se despertó y se quedó un rato en la cama, pensando en todo lo que había sucedido en tan pocos días, acerca de los secretos que se habían revelado.

Célia, Simón y él, ahora estaban unidos por revelaciones que surgieron espontáneamente. Para que ellos se mostraran como realmente eran, todo fue muy positivo.

Ya no necesitaban esconderse en el anonimato. Ahora podrían trabajar en el proyecto y ayudar con el dinero necesario. ¡El dinero que tenían los tres era demasiado!

Se levantó, se duchó. Había acordado arreglar un jardín. Amaba su trabajo, nunca dejaría de ser jardinero.

Mover la tierra, ver la semilla germinar y crecer, era todo lo que quería en la vida. En esta profesión encontró su verdadera vocación.

No necesitaba más dinero del que podía obtener de su trabajo.

Durante el poco tiempo que estuvo en la ciudad, fue más feliz que nunca. Sabía el verdadero valor de la amistad y el placer de trabajar en algo que realmente le gustaba. Fue a casa de doña Consuelo, que estaba terminando su café.

– Buenos días, doña Consuelo.

– Buenos días, Zeca. Entra y ven a tomar un café.

Entró y se sentó. Ella le ofreció café con leche y pan caliente. No aceptó, solo quería café y conversar.

– Me alegra saber que todo terminó bien. Célia y Fábio son felices. Robertito, ¿cómo está?

– La tormenta estaba sobre mi techo, pero pasó, gracias a Dios. Robertito está muy bien.

Feliz con sus regalos.

– Muy pronto, no podré mantenerlo en la cama. Me alegra que le hayas dado los carros, Zeca.

Le gustaron mucho y pasa la mayor parte del día jugando con ellos.

– Es un chico fuerte, pronto estará bien y le contará las novedades a la gente.

Todos lo extrañan.

– Qué bueno que todo ha vuelto a la normalidad. ¿Dónde estuviste ayer con Fábio?

Escuché cuando llegaron y ya era demasiado tarde.

– Estábamos en la casa de Paulina, escuchando una historia.

– ¿Historia? ¿Qué historia? ¿De quién?

– ¡Doña Consuelo! Doña Consuelo... quiere saber mucho.

– Se lo diría, pero no tengo tiempo, mis amigos ya deben estar esperándome para nuestro café de la mañana y hoy voy a trabajar. Fábio tiene más tiempo y te lo contará todo.

– De acuerdo, Zeca. No entiendo por qué quieres seguir siendo jardinero.

Ahora que todo se ha aclarado, puedes volver a tu casa y retomart tu profesión.

– No, doña Consuelo. Mi profesión es la de jardinero. Con las plantas y la tierra, encontré una inmensa felicidad. Todo lo que tenía en el pasado era solo apariencia. Hoy, tengo a la mujer que amo a mi lado y trabajo en lo que me gusta.

– Hablando de eso, ¿cuándo te casas? ¿Dónde vivirán?

– Estamos esperando que Clara vaya a la universidad y seguiremos viviendo en la casa de Regina.

No tengo la intención de comprar otra, ¿para qué?

Después de la historia que escuché ayer, estoy aun más seguro. Nada vale más que el amor entre dos personas. El resto está de más...

La Misión de Cada Uno

– Estoy de acuerdo, ya tienen una casa, no necesitan otra. Pero puedes tener uno mucho mejor... No es asunto mío, ¡todo lo que realmente quiero es que seas muy feliz!

– Lo seremos, doña Consuelo, lo seremos. Hasta luego. Tu café, como siempre, es muy bueno –. Zeca salió de la casa. Miró al cielo y respiró hondo.

Saludó a las personas que encontró en el camino:

– ¿Qué necesito de esta vida?

Este aire fresco, la tierra y estas personas que gustan de un simple jardinero. Qué extraña es la vida. Las personas se matan para conseguir más dinero, sin saber que puede darles todo, menos la alegría de vivir...

Llegó al bar. Célia, Paulina y Simón conversaban:

– ¡Buenos días a todos! Llego tarde porque tomé un café con doña Consuelo.

– Robertito, ¿cómo está?

– No te preocupes, Célia, pronto estará caminando, averiguando y chismoseando las noticias.

– ¿Sabes lo que he estado pensando? ¡Mi hijo será un gran periodista! ¿Qué piensan?

– Creo que sí – respondió Zeca mientras los demás se reían – aunque dijo que lo era, no lo será.

– Estaría bien aquí, detrás de la barra – dijo Simón sonriendo –, es el lugar ideal para enterarse de todo.

– Pero entonces, Simón, ¡sería el segundo! ¡Él siempre quiere ser el primero!

– Estoy de acuerdo con Célia, ¡él será periodista!

– Buenos días – dijo Regina llegando –, perdón por llegar tarde, me quedé dormida.

– No hay problema, siente allí que te serviré. Regina se sentó al lado de Zeca.

Simón terminó de servir a todos. Como siempre, tuvo que quedarse detrás del mostrador sirviendo a los clientes, pero participando en la conversación:

– Necesito agradecerles por toda la paciencia que tuvieron al escucharme y, como estoy notando, ahora, todo continuará como antes. Están aquí, como si nada hubiera pasado...

– ¿Crees que algo ha cambiado? – preguntó Regina.

– ¡Claro que no! Solo si prefieres que te llamen Teodoro.

– No gracias. Prefiero quedarme solo como Simón –. Se rieron, siguieron hablando y tomando café.

– Zeca, ¿puedo ir a trabajar contigo? Es mi día libre en el puesto. También me encanta trabajar con la tierra.

– Por supuesto que puedes, Regina. Será un placer.

Simón estaba recogiendo las tazas del café, cuando Paulina quiso ayudar. Sus manos se tocaron, se miraron a los ojos.

Se miraron como si fuera la primera vez que se veían. Los otros notaron que algo diferente estaba sucediendo allí. Paulina miró su mano, que todavía estaba bajo la mano de Simón.

Ella abrió mucho los ojos y la retiró. Comenzó a llorar y salió corriendo.

Estaban asombrados. Zeca preguntó:

– ¿Qué le pasó? ¿Por qué corrió así? – Simón, todavía sintiendo el calor de la mano de Paulina, respondió asustado:

– ¡No entiendo!

Mejor voy tras ella.

– Creo que sé lo que pasó. Regina, tranquila como siempre, dijo:

– Descubrió algo, pero no entiendo por qué se puso tan nerviosa. Dejemos que lo piense, nos encontraremos aquí más tarde y lo sabremos todo. Simón, creo que también deberías pensar en lo que pasó...

La Misión de Cada Uno

Simón no sabía qué decir. Todo fue muy rápido. Célia fue a la plaza, donde la esperaban los niños. Zeca y Regina se fueron. Simón estaba solo, pensando: ¿qué pasó aquí?

¿Por qué sentí eso tan pronto como toqué su mano? ¿Por qué, al mirarla a los ojos, sentí que era la primera vez? ¿Por qué estaba tan nerviosa?

Los clientes comenzaron a llegar, los atendió uno por uno, pero no pudo olvidar a Paulina y sus ojos.

– Regina, sabes que estoy deseando hablar de anoche, ¿no? Zeca preguntó mientras caminaban.

– Lo sospeché, Zeca, ¿qué quieres saber?

– Entendí todo lo que pasó, pero tengo dudas...

– ¿Cuáles son?

– Aprendí mucho de ti, pero en este caso, no entendí. ¿Podría Dios castigar a una o más personas por los errores cometidos por otra? Simón cree que la muerte de su esposa e hijos fue un castigo.

– ¿Lo fue? Cometió un error, ¡pero su familia no tuvo nada que ver con sus errores!

– Depende de cómo comprendamos un hecho. Ya te dije que no lo sé todo, pero de lo que dijo, puedo sacar algunas conclusiones. La humanidad ha aprendido a considerar la muerte como un castigo.

Lo cual no es así, porque un día, todos moriremos. Entonces, ¿todos seríamos castigados? ¿Inocente o no?

El tiempo que pasamos aquí en la Tierra es demasiado corto para la eternidad.

Setenta o incluso cien años pasan muy rápido. Piensa en todas las personas que conoces o que has conocido.

¿Me puedes asegurar que alguno de ellos es o fue completamente feliz?

– No, Regina, no puedo. Todos tenemos momentos de felicidad, pero nunca es para siempre...

– ¿Ves? Dios es perfecto y no haría algo que no funcionara.

Si somos sus hijos, somos sus herederos, por lo tanto, con derecho a todo, toda la gloria y toda la felicidad.

Si no tenemos éxito es porque, aquí, no es nuestro verdadero lugar. Estamos en la Tierra simplemente aprendiendo y creciendo espiritualmente. La muerte no es un castigo o un final... es solo el regreso a casa.

Simón no fue castigado, ni su familia. Todo fue la voluntad mayor que impulsa nuestras vidas.

– ¡Él cree que tuvo la culpa!

– Como creías que tenías la culpa de la muerte de tu hermano.

Incluso te dijo que no fue tu culpa, ¿lo olvidaste?

– No, pero fue diferente con él. Él eligió su camino. ¡La familia de Simón, no!

– Jesús dijo: Se les pedirá mucho a quienes se les ha dado mucho...

– No entiendo...

– Te dije que cuando nacemos, traemos algunos deberes con nosotros.

Deberes que nosotros mismos elegimos y nos propusimos hacer. En el caso de Simón, llegó aquí para ser un político, pero un buen político.

El político tiene el poder de hacer leyes. Estas leyes, deben ayudar a las personas de una nación.

La mayoría de las veces, este poder se usa para beneficio propio, sin importar a cuántos esté perjudicando. Cuando esto sucede, están acumulando deudas que deben pagarse.

Como todos los demás, el político algún día volverá al plano espiritual y se le cobrará mucho más que a otros.

La Misión de Cada Uno

Él, con su ambición, no lastimó a una o dos personas, sino a todas las personas de una nación.

Simón debe haberse comprometido a ser un buen político. Cuando llegó aquí, en el cuerpo físico, se dejó involucrar y desviarse del camino. Su familia vino con él para ayudarlo a cumplir su misión.

Quizás, en el momento en que se desvió, ya no era necesario que se quedaran aquí.

Ella no fue sacrificada, como muchos podrían pensar. Simplemente regresó a su lugar original.

Su misión era ayudar a Simón, una vez más utilizó a su familia como una excusa para su ambición.

Dios, en su infinita sabiduría, los sacó de su convivencia para que él, solo, pudiera encontrar su camino y crecer espiritualmente. Una vez más, usando su libre albedrío, se retiró y ahora está volviendo al camino, lo que se refleja en el proyecto Grutón.

- Si no nos hubieran pasado cosas malas, ¿no habríamos llevado a cabo el proyecto?

- Tal vez sí, porque de una forma u otra nos encontraríamos, tendríamos la oportunidad.

Dependería solo de nuestro libre albedrío.

- Con esta explicación casi puedo entender...

- ¡¿Casi?! ¿Qué más te preocupa?

- Aun así, ¿fue su muerte causada por él?

- No lo sé, tal vez habrían muerto de la misma manera, si hubiera estado en sus destinos.

- No entiendo todo sobre los caminos de Dios. Solo sé que Él lo sabe todo y que nosotros no sabemos nada.

- Lo importante es que, hoy por hoy, Simón está en el camino correcto y con esta actitud ayudará a muchas personas.

- Ahora puede volver a la política, postularse para un cargo, ser elegido y esta vez, usar su poder para el bien.

Esa es la voluntad de Dios. En cuanto a su esposa, por lo que vi, está muy bien y rodeada de mucha luz. Llegaron a la puerta de la casa, donde Zeca iba a trabajar. Pasaron el día juntos, ella lo ayudó a replantar las plántulas de flores. Había armonía perfecta.

Paulina, llegó llorando a su casa: ¿qué pasó? ¿Por qué sentí ese escalofrío sobre mi cuerpo cuando mi mano tocó la suya?

Nunca lo miré con otra intención que no sea amistad. ¿Por qué esa mirada era diferente? ¿Está surgiendo algo entre nosotros? ¿Estoy enamorada? No, Dios mío.

¡No puede ser! ¡Nunca podré unirme a él, ni a nadie más! ¡Nunca! ¿Qué voy a hacer?

Tal vez mejor me vaya, regresar a mi casa en la capital. Sé que un día pedí un camino, ¡pero no éste!

¡Regina habla de perdón! ¿Cómo puedo perdonar a Arnaldo? ¡Acabó con mi vida!

Mientras tanto, Fábio, al despertarse, fue a la cocina.

- Buenos días, hijo mío - Consuelo lo saludó - llegaste tarde ayer, ¿qué pasó?

- No pasó nada, mamá, ¿por qué preguntas? - Zeca dijo que tienes una historia que contarme.

- ¿Dijo eso?

- Dijo que es una larga historia. Comenzó a contar, pero tuvo que irse.

- Había sido contratado para arreglar un jardín.

- ¡Te lo contaré, mamá! ¡Estoy sorprendido hasta ahora! - Comenzó a contar desde el momento en que reconoció a Simón. Mientras escuchaba a su hijo, Consuelo se puso triste.

- Cuando terminó de hablar, ella dijo:

- Estoy muy triste. Simón me cae muy bien.

La Misión de Cada Uno

Recuerdo el día en que llegó. Estaba abatido y triste, pero con el tiempo su rostro cambió.

Cuando murió su tío, volvió a recaer.

- Entonces volvió a ser como antes. Varias veces, vi a Simón ayudando a algunas personas con comida. ¿Quién hubiera adivinado que había un drama detrás de esa cara amigable?

- Sí, mamá, pero todos tienen una historia. Nosotros tenemos las nuestras.

- Qué bueno que al final todo salió bien. Voy a la plaza Marisa debe estar enseñando a los niños.

- También quiero ir a la plaza -. Dijo Robertito -, entrando en la cocina.

- ¡No puedes aun! Debes descansar unos días más.

- Estoy bien, mamá. Célia debe estar extrañándome... ella pensará que ya no quiero aprender...

- Robertito, ya eres lo suficientemente grande como para saber que necesitas estar totalmente bien.

Sabes que esta lesión fue grave, por lo que debe seguir las instrucciones del médico.

Te dijo que descansaras. Célia sabe cuántotle gusta pintar y también espera tu regreso, pero aun no puedes. Regresa a la cama. Te llevaré tu café.

Robertito enfurruñado, volvió a la habitación. Tomó los carros y los puso en la cama.

El día transcurrió como de costumbre. Cada uno cumpliendo su obligación. Al final de la tarde, como todos los días, Zeca y Regina fueron al bar para la tradicional bebida de la tarde. Cuando pasaron la plaza, vieron a Célia y Fábio hablando.

- Ellos están felices. El reencuentro de dos personas que se aman es siempre una manifestación de Dios -. Zeca apretó más su hombro:

– Al igual que nuestro reencuentro, Regina, también fue una manifestación de Dios. Desde que te conocí, mi vida ha cambiado y hoy soy el hombre más feliz del mundo –. Felices llegaron al bar. Simón estaba solo.

– ¿Qué pasa, Simón? ¿Estás solo?

– Sí, Zeca, de momento son los primeros en llegar, veo que Célia y Fábio están allí en la banca de la plaza, Paulina ya debería estar aquí. ¿me preguto si ha pasado algo?

– No creo que haya pasado nada grave, pero si ella no viene, Célia y yo iremos a su casa pronto.

– Creo que ella necesita tener una conversación exclusivamente de mujeres.

– ¿Qué quieres decir, Regina? ¿Ella está enferma?

– ¡No, Simón! Ella no está enferma, al menos no es una enfermedad física, sino del corazón.

– ¿Del corazón? ¡Entonces, está enferma!

– No del corazón físico, pero puede estar enamorada...

– ¿Enamorada? ¿Realmente crees eso?

– Quien sabe...

– Bien, entonces esperemos. ¿Qué puedo servirte?

– Un jugo de naranja, ¿podría ser?

– Claro, señora, ¡ya sale!

Fue a preparar el jugo, Regina le guiñó un ojo a Zeca. Fábio y Célia también se acercaron. En sus caras se podía ver la felicidad que los invadía.

– ¡Hola amigos! ¿Llegamos tarde?

– No, Célia, estoy feliz de verlos tan bien.

– ¡Sí, Regina! Gracias a Dios, todo lo malo ha terminado. Nuestro amor fue más grande que cualquier cosa... – Se sentaron y comenzaron a conversar. Simón apenas participó en la conversación.

La Misión de Cada Uno

Sus ojos estaban siempre en dirección de la casa de Paulina.

Sin poder soportarlo más, dijo:

- Paulina no vino, ¿me pregunto si le pasó algo?

- También la echo de menos, Célia, ¿vamos allí a ver qué está pasando? - preguntó Regina.

Célia asintió y se fueron, Simón las siguió con la mirada.

- ¿Qué pasa, Simón? ¿Por qué estás tan preocupado?

- He estado así desde la mañana, Zeca, no sé por qué Paulina salió corriendo sin decir nada.

- ¿Realmente no lo sabes, Simón?

- ¡No, Zeca! También estaba intrigado. Cuando la miré en ese momento, fue como si la hubiera visto por primera vez. Sentí algo que no había sentido en mucho tiempo. Sentí un enorme deseo de abrazarla y besarla.

No sé lo que está pasando...

- Eso tiene un nombre... amor...

- ¿Amor? ¿Estás loco? ¡Ella es mi amiga!

- ¿Quién te dijo que, entre dos personas que se aman, no puede haber amistad?

- ¡Imposible! ¡Hasta hoy solo sentí amistad por ella!

- ¿Por qué estás tan preocupado? ¿Tan nervioso?

- ¡Estoy tan nervioso y preocupado como lo estaría si uno de ustedes no viniera! ¡Son mis amigos!

¡Me preocupo!

- ¿En serio? Bien... esperemos a que las chicas regresen y sabremos qué pasó.

Regina y Célia tocaron el timbre en la casa de Paulina. Ella tardó demasiado en responder.

Cuando abrió la puerta, tenía los ojos rojos, como si hubiera estado llorando todo el día.

- ¿Podemos pasar, Paulina? Estamos preocupadas...

- No sé si seré buena compañía, no me siento muy bien y no sé si quiero hablar.

- Queremos hablar contigo. Los amigos son para tiempos difíciles.

Quizás tu problema no sea tan grave y juntas podamos tratar de resolverlo.

- No, Regina, mi problema no tiene solución. Pero entre, tomemos un café y hablemos –. Entraron y se sentaron, Regina preguntó:

- ¡Estabas llorando y parece que mucho!

¿Qué está pasando?

Nada es motivo de desesperación, todo siempre tiene una solución. Dios es nuestro Padre y nos cuida todo el tiempo...

- Regina, no me hables de Dios. Él puede ser el padre de todos menos el mío. Para mí fue un padrastro cruel. ¡No creo en él!

- No hables así. Para ti también, ha llegado el momento de resolver tu problema, como sucedió con Zeca, Célia y Simón. El hecho que todo vaya tan rápido, nos muestra que Dios tiene prisa.

- Todos los que abrieron sus corazones, hoy están bien. Zeca y Célia encontraron su camino y Simón ahora puede comenzar de nuevo.

- ¿Quién sabe, tal vez ocurra lo mismo contigo? Por todo lo que estás sintiendo, tú y Simón, quién sabe, ¿tal vez puedan volver a empezar juntos?

- ¡No! ¡Eso no puede pasar! ¡No puedo empezar de nuevo con él ni con nadie!

- ¡Por eso tengo tanto miedo!

- ¿Por qué no puedes empezar tu vida de nuevo? ¡Todos pueden!

- ¡Todos menos yo! ¡Porque no tengo vida! ¡Estoy condenada! ¡No sé cuánto tiempo me queda! Regina y Célia se sorprendieron. Nunca podrían imaginar que ella tuviera algún tipo

La Misión de Cada Uno

de enfermedad. Saludable, ruborizada y con un aspecto desbordante de salud.

— ¡No puedo creerlo, Paulina! ¡Debes estar equivocada!

— No, Célia. ¡No me equivoco! Tengo una enfermedad fatal. Estoy bien, pero en cualquier momento se manifestará.

— Si quieres, puedes contarnos todo. Podría hacerte bien.

— Como dijiste, Regina, tu Dios tiene prisa. Ha llegado mi turno, pero quiero decirles a todos a la misma vez. No sé si podré repetirlo. Vayamos al bar, hablaré con los chicos y esta noche estaremos sentados aquí nuevamente, en este mismo lugar. Les contaré todo y espero que el miedo y los prejuicios no los alejen de mí.

— ¡Nada interferirá con esta amistad, Paulina!

— Eso espero, Regina, ya estoy más tranquila, ¿vamos al bar?

— Vamos, todos están preocupados.

Paulina se pasó el cepillo por el cabello, se fueron. Al llegar al bar, los muchachos se pusieron de pie para recibirlas. Simón estaba detrás del mostrador. Miró a Paulina, al ver sus ojos rojos, no tuvo el coraje de preguntar. Ella saludó a todos e hizo todo lo posible por no mirar a Simón a los ojos.

Se dio cuenta y sintió una opresión en su corazón.

— Perdón por mi retraso. Y eso que no estoy bien, pero las chicas me convencieron que debería venir aquí, porque es en tiempos difíciles que debemos estar con nuestros amigos.

Zeca miró a Regina y notó un aire de preocupación, vio que algo serio estaba pasando, preocupado, dijo:

— Siéntate. Así es, Paulina. Puedo ser testigo de cómo la presencia de amigos solo puede hacernos bien.

Simón, por primera vez, permaneció en silencio. No sabía qué decir o hacer.

Regina, sintiendo el sufrimiento de su amiga, dijo:

— Simón, sírvenos un refresco.

– Paulina tiene algo que decir, y es importante que todos presten atención.

– Regina tiene razón. En pocos días, todos los secretos salieron a la luz. Ahora ha llegado mi turno.

– Me gustaría decirles a todos, porque siento que no podré repetirlo. Así que les pido que vengan a mi casa esta noche. Repetiremos lo que hicimos ayer, pero ahora, la historia será mía.

Ella hablaba todo el tiempo sin mirar a Simón.

– ¿Puedo ir yo también? – preguntó en agonía.

Solo que ahora ella lo miró y, sonriendo, respondió:

– Por supuesto que puedes, Simón, es por ti que lo contaré –. Sintió pasión y dolor en sus ojos.

– ¡Qué bueno, pensé que ya no te caía bien!

– ¡Claro que me caes bien! Todos me caen bien, son mis verdaderos amigos, espero que me entiendan y me ayuden... Hablaron durante unos minutos más, pero el ambiente era tenso.

Mientras se despedían estaban muy confundidos.

En el camino, Zeca, que acompañaba a Regina, preguntó:

– Regina, ¿qué está pasando con ella?

¿Tú sabes?

– Casi nada, pero lo poco que me dijo me preocupó. No por el hecho en sí, sino por su actitud sobre eso.

– ¡No estoy entendiendo! ¿Puede ser más clara?

– Puedo, pero no lo haré. Prometí que no se lo diría a nadie.

– ¡Deja de ser curioso! Ella misma quiere decirlo, debemos respetarlo. ¿Quieres cenar conmigo en casa?

– Sí, necesito acostumbrarme a tu comida. Entraron.

Clara estaba en casa y, para sorpresa de Regina, estaba preparando una buena cena.

– ¡¿Qué está pasando?! ¡No puedo creerlo! ¡Mi hija en la cocina! ¡No puede ser!

La Misión de Cada Uno

- No entiendo tu sorpresa. Siempre he cocinado e invitaba a Gustavo a cenar.

- Te busqué en el puesto, me dijeron que era tu día libre. Decidí que prepararía la cena.

- ¿Hice mal, mamá?

- ¡No hija! Lo hiciste muy bien. Tenemos hambre, Zeca y yo trabajamos mucho hoy.

- ¿Trabajaron? ¿Dónde?

- Como era mi día libre, fui con él a hacer de jardinera y confieso que me encantó trabajar con la tierra.

- Cada día, es un día extra de aprendizaje. Nunca pensé en ver a mi madre como jardinera. - Gustavo llegó después.

- ¡Hola Gustavo! ¿Viniste para arriesgarte con la comida de estas dos? ¿Sobreviviremos?

- No lo sé, Zeca, pero a medida que nuestro cuerpo produce anticuerpos, tenemos que acostumbrarnos, porque tengo la intención de comer la comida de Clara, ¡por mucho tiempo! Tengo que estar preparado...

Regina y Clara, que estaban en la cocina preparando la cena, cuando escucharon la voz de Gustavo, fueron a la sala de estar y llegaron justo en el momento en que él decía las últimas palabras.

- ¿Qué dices, Gustavo?

Doña Regina, ya que Clara y yo vamos a la universidad, y que además nos amamos, me gustaría casarme con ella, creo que su consentimiento para nuestro matrimonio es importante.

- ¿Matrimonio? ¡Son muy jóvenes! ¿Tu padre ya lo sabe?

- Sí, matrimonio, ¿o prefieres que tu hija viva con un hombre sin casarse?

- Como dijiste, somos jóvenes, pero nos hemos amado desde que éramos niños. ¿En cuanto a mi padre?

- Después de enterarse del dinero que recibió Clara, cambió de opinión.

- Hoy, ella tiene mucho más que él, ¡así que está feliz de tenerla como nuera! Lo que el dinero hace -. Regina, atónita, escuchó a Gustavo. No esperaba eso. Zeca a su vez, le hacía gracia su expresión.

- ¡Cierra la boca, Regina! ¡Tu hija se va a casar! ¿Cuál es el problema? ¡Sé feliz, ella encontró un gran esposo!

- No sé qué decir, no lo esperaba. ¿Qué digo?

- Solo di que sí. Gustavo es un buen tipo y hará feliz a Clara.

- También creo que es mejor que se casen. Viviendo juntos, uno ayudará al otro en sus estudios. ¿No es así, chicos?

- ¡Así es, Zeca! Esa fue nuestra primera intención.

- ¡Lo sé, muchacho! - dijo Zeca burlonamente - ¿Pensaste en el estudio primero? ¡Eso es muy bueno!

- Por eso preparé la cena. ¡Queremos celebrar! - Dijo Clara.

- Sabía que había una razón. Muy bien, les doy mi bendición y les deseo todo lo mejor.

- Gracias mamá. Sabes que te quiero mucho y que nunca olvidaré a la maravillosa madre que siempre fuiste y sigues siendo. Sí, durante mucho tiempo, fui desagradecido, me aproveché de ti.

- Ahora, hija mía, todo ha pasado. Estoy feliz por ti. La vida es así, aprendemos todos los días. Ahora comenzarás tu vida con un buen hombre que te ama. No todos son tan afortunados. Espero que estés muy feliz.

- ¡Danos muchos nietos! Serán mis nietos prestados, ¡pero prometo que los amaré mucho!

- Gracias mamá, gracias Zeca. Espero que también seas feliz.

- Mamá, ¡la olla se está quemando!

Las dos corrieron hacia la cocina, de donde salía mucho humo. Regresaron poco después. Regina sostenía una olla de la que aun salía humo.

La Misión de Cada Uno

– Bueno, nuestra cena tendrá que ser sin carne, a menos que quieran comer carbón. Clara estaba inconsolable.

– ¡Precisamente hoy que quería que todo fuera perfecto!

– ¡Todo es perfecto, Clara! Tengo que acostumbrarme a eso. En la capital, hay muchos restaurantes, no te preocupes.

Se rieron Regina tomó algunos huevos, diciendo:

– Lo que no tiene remedio, remediado está. ¿Comemos huevos?

– ¡Te garantizo que será una cena maravillosa! Comieron felices. Entre los cuatro, la paz regresó.

Elisa Masselli
22.- Historias de pérdida

Después de la cena, Regina y Zeca fueron a la casa de Paulina. Estaban preparados para otra noche de gran emoción. Cuando llegaron, Paulina ya los estaba esperando. Un poco abatida, pero con una expresión tranquila.

Después llegaron los demás. Paulina recibió a todos con una sonrisa.

Se sentaron alrededor de la mesa. Ella comenzó diciendo:

- Amigos míos, lo que les voy a contar es un secreto que he guardado durante mucho tiempo. Y es la razón por la que estoy aquí.

Simón la miró y vio a una mujer nueva, diferente a la que había visto hasta ahora.

No entendió ese sentimiento extraño. Desde toda esa tragedia en su vida, nunca se había sentido atraído por otra mujer. Pero ahora, disfrutaba mucho mirándola.

¡La conozco desde hace mucho tiempo! ¿Por qué fue eso justo ahora?

- Paulina - dijo -, no sé qué vas a decir, pero quiero decirte que, sea lo que sea, mis sentimientos por ti no cambiarán.

Aprendí a conocerte y a quererte tal como eres. Así que te digo: no tienes que decir si te duele.

- Gracias, Simón. Pero creo que, si comparto mi problema con ustedes, si me entienden y aceptan, sentiré que tengo el apoyo de todos, lo que definitivamente necesitaré.

Pensé mucho durante todo el día, por eso llegué a la conclusión que sería mejor decirlo.

La Misión de Cada Uno

Es difícil experimentar el sufrimiento sola.

Así qu voy a empezar. Nací y crecí en esta ciudad. Siempre odié vivir aquí.

Encontré la ciudad y sus habitantes aburridos, así como muy pobres. Soñaba con una vida de lujo y viajes por todo el mundo. Cuando cumplí quince años, logré convencer a mis padres que me dejaran ir a la capital a vivir con una tía, la hermana de mi padre. Prometí estudiar, trabajar, porque si me quedaba aquí, no podría tener una profesión. Aunque las niñas fueron educadas para el matrimonio y los hijos, ese no era mi sueño. Quería tener una profesión y ser independiente. Finalmente, estuvieron de acuerdo y, felizmente, me fui a la capital y hacia mis sueños. Cuando llegué allí, me fui a vivir con mi tía.

Era viuda y vivía sola. Sus hijos ya estaban casados, así que me recibió con mucho cariño, porque desde ese momento, le haría compañía. Ella me inscribió en una escuela para asistir a la escuela de pedagogía. Yo quería ser maestra. Aunque todavía no pensaba en tener mis propios hijos, amaba a los niños y quería enseñarles a leer y escribir. Me encantó el curso y la ciudad.

Todo era nuevo, las calles y sus rascacielos me encantaron.

Cuando vi el ascensor por primera vez tuve miedo, pero al mismo tiempo estaba encantada.

Mi tía me trató con mucho cariño. Todo fue perfecto. Escribí a mis padres, contándoles acerca de mi felicidad.

Estudié mucho y, al final del primer año, pasé con honores. De vacaciones, a pedido de mis padres, vine a pasarlas aquí, pero siempre estaba ansiosa para que el tiempo pase y pudiera regresar.

No tenía nada que me retuviera, ni que me obligara a quedarme aquí, así que me limité a venir de vacaciones.

Finalmente había llegado el día. Regresé feliz a mi tía. Finalmente había encontrado mi felicidad, lejos de esta ciudad, su gente y su pobreza. Empecé las clases de nuevo.

En el primer año, me hice amiga de algunas chicas que asistieron a mi escuela, pero mi mejor amiga se llamaba Norma. Nos volvimos inseparables. Ella siempre venía a mi casa y yo iba a la suya.

Mi tío tiene una compañía, un día le pedí que le consiguiera un trabajo.

Me dijo que vería si había una vacante. Quería tener su propio dinero.

- También me gustaría tener mi propio dinero. Hablaré con él, quién sabe, tal vez pueda conseguirnos trabajo para las dos.

Así fue. Fue a trabajar en el sector contable y yo como recepcionista.

Al principio mi tía y mis padres no querían.

Dijeron que no necesitaba hacerlo, porque podían mantenerme, pero insistí.

Trabajé solo a tiempo parcial, lo que me permitió seguir estudiando. Pronto aprendí el trabajo y con mi primer salario compré ropa y zapatos. El tío de Norma era un hombre agradable.

Tenía treinta y seis años y era viudo. Su esposa había muerto de una larga enfermedad.

Siempre muy amable, me regalaba chocolates y frutas. Después de seis meses de trabajo, él me llamó a su oficina y dijo:

- Paulina, he notado tu trabajo. Creo que tiene capacidad para más. Estoy pensando en contratarte como mi secretaria. El salario será más alto. ¿Qué dices?

- No sabía qué decir, estaba bien en mi trabajo, aunque me parecía aburrido, pero nunca pensé en cambiar. Esa oferta me emocionó. Podría convertirme en secretaria, una profesión mucho mejor que una recepcionista.

- Si cree que soy capaz, me gustaría mucho.

- Puedes hacerlo, lo sé. Comenzarás el lunes. Voy a contratar a otra chica para que tome tu lugar.

La Misión de Cada Uno

- Está bien. Le enseñaré todo mi trabajo.

Llegué a casa y le conté a mi tía, a quien no le gustó:

- ¡Secretaria no es una profesión bien considerada!

No avisé y estaba ansiosa por comenzar a trabajar. Me estaba enseñando todo el trabajo.

- Después de dos meses, estaba haciendo todo el trabajo por mí misma y él continuó dándome chocolates y fruta.

Una tarde, me llamó diciendo seriamente:

- Paulina, hoy, necesitaré que te quedes un poco más tarde. Estoy esperando una llamada del extranjero y, al mismo tiempo, tengo que ir a una reunión.

¿Tienes algún problema?

- No señor. Solo necesito avisarle a mi tía.

- Haz eso, tan pronto como atiendas la llamada, puedes irte.

- Acepté y llamé a mi tía. No le gustó, pero no me importó. Se fue, estaba solo en la oficina. Sonó el teléfono, era realmente del extranjero. Escribí el mensaje, dejé el papel en su escritorio y me fui.

Al día siguiente, me felicitó. Esa práctica se convirtió en rutina. Una o dos veces por semana me quedé hasta más tarde. Mi tía estaba preocupada, pero siempre la tranquilizaba.

Una noche en la que me quedé hasta tarde, tuvo que irse temprano:

- Paulina, tengo que irme, pero hoy volverán a llamar. Por favor escribe el mensaje y ponlo en mi escritorio.

- Lo haré, no se preocupe.

Se fue, yo seguí trabajando. Cuando todos en la oficina se fueron, él regresó con un enorme ramo de rosas rojas.

- Desde que te convertiste en mi secretaria - dijo sonriendo -, los negocios han ido bien y, con tu ayuda, ya he ganado mucho dinero. Por eso, decidí darte estas rosas. Espero que te gusten.

- Avergonzada, tomé las rosas envueltas en celofán blanco y con un enorme lazo rojo.

- Lo miré sin saber qué decir:

- Muchas gracias, pero no es necesario que me dé un regalo. Solo estoy cumpliendo con mi trabajo.

- No tienes la obligación de quedarte después de la hora. Lo haces porque eres una buena empleada.

- Además de las rosas, también te daré un aumento salarial.

- Esto está muy bien, doctor. El dinero siempre es bienvenido, si cree que lo merezco, solo puedo agradecerle.

- En eso sonó el teléfono.

- Respondí, lo escribí y se lo entregué; lo leyó y sonriendo dijo:

- ¡Se aceptó otro contrato!

- ¡Más dinero en el negocio va muy bien! Ahora podemos irnos.

Nos fuimos. Estaba feliz de haber recibido las rosas y el aumento de sueldo y él más dinero.

Estábamos hablando sobre el contrato.

Tomamos el elevador y, en la calle, dijo:

- Es tarde, ese taxi te llevará a casa.

- ¡No es necesario! ¡El autobús pasa por la esquina!

- No es justo, te quedaste hasta más tarde por mi culpa. Lo menos que puedo hacer es tener este detalle.

Me subí al taxi. Se despidió con la mano. En el camino, pensé en lo amable que era.

En casa, le conté todo a mi tía.

- ¡No me gusta! - dijo preocupada - ¿Estás segura que no te hizo una propuesta?

- No, tía, no lo hizo. Pasó como te lo conté. Solo estaba contento con mi trabajo...

La Misión de Cada Uno

- Cuidado, hija mía. Eres joven y hermosa, él ya es un hombre vivido, solo puede querer algo más.

- No hizo ninguna propuesta, pero si lo hace, sabré cómo responder. No te preocupes, tía, no soy tonta.

- Espero que lo hagas. El hombre sabe cómo involucrar a una mujer, especialmente a una chica como tú.

- Está haciendo una tormenta en un vaso de agua. Él solo me ve como una buena empleada - sonreí, pensando

Pasó el tiempo y, de hecho, me aumentó el salario.

Seguí trabajando hasta más tarde. Cuando llegaba por la mañana, él siempre me daba un chocolate.

Empecé a pensar en él todo el tiempo. En cada llamada que recibía, prestaba atención para ver si no era de una mujer. Empecé a pensar que era guapo. Dormía y despertaba pensando en él.

Pasó el tiempo y se mantuvo atento y amable. Traté de hacer mi trabajo, siempre mejor, para recibir sus cumplidos.

Un lunes, después de pasar el fin de semana, pensando, decidí que me daría notar.

Sabía que lo amaba.

Cuando llegué a la oficina, encima de mi escritorio, había una nota.

"*Paulina,*

me voy de viaje. Mantenga todo el trabajo en orden, escriba todo lo que considere necesario. Hasta luego.

Arnaldo."

Esa nota me cayó como un balde de agua fría. Había pensado en mil maneras de hacerme notar y ahora estaba allí con ese papel en la mano. Llegué a la conclusión que estaba soñando, él me veía solo como una empleada, nada más. Trabajé toda la tarde, sin muchas ganas.

No podía olvidar sus ojos y su sonrisa. Se había convertido en una pesadilla en mi vida.

Elisa Masselli

Una pesadilla que me puso triste y feliz al mismo tiempo. Un sentimiento que no conocía.

Por la tarde supe que recibiría un mensaje. Tendría que esperar.

Ya le había preguntado por qué los mensajes llegan después de horas.

Explicó que era por la zona horaria, que en algunos países la diferencia horaria era de hasta doce horas. No sabía lo que significaba, pero fingí haberlo entendido para no parecer ignorante.

Cuando todos se fueron, seguí esperando la llamada. Estaba triste porque sabía que él no vendría. Entretenida en mi trabajo, no me di cuenta cuando entró y cuando lo vi observándome, me sorprendió y mi corazón comenzó a acelerarse.

Al ver mi expresión, sonrió:

– No te alarmes, Paulina, he estado aquí por algún tiempo.

Tomas tu trabajo muy en serio, ¿no?

Completamente incómoda al estar en su presencia, lo cual no esperaba, respondí:

– Tengo un trabajo que se está retrasando y, como tengo que esperar, pensé que era mejor terminarlo.

– Adelante, no te preocupes por mi presencia.

– ¿No viajó?

– Tenía que irme, pero la llamada que estás esperando es muy importante. Entonces decidí posponer el viaje.

En cuanto reciba la respuesta, me podré ir más tranquilo.

– Continué haciendo mi trabajo.

Todo lo que había planeado para el fin de semana, no pude ponerlo en práctica.

Estábamos allí, solos, y no podía decir lo que había estudiado.

La Misión de Cada Uno

Finalmente, sonó el teléfono. Respondí, escribí y lo transmití.

Cuando terminó de leer, dijo sonriendo:

– ¡Aceptaron! ¡Muchacha, realmente, me das suerte! ¡Con este contrato, ganaré mucho dinero! ¡Vamos!

– Me alegra que todo saliera bien.

Subimos al ascensor. El edificio era viejo, por lo que el ascensor era pequeño. El afor máximo era de cinco personas.

Mientras descendía, hizo un ruido y se detuvo abruptamente.

Nos asustamos y lo siguiente que recuerdo es que estaba en sus brazos y él me abrazó con fuerza.

Sentí mi cara en su pecho.

Un inmenso calor se apoderó de todo mi cuerpo.

Lentamente, levanté la cabeza y nuestros ojos se encontraron. Nos miramos por unos minutos, nuestros labios se acercaron y nos besamos. No sé cómo explicar ese momento.

Era como si no existiera el suelo, pues sentía que estaba levitando. Esto no fue nada comparado con todo lo que había planeado. Cuando nos separamos, él, avergonzado, dijo:

– Lo siento, no sé cómo sucedió.

– Me gustas desde hace mucho tiempo, simplemente no lo dije porque eras mucho mayor. Ahora, con tu reacción, siento que puedo tener esperanzas.

Estuve en silencio, solo me acerqué y nos besamos nuevamente.

El elevador comenzó a funcionar de nuevo. Nos reímos y bajamos. No había nadie en el vestíbulo, nos besamos de nuevo.

– ¿Confías en mí? – Preguntó mirándome a los ojos.

Le respondí que sí asintiendo con la cabeza.

– Entonces, ¿vamos a mi casa? Allí podemos hablar más libremente, tengo mucho que contarte.

No respondí, no pude, me dejé llevar. Me subí a su auto. Cuando se detuvo en un semáforo, me besó de nuevo. Solo pensé en la felicidad que estaba sintiendo. Llegamos a su casa.

La puerta fue abierta por un hombre. El auto siguió un camino. Él detuvo el auto frente a una casa enorme. Salió y abrió la puerta del auto para que yo también saliera. Todo se sintió como un sueño.

Me sentía como Cenicienta. La puerta de entrada se abrió y entramos en una gran sala y vi un ambiente maravilloso. Todo era tan hermoso, nada que hubiera visto en ningún lado.

Siempre abrazándome, me llevó a un sofá. Me senté, fue al bar y me ofreció una bebida.

– Nunca he bebido y no sé cuál será mi reacción.

– No te preocupes, no te pasará nada, quizás te marees un poco, pero, después de todo, esta es nuestra noche.

Estamos felices y tenemos que celebrar...

– Tomé el vaso y bebí. Al principio no me gustó, pero poco a poco me fui sintiendo muy bien.

Mi cuerpo comenzó a calentarse, más de lo que ya estaba. Se sentó a mi lado y comenzó a besarme.

No me resistí, me estaba encantando todo. Para mí, el sueño se estaba haciendo realidad.

Comenzó a acariciar mi cuerpo y yo permanecía callada, solo sintiendo sus manos.

Abrió los botones de mi camisa. Yo, muy feliz, no tenía preocupaciones en absoluto. De repente, se detuvo.

Me abrochó la camisa, diciendo: ¡Paremos! No te quiero solo por una noche.

– Te quiero de por vida. Quiero casarme contigo.

– ¿Casarse? – Le pregunté asustada... – ¿Casarte conmigo?

La Misión de Cada Uno

- Así es, casarnos y ser muy felices. Te amo, así que vámonos ahora mismo.

- Te dejaré en casa y quiero que programes un día para que hable con tu tía y luego con tus padres.

- Hagamos todo bien.

No podía creer lo que me estaba sucediendo. Me besó de nuevo y nos fuimos.

Mi tía lo vio cuando el auto se detuvo frente a mi casa. Me besó por última vez.

Entré en la casa, con una gran sonrisa en mi rostro.

Mi tía, furiosa, dijo:

- ¡Es demasiado tarde! ¡Me preocupé! ¿Qué carro es ese? ¿Quién es ese hombre?

- Mantén la calma, tía. Perdón por llegar tan tarde, pero hoy fue un día muy especial.

Ese hombre es mi jefe. He estado con él hasta ahora. ¡Él quiere casarse conmigo!

- ¿Casarse? ¡Un hombre rico como ese nunca se casaría con una chica como tú!

- ¿Qué estabas haciendo con él?

- ¡No hicimos nada, tía! ¡Acabamos de hablar! ¡Él quiere casarse, sí!

- Entonces quieres programar un día para verte y luego a mis padres.

- Te criaste en el campo, así que eres muy ingenua. ¡Solo se quiere aprovechar! ¡No lo permitiré!

- ¡Quiere casarse! ¡Él quiere hablar contigo y mis padres! ¡Quiere hacer todo bien!

- No lo creo y no puedo asumir esa responsabilidad.

- Mañana enviaré un telegrama para que vengan tus padres. Ellos lo resolverán. Ahora, vamos a dormir.

- Hoy en día todavía hay pocos teléfonos aquí en la ciudad, imagínense hace años.

Mi tía estaba preocupada y hoy lo entiendo. Su responsabilidad era muy grande.

- Imagínense si realmente intentaba engañarme. ¿Qué podría pasar? No me preocupé, sabía que estaba siendo sincero.

Si hubiera querido lastimarme, lo hubiera hecho, porque no me resistí.

Al día siguiente, le conté la conversación que tuve con mi tía y que mis padres probablemente vendrían el sábado. Me dijo que no me preocupara que, estaría en mi casa el sábado, a pesar que iba a viajar al día siguiente.

- No lo he visto en unos días. No sabía cuándo volvería, pero sabía que mis padres estarían aquí antes del sábado. - Llegaron el jueves, vinieron preocupados, porque en el telegrama, mi tía no dijo cuál era el motivo, sino que exigió su presencia.

Cuando llegué a casa del trabajo, mi madre me besó:

- Hija mía, ¿qué está pasando?

Tu tía no quería decirnos. Pensó que era mejor que lo digas tú misma.

- No estaba segura, porque durante toda la semana no había llamado - Estaba en silencio, no sabía qué decir.

Recordé esa noche cuando se detuvo para decirme que quería que todo se hiciera de la manera correcta.

- Mamá, papá, tengo que contar una historia que me está pasando. ¡Me voy a casar!

- ¿Casarte? ¿Cómo? ¡Todavía eres una niña!

Le conté cómo había sucedido todo, omitiendo la parte del beso y todo lo demás. No tenía esa libertad con ellos. En esa época y creo que incluso hoy, las familias no hablan mucho sobre estas cosas.

La Misión de Cada Uno

Mis padres estaban asustados, no porque estuviera saliendo con alguien, sino porque era mucho mayor y principalmente, muy rico. Para mí, nada de eso importaba. Lo amaba, así no fuera, ser mayor o no. Les dije a mis padres que vendría el sábado.

- Hija mía, ten cuidado. No tienes experiencia y un hombre así sabe cómo engañar a una chica, ingenua y pueblerina, como tú...

- No te preocupes mamá. No me pasó nada. ¡Realmente quiere casarse!

- Eso espero mi hija, eso espero...

Al día siguiente, viernes, fui a trabajar aprensiva.

Le prometí a mis padres que se iría a casa, pero ya no estaba tan segura. Esperé toda la tarde, pero él no me lo confirmó. Durante la semana, ni una llamada telefónica, nada. Recibí un mensaje que debería esperar una llamada desde el extranjero. Estaba acostumbrada, así que no le di mucha importancia.

Mi única preocupación era que él volviera. No sabía qué excusa daría a mis padres si eso no sucediera. Mi turno había terminado y nada. Empecé a ordenar el archivo para pasar el tiempo.

Sonó el teléfono, y contesté preocupada:

- ¡Hola! ¿Quién habla?

- Paulina, soy yo. Necesito que escribas un mensaje.

- Sí, un momento - dije muy nerviosa.

- Mi amor. He estado trabajando duro, no tuve tiempo de llamarte. Pero te amo ¿Lo escribiste?

- ¿Arnaldo? ¿Estás seguro de lo que estás diciendo?

- Por supuesto, ¿por qué preguntas eso?

- ¡No puedo esperar a verte! No llamaste, pensé que habías olvidado...

- Sabía que tenía que hacer este viaje. No te olvidé. Te amo y nos vamos a casar.

– Voy a embarcarme esta noche y mañana muy temprano estaré allí. ¿Llegaron tus padres?

– Sí, te esperan en casa mañana a las seis. Les diré que estás viajando y, por lo tanto, no podrás venir...

– ¡Nada de eso! Llego por la mañana y a las seis en punto estaré allí. No quiero posponer nuestro matrimonio por mucho tiempo. Necesito su consentimiento para presentar nuestros documentos de matrimonio en la oficina de registro civil.

– ¿Estás seguro?

– Por supuesto que sí! ¿Por qué? ¿Cambiaste de opinión?

– ¡No! ¡Te amo mucho!

– Está bien. Ahora, toma un taxi y vete a casa.

– Mañana nos veremos y fijaremos la fecha de nuestra boda. Un beso y no me olvides, te amo mucho...

– Un beso. Incluso si quisiera, no podría olvidarte. Yo también te amo...

Colgué el teléfono. Estaba muy feliz. Todo mi sufrimiento, durante la semana, había sido una pérdida de tiempo.

¿Cómo podría pensar que él no me amaba y que no quería casarse?

Fui a casa y confirmé con mis padres la visita. Ellos, aun desconfiados, querían conocerlo.

Mi padre no estaba satisfecho. Yo, tenía dieciocho años, y él treinta y seis. Nos llevábamos dieciocho años de diferencia.

Fue demasiado para ellos, no para mí. Él era todo lo que quería. Al día siguiente me desperté tarde, ya que no había podido dormir. La ansiedad no había permitido, aunque estaba feliz, noté que mi familia no sentía lo mismo. Nada me importaba. Limpié toda la casa, que se veía hermosa y olía bien.

Justo antes de las seis, un auto se detuvo frente a la casa. Era su auto.

La Misión de Cada Uno

Vino con un conductor que se bajó antes y le abrió la puerta. Mi corazón latía con fuerza.

Fui a recibirlo. Mis padres y mi tía no fueron. Cuando se acercó a mí, besó mi frente, sin decir nada. Tomé su mano y lo conduje a la puerta de la sala. Mi padre nos estaba esperando.

Arnaldo, sonriendo, extendió la mano para saludarlo. Mi padre extendió la suya, pero sin sonreír.

Incluso diría que en el fondo quería matarlo.

Arnaldo no fue sintió intimidado y entró. Mi madre y mi tía estaban sentadas en el sofá y cuando lo vieron se maravillaron de su belleza.

Se acercó y besó sus manos que recibieron ese beso, un poco tímidas, porque, como yo, eran personas muy sencillas.

Se sentó en un sofá. Mi padre permaneció de pie, siempre con el ceño fruncido.

Arnaldo, después de sentarse, los miró y dijo con voz firme:

- Como saben, estoy aquí para decirles que me gusta Paulina y quiero casarme con ella. Espero que esté de acuerdo para que todo se pueda hacer de la mejor manera posible.

Mi padre, ahora, un poco más tranquilo, respondió:

- No entiendo cómo un hombre, de su clase, puede estar interesado en una chica como mi hija. Ella viene de una familia humilde, no tiene las mismas condiciones que las chicas que debe conocer.

- Puede que tenga razón, pero amo a su hija. No me importa de dónde venga.

Conozco a varias chicas, pero ninguna de ellas me trajo tanta felicidad como Paulina.

- Ella es joven, no sabe lo que quiere, está estudiando. Si se casa, abandonará sus estudios.

Eso no es lo que soñamos para ella.

- No tiene que abandonar la escuela. Por el contrario, si desea continuar, tendrá todo mi apoyo.

- En cuanto a su edad, no se preocupe, es una chica inteligente y sabe lo que quiere.

- No sé qué responder, no estaba preparado para esa noticia.

Ustedes me tomaron por sorpresa...

- Mi madre tomó la mano de mi padre, diciendo:

- Viejo, solo puedes estar de acuerdo.

No tiene sentido querer evitarlo. Cuando llega ese momento, no hay nada que hacer.

Sabía que no tendría sentido tratar de oponerse:

- Está bien, estoy de acuerdo. ¿Qué piensa hacer?

Estaba sentado y tranquilo, a su lado. Mi corazón latía con fuerza.

Me tomó de la mano y sonrió, ya que estuvieron de acuerdo, pido permiso para que el lunes vaya a la oficina de registro y revise los papeles. Paulina y su madre, por supuesto también la tía, pueden ir a la iglesia.

Casémonos lo antes posible. No quiero esperar demasiado.

Estaba muy feliz, solo sonreía, pero mis ojos mostraban toda mi felicidad.

Se quedó un poco más. Mi tía sirvió una merienda. Después de unos minutos, ya dominaba toda la conversación. Le dije que a mi padre le gustaba pescar. Aprovechó eso y comenzó a hablar sobre las pesquerías que había hecho.

Pronto, todos hablaron, como si se conocieran desde hace mucho tiempo. El lunes por la mañana, mi madre, mi tía y yo fuimos a la iglesia. Programamos la boda para dentro de dos meses.

Por la tarde, me llevó a la oficina de registro civil. La boda estaba programada para dos días antes de la ceremonia en la iglesia.

La Misión de Cada Uno

Desde entonces mi vida se convirtió en una montaña rusa. No quería dejar de estudiar y trabajar.

El resto del tiempo lo pasé preparando mi ajuar y mi vestido de novia.

Me presentó a su familia. Su madre me recibió con gran cariño:

– Paulina, estoy feliz de ver a mi hijo sonreír nuevamente. Él es muy bueno y merece toda la felicidad.

– Haré todo lo posible para que así sea.

Finalmente llegó el gran día. Estaba muy feliz. Mi vestido de novia, aunque simple, porque la boda se celebraría de día, era mucho más que cualquier cosa que pudiera haber imaginado.

Nuestra casa estaba abierta para los invitados. La fiesta fue extraordinaria, todo organizado por la hermana de Arnaldo, quien se convirtió en mi amiga.

– Estaba feliz de ver a su hermano volver a la vida. Desde que murió su esposa, se había vuelto triste y reservado. Por la noche, cuando la gente se fue, mostró la sorpresa que me tenía preparada.

Sin decirme, reservó boletos y hoteles en Europa.

Comenzaríamos en París, Francia, y luego en Italia y Alemania. Le había dicho que me gustaría visitar estos países algún día. Con gran alegría nos fuimos. Pude hacer realidad un sueño. Visité la Torre Eiffel, la Iglesia de Notre Dame, el Vaticano, la Capilla Sixtina, tomamos un paseo en góndola en Venecia.

Asistí a una misa celebrada por el Papa y quedé encantada con las casas de Alemania y sus montañas cubiertas de nieve. Todo parecía un sueño.

Realmente me sentí como Cenicienta.

Después de un mes de sueños, regresamos con la promesa, por su parte, que pronto regresaríamos.

Al principio me gustaba quedarme en esa enorme casa simplemente disfrutando de todo eso. Tenía empleados para servirme.

Arnaldo hizo realidad mi deseo más profundo. Su hermana me llevó a tiendas y peluquerías caras.

Me iba a atender dos veces por semana. Compré ropa, joyas y todo lo que quería.

La compañía había crecido mucho, lo que obligó a Arnaldo a viajar con más frecuencia.

Poco a poco me sentía muy sola. Quería volver a trabajar, pero él no me dejaba.

Dijo que quería verme siempre hermosa cuando llegaba a casa por la noche. Decidimos que tendríamos un hijo.

Lo intentamos durante seis meses, pero no pude. Fuimos al médico y, después de algunas pruebas, nos dijo que no había ningún problema, que tal vez mi ansiedad era la causa de no quedar embarazada. Finalmente, después de ocho meses, quedé embarazada. La alegría fue general en toda la familia.

Después de muchos años, nacería un niño. De nuevo, estaba viviendo un sueño.

Preparamos la habitación del bebé, compramos ropa. Este niño tendría todo para ser feliz.

Aunque no fue el primero de la familia, sería de Arnaldo y eso lo hizo privilegiado.

Además de las cosas materiales, tendría el amor y el cariño de todos. Aunque Arnaldo continuó viajando, su ausencia ya no me molestó. Ahora tenía algo más en qué pensar, cuando tenía tres meses de embarazo, durante la noche sentí mucho dolor. Arnaldo inmediatamente me llevó al hospital.

Se descubrió que tenía una hemorragia interna.

El niño se había desarrollado en las trompas de Falopio. Me sometí a una cirugía, en la que el médico se vio obligado a retirarlas.

La Misión de Cada Uno

Nunca podría tener hijos otra vez. Eso, para mí, fue como si la muerte hubiera llegado.

Entré en depresión. Solo lloré, nada más me importaba. Era la persona más infeliz del mundo.

Mis padres y la familia de Arnaldo hicieron todo lo posible para que me recupere, pero fue en vano.

No reaccioné, no quería vivir más. Todo ese lujo y riqueza no representaba nada.

Un día, me dijo:

– Mi amor, sé que estás triste, pero no sirve de nada, tenemos que continuar con nuestra vida. – Volvamos a Europa. Reviviremos nuestra luna de miel. Cuando regresemos, lo pensaremos.

Hay muchos niños que necesitan un hogar y padres, podemos adoptar uno o más.

Volveremos a empezar.

Con cada día que pasaba lo amaba más. Nunca pensé en adoptar un niño, pero la idea ahora parecía ser buena. Viajamos de nuevo. Solo que esta vez, no había tanta magia y ya no era la misma. Había pasado por tiempos difíciles que me hicieron crecer y cambiar.

Aun así, lo disfrutamos mucho. Nuestro plan ahora sería adoptar primero un niño y luego otro. No faltaba el dinero. Quizás porque no podía tener hijos propios, ahora quería muchos.

Miré esa casa grande y lujosa, y sentí que era un desperdicio, que solo Arnaldo y yo viviéramos allí.

Pensé: "Pronto, habrá muchos niños corriendo por aquí."

El viaje me hizo bien. Regresé con otra alma. Decidimos que adoptaríamos un niño.

Arnaldo, siempre a mi lado, continuó tratándome con cariño y mucho amor.

Le agradecí a Dios todos los días por ese hombre que había puesto en mi vida.

Sabía cuánto me amaba y cómo había soportado mi depresión.

Necesitaba hacer todo para hacerlo feliz también. Tenía muchos amigos, incluido el Dr. Ferraz, su amigo de la infancia. Esa amistad continuó para siempre. Conociendo nuestro deseo de adoptar un niño, nos dijo:

- Trabajo en un hospital en las afueras. Hay muchas mujeres allí que dejan a sus hijos en adopción. Las razones son varias, pero la más frecuente es la imposibilidad de criarlos debido a la falta de dinero. Si quieres, puedo elegir un niño para ti.

Arnaldo y a mí nos gustó lo que dijo:

- ¿Cuál es el procedimiento en estos casos, Ferraz?

- El niño permanece en el hospital por un tiempo. Cuando está bien y fuera de peligro, se envía a una institución.

- Arnaldo pensó por un momento y dijo:

- ¿Puede la madre o el padre reclamar más tarde al niño?

- Por lo general, los niños que se quedan no tienen padre. La mayoría de las veces son hijos de madres solteras y pobres que los dejan porque saben que es difícil criarlos. Por eso, en el momento en que renuncian al niño, también pierde la patria potestad. Nunca sabrá a dónde fue enviado el niño.

Cuando escuché eso, dije:

- ¡No entiendo cómo una madre puede abandonar a un niño! ¿Y si se arrepiente?

- ¿El hospital o la institución no darían la dirección o el nombre de la familia a la que llevaron al niño?

- Paulina - dijo el doctor, pacientemente - hay mucha miseria y chicas inocentes que se dejan engañar.

Por lo general, cuando descubren que su hija está embarazada, los padres las dejan solas. Sin que sean capaces de

La Misión de Cada Uno

mantenerse, ni mucho menos a un niño, prefieren ponerlo en adopción.

Arnaldo, quien, como yo, quería un hijo, dijo:

- ¿Puedes avisarnos cuando aparezca uno, Ferraz?

- Por supuesto, Arnaldo. Te conozco y sé que el niño no solo tendrá consuelo, sino también mucho amor. ¿Tienes preferencia por el tipo de físico o el sexo?

- En cuanto al sexo, no me importa - respondí -, pero en cuanto al físico, me gustaría que se parezca a nosotros. Tengo la intención de criar a este niño como si fuera nuestro. No quiero que sepa que no es nuestro hijo biológico.

- Si lo piensas así, tiene que ser del mismo tipo físico que el tuyo. Los niños como este tardan más en aparecer, pero la experiencia me ha demostrado que es mejor que el niño adoptado sepa por sus padres adoptivos de su condición, antes que otras personas lo sepan. La mentira nunca fue una buena consejera.

- No quiero que lo sepa, solo para protegerlo. Quiero que se sientas amado y nunca rechazado.

Las personas en nuestro entorno lo entenderán y respetarán mi voluntad.

- Espero que tengas razón, Paulina. Tan pronto como haya un niño, te lo haré saber.

Estaba feliz y esperanzada. Finalmente tendría un hijo en mis brazos y sería el primero de muchos.

Arnaldo también tenía esperanzas. Se dio cuenta que volví a ser la chica que había conocido.

Soñé con el niño. Estaba preparando su cuarto. Compré ropa y todo lo necesario.

- Dos meses después, el Dr. Ferraz nos llamó:

- Aquí hay un niño que la madre dejó en adopción. - Es un niño sano. Si quieres, puedes venir mañana.

- Arnaldo colgó el teléfono y me abrazó:

– ¡Paulina! ¡Vamos a encontrarnos con nuestro hijo mañana!

Lloré y me reí al mismo tiempo. Esperé tanto ese día y por suerte llegó.

Esa noche, apenas dormí. No podía esperar a la mañana. Al día siguiebnte, temprano fuimos al hospital.

El Dr. Ferraz ya nos estaba esperando:

– ¡Llegaron temprano! ¿Vamos a la unidad neonatal a ver al niño?

Fuimos a la guardería. A una señal del médico, la enfermera nos mostró un recién nacido a través del cristal. Estaba durmiendo, ¡pero pensé que era el niño más hermoso del mundo!

Luego, acompañamos al Dr. Ferraz a su oficina.

– Por la expresión que veo en sus caras, puedo deducir que les gustó el niño, ¿verdad?

La emoción fue tan grande que no pudimos responder. Solo asentimos.

El procedimiento normal sería enviar al niño a una institución, pero sería una adopción muy larga.

– Te conozco y sé que todo le hará bien, le daré un papel, diciendo que diste a luz aquí en el hospital, Paulina. Con este documento, podrán registrarlo, como si fuera suyo.

Se lo agradecimos. Nos dio el papel y nos llevó de nuevo a la guardería.

La enfermera nos entregó al niño vestido con la ropa que le habían dado.

Cuando lo tomé en mis brazos, no pude evitar las lágrimas. Estaba durmiendo, pero cuando lo sostuve, él sonrió. Arnaldo y yo nos reímos alegremente.

Cuando salimos de allí, fuimos a la oficina del pediatra, que me había indicado mi cuñada.

– Examinó al niño:

– Está muy bien. Tiene todos los reflejos perfectos.

La Misión de Cada Uno

Puedes estar tranquila. Te daré una dieta. Quiero que me traigas al bebé todos los meses para darle seguimiento.

- Lo haremos, doctor. Queremos que esté muy saludable.

Llegamos a casa. Los empleados llegaron corriendo a ver al bebé. Se lo mostré a todos como si fuera una joya preciosa, ¡y lo era!

Arnaldo, tan pronto como me dejó en casa, fue a la oficina de registro y lo registró con el nombre de Clovis.

Desde ese día, se tomó todo nuestro tiempo. Arnaldo quería contratar a una niñera para que me ayudara, pero no lo dejé. Quería monitorear su crecimiento.

Crecía sano y feliz. Cada sonrisa, cada sonido era una fuente de alegría para nosotros.

Comenzó a gatear, luego a caminar. Arnaldo continuó con sus viajes, pero ahora no me sentía más sola.

Había ese pequeño ser para hacerme compañía. El tiempo paso. Un día me llamó mamá. – Quería morir de tanta alegría. Todo, ahora, era perfecto en mi vida.

- Amé, me amaron y estaba Clovis que completó mi felicidad. Pasaron los días, meses y años.

- Se acercaba su quinto cumpleaños. Estábamos entusiasmados con la fiesta, especialmente Clovis, era un chico travieso, pero muy cariñoso.

- Corrió todo el día y jugó con sus primos que siempre venían a visitarnos.

- Una semana antes de su cumpleaños, la fiesta estaba reservada. El tema sería "El circo."

- Vendrían payasos y magos.

- Durante la noche, Clovis se despertó llorando. Corrimos a su habitación, estaba llorando mucho y decía que le dolía la cabeza. Puse mi mano sobre su frente. Me di cuenta que estaba muy caliente.

- ¡Arnaldo! No está bien, llama al pediatra.

Arnaldo llamó y en menos de media hora ya estaba en casa examinando a Clovis que seguía llorando. Tan pronto como terminó, nos miró y dijo preocupado:

– Necesitamos llevarlo al hospital ahora mismo.

– ¡¿Hospital?! ¿Qué tiene?

– Aun no lo sé, Paulina, pero con ese pequeño examen, noté algunos síntomas que me preocupan.

– Allí podremos realizar un diagnóstico más detallado y obtendremos un resultado más preciso.

Arnaldo y yo estábamos desesperados. No podíamos hablar. El pediatra ni siquiera me permitió cambiarlo. Lo envolví en una manta. Arnaldo lo llevó en sus brazos, lo metió en el auto y salió corriendo.

Él condujo y yo lo llevé en mi regazo.

Clovis no dejó de llorar. Cuando llegamos al hospital, ya había una enfermera esperándonos.

Tomó a Clovis y entró en una habitación.

Arnaldo y yo no pudimos entrar. Nos quedamos afuera, en silencio.

Una vez más mi corazón latía con fuerza. Recordé el día en que supe que había perdido a mi hijo.

Arnaldo caminaba de lado a lado. No sé lo que pensaba, pero debía ser lo mismo que yo.

Después de unos minutos que parecieron horas, el pediatra entró en la habitación:

– Lamentablemente, mis sospechas se confirmaron.

– ¿Qué tiene, doctor? ¡Por favor, dígalo ya!

– Tiene meningitis y es de la más complicada. Solo un milagro puede salvarlo.

¡No escuché eso! ¡No quería escucharlo!

La Misión de Cada Uno

Paulina, que había hablado sin parar, comenzó a llorar. En su rostro podían ver todo el sufrimiento que sentía.

- Paulina, para un poco. No estás bien y ya hablaste mucho, deja el resto para otro día.

- No necesitamos saberlo todo ahora. Te está haciendo muy mal recordar, dijo Célia.

- No, Célia, no puedo parar. Si lo hago, no podré volver a hablar. Solo necesito un poco de agua, por favor.

Regina se levantó, fue a buscar un vaso de agua y se lo trajo.

Al igual que Paulina, también se conmovieron. Simón, con cada palabra de ella, sentía que la amaba más. Bebió el agua y comenzó de nuevo:

- Aunque no quería escucharlo, las palabras estaban en mis oídos.

Arnaldo y yo lloramos abrazados.

Una monja pasó junto a nosotros y nos dijo:

- Sé que están pasando por un momento triste.

En esos momentos solo encontramos apoyo en Dios. Si quieren, pueden ir a la Capilla.

Allí puedes encontrar algo de paz.

La miramos a ella. Había tanto cariño en sus ojos que nos consoló un poco.

Siguiendo la dirección que nos indicó, fuimos a la Capilla. Entramos y había mucha paz, de verdad. - Nos arrodillamos. Yo, llorando, dije:

- Dios, Padre mío, sé que tienes todo el poder.

Por favor salva a mi hijo. Es muy pequeño, tiene toda su vida por delante. Y todo para nosotros, Señor, tómame en su lugar -. Arnaldo también rezó. Pasaron horas de esperanza y sufrimiento.

Regresamos a la sala de espera. Clovis estaba aislado. El pediatra regresó, algún tiempo después.

– Estamos haciendo todo lo posible para sacarlo del estado crítico, pero tengo que decir que, si sale de este estado, probablemente tendrá alguna secuela.

– No importa, doctor. ¡No me importa! ¡Sabe cuánto amamos a este niño! ¡Lo cuidaré siempre, sea como sea! ¡Simplemente no quiero que muera!

– Esperemos, está en manos de Dios. Estamos haciendo todo lo que se puede hacer, ahora solo queda esperar.

Más horas de angustia. Arnaldo y yo no salimos del hospital, ni por un minuto.

Regresamos a la capilla varias veces y oramos mucho. No sé cuánto tiempo pasó. El doctor regresó. Había mucha tristeza en su rostro:

– Desafortunadamente, no resistió. Acaba de fallecer...

Desesperada, llorando y gritando, dije:

– ¡No! ¡No puede ser! ¿Cómo dejó que eso sucediera?

– Hicimos nuestro mejor esfuerzo, pero Dios sabe lo que es mejor...

– ¿Dios? ¿Qué Dios? ¡No existe! ¡Si existiera, no nos habría quitado a nuestro hijo!

– ¿Cómo podría tomar a un niño que tenía todo, salud, dinero, afecto y dejar que muchas otras personas pobres y enfermas continúen viviendo? ¿Qué clase de Dios es éste?

– No sé, el poder humano tiene límites. Hemos agotado todos, solo podemos creer que fue la voluntad de Dios.

Salí corriendo, Arnaldo no me siguió, no lloró, no gritó y ni siquiera habló.

Solo se quedó allí, como si nada de esto estuviera sucediendo.

Fuera del hospital, me senté en una banca y lloré mucho.

La única pregunta que me hacía era:

– ¿Por qué? ¿Por qué? ¿Por qué?

La Misión de Cada Uno

Estuve allí sin saber a dónde ir o qué hacer.

Recordé a Arnaldo, que también debería estar sufriendo mucho.

Me levanté y fui a la puerta del hospital, cuando lo vi acercarse. No lloré, corrí hacia el que me abrazó, pero aun no lloraba.

Cuando lo vi estaba preocupado:

- ¿Qué tienes? ¡Tu cara es extraña!

- ¡Perdimos a nuestro niño!

- ¡¿Cómo?!

Me abrazó y solo entonces comenzó a llorar:

- ¡No es justo! ¡No es justo!

Nuestra familia estaba llegando. El entierro fue doloroso. Para mí, nada de eso estaba sucediendo.

Después que todo terminó, no tuve fuerzas para llorar o quejarme. Odiaba a este Dios tan injusto.

Mi madre se quedó conmigo por unos días, pero su presencia me molestaba. No quería hablar con ella ni con nadie. Arnaldo, siempre en silencio, entró en la habitación de Clovis y permaneció allí durante horas, acostado en su cama. Pasaron muchos días. Regresó al trabajo. Estaba sola otra vez en esa enorme casa. Traté de leer, salir y hacer algo, pero no pude. Todo había terminado.

- Sé que estás muy sola, Paulina - dijo Arnaldo después de unos meses -, necesito viajar y mi trabajo lleva mucho tiempo. Estaba pensando, ¿qué tal si hablamos con Ferraz y le pedimos que nos busque otro hijo?

- ¡Nunca! ¡Nunca más! ¿Para qué? ¿Para que también muera? ¡No podría soportarlo! ¡No quiero!

- ¿Crees que solo eres tú quien sufre? ¡Yo también sufro mucho!

- ¡Perdí a mi esposa que amaba primero, luego a mi hijo y ahora a Clovis!

- ¡Solo que aun estamos vivos y necesitamos continuar!

- Lo abracé, sintiendo todo su dolor. Podemos continuar, pero solos, dije en voz baja.

- Sabía que tenía razón, pero él era más fuerte que yo, no podía soportar amar a otro niño y perderlo también. Lloramos abrazados. Se fue a la cama. Me quedé allí en la habitación. Miré a la esquina, vi el piano.

- Había estudiado de niña había, pero después de crecer, nunca volví a tocar.

- En ese momento, sentí el deseo de escuchar el sonido del piano. Me senté y comencé a tocar a Chopin.

- Estaba tocando cuando sentí la mano de Arnaldo abrazándome por detrás y su cara en mi cabello.

- Lloró mucho y no pudo evitarlo.

En ese momento, dejó que su alma se lavara. Me levanté y lo abracé.

Esta vez, no lloré, solo lo abracé:

- Paulina, te amo más que a nada en la vida.

- Te veo marchitarte, casi desaparecer. Quiero pedirte que no me dejes.

Si continúas así, también morirás. Este es mi mayor miedo. Nuestro niño está en el cielo.

Sé que es un ángel y él nos está cuidando.

Reacciona mi amor. Por favor reacciona...

- Sentí una profunda ternura por ese hombre, tan fuerte, seguro y que estaba allí llorando como si fuera un niño. Besé sus ojos, diciendo:

- No quiero arriesgarme a sufrir más, no quiero más hijos.

La Misión de Cada Uno

- Vamos a ayudar a alguna institución, pero sin traer a un niño a casa. Realmente necesito reaccionar, por ti y por mí. Si me quedo aquí en casa, sin nada que hacer, será muy difícil.

Así que quiero volver a la oficina. Trabajando, ocuparé mis pensamientos.

- De ahora en adelante, viviremos el uno para el otro.

- Me abrazó y besó:

- Tienes razón, vuelve al trabajo. Necesito confesarte algo, nunca tuve una secretaria tan buena como tú.

Lo hice Regresé a la oficina. El trabajo realmente ocupó mis pensamientos.

Nunca olvidé a Clovis. Solo que ahora pensaba cada vez menos. Pasó el tiempo, poco a poco nuestra vida volvió a la normalidad. Mamá se enfermó. Ella vino a mi casa con papá.

La llevamos a todos los médicos, pero fue en vano, en seis meses murió. Nuevamente el dolor de la pérdida y esa impotencia ante una fuerza mayor. Lo único que me consoló fue que Clovis ahora tendría a alguien que lo cuidara. Un año después, papá, que amaba mucho a mi madre, también se enfermó y se fue.

Ahora estaba sola, solo estaba Arnaldo, él me amaba y era amado por mí.

Estaba a mi lado cuando sufrió la pérdida de mis padres.

Seguimos amándonos a nosotros mismos como siempre. A pesar de todo lo que hemos pasado, nuestro amor nunca se vio afectado. Arnaldo continuó con sus viajes. Un día amaneció con fiebre.

Pensamos que era gripe, tomó una pastilla y nos pusimos a trabajar.

Estuvo enfermo todo el día. Decidió ir al médico. Al final de la tarde, él fue y yo me quedé en la oficina.

Regresó más tarde para recogerme. Me di cuenta que estaba abatido y tenía una cara preocupada, le pregunté qué estaba pasando y él respondió:

- Ferraz pensó que era mejor para mí hacerme algunas pruebas.

Cuando escuché eso, sentí un nudo en la garganta. Con Clovis, lo mismo había sucedido.

Lo disimulé para que él no notara mi preocupación. Al día siguiente, fue al hospital.

Mi corazón estaba en mis manos, pidiéndole a Dios que las pruebas fueran negativas.

Volvió a la hora de almuerzo:

- Ya está hecho, Paulina, hice los exámenes. Ahora, tendremos que esperar el resultado. Todavía tengo un poco de fiebre. Esto es lo que le preocupa a Ferraz, a pesar que he tomado varios medicamentos aun no ha bajado. Solo tenemos que esperar.

- ¿Te dijo Ferraz qué podría ser?

- No, solo pidió los exámenes.

- Los días pasaron, la fiebre continuó, no desaparecía. Ferraz llamó para decir que los exámenes estaban listos. Quería ir con Arnaldo a la oficina, pero no me lo permitió:

- No tienes que ir conmigo, tienes mucho trabajo. Iré y luego te contaré todo.

Estaba sola, esperando ansiosamente:

- Puedes estar tranquila - dijo sonriendo cuando volvió con los exámenes, todos están bien. Ferraz cree que es un virus y que en unos días desaparecerá.

- Al ver su tranquilidad, me sentí feliz. Después de unos días volvió a viajar.

- Esta vez el destino era Estados Unidos.

La Misión de Cada Uno

Me pareció extraño, porque sería la primera vez que iría a trabajar allí, sus negocios siempre habían estado en Europa, Oriente o América Latina. Me dijo que estaba probando un nuevo mercado.

Viajó, seguí trabajando. Me llamó todos los días. Pensé que todo estaba bien. Regresó diez días después y me trajo una miniatura de la estatua de la Libertad.

Dijo que no obtuvo el contrato. La fiebre continuó. Me di cuenta que estaba decaído, pero el trabajo todavía estaba en marcha y no me preocupé. El día que regresó de su viaje fue a hablar con Ferraz.

Después de hablar con él, regresó a la oficina y me dijo:

– Hoy vamos a cenar, quiero llevarte a un restaurante caro y hermoso. Sé que te gustará. Esta noche tiene que ser maravillosa, ¡quiero que te veas bonita!

Sonreí y no me pareció extraño. Esta no sería la primera vez que me regalaría una noche con gran alegría. Nos fuimos a casa, nos cambiamos y tratamos de ponerme ropa bonita. Estaba feliz

Parecía estar mucho mejor. Antes de la cena, fuimos al teatro. Después del teatro, cenamos y bailamos.

– Todo estuvo perfecto. Pidió champán, y al hacer el brindis, dijo:

– Paulina, todo lo que quería en la vida era hacerte feliz. Pase lo que pase, nunca olvides que siempre te he amado y te amaré.

Fuiste y eres todo para mí, te amo.

Ese brindis me pareció extraño y dije:

– ¿Por qué dices eso? Sé que me amas y yo también te amo mucho ¿Qué está pasando?

– Nada, solo me hizo querer renovar mi amor por ti. Nunca quise lastimarte.

– ¡Nunca me lastimaste! Por el contrario, me hiciste feliz todo el tiempo que estuvimos juntos.

Incluso en los peores momentos que pasamos, siempre estábamos juntos.

- Lo sé, pero hoy es un día de celebración, solo quiero que recuerdes que siempre te amé y que te amo mucho.

Seguimos comiendo. Cuando terminamos, nos fuimos a casa. Detuvo el auto en el camino, donde se podía ver la casa. Bajó y se quedó mirando. Esa actitud me pareció extraña, pero esa noche él era diferente y extraño. Simplemente no podía entender por qué.

Comenzó a caminar y miró la casa, los árboles y las flores. Lo seguí en silencio.

- Entramos en la casa. Me besó en la frente: "Necesito ir a la oficina", susurró, tengo que mirar unos papeles, ir a la cama.

Encontré esa actitud extraña, porque pensé que tendríamos una noche de amor, pero no discutí.

Me dirigí a la habitación y él entró en la oficina. Antes de entrar en la habitación, miré hacia la puerta de la oficina.

Fui al baño, me di una ducha. Sentía que algo estaba sucediendo, simplemente no entendía por qué él era tan maravillosamente esa noche y ahora es tan extraño. Tan pronto como entramos en el jardín de nuestra casa, cambió. Su rostro se puso serio, distante. Terminé de ducharme, volví a la habitación, me senté frente al espejo y comencé a cepillarme el cabello. No entendía lo que estaba pasando.

De repente, escuché el sonido de un disparo proveniente de la oficina. Mi miedo fue tremendo.

Corrí hacia la puerta, mi criada y el conductor también escucharon y vinieron corriendo, me quedé afuera, sin tener el coraje de entrar. La puerta estaba cerrada por dentro.

El conductor, un hombre fuerte, la abrió a patadas. Lloré y grité, abrazando a mi criada. El conductor entró, ella me sostuvo para que no entrara, pero la solté y entré.

Arnaldo estaba sentado en la silla con la cabeza sobre la mesa con mucha sangre a su alrededor.

La Misión de Cada Uno

Estaba desesperada y comencé a gritar sin parar, no podía creer que esto estuviera sucediendo.

De nuevo, frente a sus amigos, Paulina lloró sin parar. En sus ojos mucho dolor y sufrimiento.

Ahora ellos mostraban horror en sus rostros. Regina sintió que su corazón se hundía.

– Paulina, qué momentos tan tristes pasaste... detente un poco.

Estás muy conmovida, podría ser malo para ti.

Paulina siguió llorando. En su rostro, las marcas de sufrimiento ahora eran evidentes, revivía ese momento con toda intensidad.

Célia se puso de pie y dijo:

– Voy a preparar en la cocina un café bien cargado, creo que todos lo necesitamos.

– Dios mío – ella comenzó a llorar –, tan pronto como entró en la cocina sufrí mucho, pero creo que nunca, tanto.

Siempre supe que algún día encontraría a mi hijo, pero ella perdió todo – cogió el café y regresó a la sala con una bandeja con tazas. Todos callados. Paulina estaba llorando, solo que ahora en silencio.

Zeca y Regina, tomados de la mano, también estaban pensando. Simón la miró con mucho amor, todos lamentaban su situación, pero no sabían qué decir.

Regina fue la primera en hablar:

– ¿Tomamos un café? Es tarde, la noche ya es alta... – la miraron agradecidos. Ella fue la única que tuvo el coraje de romper ese silencio siniestro.

Tomaron su café en silencio.

Cuando terminaron, Paulina dijo:

– Lamento haber causado esta incomodidad.

– ¡Qué es esto! ¡No estamos incómodos! ¡Lo sentimos por ti! Creo que, como yo, todos pensamos que es mejor que dejes de hablar. Estás sufriendo demasiado al relatar y revivir todos estos hechos.

– No, Regina, por favor no me pidas que lo haga, estoy reviviendo, pero ahora no estoy sola.

– Te tengo a mi lado, solo me detendré si dicen que están cansados y no quieren escucharme más.

– Si crees que te hará bien, nos quedaremos aquí. Confieso que todos tenemos curiosidad por saber cuál fue la razón por la que tu esposo cometió esta locura, pero tú eres quien lo sabe.

– Quiero y necesito contarlo, Célia. Siento que ahora no puede haber más secretos entre nosotros.

– Hoy, descubrí algo que me obliga a hacer esto.

Miró a Simón mientras hablaba.

– Voy a continuar. El conductor levantó el teléfono y llamó a la policía.

La criada me sacó de la oficina. No quería creer lo que había visto. Estaba perdiendo a alguien más que amaba. Dios no podría estar haciéndome eso.

Estaba en la habitación cuando llegó la policía.

Los padres de Arnaldo y su hermana también llegaron y preguntaron qué había pasado.

Les conté todo sobre esa noche, el teatro y la cena. Todo había sido perfecto.

En una silla todavía estaba el vestido que había usado y en mi tocador mis joyas. Todo estaba allí, mostrando cuán perfecta había sido la noche. Un policía se nos acercó y me entregó una carta que encontró sobre la mesa. Temblando, tomé esa carta, la miré, pero no pude leerla. Se lo entregué a mi suegro, que también estaba abatido, pero no lloró. Comenzó a leer en voz alta:

"Querida Paulina, queridos padres.

La Misión de Cada Uno

Cuando leas esta carta, estaré muerto. Quiero pedirles perdón a todos por todo lo que aun van sufrir por mi decisión. Paulina, mi amor, sabe que siempre te he amado y que nunca pensé en hacerte daño, pero desafortunadamente creo que lo hice. En los Estados Unidos, descubrí que tengo una enfermedad muy grave.

Esta enfermedad no tiene cura. La adquirí en un momento de locura, en un momento en que olvidé cuánto te amaba y cuanto me amabas. Esta enfermedad es muy cruel y castiga al cuerpo, pero, mucho más, al alma. Necesito que me perdones por esta cobardía, pero no podía soportar sentir todo el sufrimiento que trae. Mi peor pesadilla es imaginar que te la transmití, Paulina.

Habla con Ferraz, él te dará todas las instrucciones sobre cómo proceder. Necesitas saber que nunca dejé de amarte. Que Dios, si puede, me perdone.

Arnaldo."

Cuando terminó de leer, nos miramos con incredulidad. Reviví toda nuestra vida y especialmente esa noche.

– ¿Qué enfermedad es ésta? – Empecé a gritar y llorar –. Necesito hablar con Ferraz.

¡Llámalo, por favor! Fue avisado, debería llegar pronto. El conductor fue quien le habló, sufrió mucho; era el conductor de la casa, desde que Arnaldo era un niño. Él sintió un amor paternal por él.

– Nadie esperaba eso. Poco después, llegó Ferraz. Mi suegro tomó la carta de mis manos y se la entregó, preguntándole:

– ¿Qué significa esto, Ferraz? ¿Qué enfermedad tenía mi hijo?

– ¿Por qué no nos lo dijiste antes de esta tragedia?

Ferraz también estaba deprimido. Tomó la carta y leyó:

– Paulina, no pensé que llegaría a ese punto.

Me dijo que te daría una noche maravillosa y luego te contaría todo – dijo Ferraz horrorizado.

– Por favor, Ferraz, dime, ¿qué es esta enfermedad?

- Se llama SIDA. Es una nueva enfermedad que está surgiendo ahora.

Se sabe poco al respecto. Solo sabemos que ataca el sistema inmunitario y no tiene cura.

Ya ha cobrado algunas víctimas y es solo ahora que los científicos la están estudiando.

- ¿Por qué no pudo esperar? ¡Quizás aparezca la cura! ¡Nunca podría habernos hecho esto!

- No esperó, porque, en los Estados Unidos, visitó a algunos de los mejores médicos y algunos pacientes con enfermedades terminales y vio todo el sufrimiento que la enfermedad impone a las personas infectadas. El mayor temor que sintió fue pensar que podría habértela transmitido.

- ¿A mí...? ¿cómo?

- No se sabe mucho sobre esta enfermedad, solo que se adquiere y transmite a través de transfusiones de sangre y el acto sexual, hasta donde se sabe.

¡Nunca le han hecho una transfusión! ¡¿Que estás diciendo?! ¿Que se contagió a traves de relaciones sexuales?

- ¿Eso es lo que me estás diciendo?

- Fue en uno de sus viajes, salió con unos amigos y tuvo relaciones sexuales con una chica que tenía el virus.

- ¡No! ¡No! ¡No! - Empecé a gritar, desesperada - ¡Él nunca haría eso! ¡Siempre nos hemos amado!

- Se dejó llevar por los amigos y la bebida.

- ¡No puedo creerlo, mucho menos aceptarlo! ¡Los amigos no harían eso! ¡Arnaldo no haría eso si realmente me amara! ¡No puedo aceptarlo ni perdonarlo! ¡Nunca! ¡Nunca!

- Es tu derecho pensar así, por eso es que decidió suicidarse en lugar de enfrentarse a ti.

- Es necesario que, tan pronto como todo esté terminado, vayas a mi hospital para hacer algunas pruebas.

La Misión de Cada Uno

Me daba vueltas la cabeza. Nunca podría haberme traicionado. Lo conocía, o al menos pensaba, que él me amaba.

Ahora ya no lloraba, sentía mucho odio por él. Además de traicionarme, me estaba condenado a muerte.

No tuvo el coraje de enfrentarme o enfrentar la enfermedad, sabía que nunca podría suicidarme. Sufriría todo el dolor de la enfermedad y la traición. Quería entrar a la oficina para pelearme con él, pero un policía me detuvo.

El cuerpo fue retirado. Les dije a todos que se fueran, necesitaba estar sola y reflexionar.

Ferraz me hizo prometer que iría al hospital. Todos entendieron mi sufrimiento y se fueron.

No podía aceptar su traición. Siempre había sido sincera en mi amor por él, lo que siempre me pareció ser correspondida. ¿Cómo pudiste traicionarme?

El odio era inmenso. Pensé en la enfermedad que probablemente había adquirido.

En el horror que Ferraz había descrito. Tenía mucho miedo

Sabía que un día todos morían, pero yo era muy joven y tenía miedo de sufrir.

Saber que vamos a morir es una cosa, pero con cita previa es muy diferente.

El miedo, mezclado con el odio, me hizo tomar esa actitud. No quería verlo a él ni a nadie más, no iría al hospital para averiguar si estaba enferma o no. Pensé que, hasta que estuviera segura, no sufriría tanto.

- Dejé una carta, arreglé algunas cosas y vine aquí, esta ciudad que tanto odiaba cuando era adolescente. Regresé en busca de mis raíces. En la casa donde nací, me sentí protegido.

- Entonces los conocí, uno por uno. Luego vino el proyecto Grutón, sentí que, aunque condenada a muerte, todavía podía hacer algo por las personas que más lo necesitan.

Iba a guardar silencio, sobre todo, pero hoy, en la mañana, sentí que mi corazón latía más rápido por ti, Simón. Eso no puede suceder. Antes que ese sentimiento se vuelva más fuerte y pueda afectarte, pensé que era mejor contarlo todo y volver a mi casa. No sé y no quiero saber nada sobre esta enfermedad.

Vine aquí y me iba a quedar aquí hasta sentir algún síntoma.

Cuando eso pasara, volvería para ser ingresada en un hospital y así morir.

– ¿Qué estás diciendo? – Gritó Simón, muy alterado –. ¿Cómo sabes si estás enferma? ¡No te hiciste los exámenes para estar segura!

– ¿Dices que te irás antes que el sentimiento aque sientes por mí me afecte? ¡Es demasiado tarde!

– ¡Desde esta mañana, no he hecho nada más que pensar en ti! ¡Después de tanto tiempo de soledad y tristeza, sentí una buena sensación dentro de mí otra vez! ¡No permitiré que se acabe, incluso antes de comenzar! Tampoco sé sobre esta enfermedad. De hecho, solo escuché sobre ella muy superficialmente.

– Nunca me importó, pero ahora trataré de descubrir todo sobre ella.

Los otros apoyaron a Simón mientras hablaba. Regina, con esfuerzo, logró mantener su calma habitual:

– Paulina, Simón tiene razón. No estás segura que estés enferma.

– Ve y hazte el examen y luego decide qué hacer con tu vida. Ahora tienes una razón más grande para vivir.

Además de Grutón, existe este amor que ha surgido entre ustedes.

– Tengo algo más que decir – interrumpió Simón –. ¡Si estás realmente enferma, no me importa!

Le preguntaremos al médico cómo será nuestra vida sexual y si puede existir.

La Misión de Cada Uno

Si no es posible, estaremos juntos, simplemente, amándonos. No te dejaré, ahora que te he encontrado.

- ¡No sabes lo que estás diciendo, Simón! ¿Cómo puede ser una vida en pareja si no hay sexo?

- No lo sé, ¡pero no te dejaré!

- ¡Esperen los dos! - dijo Regina -, no tiene sentido discutir. Estamos cansados

- Creo que deberíamos irnos a casa y dormir. Mañana será otro día y un nuevo día siempre nos da esperanza. Pienso que vinimos aquí con un propósito. Nos conocimos y haremos algo por otras personas. En la historia de cada uno puedes ver que todos nacimos o nos hicimos ricos.

- Solo Fábio y yo no tenemos tanto dinero. Has tenido todo lo que el dinero puede comprar, pero te diste cuenta que, a pesar de ser necesario, no puede darnos felicidad.

Dicen que puedes comprar todo, pero como puedes ver, esa no es la verdad.

La felicidad, la paz y la tranquilidad son bienes que el dinero no compra.

Todos sufrimos mucho, pero hoy vivimos en paz y junto a amigos sinceros, que no fueron comprados por dinero.

Estamos tratando de hacer algo que sea bueno para esas personas en Grutón.

Tal vez esa es la misión que vinimos a cumplir. Ya es tarde, vamos.

Escucharon y sintieron que todo lo que Regina dijo era cierto. Estaban cansados.

Las emociones habían sido muchas.

Estuvieron de acuerdo y se despidieron. Prometieron estar temprano en el bar para tomar un café. Se fueron. Paulina, sola en casa, miró la fotografía de sus padres que estaba en un mueble.

Parecía que le estaban sonriendo, recordó la forma emotiva en que Simón había hablado de su amor. Sintió que no todo estaba perdido: "No sé cuánto tiempo viviré, pero viviré intensamente." Regina tiene razón. Ahora tengo un camino por recorrer. Tengo amigos y el amor de Simón.

Todo esto me dará la fuerza para continuar, hasta el último día.

Tomó una taza de té y se acostó. Tenía sueño. Aunque tenía muchas emociones, sentía que estaba bien.

Recordaba a Arnaldo, ahora sin odio. Pensó en los momentos de felicidad que vivieron juntos. Fue un hombre maravilloso. Hizo todo para hacerme feliz.

Cometió un error, pero ¿quién no? Lamento no haberlo acompañado al cementerio. Sé que estaba esperando escuchar mi perdón... No lo hice...

Se durmió. Ella soñó que estaba en su casa en la habitación de Clovis y que él corrió hacia ella. Cuando fue a abrazarlo, él ya se había ido. Miró a la puerta y vio una sombra corriendo. Se despertó llamando a Arnaldo. Se sentó en la cama, había sido solo un sueño, ¡pero tan real!

Arnaldo estaba en la puerta, pero ¿por qué habría corrido de esa manera? Luego se durmió. Ya no soñó más.

Zeca, Fábio y Simón primero acompañaron primero a Célia y luego a Regina a sus casas.

En el camino, lo siguieron en silencio. Simón fue el siguiente. Quedaban Zeca y Fábio, que seguían caminando juntos.

En un momento, Fábio dijo:

– Zeca, ¿qué pensaste de todo lo que escuchamos?

– Fue una historia triste. Siempre pensamos que la nuestra es la peor.

Más tarde nos damos cuenta que es solo una historia más. Cada uno tiene su propia dosis de sufrimiento.

La Misión de Cada Uno

– Logramos redescubrir nuestros destinos, nos dirigimos hacia la felicidad, pero ¿qué pasa con Paulina? Condenada a muerte, sin culpa y sin esperanza. ¿Cuántas personas no estarán en esta misma situación?

– Estoy pensando en lo que dijo Regina, ella siempre parece tan tranquila.

– ¿Ella no tiene problemas?

– Sí, como todos nosotros. Pero ve todo de manera diferente. Para ella, la vida no es solo ésta, sino muchas otras. Cree que todo lo que nos sucede siempre tiene una razón mayor y que siempre aprendemos algo.

– Extraño, ¿no puede ese pensamiento cambiar a la persona? Pensando así, ¿aceptaremos todo sin reaccionar?

– Tengo miedo de las religiones que llevan a las personas a aceptar todo sin discutir.

– Piensan que todo es culpa de Dios o del destino.

– Yo también tuve ese miedo. Pero la vida me enseñó que a veces nos dejamos llevar, no podemos evitarlo.

– Hay una fuerza mayor que nos conduce, sin que podamos interferir.

– No sé. En mi caso, creí mentiras. Si hubiera confiado en el amor que sentía y sabía que había, por parte de Marisa, se habrían evitado muchas cosas. No fue culpa de Dios, ni del destino.

– La historia de Simón era la misma. Abusó de su poder político. No fue culpa de Dios, sino suya.

– También usé mal mi diploma, pero Paulina no, era una buena esposa, una excelente madre.

– ¿Por qué sucedería todo eso? Regina me dijo que todos nacimos para ser felices, si no somos felices o si no evolucionamos, no es por culpa de Dios, sino por nuestro libre albedrío.

– ¿Estás diciendo que, si no evolucionamos, es culpa nuestra?

- Sí, pero en el caso de Paulina y de muchas otras personas, suceden cosas sobre las que no tienen control.

- ¿Qué debemos hacer? ¿Esperar a que las cosas sucedan solas?

- Debemos luchar por conseguir lo mejor, en nuestras vidas y en las de nuestros seres querido.

- Sin olvidar que cada uno es responsable de su propia vida, pero lo que no debemos hacer es dañar a alguien para lograr lo que queremos.

- Sabes, Zeca, todo esto es muy difícil de entender.

- Es verdad. Ya hemos llegado a casa y es hora de dormir. Tu madre debe estar angustiada esperándonos.

- Tienes razón, ella dice que no, pero siempre se queda despierta hasta que yo llegue. Me gustaría continuar con este tema otro día.

- No soy la persona adecuada para eso. Solo estoy aprendiendo, pero me encantará hablar sobre lo que ya he aprendido.

Fábio entró, Zeca fue a su pequeña habitación. Amaba ese lugar, pues allí, encontró la paz.

Simón, también en casa, pensó en todo lo que había escuchado de Paulina.

No entendía por qué Dios permitía que sucedieran todas esas cosas malas.

¿Por qué apareció ahora en mi vida ahora este amor por Paulina? ¿Por qué no puedo disfrutarlo? ¿Por qué, ahora, que pensaba que había encontrado la paz, todo vuelve a ser difícil?

Por mucho que pensara, no podía encontrar ninguna respuesta. Lo único que sabía era que se aseguraría que Paulina fuera al hospital para hacerse las pruebas y, si estaba realmente enferma, se quedaría con ella hasta el final.

Entonces pensando en ello, se quedó dormido.

La Misión de Cada Uno

Regina, en casa, también estaba pensando en todo. En lo profundo de su corazón, cuestionó su fe.

– Es extraño, en todas las otras historias, siempre había un espíritu al lado, acompañándolos.

Esto sucedió con Zeca, con Célia y Simón, ya con Paulina, no noté la presencia de ninguno.

¿Por qué será? Por mucho que crea en la bondad y la justicia de Dios, a veces pienso que Él no necesitaba maltratar a las personas. Todos cometen errores, pero también se arrepienten. Simón se arrepintió y encontró un nuevo aliento en el amor de Paulina. Ahora ella está enferma y ese amor no puede consumarse.

Ella no tuvo la culpa, solo tuvo pérdidas todo el tiempo. Dios mío, perdóname, ¿quién soy yo para juzgar tu voluntad? Sé que debe haber una razón para que todo esto suceda.

Miró a los pies de la cama y vio a doña Julia, que estaba sonriendo.

Escuchó su voz, dulce, diciendo:

– No te preocupes, Regina. Todos tenemos nuestros momentos de duda. Esos momentos son buenos. Nos hacen tratar de aprender más de lo que Jesús nos dejó.

– ¿Hubo alguien más agraviado que Jesús? Todo está bien en los planes de Dios.

– Intenta dormir. Como dijiste, cada nuevo día nace una esperanza en cada corazón. Antes que doña Julia terminara de hablar, ya estaba dormida.

Elisa Masselli
23.- El despertar de Fábio

Al amanecer el día parecía querer mostrar el estado de ánimo de la gente, vino nublado y lluvioso. Estaba gris, un poco frío y caía una fina llovizna. Un clima extraño para esa época del año.

Zeca había aceptado limpiar un jardín, pero con ese clima sería imposible.

Frente al espejo, se miró a la cara. Estaba quemado por el sol y sus brazos eran musculosos. El trabajo al aire libre le había asentado bien. Él sonrió al espejo, pero al acordarse de Simón y Paulina, su cara cambió. No podía aceptar la situación eso, a pesar que Regina dijo que era la voluntad de Dios.

- Fábio tiene razón, este negocio de la religión, que enseña a las personas a aceptar todo sin rebelarse, no es algo bueno. Los únicos que se rebelan son los santos sin pecado. Y esos no existen.

Escuchó el sonido de ollas en la cocina de Consuelo. Terminó de cambiarse y fue hacia allí.

- Buenos días, señora Consuelo. Como estás esta mañana ¿Robertito tuvo una buena noche?

- Buenos días, Zeca. Lo sé, viniste aquí por mi café.

- Robertito está muy bien, cada vez es más difícil mantenerlo en la cama.

- ¿Dónde estuviste anoche? Escuché el momento en que llegaron, ya era tarde. ¿Hay otra historia?

- Qué bueno que Robertito está bien. Quiero su café y también hay otra historia.

- ¿Le gustaron mis respuestas?

La Misión de Cada Uno

– Sí, ya sé que no me contarás la historia.

– No, no lo haré. Voy al bar. Fábio te lo contará todo.

– Me encontraré con Regina, tenemos que hablar.

Fábio entró a la cocina, besó a su madre y le dijo:

– Tendrás que esperar, mamá, me voy con Zeca.

– ¡Ahora soy parte del grupo cafetalero!

– Zeca, te extrañaré cuando te vayas.

– No dejaré que me extrañes, doña Consuelo, no te preocupes. Siempre volveré por tu café, pero ahora tengo que irme. Hasta luego.

Ella sonrió, había aprendido a quererlo como si fuera su hijo. Desde el día en que llegó a la ciudad y lo llevó a su casa, sintió una gran ternura por él.

Zeca salió de la casa. Afuera, miró hacia el cielo y respiró hondo. Pensó en Regina y su matrimonio.

– Soy un hombre feliz. Recuperé mi tranquilidad y tengo a la mujer que amo a mi lado. ¿Qué más puedo pedir...?

Estaba caminando y, a la vuelta de la esquina, se encontró con Regina, que también tenía prisa.

Se rieron y se abrazaron, estaban felices, a pesar de todo. Fueron al bar donde Célia y Simón hablaban y miraban hacia la casa de Paulina.

– ¡Regina! – dijo Simón afligido, ¡qué bueno verte! Estoy preocupado por Paulina, todavía no ha venido.

– Simón, no debes olvidar que ayer ella revivió tiempos difíciles, debió haber dormido hasta tarde y no se despertó. No te preocupes, estará aquí pronto.

– ¿Y si no viene?

– Si ella no llega, Célia y yo iremos a verla.

– Esperemos, pero estoy muy preocupado.

Simón puso la mesa para el desayuno, pero sus ojos no se apartaron del camino por el que Paulina debía llegar. Ella no viene, Regina, creo que es mejor que vayas allí.

– De acuerdo, Simón, vamos ahora.

– ¿Vienes, Célia? Por supuesto, ahora también me estoy preocupando.

Se levantaron cuando vieron que Paulina estaba llegando:

– ¡Buenos días a todos! – Todos la miraron sin entender.

Ella estaba linda con un vestido muy hermoso, con el cabello recogido y una expresión de felicidad.

– ¿Qué están mirando? ¿No estoy bonita?

Simón salió de detrás del mostrador, se acercó, se inclinó y la llevó a una silla para que se siente. Estás más hermosa que nunca. Estoy encantado.

– Gracias, Simón. Me tardé un poco porque me estaba arreglando. Creo que todos estaban preocupados.

– Sí lo estábamos. Después de todo, ayer fue un día muy difícil.

– ¡Lo fue, Regina! ¡Hoy ya no existe! Me tomó mucho tiempo dormir, reflexioné sobre toda mi vida.

Solo hablé de lo malo que me pasó, pero a solas en mi habitación, comencé a recordar todo lo bueno que he vivido y llegué a la conclusión que tuve más momentos buenos que malos.

No hice los exámenes necesarios.

Hoy el día es lluvioso e incluso un poco frío. Incluso la naturaleza tiene sus días buenos y malos.

Hoy el día es feo, pero mañana, ¡brillará el sol! ¡Así es nuestra vida! He tenido días malos, pero ¿cuántas veces ha vuelto a brillar el sol?

La miraron con extrañeza. Ella habló con tanta firmeza que sus ojos brillaron. Regina la miró y ahora, sí, vio al lado de Paulina

La Misión de Cada Uno

una entidad, en forma de mujer, que, cariñosa y sonriente, la abrazó por detrás.

Pequeños rayos de luz brotaron de sus manos, que fueron proyectados sobre todos. Regina, al ver esa hermosa entidad, sonrió.

Fábio también notó la sonrisa de Regina y siguió sus ojos, que estaban fijos en la entidad. Sintió que un escalofrío le recorría el cuerpo.

No vio la entidad, pero si los pequeños rayos de luz muy claramente.

No entendía, pero sintió que algo estaba sucediendo. No podía creerlo, a lo largo de su vida siempre fue muy escéptico sobre las religiones e incluso sobre Dios. Tenía una teoría política que decía que la religión era el opio de la gente, asustado, pensó: "¿Qué es lo que estoy viendo? ¿Soy solo yo?"

Miró a los otros que todavía seguían hablando.

Regina, siguiendo la guía de la entidad, lo miró:

– Pareces preocupado, Fábio, ¿por qué? – A lo que él respondió un poco incómodo:

– Por nada... por nada. Solo estoy escuchando a Paulina.

Los otros se volearon. Zeca miró a Regina quien, con sus ojos, trató de mostrarle la entidad. Él no la vio, pero sabía que algo estaba pasando. Regina miró a Fábio que todavía estaba perplejo y, con una sonrisa, volvió a preguntar:

– Fábio, ¿qué cara es esa? ¡Parece que estás viendo un fantasma!

– ¿Yo? ¡No! Solo estoy preocupado por Paulina.

– No tienes que preocuparte, Fábio, ¡estoy bien!

Regina y Zeca sonrieron. Fábio continuó mirando la luz con los ojos fijos.

La entidad le sonrió a Regina:

– No te preocupes, no me está viendo, solo las luces.

Necesitaba tener algo para creer. Mi nombre es Vitória, soy la vieja amiga de Paulina y la ayudé a tomar una decisión.

Cuando terminó de hablar, desapareció. Regina ya no la veía.

Volvió su atención a Paulina, quien continuó hablando:

- Después de pensar mucho, decidí que tomaría los exámenes y, si estoy enfermo, disfrutaré el resto de mi vida. No quiero continuar con esta duda.

- ¡Puede que no hayas sido contagiada!

- No sé, Regina, pero incluso si lo estoy, continuaré, junto a ti, en el proyecto Grutón. Célia se acercó y la abrazó por detrás, tomando el lugar donde había estado la entidad y dijo:

- Es la mejor decisión que podrías haber tomado.

- Estoy decidida, pero en el fondo tengo miedo de ir sola. ¿Podrían acompañarme a hacer los exámenes?

- ¡Pero claro! - Respondió Regina - ¡No deberías ni preguntarlo!

¡No te abandonaremos en un momento como este! ¿Cuándo quieres ir? Necesito pedir unos días libres en el trabajo.

- ¿Qué tal mañana? ¿Puede ser?

- ¡Excelente! Hoy voy a pedir mi tiempo libre, tengo muchos días ahorrados. No habrá problema

- ¿De acuerdo, Fábio? ¿Cuándo vas a Brasilia?

Fábio, que estaba pensativo, no escuchó. Célia volvió a preguntar: Fábio, ¿cuándo volverás a Brasilia?

- ¿Qué? Tengo que irme mañana. Tengo que avanzar en mi trabajo, para poder tomar vacaciones y casarme contigo, amor. Todos se rieron, sabían que estaban realmente enamorados.

- Hablaré con Elías y mañana por la mañana nos iremos a la capital. Nos quedaremos en mi casa el tiempo que sea necesario.

Paulina, aunque habló con firmeza, tenía mucho miedo.

La Misión de Cada Uno

Simón la miró apasionadamente:

– Paulina, quiero que sepas que pase lo que pase, nada puede cambiar lo que descubrí que siento por ti.

Ella solo sonrió. Terminaron de tomar café, se despidieron.

Paulina se fue a su casa. Célia fue a la plaza para decirles a los niños que, debido al día lluvioso, no habría clase de pintura. Zeca y Regina se fueron junto con Fábio. Caminaron un poco, cuando Regina preguntó:

– Fábio, ¿por qué estabas asustado? ¿Qué viste?

– ¡Nada! Estaba preocupado por Paulina.

– No tienes que disimularlo. Sé que viste luces cayendo.

– ¡¿Cómo lo sabes?! ¿También las viste?

– Las vi, no solo las luces, sino también quién las estaba emitiendo.

– ¿Alguien las estaba emitiendo?

– Sí, una mujer hermosa. Se llama Vitória, siempre está con Paulina, es su vieja amiga y ahora es una guía espiritual.

– ¿Qué es eso?

– Podría decir que ella es el ángel guardián de Paulina.

– ¡¿Ángel de la guarda?! ¡Eso no existe! Todo esto nos lo enseñaron los poderosos para que todo fuera aceptado como a voluntad de Dios y no luchemos contra la tiranía.

– ¿Todavía crees eso? ¿Qué eran esas luces? Los poderosos incluso pueden usar a Dios para tiranizar, pero eso no significa que no exista realmente.

– Mientras la gente crea que todo es la voluntad de Dios, esa misma gente nunca tendrá su lugar en la historia.

– A pesar de los tiranos y el materialismo, la humanidad ha ido creciendo, evolucionando y conquistando su espacio. Dios no quiere que el hombre sea un esclavo, sino que siempre evolucione.

– No puedo negar que las luces me intrigaron, aun más cuando me di cuenta que los demás no los veían, pero no puedo decir que es una manifestación de Dios.

– Lo creas o no, no es importante. Lo importante es que, a partir de hoy, sientas el impulso por saber más.

– Nunca seré religioso, dejándome influenciar por sacerdotes o similares, solo piensan en su propio bienestar.

– Dios está por encima de cualquier religión. Está presente dentro de cada uno y no es necesario pertenecer a una religión para recibir sus gracias. Él es un padre amoroso. Quizás veas luces de nuevo o incluso a quién las está emitiendo. No te alarmes, cuando llega el momento de trabajar por nuestra evolución o ayudar a otros, la presencia de Dios se hace notar. Creo que ha llegado tu hora.

– ¡No me digas que tendré que recibir espíritus!

– No, no estoy diciendo eso. Recibir espíritus es lo que menos importa.

– Lo importante es comenzar a ver en cada persona a un hermano y, si es posible, ayudarlo.

– Camina siempre con el deseo de aprender sin juzgar, sabiendo que eres responsable de tu vida y tu futuro espiritual.

– Investigaré sobre eso. Realmente, ahora estoy intrigado, no puedo negar lo que vi.

– Hay varios libros que tratan sobre el tema. Las personas que los escribieron, pasaron por experiencias, estudiaron y se convencieron. ¡Es solo mirar!

– Te voy a contar algo que me pasó – dijo Zeca –. Le contó lo que le había sucedido cuando vio y escuchó a su hermano, además sobre su padre y la esposa de Elías.

– Ya lo viste, Fábio, cuando Regina describió a la esposa de Simón sin haberla visto nunca.

Prueba que ella realmente ve algo que los ojos humanos no pueden ver.

La Misión de Cada Uno

- Sí... hay mucho que necesito investigar. Estudiar, indagar y buscar es lo mejor que puedes hacer. Simplemente decir que no crees en ello no está bien, es más fácil porque no dá trabajo.

- Sí... Zeca... creo que tienes razón. Realmente vi esas luces, no puedo negarlo.

- Solo necesito averiguar de dónde vinieron.

Llegaron frente a la casa de Regina: ¿Quieres entrar?

- Necesito empacar mi maleta y dejar algunas cosas en orden para que Clara no se pierda.

- No sé cuánto tiempo tomarán los resultados de los exámenes de Paulina, solo sé que estaré con ella todo el tiempo que sea necesario.

- Mañana iré a Brasilia. También necesito prepararme, solo para mi luna de miel.

- Hoy estaré sin hacer nada. Con ese clima, no puedo trabajar, así que estaré jugando con Robertito. De esa manera, será más fácil para él esperar el día para que le saquen los puntos.

Zeca besó a Regina y se fue acompañado por Fábio. A última hora de la tarde, se volvieron a encontrar en el bar.

El tema a tratar era sobre la Grutón. Zeca quería comenzar a construir las casas, la carretera que daría acceso, Célia, los quioscos. En eso Elías detuvo el taxi frente al bar.

- Buenas tardes gente. ¡Dona Regina, tengo que agradecerle!

- Mi esposa está bien, es la misma mujer que antes. ¡Te lo debemos todo! Muchas gracias...

- ¡A mí no! Se lo deben a Dios. Solo hice lo que cualquiera puede hacer.

- Confía en Dios y reza, eso es todo. Me alegro que ella esté bien. Solo podemos dar gracias a Dios y seguir viviendo. Hacer nuestro mejor esfuerzo para ser siempre mejores para poder caminar hacia Él.

– Todos pueden ayudar. El dinero es importante y necesario.

– ¿Qué podemos hacer? No tenemos mucho dinero, lo necesitamos, pero su falta no es excusa para no ayudarte a ti mismo.

– Todos sabemos cómo hacer algo para poder enseñar.

– ¡Mi esposa sabe coser muy bien!

– Ella puede enseñarles a algunas mujeres en Grutón. Cosiendo, pueden ganar un poco de dinero para ayudar con los gastos del hogar o coser para ellas y sus hijos.

– Sí... ella puede hacer eso. ¿Viste cómo todos podemos ayudar?

Organizaron con Elías el viaje para el día siguiente. Se fueron. Célia y Fábio fueron a su casa.

Consuelo los estaba esperando para una cena de despedida, ya que regresaría a Brasilia al día siguiente. Regina y Zeca fueron a su casa.

Lo disimularon, pero estaban preocupados por Paulina.

24.- Ritual necesario

Al día siguiente, los muchachos estaban en el bar. Elías pasó por la casa de Paulina. Luego recogió a Célia, Regina y su equipaje.

Se detuvieron en el bar, tomaron un café y siguieron su camino.

Durante el viaje, estaban disfrutando del paisaje muy verde por todas partes, las flores en los árboles con muchos colores, eran tan hermosas que sería casi imposible para un pintor imitarlas. Aunque el día anterior había estado nublado y lluvioso, esta mañana estaba maravillosa. El sol brillaba con todo su esplendor.

Hablaron de todo, sobre Grutón, y de cómo sería después que todo estuviera listo. Finalmente, llegaron a la casa de Paulina y una señora vino a recibirlos.

– ¡Señora! Me alegro que haya vuelto. Estoy muy feliz.

– ¡Hola Dirce! También estoy feliz de volver. Estas son mis amigas, Célia y Regina, se quedarán aquí por unos días. Por favor prepare el almuerzo y sus habitaciones.

– ¡Sean bienvenidas! Arreglaré todo para que estén bien instaladas, si necesitan algo más es solo pedirlo.

– No te preocupes, estaremos bien, dijo Célia.

Mientras Célia respondía a Dirce, Regina miró la hermosa habitación, en una esquina al lado de una ventana, había un piano. En la pared, pinturas de pintores famosos.

Miró las escaleras que conducían a las habitaciones y a través de ellas vio una entidad corriendo hacia Paulina. Él vino a abrazarla y la besó.

Paulina no se dio cuenta y continuó hablando:

– Espero que estés bien. Llamaré a Ferraz. La entidad todavía estaba cerca de ella, al ver que ella lo ignoraba, se desesperó y comenzó a gritar:

– ¡Paulina, no me ignores, por favor! ¡Estuve aquí todo el tiempo esperándote! Sé que lo que hice no estaba bien, pero te amo y ya no quiero estar lejos de ti. Traté de suicidarme y no pude.

¡Tienes que perdonarme y volver a vivir conmigo!

Regina lo miró. Se dio cuenta que él no sabía que había muerto. Estaba intrigada, ya que nunca pensó que esto pudierao suceder.

Aunque tenía sangre en la cara y el cuerpo, no se dio cuenta que estaba muerto. ¿Cómo puede ser eso? Volvió a mirar las escaleras y vio a Victoria sonriendo.

– ¿Estás confundida? – Le preguntó en pensamiento.

– Sí, – Regina también respondió pensativa –, parece que él no sabe que desencarnó...

– Realmente no lo sabe. Cree que no pudo suicidarse. Esto a menudo les sucede a las personas que no creen en la vida después de la muerte. En el momento en que se dio cuenta que todavía estaba vivo, lamentó haber intentado quitarse la vida.

Sintió que no debería haber abandonado a su esposa en un momento tan difícil porque, según él, había sido el culpable de todo el sufrimiento que ella a sufrir. Se arrepintió y le pidió perdón a Dios.

Como tiene muchos amigos espirituales y encarnados que intercedieron por él, se le permitió continuar viviendo aquí, en esta casa, hasta el día en que ella lo perdone y le haga ver que ya no pertenece al mundo de los vivos.

– Será difícil para ella perdonarlo. Peor si está enferma.

– Nada es imposible para Dios. Solo tenemos que esperar y creer en la fuerza del amor que existió y que todavía existe en su corazón. No tengo forma de interferir, solo puedo estar a su lado, como siempre lo he estado, desde el día en que nació.

La Misión de Cada Uno

- ¿Puedo ayudar de alguna manera?

- Puedes y debes, tu misión es exactamente esa. Ayúdalos, principalmente, a Arnaldo.

- ¿Qué puedo hacer? No sé...

- En el momento adecuado, las palabras vendrán a tu mente, como siempre ha sido el caso.

Arnaldo continuó abrazando a Paulina. Lloró desesperadamente, creyendo que ella lo ignoraba para castigarlo.

- ¡Paulina, no lo hagas! Sé que tienes motivos para odiarme, pero te pido perdón... Quiero volver a ser tu esposo... Quiero seguir amándote como antes. ¿Recuerdas lo felices que éramos?

¡Te sigo amando!

Paulina seguía hablando, ahora por teléfono, con el Dr. Ferraz.

Felizmente dijo:

- Paulina, me alegra que hayas vuelto. Estaba muy preocupado porque no quisiste hacerte los exámenes.

Si tienes la enfermedad, porque ya la he tratado, podemos evitar mucho sufrimiento. ¿Sientes algún síntoma?

- No, Ferraz. Estoy muy bien, acabo de llegar a la conclusión que ya no puedo evitar este momento.

Tengo que saber si estoy enferma y hasta qué punto. Por eso programé los exámenes.

Tiene que ser pronto, porque tengo que volver a mi ciudad.

- ¿Volver a ese fin del mundo? ¿Por qué no te quedas aquí y vuelves a la oficina?

Tu cuñado ocupó el lugar de Arnaldo, se está ocupando de todo, pero sería bueno que volvieras al trabajo. No puedes estar sin trabajo.

- No puedo volver. Tengo un proyecto allí en mi ciudad y necesito ayudar.

Tan pronto como todo esté listo, podría volver, pero por ahora, no, tengo que colgar.

Hasta luego, Ferraz.

Regina se dio cuenta que Arnaldo no podía escuchar lo que decía Paulina.

Seguía abrazándola, por lo que ella sintió como un aguijón en la cabeza y un poco de dolor.

Se puso la mano en la cabeza y cerró los ojos. Regina se dio cuenta que sentía el mismo dolor que él. Ella lo miró fijamente.

Elevó sus pensamientos a Dios, pidiendo ayuda y dijo:

– Arnaldo, por favor escúchame, no puedes seguir abrazando a Paulina así. Tu energía causa problemas.

No la escuchó ni la vio. Continuó abrazando a Paulina:

– Qué raro, estaba tan bien y ahora tengo un dolor de cabeza que se está volviendo insoportable, dijo Paulina, tan pronto como colgó el teléfono.

Regina no sabía qué hacer. Todo lo que había aprendido ahora parecía no tener efecto. Siempre se las arreglaba para hablar con las entidades, pero con él estaba siendo inútil. El almuerzo estaba listo. Almorzaron y regresaron a la sala de estar. Regina continuó pidiendo ayuda.

Victoria apareció nuevamente:

– En la etapa en la que estás, Regina, él no ve ni oye.

Solo puede ver a su esposa. No importa cuánto lo intentes, no podrás hacer que te escuche.

– ¿Cómo no? ¿Se quedará así para siempre?

– No, él necesita entender que se desencarnó. Para eso, necesitará tu ayuda y la de Paulina.

– ¿Qué puedo hacer? Paulina no querrá ayudar, todavía está muy herida.

– Nada permanece igual para siempre. Todos cambian y siempre para mejor.

La Misión de Cada Uno

– Espera, cuando sea el momento adecuado, recibirás instrucciones.

– Regina! ¿Qué haces con los ojos fijos de esa manera?

– Solo estoy pensando en lo hermosa que es tu casa, Paulina.

– ¿Te gustaría conocer al resto de ella? – Ella la llevó a conocer la casa.

Cuando se acercó a la oficina, dijo triste:

– Lo siento, esta es la oficina. No quiero abrirla...

– De acuerdo, no es necesario. Estamos satisfechas con todo lo que vimos y tu casa es realmente hermosa.

– ¿No es así, Regina?

– Sí, Célia, ¡es hermosa! Paulina, no sé si fue el viaje, pero estoy cansada. ¿Podría descansar un poco?

– Claro que sí. Vamos, vamos a tu cuarto. Todas estamos cansadas

– Si quieres, Célia, también puedes descansar.

– ¡No, prefiero quedarme en el jardín disfrutando de la naturaleza!

Regina se dio cuenta que Arnaldo ahora estaba caminando con Paulina, hablando, gritando y sacudiéndola, pero ella no sentía nada. Regina se concentró y volvió a rezar. No sabía qué hacer en un caso así. No la notó, así que no había forma de hablar con él. Paulina abrió una puerta y Regina estaba encantada con lo que vio. Entró en una hermosa habitación. Vio una cama grande y acogedora. Se acostó.

Estaba casi dormida cuando notó a Victoria al pie de la cama. Sintió que el inesperado cansancio había desaparecido.

– ¿Estás ahí? Me sentía con mucho sueño, pero ahora estoy bien.

– Yo fui quien te hizo sentir sueño. Necesitaba hablar contigo, pero a solas. Para que Arnaldo continúe su camino y Paulina siga el suyo, será necesario que yo lo ayude.

- Lo que sea que pueda hacer, lo haré con mucho gusto...

- Necesita saber y comprender que ya no está vivo.

- ¿Qué debo hacer? No me ve ni me escucha...

- Paulina todavía siente amargura y dolor. Atacada por el odio, ella no asistió a su entierro, por lo que él todavía está vivo dentro de ella. Es necesario que comprenda que murió y que ella lo perdona y lo entierra.

- Solo entonces serán libres.

- ¿Qué hago?

- Necesitas decirle que él y yo estamos aquí.

- ¿Ella lo creerá?

- Fue testigo de tu visión sobre la esposa de Simón y leyó al respecto.

- Estaré a tu lado, intuyéndote lo que dirás. Ella necesita ir a la oficina donde sucedió todo.

- Ahí, haz que te cuente todo lo que sucedió en detalle.

- ¡Ella no querrá hacerlo! ¡Sufre mucho cada vez que recuerda!

- Di que es necesario ayudar a Arnaldo. A pesar de todo, ella siempre lo ha amado y no se negará.

- Necesita entrar a la oficina y contarte cómo sucedió todo.

- Mientras ella hable, estarás en oración. Tan pronto como termine, dile que él está allí y que necesitan hablar.

- Di que irán a un lugar y que él debe acompañarlas. Probablemente en ese momento, él te estará viendo.

- Juntos, deben ir a un cementerio. Allí, se encenderán velas, mientras Paulina te muestra la tumba, diciendo que su cuerpo está allí, que ya no pertenece a la Tierra y que, ese día, realmente logró suicidarse. Pero la vida continúa y es por eso que debe mirar hacia adelante y encontrar a alguien que lo acompañe. Si acepta, podrá verme y acompañarme.

La Misión de Cada Uno

– No estoy entendiendo. ¿Es todo esto necesario? ¿Necesita el espíritu ver una tumba y una luz de vela para entender que ha muerto y seguir su camino?

– A veces sí. Como no cree en el más allá, no comprende lo que le sucede.

– La persona encarnada aprende que cuando muere, necesita un velatorio y de la luz de las velas.

Arnaldo, como la mayoría, siguió estos preceptos y, por eso, cuando se despertó vio su propio cuerpo y sintió las mismas necesidades, incluso fisiológicas. No entendió que había desencarnado.

– Él cree que estaba durmiendo. Es importante que vea su entierro, porque solo entonces lo entenderá.

– Paulina también necesita asistir a su entierro, porque solo entonces aceptará para siempre que es una mujer libre.

– ¿Es así con todas las personas y espíritus?

– La mayoría piensa que cuando mueren, van al cielo o al infierno, y que su cuerpo se convierte en humo. Mientras tanto, creen que están vivos.

– Lo peor es para aquellos que tienen una muerte violenta y necesitan ayuda más rápido.

Si las personas que se quedan aquí entendieran esto, en lugar de llorar, sabrían que sería suficiente decir una oración y dirigirlos a la luz.

– Eso es muy difícil. Una madre o un padre no acepta la muerte de un niño, especialmente cuando se trata de una muerte violenta...

– Es difícil. Debido a ello, siempre hay un equipo esperando a las víctimas de muerte violenta.

– Los llevan a hospitales y poco a poco, entienden su situación real. Cuando lo saben, lo primero que quieren es volver a casa y ver a sus seres queridos nuevamente. Cuando los encuentran desesperados, también se desesperan, y luego es muy difícil recuperarlos. Para aquellos que, como tú, saben que la muerte no existe, que es solo un cambio de estado, la comprensión siempre es más fácil.

- Lo entiendo. Solo me queda convencer a Paulina de todo esto.

- No será una tarea fácil, pero lo conseguirás. Estaré a tu lado, intuyéndote en las palabras que deberías usar.

- Haré todo lo posible.

- Ahora duerme. Está cansadas y necesitas descansar -. Sonriendo, Victoria desapareció. Regina seguía pensando en todo lo que había aprendido de ella. Luego se durmió. Cuando despertó, miró a su alrededor y se dio cuenta que no estaba en su habitación.

No sabía si incluso había hablado con Vitória o si solo había soñado. Se levantó, fue al baño, se duchó, se cepilló el pelo y bajó. En la sala, Paulina y Célia estaban hablando.

Vio a Arnaldo abrazando a Paulina y observando su conversación. Se acercó y se dio cuenta que él no la veía. Paulina, al verla, dijo:

- Dormiste mucho, Regina. ¡Estabas muy cansada!

- ¡Verdad que sí! ¡La habitación que me diste es muy cómoda!

- Esta casa es muy agradable, pero desafortunadamente no tengo buenos recuerdos del tiempo que viví aquí.

- Eso es exactamente de lo que necesito hablar contigo. Soñé con una mujer, ella dijo algo sobre ti y Arnaldo.

- ¡¿Una mujer?! ¿Qué dijo?

- No sé si lo creerás, pero tengo razones para creer que deberíamos hacer lo que ella pidió.

- Tu cara se ve extraña, Regina. ¿Qué te pidió?

Regina contó lo que había sucedido.

Paulina y Célia escucharon atentamente. Cuando terminó de hablar, se dio cuenta que Paulina estaba llorando.

La Misión de Cada Uno

- No entiendo. ¿Me estás diciendo que Arnaldo está aquí y que todavía no sabe que murió?

- No conoce, ni ve, ni escucha a nadie, excepto a ti. Necesita tu perdón y saber que ya no puede estar a tu lado, porque su energía solo puede hacerte daño. Si realmente te ama, debe seguir a la entidad que me habló.

- Si hablo con él, ¿me escuchará?

Arnaldo se alejó un poco y prestó atención. No escuchó a Regina, pero se dio cuenta que Paulina estaba hablando de él.

Regina, al ver su actitud, respondió:

- Lo que tú digas, él lo entenderá.

- ¿Qué tengo que hacer?

- Primero, debes perdonarlo sinceramente. Entonces llámalo por su nombre. Lo veo; te está mirando. Tan pronto como haga una señal, dile que lo perdonas, pero tiene que ser cierto, porque el espíritu siente y percibe todo, si estás mintiendo, lo sabrá.

- Todavía me siento muy triste por su traición, y por contagiarme, con esta enfermedad de la que se sabe tan poco.

- Tú eres quien puede decidir hasta dónde llega este dolor. Lo que queremos saber es si vale la pena continuar con eso...

- ¡Siempre lo amé, fui fiel y él me traicionó!

- Todo para ti es pasado, pero para él es presente.

Sufre cada minuto, no puede olvidar ni perdonarse a sí mismo por sus errores pasados.

Errores que, casi siempre, no pueden repararse. Muchas veces no se pueden corregir, pero los del presente sí. Para que él sea feliz y continúe su camino de aprendizaje, realmente necesita tu perdón. Al igual que tú, para comenzar tu vida nuevamente, también necesitas perdonar y comenzar desde cero, libre de penas y recuerdos dolorosos para ser feliz nuevamente.

- Cometió muchos errores, no solo con él, sino también conmigo.

– Jesús dijo: Quien nunca haya pecado, que arroje la primera piedra. ¿Nunca has cometido un error? Entonces tira la primera piedra –. Paulina no sabía qué decir. Nunca pensó en esas palabras.

Siempre se consideró una persona perfecta. ¿Realmente lo había sido? ¿Nunca se habría equivocado? Miró a Regina y al lado donde ella dijo que estaba Arnaldo.

– Regina, no sé qué decir. No sé si cometí un error, pero ¿cómo puedo asegurarme de no hace daño a nadie?

– No sé si realmente está aquí. Solo sé que, a pesar de todo, lo amaba. Entonces, por si acaso, haré lo que dices. Si todo es verdad, no puedo dejar que siga sufriendo.

Después de todo, él era un gran esposo y no puedo dejarlo. ¡Ahora tengo tantas esperanzas de reiniciar mi vida y siento que ¡necesito estar libre de cualquier otro sentimiento que no sea el amor!

– Ese es el camino. Todos los que vivimos en la Tierra tenemos nuestra parte de culpa.

– Nadie está por encima del bien y del mal. Por lo tanto, lo menos que podemos hacer es perdonarnos unos a otros.

– Es la única forma de llegar a Dios.

– De acuerdo, creo que tienes razón. Lo hecho, hecho está.

Todo lo que puedo hacer es perdonar y recordar todos los momentos felices que pasamos juntos.

Siempre fue un buen compañero, amigo y siempre estuvo presente cuando lo necesitaba.

No es justo que, por un solo desliz, sea condenado por la eternidad.

– Sabía que lo entenderías. También eres un muy buen espíritu. Dios no permite que un espíritu sea condenado por la eternidad. Siempre habrá una posibilidad de redención.

Célia siguió toda la conversación en silencio, y pensó:

– ¡Qué bueno ha sido Dios conmigo!

La Misión de Cada Uno

Logré recuperar a mi hijo y al hombre que amo, pero no entiendo y no creo todo lo que dice Regina. Todo esto parece más un cuento de viejas, pero como Paulina cree y se siente bien, es mejor no discutirlo, al menos ahora.

Paulina, por el contrario, sintió que Regina estaba diciendo la verdad. Sintiendo una fuerte opresión en su corazón que casi la asfixiaba, dijo:

– Regina, ¿cómo vamos a hacer eso?

– Mañana iremos al hospital. Volveremos a casa, ingresaremos a la oficina e invitarás a Arnaldo a que te acompañe. Allí me contarás cómo lo encontraste esa noche.

– ¿Es realmente necesario? ¡He estado intentando, todo este tiempo, olvidar esa noche!

– Lo sé, pero es necesario. Tendrá que hacer un gran esfuerzo, pero estoy segura que lo conseguirás.

Solo estoy pensando en su bienestar y en que, si no funciona, tampoco le hará daño.

– ¿Qué pasará después?

– Iremos al cementerio. Hablarás con él nuevamente en su tumba.

– Dios mediante, acompañará a Vitória y comenzará su vida del otro lado.

– Está bien. Célia, ¿quieres ir con nosotras?

Célia miró a sus amigas, pensando que ambas se estaban volviendo locas, pero pensó que era mejor acompañarlas.

– ¡Iré con ustedes, claro! No sé si puedo ayudar.

– Puedes y mucho – dijo Regina –, todo lo que tienes que hacer es orar pidiendo la ayuda de Dios Padre y de los espíritus protectores. Si lo prefieres, puede llamarlos santos o ángeles guardianes.

La criada vino a decirte que la cena estaba lista. Regina le preguntó a Paulina si podía llamar a Zeca y Simón.

– Claro que puedes. También quiero hablar con Simón, pero primero cenaremos.

– Aprovecharé la oportunidad y llamaré a los padres de Arnaldo.

– Siempre me trataron muy bien y también están consternados por la decisión de su hijo.

– Buena idea. Debes decirles que estás bien, que ya los has perdonado y también pedirles que hagan lo mismo –. Cenaron, la comida estaba muy buena. Célia y Regina comieron mucho.

Paulina, aunque no quería mostrarlo, tenía demasiado miedo de hacerse los exámenes y mucho más para conocer el resultado.

Sabía que la continuidad de su vida dependería de eso. Después de la cena, volvieron a sentarse en la sala. Paulina levantó el teléfono y se lo dio a Regina. Llamó al bar de Simón, sabía que estarían allí.

Zeca respondió con entusiasmo:

– ¡Regina! ¡Me alegro que hayas llamado! Simón y yo estamos ansiosos por saber si llegaron bien.

– Llegamos, y todo está bien. No te preocupes, todo estará bien y volveremos pronto.

– Si Dios quiere, con buenas noticias, pásale el teléfono a Simón, Paulina quiere hablar con él.

– Un beso y no olvides que te quiero mucho.

– Yo también te amo y ya te extraño –. Paulina habló con Simón y con los padres de Arnaldo. Dijo que se haría los exámenes al día siguiente. Luego se fueron a la cama.

Ya en su habitación, pensó en todo lo que Regina le había dicho.

Tenía miedo, pero sabía que era la única forma en que debía intentar ser feliz otra vez. Se durmió pidiendo ayuda a todos los santos que conocía.

La Misión de Cada Uno

Al día siguiente, se prepararon para partir. Célia y Regina tomaron un café rápido. Paulina no pudo, los exámenes tenían que hacerse en ayunas. Fueron al hospital y el doctor Ferraz ya las estaba esperando.

Tan pronto como vio a Paulina, sonrió:

- Me alegra que hayas decidido hacerte los exámenes.

Solo así sabremos qué hacer si estás enferma. ¿Está bien?

- Sí, estoy lista. Hasta ahora, no he sentido ningún síntoma. De hecho, ni siquiera he tenido un resfriado.

- No creo que tenga el virus.

- Ojalá que no. Para Dios nada es imposible -. Paulina acompañó a Ferraz al laboratorio, donde una enfermera recolectó todas las muestras.

- Ahora solo espera el resultado - dijo tan pronto como terminó.

- Para que no te angusties, esperando, creo que es mejor que regreses a tu ciudad.

- Deja tu dirección y te enviaré el resultado por correo.

- ¡Estoy feliz de verte tan emocionada y con un nuevo proyecto!

- Él es muy importante y podría ser para ti también - Ella le contó todo el proyecto. Lo escuchó y pareció gustarle.

- ¿Podría ayudar de alguna manera? ¡Tengo algunos amigos que también podrían estar interesados!

- Toda ayuda será valiosa. Esas personas necesitan tener una mejor calidad de vida.

- Si lo deseas, puedes visitarnos y te mostraremos todo. Si quieres participar, y tus amigos también, estaremos agradecidos y aun más los pobladores.

- Sí, lo haré. Pensándolo bien, no enviaré el resultado por correo, cuando esté listo, mi esposa y yo iremos allí. Así podremos ver este proyecto de cerca. ¿Qué opinas?

- Buena idea. Cuando veas lo hermoso que es el lugar, querrás ayudar. Espero que me traigas buenas noticias.

- Yo también lo espero, Paulina. Solo podemos confiar en la bondad de Dios. Él lo sabe todo -. Se despidieron de Ferraz, que estaba ansioso por conocer Grutón.

Paulina le pidió a Elías que las llevara a una famosa cafetería. Allí tomaron un café que incluía de todo. Cuando terminaron, Paulina le pidió a Elías que las llevara a visitar algunos puntos de la ciudad. Pasearon mucho y regresaron a casa, casi las dos de la tarde. Estaban encantados con todo lo que vieron, olvidando incluso la hora del almuerzo. En casa almorzaron. Paulina evitó hablar de Arnaldo.

Regina se dio cuenta que ya no estaba a su alrededor. Después del almuerzo subió a su habitación.

Al pasar por la oficina, notó que Arnaldo estaba parado afuera. Una vez más trató de hablar con él, pero fue en vano, no la oyó. Fue al dormitorio, se cambió de ropa y bajó las escaleras.

La sala estaba vacía. Salió, disfrutó de la piscina y del jardín. Todo muy limpio y bien mantenido. Pensó: Nadie podría imaginar que alguien que vivía en una casa como esta podría tener problemas... Esta casa tiene todo para que cualquiera sea feliz, pero eso no fue lo que le pasó a Paulina. Ella solo encontró un poco de paz, en Cielo Dorado, viviendo en esa sencillez...

- ¿Estás disfrutando de la piscina? ¿Quieres bañarte?

- ¡Es hermosa, Paulina! Me gustaría, pero tenemos algo importante que hacer ahora.

- ¿Estás dispuesta o te rindes?

- No sé, estoy un poco asustada. Pensé que Arnaldo ya estaba en el cielo o en el purgatorio durante todo este tiempo. Es difícil creer que él todavía esté por aquí.

- Sí, está sufriendo mucho, pero podrás darle la paz que tanto necesita.

La Misión de Cada Uno

— De acuerdo, vámonos. Estoy creyendo todo lo que dices, después de lo que vi con Simón, no puedo dudarlo.

Paulina fue a la cocina, tomó un paquete de velas y llamó al chofer de la casa:

— Mateus, en unos minutos, necesitamos que nos lleves al cementerio donde fue enterrado Arnaldo. Dile a Elías que descanse el resto de la tarde. Si quiere, puede ir a visitar a sus parientes que viven aquí en la ciudad.

— Está bien, señora, hablaré con él.

Regina tomó las manos de Célia y Paulina haciendo una cadena y, con los ojos cerrados, dijo:

— Señor, Padre mío, en este momento necesitamos tu presencia. Permita que espíritus amigos estén con nosotras para que todo salga lo mejor posible.

Le explicó a Paulina que debía repetir todo lo que decía.

Subieron las escaleras y se detuvieron frente a la oficina. Arnaldo seguía de pie frente a la puerta, como si quisiera evitar que entraran.

Regina estrechó la mano de Paulina y dijo:

— Arnaldo, sé que no quieres entrar allí, pero es necesario, permite que Paulina abra la puerta.

No la escuchó, pero Paulina repitió todo lo que Regina dijo:

— Arnaldo, querido, sé que estás aquí. No te he visto en mucho tiempo, pero ahora, necesitamos entrar a la oficina para que ambos podamos recordar esa noche y todo lo que sucedió. Esto nos hará bien.

Él, con lágrimas en los ojos, se alejó y dijo eufóricamente:

— ¿Me estás hablando, Paulina?

— ¿Ya no me odias? ¿Crees que te amo y que nunca quise lastimarte?

Paulina no escuchó, pero Regina respondió, y ella repitió:

— Sé cuánto me amas.

También sé que nunca quisiste lastimarme, pero déjanos entrar...

Paulina se dio cuenta que necesitaba seguir hablando: Sé lo mucho que me amabas y me amas hasta hoy.

– Pero, cariño, ¿entramos? Hablaremos adentro.

Él se hizo a un lado. Regina hizo una señal y Paulina abrió la puerta.

Entraron. Todo estaba perfectamente arreglado. Nada estaba fuera de lugar, pero Arnaldo comenzó a llorar y a gritar.

Regina no entendía por qué estaba gritando así, volvió a mirar y vio a Victoria junto a Paulina, con las manos extendidas sobre su cabeza. Al lado de Arnaldo, un anciano.

También extendió sus manos sobre la cabeza de Paulina. Miró de nuevo a la habitación y ahora vio lo que él veía. Acostado con la cabeza sobre la mesa estaba Arnaldo, rodeado de mucha sangre.

La escena fue realmente impactante. Por unos segundos, se sintió aturdida por eso.

Miró a Victoria que dijo:

– Ahora necesita tu ayuda, Regina. Está reviviendo todo, así que enfoca todos tus pensamientos en la bondad de Dios.

Regina cerró los ojos y rezó. Su único deseo era ayudar a Arnaldo.

Abrió los ojos y se acercó a él, que solo ahora pudo notar su presencia.

– Arnaldo, sé que está siendo muy difícil, pero es necesario para tu liberación y la de Paulina.

Pide perdón a Dios porque actuaste sin pensar. Dios siempre nos perdona.

– ¡Siento mi cuerpo!

– Desafortunadamente lo hiciste. El cuerpo que estás sintiendo es el espiritual. La carne ya no existe –. Paulina no se dio

La Misión de Cada Uno

cuenta de lo que estaba pasando. Impactada por el recuerdo de día, ella solo lloraba.

- Arnaldo, te llevaremos a un lugar donde puedas ver la verdad.

Regina continuó hablando: Síguenos sin miedo. Dios está con nosotros y no nos pasará nada.

Aquí también hay algunos amigos que solo quieren tu bien.

Él, llorando desesperadamente, miró a su alrededor, pero solo se vio a sí mismo, con la cabeza sobre la mesa.

Paulina estaba sorprendida por tu decisión, incluso llegó a odiarte, pero hoy no más.

Solo quiere tu bien, recordar el amor que sintieron y los momentos en que fueron felices.

Paulina y Célia escucharon a Regina hablar con alguien que no veían, pero las palabras de Regina se dijeron con tal sentimiento que no pudieron evitar creer y conmoverse.

Regina continuó hablando:

- Ahora vámonos. Acompáñanos.

Se fueron lentamente, Arnaldo la siguió. Célia y Paulina también. Salieron de la casa, donde el chofer las estaba esperando. Subieron al auto. Llegaron al cementerio. Salieron del auto y entraron.

Arnaldo caminó entre Paulina y Regina, Vitória y el anciano que las acompañaba.

- ¡Yo no hice eso!

- Lo intenté, ¡pero no pude! Estoy vivo - Cuando llegaron a la tumba, vieron una fotografía de Arnaldo allí.

Se paró a cierta distancia, sin valor para acercarse. Victoria se mostró, lo tomó del brazo y lo llevó allí. Al verlas sonreír, tuvo confianza y la siguió. Regina, Paulina y Célia se arrodillaron y comenzaron a encender las velas.

Paulina dijo:

– Arnaldo, sé que esto es muy extraño para ti, debo confesar que también lo es para mí. Te amé y aun te amo mucho, pero desafortunadamente, ya no perteneces a este mundo. Por eso ya no puedes quedarte sin hacer nada, necesitas continuar tu viaje y yo el mío.

– ¡No me quiero ir! ¡Estoy aquí a tu lado!

– Arnaldo, sé que no entiendes, pero tu camino es diferente al de Paulina.

– Están saliendo luces de estas velas, que te mostrarán a los amigos que te están esperando. Mira a tu derecha – dijo Regina. Miró y vio al hombre sonriendo.

– ¡Abuelo! ¿Eres tú mismo? ¡Pero, si llevas mucho tiempo muerto!

– ¡Soy yo, nieto! Nunca he estado más vivo que ahora.

– Estoy aquí para acompañarte a la otra vida. Ven conmigo, sé que te encantará lo que verás.

– ¡No puedo! ¡Necesito quedarme con Paulina! ¡Es muy joven, no sabrá vivir sola!

– No, no es muy joven, necesita y sabrá vivir sola. Si te quedas a su lado, puedes causarle problemas. Necesitas ir conmigo. Si estás solo, te puede pasar algo malo.

– Cometiste un error muy grave al suicidarte, solo estás protegido, porque algunos amigos y yo intercedimos por ti, pero nuestro tiempo se ha terminado.

– Si no nos acompañas, estarás solo y no podremos hacer nada más para protegerte. – Arnaldo lloró y miró a Paulina, que seguía rezando.

Se acercó, besó su mejilla, fue a donde estaba su abuelo y lo acompañó.

Antes, le sonrió a Regina, agradeciéndole, y con la punta de los dedos le envió un beso.

Ella correspondió con emoción.

La Misión de Cada Uno

Los observó hasta que desaparecieron en una espesa niebla.

– Paulina, se acabó. Ahora finalmente encontrará su camino.

– Esta bien acompañado y protegido, que Dios los bendiga. Vamos.

Se fueron. Paulina se sintió aliviada. Aunque no había visto a Arnaldo, sintió que todo realmente había sucedido.

Llegaron a casa. Decidieron que pasarían la noche allí y que al día siguiente irían a Cielo Dorado. No tenían nada más que hacer, solo tenían que esperar los resultados de los exámenes.

Antes de irse, Paulina dio algunas órdenes a los empleados para que la casa continuara como antes y que todo estuviera siempre en orden, porque en cualquier momento podría regresar.

Miró todo de nuevo. No podía negar que pensaba que esa casa era muy hermosa, pero nada comparado con todo lo que había encontrado en Cielo Dorado. La paz con los amigos sinceros que había conocido y que Simón estaba allí. Sonrió y se fue.

Llegaron a Cielo Dorado alrededor de las cinco de la tarde.

Estaban cansados, pero decidieron pasar por el bar antes de irse a casa. Simón y Zeca las esperaban ansiosos. Elías detuvo el auto justo en frente del bar.

Tan pronto como vieron que el auto se detenía, corrieron a recibirlas. Salieron del auto y se abrazaron, Paulina dijo:

– Ya está hecho, Simón. Se ha recogido la sangre, ahora solo podemos esperar el resultado y confiar a que todo salga bien...

– Todo estará bien, Paulina. Estoy seguro. Nos casaremos, viviremos juntos y felices por mucho tiempo.

– Eso espero, Simón, es todo lo que quiero.

Hablaron un rato y luego se fueron a casa. Elías fue a la suya. Estaba feliz, porque su esposa era como antes. Cuidaba la casa y a los niños. La pesadilla de su vida había terminado.

Zeca acompañó a Regina.

– Ya sabes, Zeca, dijo Regina mientras caminaban:

– Todos los días aprendo algo nuevo sobre la espiritualidad.

– Nunca me hubiera imaginado que el espíritu pudiera ver y escuchar a una sola persona y que era necesario realizar un ritual completo para comprender su condición desencarnada. Se nos enseña que la muerte nos lleva a dos lugares, al cielo o al infierno, colocando a Dios en una posición, no del Padre, sino del verdugo.

Por el contrario, siempre nos perdona y nos da nuevas oportunidades de arrepentimiento y redención.

– Si estás asombrada, imagínate a mí... ¡Nunca pensé en algo tan profundo!

– Estoy aprendiendo en unos días, mucho más de lo que he aprendido en toda mi vida.

– No entraré en tu casa. Hablaremos mañana.

La Misión de Cada Uno

25.- *Cada uno cosecha lo que siembra*

Al día siguiente, se reunieron de nuevo. Solo entonces contaron todo sobre el viaje.

Regina comentó sobre los nuevos lugares que había visitado. Estaban hablando cuando el cartero le entregó a Simón, una carta del alcalde invitándolo a ir a una audiencia en el Ayuntamiento esa tarde.

- Finalmente, parece que tendremos una respuesta definitiva. Espero que sea buena, para que podamos comenzar.

- Creo que en poco más de seis meses todo estará listo. Finalmente podremos abrir nuestro balneario.

- Simón, he estado pensando, ¡es hora de organizar la fiesta para que la población conozca el proyecto!

- Tienes razón, Célia, pero primero vamos a la audiencia con el alcalde. Hablaremos de eso más tarde.

- La fiesta puede ser sobre las costumbres y tradiciones de cada colonia y los demás participarán de alguna manera.

- ¡Está bien! - dijo Zeca, voy a hablar con doña Consuelo, ¡ella puede hacerse cargo de la colonia española!

- Hablaré con la madre de Gustavo - dijo Regina -, ella se encargará de los italianos y el padre Jorge hablará con las otras personas, creo que todos querrán participar.

Pasaron el resto del día ansiosos, esperando la respuesta del alcalde.

Finalmente llegó el momento. Célia, Simón, Paulina y Zeca fueron al Ayuntamiento, Regina no quiso ir.

En cuanto llegaron, la secretaria los hizo esperar un rato, pero luego los llevó a la oficina del alcalde, que los recibió:

– Amigos míos, tengo buenas noticias.

El proyecto fue aprobado, ¡pero la ciudad no tiene fondos y necesitamos encontrar una manera de obtenerlos!

– No se preocupe por el dinero – dijo Simón tomando el papel de manos del alcalde, solo necesitamos esta autorización para comenzar los trabajos.

– ¿Ya tienen el dinero? ¡El costo será alto! Ya tengo la empresa constructora que hará el trabajo.

– No es necesario, porque el dinero utilizado no será del Ayuntamiento, sino el nuestro y de la población.

Tengo un amigo constructor que estará encantado de construir sin sobreprecio, lo que hará que todo sea mucho más barato.

¿No podré usar mi empresa de construcción favorita? ¡Ya había hecho los arreglos con el contratista!

– Lo siento, alcalde, pero no será necesario, ya que el dinero será nuestro, debemos tener nuestra propia empresa constructora.

– ¡Me engañaste, señor Simón! – Gritó el alcalde –, ¡dijo que podía elegir la empresa de construcción!

– Estarás feliz de ver feliz a tu gente. Necesitamos reducir los costos y este amigo mío lo hará...

El alcalde se sintió engañado, pero no pudo discutir. Dijo que la ciudad no tenía dinero, por lo que tampoco podía elegir a la empresa constructora.

Simón y los demás fingieron no entender, se fueron con la autorización en sus manos y riéndose en la cara del alcalde.

Simón dijo:

– Al menos esta vez, este bastardo no ganará dinero perjudicando a las personas que sufren.

La Misión de Cada Uno

Enviaré este proyecto a mi amigo en la Capital, él lo hará por un precio más bajo.

Quiero que estén al tanto de todo para que no haya dudas.

- ¿Qué pasa, Simón? Tenemos total confianza en ti. ¡Sabemos que hoy sabes cómo usar tu espíritu político!

- Gracias, Zeca, pero para evitar cualquier duda, les enviaré a otros dos constructores.

- Se elegirá el que tenga el mejor precio.

Simón envió los diseños a los constructores. Luego se involucraron tanto en la preparación de la fiesta que ni siquiera se dieron cuenta de lo rápido que habían pasado los días. Un domingo, Paulina esperaba que Simón cerrara el bar para encontrarse con los demás e ir a visitar Grutón, cuando un automóvil se detuvo frente a su casa. Miró por la ventana y vio a Ferraz con su esposa y otra pareja.

- ¡Me alegro que hayas venido! Luisa, ¿cómo estás?

- Muy bien, Paulina, ¡no te he visto en mucho tiempo! Insistí en acompañar a Ferraz.

- Estos son mis amigos. Wagner y Solange se entusiasmaron cuando Ferraz les contó sobre el proyecto y quisieron venir a verlo.

- Sean bienvenidos. Entren, por favor, pero no noten que mi casa es muy humilde.

- Sabemos que vives aquí por elección, ¡esto no es para todos! Pocos tienen ese valor. Entraron Paulina estaba temblando mucho. Finalmente había llegado el momento, ahora ya no podía escapar de la verdad, por lo que pidió a todos que se sentaran alrededor de la mesa.

Miró a Ferraz:

- Bueno, sé que viniste a visitar la ciudad, pero primero necesito saber los resultados de los exámenes.

- Quítate esa cara de preocupación. ¡No tienes el virus! ¡Las pruebas salieron negativas!

- ¡Estás en perfecto estado de salud!

- ¿Estás diciendo la verdad, Ferraz? ¡¿Como puede ser?!

- ¡No sé! Quizás la enfermedad en Arnaldo se manifestó rápidamente, y con sus innumerables viajes, no tuvieron ningún contacto físico. Quizás, Paulina, tu cuerpo reaccionó al virus o fue Dios quien lo evitó. No lo sé, ¡pero tampoco importa!

- Estás bien de salud. Aunque creo que es recomendable que te hagas otro examen para estar seguros.

- ¡No puedo creerlo! ¡Es como un sueño! ¿Quieres decir que soy libre y puedo volver a casarme?

- ¡Créelo! Puedes casarte, sí. Cuando quieras.

- ¡Ferraz! No sabes cómo esto me hace feliz. Mi prometido debería estar aquí pronto y mis amigos también.

- Iremos a Grutón y puedes venir con nosotros y conocer todo.

Poco después, llegaron Célia, Regina, Zeca y Robertito, quienes vinieron pedaleando la bicicleta.

Entraron, fueron presentados. Robertito fue al bar que Simón estaba cerrando.

- ¡Sr. Simón! ¡Hay mucha gente en la casa de doña Paulina! Deberías ver...

- ¡¿Quién es?!

- No sé, ¡parece que es un médico de la capital! No sé si es así, pero parece... parece... - Simón sintió una presión en su corazón, sabía que el médico traería los resultados del examen. Aunque tenía miedo, sabía que finalmente todo se aclararía.

No importaba el resultado, se casaría con Paulina de todas maneras. La amaba mucho. Terminó de cerrar el bar.

- Vamos, Robertito.

El pequeño se subió a la bicicleta y comenzaron a hablar. Al llegar a la puerta de Paulina, Simón se detuvo, su corazón latía con

La Misión de Cada Uno

fuerza. Robertito gritó, llamándola. Paulina salió por la ventana y vio a Simón parado allí en frente, sin valor para entrar.

- Entra, Simón, mis amigos están aquí.

En su rostro vio un brillo de felicidad, sintió que la pesadilla había terminado.

Paulina ya lo estaba esperando en la puerta con los brazos abiertos. La abrazó y la besó por primera vez. Después de un largo beso, se separaron.

- ¡Somos libres, Simón! ¡No estoy enferma! ¡Podemos casarnos y comenzar de nuevo!

- ¡Seremos felices para siempre!

- Paulina, ¡estoy tan feliz que ni siquiera sé qué decir!

Ella se rio mucho, mientras decía:

- ¿Qué tal si todos nos casamos el mismo día? ¡Preferiblemente el día de la fiesta!

- ¿Qué te parece?

- ¡Es una buena idea, Paulina! - dijo Regina, también riendo, ¡será una fiesta inolvidable! ¿Qué te parece Célia?

- ¡Creo que es genial! ¡Será un día inolvidable!

- Hablaré con Clara, ¡seguro que aceptará! Estas bodas pasarán a la historia de la ciudad. Zeca y Simón se miraron. No les pidieron su opinión, pero no importaba.

Eran la razón de toda la felicidad que sentían en ese momento. Paulina les presentó a Ferraz y sus amigos.

Ferraz dijo:

- Estoy feliz de ver tu felicidad y ya me estoy invitando a esta fiesta, pero ¿qué tal si vamos a Grutón?

Se rieron y se fueron. Caminaron felices y haciendo planes para la boda. Robertito fue en bicicleta, bajo la mirada de todos.

Al llegar a Grutón, llevaron a Ferraz y sus amigos a visitar la cascada.

Simón mostraba y contaba cómo quedaría todo después que estuviera terminado. Fueron al lugar donde vivía la gente. Continuó explicando que todo se transformaría, la gente se mudaría a otro lugar, donde se construirían casas. Ferraz dijo emocionado:

– Simón, ¡será genial!

– El lugar es realmente hermoso, pero ¿cómo se gestionará?

Estamos pensando en formar una cooperativa y los residentes serán los responsables, por supuesto, tendrán toda la supervisión. Se cobrará una tarifa de entrada para que los turistas puedan disfrutar de toda esta belleza.

– Habrá quioscos, donde se venderán comidas típicas. En un cobertizo, tendremos un taller, donde la gente aprenda a confeccionar artesanías para vender. Parte del dinero irá al artesano, la otra al mantenimiento.

Ferraz, admirado por todo lo que estaba viendo, dijo:

– Ciertamente, los residentes estarán interesados, ya que vivirán en mejores condiciones que las de ahora.

– Es por lo que luchamos y necesitamos toda la ayuda posible para lograrlo.

– Hablaré con algunos amigos, tal vez estén interesados. A menudo queremos ayudar, pero no sabemos cómo.

– Creo que esta es una buena opción.

Cuando pasaron frente a las casas, la gente los saludó con la cabeza. Ferraz y sus amigos sonrieron y respondieron.

Los días pasaron. Zeca llamó a su madre y le pidió que enviara su automóvil con el conductor para que lo subastaran y que también reuniera el dinero que tenía en los bancos.

También pidió que se vendiera el departamento. Usaría todo su dinero para construir el proyecto. Célia, Simón y Paulina hicieron lo mismo.

La Misión de Cada Uno

Dijeron que, para ser felices, no necesitaban nada más que lo que tenían.

La gente del pueblo estuvo involucrada para ayudar con la fiesta. Después de quince días, llegaron las respuestas de las empresas constructoras.

Optaron por el que ofrecía el mejor precio, la carretera se construyó primero, para facilitar la entrada del material necesario.

Se contrató a la gente del pueblo para la construcción. El lugar estaba cambiando. Camiones con materiales iban y venían, todos estaban dispuestos a ayudar.

Las fachadas de las casas estaban siendo pintadas. La única pensión de la ciudad fue renovada para recibir futuros huéspedes.

Regina trabajaba en el puesto de salud, pero era empleada del Ayuntamiento. Le llegó un telegrama pidiéndole que vaya al Ayuntamiento.

No entendió la razón, pero el día y la hora señalados estaba allí. Se anunció al alcalde que había llegado.

- Buenas tardes, Regina, ¿cómo estás?

- Estoy muy bien, gracias, ¡pero no entiendo por qué me hiciste venir aquí!

- Siéntate, no tienes que estar nerviosa. Te llamé porque escuché que te ibas a casar con el jardinero. ¿Es verdad?

- Es cierto, pero no sé cuál es su interés.

- ¿Cómo que no sabe? ¡No puedes hacer eso!

- ¿Cómo que no puedo? Soy una mujer libre y él también.

- ¡No eres libre! - Dijo nervioso - ¡Tenemos una hija!

- ¡Espere un momento, alcalde! - Regina también estaba nerviosa -, ¡no tenemos una hija! ¡Yo tengo una hija!

- Quién, por cierto, se casará el mismo día. Ella está muy feliz y yo también por haberla criado bien, a pesar de todo.

– ¡Sé que siempre me amaste y me esperaste! ¡Nunca habrías podido tener a otro en tu vida! ¡Eres es mía! –Regina no podía creer lo que estaba escuchando:

– ¿Tuya? ¡Deja de ser pretencioso!

¡Siempre supe que no podía esperar nada de ti! ¡Eres un miserable, que vive una vida de mentiras, solo en busca de dinero y poder!

En tu mundo, ¡nunca hubo un lugar para mí o mi hija!

– ¡Un jardinero no será el padre de mi hija!

– ¿No? ¿Qué vas a hacer? ¿Decirle a todo el pueblo que ella es tu hija y que la abandonaste todo este tiempo?

– ¡Ahora puedo hacer eso! ¡Mi esposa me abandonó! ¡Se fue a la capital con mi chofer!

¡Mis hijos están casados, no tengo a nadie más!

Regina, ahora más controlada, comenzó a reír sin parar:

– ¡No puedo creer que esto te esté sucediendo!

Dice el refrán que la justicia de Dios toma tiempo, ¡pero llega! ¡Estoy feliz de verte en esta situación! ¡No debería estarlo, pero lo estoy! Quizás ahora puedas comprender el gran daño que nos ha hecho.

Comprende que no puedes hacer nada para evitar nuestra felicidad. Eras malvado y egoísta.

Hoy estás cosechando lo que has sembrado. Tal como lo hiciste con nosotras, debes haber hecho lo mismo con tu esposa e hijos para que ahora no se preocupen por ti. Por mucho que pienses, ¡nunca podrás imaginar cuánto sufrí por no decirle a mi hija quién era su padre! ¡Cuánto sufrió, con prejuicios, por ser una hija sin padre! Podrías haber sido amado por las dos. A menudo veía llorar a mi hija porque la discriminaban. ¡Hoy, ella lo superó todo! Se casará con un hombre que, aunque es muy joven, la ama y es de buen corazón. ¡Ella estará muy feliz, a pesar de ti! ¡También sé que seré feliz!

La Misión de Cada Uno

– ¡No te permitiré casarte con un jardinero!

– Haz lo que quieras! Me casaré y seré muy feliz. Es un jardinero, pero tiene lo que nunca tuviste, ¡buen corazón! ¡Que lo pases bien!

Salió de la oficina, temblando de odio. No podía creer que tuviera el coraje de atacarla de esa manera. Mientras caminaba, revivió todo el sufrimiento por el que pasó. Recordó ese día, sentada en la plaza con una bolsa de ropa en las manos y un niño por venir. Su odio había aumentado.

En ese momento, no habría Doctrina o religión en el mundo que pudiera hacer que ella lo perdonara. Había sufrido mucho por él y ahora por este atrevimiento. Se sentó en la misma banca en la plaza. Vio a Célia rodeada de unos niños. Era de noche, el sol se volvía dorado.

Se encontró de nuevo en la banca, llorando sin saber qué hacer. Revivió el momento en que doña Julia se sentó a su lado, le tendió la mano y le dio a ella y a Clara todo el amor que necesitaba:

– Mi hija, a pesar de todo, hoy es una chica hermosa y se va a casar con un buen hombre, que la hará feliz

No puedo continuar con todo este odio. Dios nunca me abandonó. Doña Júlia fue el ángel bueno que me envió.

También encontré al mejor hombre del mundo. No tengo derecho a guardar rencor.

Raúl es un desgraciado que seguirá viviendo como siempre lo ha hecho, persiguiendo más poder y más dinero. Perdón señor, por este momento de odio. Gracias por todo lo que me diste.

Protege a Raúl para que algún día pueda encontrar la paz y la felicidad que siento ahora. Se levantó y fue a encontrarse con Célia. Los niños pintaban y ella enseñaba pacientemente.

Regina miró y se dio cuenta de cómo había cambiado. Esa chica que llegó a la ciudad ocultando su rostro, hoy sonríe feliz y libre de su pasado. Célia, entretenida con los niños, no se dio cuenta de su presencia.

Siguió caminando, casi era hora de encontrarse con los demás en el bar.

Fue al frente de la casa de Paulina y escuchó el piano:

- "Ella encontró la felicidad aquí, en esta ciudad que una vez repudió, y descubrió que el dinero puede hacer mucho, pero no todo."

En el bar, encontró a Simón, quien felizmente comenzó a hablar muy entusiasmado sobre el progreso de la construcción.

De todos, él era el más emocionado. En eso comenzarron a llegar los demás y les dijo que varios amigos de Ferraz, incluido él, enviaron dinero.

El día de la boda estaba cerca. No todos encajarían en la iglesia, por lo que el Padre Jorge tenía un altar en la plaza, para que todos pudieran participar. Todo estaba preparado.

En la fiesta habría bailes de flamenco y tarantela, y la samba no podía faltar. Todos se esforzaron en sus ropas.

Las primeras parejas en entrar en la plaza fueron Clara y Gustavo, seguidas por Regina y Zeca, Paulina y Simón y, por último, Célia y Fábio.

Se pararon frente al padre Jorge, quien habló sobre el significado de la boda y los niños por venir.

La mañana estaba soleada. Después de la ceremonia, comenzó la fiesta que duró hasta el amanecer.

Vinieron los miembros de la familia de todos. El auto de Zeca fue subastado, quien lo compró era un granjero de la ciudad, por un precio más alto de lo esperado. Con el dinero recaudado, el cobertizo podría servir como una escuela de artesanía. Clara y Gustavo se fueron a la capital. Se fueron a vivir a un departamento cerca de la universidad, que Simón había comprado. Los otros no quisieron viajar, prefirieron usar el dinero, que gastarían en el viaje, para el proyecto.

Esa noche, el amor se apoderó de la ciudad. Los residentes sintieron que una nube de paz cayó sobre ella.

La Misión de Cada Uno

La construcción continuaba. El abogado de la ciudad quería retirarse, Fábio recibió un traslado y vino a ocupar su lugar. Se dio cuenta de que, aunque tenía un buen puesto en Brasilia, sería más feliz viviendo cerca de sus padres y, así estaría más cerca de Robertito. Su sueño de riqueza y poder ahora se había transformado en vivir junto a la mujer que amaba y su hijo. Célia, a su vez, estaba feliz en esa ciudad y allí encontró todo lo que necesitaba para ser feliz. Además, su hijo era amado por todos y era muy feliz.

Después de ocho meses, la construcción terminó. Todo se mantuvo como se lo había imaginado. Cincuenta metros debajo de la caída de la cascada, se formaron piscinas, donde las personas podían bañarse sin peligro. Se reservó un área para instalar carpas con toda la estructura necesaria. Las casas, lejos del área de la cascada, estaban listas. En los patios traseros formaron pequeños huertos, donde los residentes podían plantar verduras, frutas y legumbres.

La gente de Grutón no creía que todo esto estuviera sucediendo. Se compró un autobús para que regresaran a casa del trabajo. Todo estuvo perfecto. El día de la inauguración, se invitó a muchas personas importantes de otras ciudades. Simón insistió en que este proyecto debía servir como referencia para otras ciudades. Entre los residentes, se formó una comisión.

Las horas de trabajo se dividían, todos participarían en el mantenimiento del lugar y recibirían un salario. A pedido de Robertito, se crearon un parque de diversiones y una pequeña escuela para que los niños no tuvieran que viajar a la ciudad para estudiar.

Mucha gente vino para la apertura. Miraron todo y se maravillaron de toda esa belleza en la que se había transformado un lugar tan pobre.

Simón estaba sentado solo en una banca.

– "Qué bien me siento con todo esto. Ver personas felices, trabajando para ayudar a los visitantes."

Elisa Masselli

No se dio cuenta que alguien se había sentado a su lado:

– Hola Teo, ¡tu trabajo es hermoso! – Escuchó la voz y la reconoció. Tardó unos segundos en voltear. Finalmente se dio la vuelta y miró a Luiz, quien, con Rosana y sus hijos, le sonrían.

– ¡Luiz, Rosana! ¿Estás aquí? ¿Cómo se enteraron?

– Fábio me escribió contándome todo tu trabajo.

– ¡Quise echarle un vistazo y fue un muy buen trabajo! ¡Estoy feliz por ti y por todas las personas que ayudaste!

– ¡Mi amigo! ¡Qué bueno verte de nuevo, después de ese día cuando te dije tantas barbaridades!

– Bueno, déjalo en el pasado. Lo importante es que volviste a ser el mismo Teo que conocí, lleno de sueños para un país mejor.

– Sueños que se han hecho realidad. A pesar de ser solo una pequeña parte del país, ya es un comienzo.

– Estoy muy orgulloso de ser tu amigo.

– Mucho de todo se debe a esas palabras que me dijiste ese día. Espero que la gente ahora sepa votar por hombres como yo, dijo con una sonrisa.

– También lo espero. Las elecciones están cerradas, ¿por qué no postularte para ser alcalde, Teo?

– ¿Yo? ¿En política otra vez? ¡Nunca! Estoy bien ahora.

– Encontré aquí todo lo que necesitaba para ser feliz.

– Con el pensamiento que tienes ahora, puedes ayudar a nuestro país que lo necesita mucho y mucho...

– Para ayudar, no necesito involucrarme en política o ser político.

– Mira lo que está pasando aquí. Si fuera político, podría no ser capaz o no querer hacerlo.

– Es una pena que pienses así. No todos los políticos son malos, hay buenos que, solos, no hacen nada.

– Quizás tengas razón, pero por ahora lo dejaremos así.

La Misión de Cada Uno

Estoy feliz de haber logrado, con la ayuda de mis amigos, llevar a cabo este proyecto.

- Esperaremos a que surjan otros, pero todo fuera de la política. Por ahora, permaneceré en mi bar, lo cual es suficiente para hacerme feliz.

- ¿Te deshiciste de lo que tenías que usar aquí?

- Todo lo que tenía lo obtuve por medios inescrupulosos y, por lo tanto, nunca me dio la felicidad que siento ahora. No extrañ nada de eso.

- Realmente cambiaste! De manera radical.

- La vida me hizo cambiar. Me demostró que la felicidad no está en cuánto puede tener, sino en cuánto puede dar.

- ¡Buenos días, señor Simón! ¡Tu fiesta es muy hermosa!

- Buenos días, alcalde, pero no es mi fiesta. La fiesta pertenece a la gente de Grutón, que tendrá una vida más digna...

- Debo confesar que nunca esperé que tuvieran éxito, lamento que esta idea no fuera mía.

- No fue porque nunca se preocupó por la gente de su ciudad, quizás tiene otras ideas, ya que notará que la felicidad de la gente se traduce en votos.

- No tengo que preocuparme por eso. Como saben, mi familia ha estado a cargo de esta ciudad durante mucho tiempo.

- Un día, eso podría cambiar.

- No creo, la gente es fiel.

- Disculpe, alcalde, le mostraré todo a mi amigo –. Simón lo dejó solo y se fue con Luiz.

Rosana hablaba con Célia y Paulina a lo lejos. Los niños corrían de lado a lado.

Simón dijo enojado:

- Luiz, ¡este alcalde es un imbécil! Me gustaría mucho que su familia dejara de dirigir la ciudad como él dijo.

– Es muy fácil, solo candidatea.

– No, no puedo. Quizás, Fábio, que vivió mucho tiempo en Brasilia con el poder, tiene experiencia y puede ser un buen alcalde. Sufrió discriminación por ser pobre y sabe lo mucho que necesita la gente para tener una vida digna. Hablaré con él y si acepta, lo apoyaremos.

– Quizás podamos ganar las elecciones.

– Es una gran idea. Mi partido estará feliz de tenerte a bordo.

– Conozco a Fábio desde hace mucho tiempo. Sé que tiene buenos principios y que ya ha sido parte de mi partido.

El día pasó con gran alegría. El alcalde fue completamente ignorado por la población.

Todos sabían quién había comenzado todo ese trabajo. Pasó junto a Regina quien, abrazando a Zeca, lo saludó. Solo, sin esposa e hijos, se sintió muy mal y se fue pronto.

Era un hombre triste e infeliz. Llegó a casa, todo era soledad. Comenzó a pensar en cómo habría sido su vida con Regina, a quien realmente siempre amó.

– ¿De qué sirvió que la dejara por la familia?

Ahora soy un alcalde ignorado por mi gente. Mi esposa, a quien nunca amé, se cansó de tanto rechazo, encontró un nuevo amor y abandonó todo para vivir una aventura.

Mis hijos, con quienes nunca tuve tiempo de ser amigos, hoy solo me consideran como quien paga sus cuentas. Mientras tanto, la hija de mi amor debe llamar a otro padre. Dios mío, ¿qué he hecho con mi vida?

Se sentó allí en un sillón, observando el atardecer, solo con sus pensamientos. Llegó la noche, todos estaban cansados, pero felices. El sueño se había hecho realidad.

Sabían que, a partir de ese día, la gente de Grutón tendría una vida digna.

La Misión de Cada Uno

Como Simón y los demás predijeron, la ciudad progresó. Los turistas vinieron de todas partes.

El servicio de las personas que trabajaban allí fue excelente, lo que hizo que el lugar fuera famoso. En el taller, Célia enseñaba no solo pintura, sino también artesanías, que se vendían a los turistas. Enseñó a los niños y también a sus padres. Paulina formó una pequeña banda y los niños actuaron cada fin de semana.

Zeca se instaló en la casa de Regina y continuó su trabajo como jardinero, lo que le dio un gran placer. No tenía más dinero, todo lo que tenía se usó para construir el proyecto, pero se perdió nada. Estaba feliz al lado de Regina. En el bar, continuaron reuniéndose. Nada cambió.

Habían estado casados por más de un año. Fábio se hizo cargo de la administración de Grutón.

Esa tarde, Zeca estaba hablando con Simón, Regina llegó:

– Zeca, ¡no te imaginas lo que tengo que decirte! ¡No lo vas a creer! ¡Estoy muy feliz!

– ¿Qué, Regina? ¡Me estoy poniendo nervioso! – ¿Qué opinas de ser padre? – ¡¿Qué?! ¿Papá? ¿Yo?

– ¡Tú! ¡Me hice un examen y estoy esperando un hijo! ¡Estamos esperando un hijo! – La boca de Zeca se abrió, incapaz de decir algo. Simón se echó a reír. En eso llegaron Paulina y Célia:

– ¿Podemos saber de qué se ríen, Simón?

– ¡De la cara de Zeca, Paulina! ¡Está así porque se ha enterado va a ser papá!

– ¡Felicidades, Regina! ¡Pensé que sería la primera!

– No lo esperaba, Célia, ¡fue una sorpresa! Tengo casi cuarenta años.

– No sé lo que Clara dirá.

– Definitivamente le encantará la noticia, ella está muy bien.

– Sí, sí, Paulina, dijo que no va a pensar en niños hasta que se gradúe y que todavía le llevará mucho tiempo.

Simón llegó a la mesa con una botella de champán: ¡Esto merece un brindis y champán! Zeca después de regresar del susto, abrazó y besó a Regina, que estaba fuera de sí de felicidad.

Fueron abrazados por todos. Fábio llegó poco después diciendo:

- ¿Qué alegría es esta?

- ¿Qué están celebrando?

- ¡Celebramos el próximo nacimiento del hijo de Zeca y Regina!

- ¡Felicitaciones a los futuros padres! ¡Espero que sea un niño grande!

- Decidí candidatear al puesto de alcalde. Simón, estaba pensando en todo lo que me dijiste, creo que, con tu ayuda, seré un buen alcalde.

- ¡Lo harás! Solo necesitamos derrotar al primo del alcalde, que ya ha sido elegido muchas veces.

- No cuesta nada intentarlo.

La campaña había comenzado. Fábio, aunque dejó la ciudad cuando era adolescente, era conocido y considerado por todos. Sus padres eran queridos y él tenía a Robertito, que ahora estaba feliz de poder hacer lo que siempre le había gustado, ir de puerta en puerta diciéndole a todos que su hermano sería el nuevo alcalde.

La noticia del éxito de Grutón se extendió a todas las ciudades vecinas. Algunos alcaldes estaban interesados en cómo comenzó todo. Uno de ellos decidió promover una reunión con los demás, en la que debatirían las posibilidades de hacer lo mismo en sus ciudades y dónde se honraría a sus amigos.

Una invitación llegó para Simón.

La invitación se extendió a todos. Simón estaba feliz y transmitió la noticia. Robertito estaba a su lado y miró sin decir nada. Él, que ya lo conocía bastante, dijo:

- ¿Por qué esa cara, Robertito?

La Misión de Cada Uno

— ¿No estás feliz? ¡Otros proyectos como este podrían nacer y todo comenzó contigo!

— Entonces... ¿por qué... no fui invitado?

— ¿Es por eso que estás así? ¡Por supuesto que irás! ¡Imagina si pudieras mantenerte alejado de un tributo como este! ¿Luego tú más que nadie?

— ¿Podré ir?

— ¡Claro que sí! ¡Puedes alistar tu ropa nueva! - ¡Lo contaré por toda la ciudad! - Se escapó, Célia miró a su hijo con gran amor:

— Es realmente un niño feliz.

— Y yo también, por no quitarle la felicidad de tener a Doña Consuelo como su madre.

— No necesito nada más para ser feliz...

Irían en una camioneta que también pertenecía a Grutón. En ella, el viaje sería cómodo. Regina no se sentía bien.

Se despertó con dolor, fue al médico y le indicó que debía descansar, que su embarazo era de riesgo.

Por lo tanto, ella no iría al Congreso. Zeca estaba triste, pero, en primer lugar, estaba el niño tan esperado. Tampoco pudo asistir Fábio porque ya había organizado una reunión con sus seguidores.

Al final, solo pudieron asistir Simón, Paulina, Célia, Zeca y Robertito. Ellos representarían a los demás y hablarían sobre la ayuda que habían recibido de ellos. Robertito se despertó con fiebre y su rostro estaba lleno de manchas rojas.

Fue llevado al médico, se descubrió que tenía sarampión, por lo que tampoco podía ir.

Lloró, pero no pudo convencer a nadie.

— No te preocupes, Robertito, Célia habló al lado de tu cama, se realizarán otros homenajes y tú irás.

— Estarás bien pronto. Solo tienes que saber una cosa, te quiero mucho. Soy la persona más feliz del mundo en haberte conocido. Quiero que siempre crezcas así, amigo de todos. Nunca dejaré de quererte mucho.

Nunca me olvides.

– Tenía muchas ganas de ir. Incluso tengo un traje nuevo.

– Puedes usarlo para la misa del domingo.

Después del almuerzo, Simón, Zeca, Paulina y Célia se fueron. El día era caluroso y Simón conducía. El homenaje comenzaría a las siete de la tarde y terminaría a las diez.

La ciudad estaba a dos horas del Cielo Dorado, así que para la medianoche estarían de regreso. La reunión salió bien, se hicieron muchas preguntas y se dieron respuestas.

Algunos alcaldes decidieron que intentarían hacer lo mismo o algo así. Al final, Simón hizo el discurso de clausura:

– Los políticos pueden hacer mucho por la gente. Depende de ellos elegir el camino a seguir, pero las personas que tienen las condiciones también deben hacer su parte para mejorar a sí mismos y a todos. El dinero siempre es bienvenido y necesario, pero no debería ser la razón principal de nuestra existencia. Tiene valor solo cuando se utiliza para proporcionar trabajo y medios de vida para muchos.

– La felicidad no está en cuánto tienes, sino en cuánto puedes ofrecer.

Fue muy aplaudido, ya que todos sabían que él y sus amigos habían dispuesto de todo lo que tenían para ver a mucha gente feliz. Simplemente no estaba predicando, pero ya lo había hecho. Zeca, Paulina y Célia sintieron la misma felicidad y orgullo que Simón. Juntos, emprendieron un trabajo y, ahora también juntos, recibieron el premio. Este trabajo también sería imitado. Para ellos, no había un bien mayor.

Después de despedirse, emprendieron su viaje de regreso. Estaban a medio camino cuando comenzó a llover. Al principio débil, pero se hizo más y más fuerte. El limpiaparabrisas no podía

La Misión de Cada Uno

manejar la cantidad de agua que caía. Simón no estaba teniendo una vista perfecta.

La lluvia es muy fuerte, dijo Simón, no puedo ver. Mejor nos detenemos en el próximo puesto de gasolina.

Estaban temerosos. Simón condujo con cuidado, pero un automóvil, a gran velocidad, en la dirección opuesta, patinó y golpeó con toda su fuerza el automóvil de Simón que fue arrojado fuera de la carretera, volcándose varias veces. Los ocupantes gritaron horrorizados. Entonces todo se oscureció.

A Regina le pareció extraña la demora de Zeca. Sabía que ella no estaba bien, por lo que no se retrasaría más de lo necesario, pero eran las dos de la mañana y todavía no había llegado.

Se había despertado hace unos minutos, sintiendo una opresión en su corazón. Miró alrededor de la habitación, pero no había nadie.

Se levantó, fue a la cocina a buscar un vaso de leche. Sonó el timbre. Un auto estaba estacionado frente a su casa. Ella fue a abrir. Era Fábio quien, como ella, estaba preocupado por la demora.

- Buenas noches, Regina. ¿Zeca ya está en casa?

- No, Fábio, me estoy preocupando...

- Pasé por la casa de Paulina y tampoco llegaron. ¿Ha pasado algo?

- No lo sé, pero tenemos que hacer algo para descubrirlo...

- ¿No sería mejor ir a la carretera y seguir su ruta?

- Llovió mucho y pudo haber sucedido algo.

- Sí vamos. Espera un momento, me pondré algo de ropa -. Fábio esperó, Regina pronto regresó y subió al auto. Consuelo y Robertito estaban adentro.

- Buenas noches, señora Consuelo, Robertito, ¿no deberías estar durmiendo? Estás enfermo...

— Estaba durmiendo, pero tuve una pesadilla y desperté asustado. Mamá y Fábio iban a buscar a mis amigos y yo quería venir.

— Está bien. Vamos, no debe haber pasado nada. Dijo esas palabras sin mucha convicción.

Todavía sentía esa opresión en el corazón. Cerró los ojos y dijo una oración pidiendo ayuda para aquellos que amaba tanto. La lluvia había pasado, la noche estaba despejada. El auto continuó, permanecieron en silencio.

A lo lejos, vieron luces intermitentes. Fábio aumentó la velocidad.

Las luces solo podían ser de policías de la carretera, había ocurrido un accidente.

Al acercarse, notaron varios vehículos policiales y muchos autos estacionados en el arcén. Consuelo gritó. Fábio detuvo el automóvil a cierta distancia, salió mientras los demás permanecían sentados, mirando hacia el lugar probable del accidente. Regina solo podía rezar, pidiendo que no fueron ellos. Doña Consuelo estaba llorando, abrazando a Robertito que de todos modos quería salir del auto. Fábio fue al lugar del accidente y descubrió que era la camioneta que conducía Simón. Todo estaba arrugado, pero estaba vacío. Fue a un policía:

— ¿Qué pasó? — Fábio preguntó desesperadamente, ¿dónde están?

— No sé dónde están, cuando llegamos, ellos ya no estaban aquí.

— Quizás otro auto se llevó a los ocupantes del auto. Pero tal como está el auto, creo que nadie se salvó.

— ¡Es una locura! ¡Por supuesto que se salvaron!

— ¿Sabes de quién es esta furgoneta?

Fábio, aterrorizado, no pudo responder. Solo sacudió la cabeza y dijo que sí. El policía se dio cuenta que había hablado de más.

La Misión de Cada Uno

– Lo siento, traté de arreglarlo. Hablé sin saber que los conocía, es mejor ir al hospital de la ciudad, probablemente fueron llevados allí.

Fábio, llorando, se quedó allí unos segundos. Recordaba a su madre, Robertito y Regina, que lo esperaban. No sabía cómo contar, pero tendría que hacerlo. Lentamente, caminó hacia su auto. Entró y guardó silencio.

Luego, mirando hacia atrás, donde estaban Robertito y Regina, dijo:

– Son ellos... el accidente fue grave...

– ¿Cómo y dónde están, Fábio? – Regina preguntó.

– Fueron llevados al hospital.

Querían salir del auto, pero Fábio no los dejó. Temía que, si veían el estado del automóvil, pensarían lo que él estaba pensando. Consuelo sostuvo a Robertito.

– No sirve de nada ir allí. Es mejor que no miremos de cerca... el accidente fue muy grave...

– Vamos al hospital. Como siempre dices, Regina, necesitamos rezar y pedir protección para ellos y para nosotros mismos.

Robertito no lloró, estaba en estado de shock y siguió hablando:

– No les pasará nada... parece que algo malo ha sucedido, pero... solo parece... si sucedió... ¿quién cuidará los jardines?

– ¿Quién me va a enseñar a deshierbar? Mi lienzo aun no está listo... ¿y la banda allí en Grutón? ¿Quién enseñará a los niños? ¿Quién va a hacer mis sándwiches de mortadela?

Lentamente, Fábio giró el auto y se dirigió al hospital. Tenía el corazón que se hundía. "¿Por qué Dios permitió esto?"

"Después de tantos años de separación, cuando finalmente nos volvemos a encontrar... ella no puede morir, ¡no está bien, no es justo!"

Finalmente llegaron al hospital. Tan pronto como Fábio se estacionó, salieron. Entraron y se detuvieron frente a la recepción. Todos estaban hablando al mismo tiempo con la recepcionista, que no podía entender nada.

– Lo siento – dijo Fábio de inmediato – es que estamos muy nerviosos.

Hubo un accidente automovilístico en la carretera, ¿necesitamos saber cómo están?

– ¿Eres un pariente?

– Mi esposa estaba en el carro y mis amigos también. Por favor, ¿dónde están?

– Siéntate en esa banca. El doctor ya viene a hablar contigo, cálmate.

Al escuchar eso, se aterrorizaron. Para que el médico viniera a hablar con ellos, era porque lo peor había sucedido. Consuelo abrazó a Regina y Robertito, que también estaba llorando. Fábio, con sus ojos, siguió a la chica que entró en una habitación. Unos minutos después, se fue con un médico:

– Déjame adivinar.

Tu eres Fábio. Tú debes ser Regina y tú eres Robertito. ¿Estoy en lo cierto?

Antes que nadie respondiera, Robertito dijo:

– Tienes razón, parece que tengo miedo... pero no lo tengo... solo parece...

Antes que el doctor respondiera. Escucharon una voz:

– Sabía que vendrías. Estamos aquí y bien. Tuvimos algunas abrasiones, pero nada muy serio. Solo me rompí la pierna, pero ya está enyesada y el médico dijo que con el tiempo volveré a caminar.

Quien habló fue Simón, de pie junto a los demás. Miraron hacia la voz y al mismo tiempo corrieron a abrazarse. Después de los abrazos. Robertito le preguntó al médico:

– ¿Cómo nos reconociste?

La Misión de Cada Uno

– No te conozco... sí... parece que sí... pero no sé...

Resulta que desde que llegaron aquí, mientras los examinaban, solo hablaron de ti y de la suerte que tuviste de no haber venido.

Miró a los demás y continuó:

– Como pueden ver, están bien. Simplemente no sé cómo sucedió, porque me parece que el accidente fue muy grave.

Regina, con los ojos llorosos y abrazando a Zeca, dijo:

– Protección. Doctor Protección...

– Podría haber sido que, como estaban vivos, fue un milagro, comenzaron a reír de felicidad.

Regina notó que las luces brillantes caían sobre ellos. Miró y allí estaban sonriendo, doña Julia, Ofélia y Vitória.

Sintieron un perfume suave invadiendo todo el entorno. Fábio fue el único que volvió a ver las luces que había visto la otra vez.

Regina parecía sonreír a algo o alguien que no podía ver. Lo único que vio fueron las luces y olió ese suave aroma.

Un poco asustada, preguntó:

– Regina, ¿qué estás viendo? ¿Qué perfume es ese? ¿Qué luces son estas?

– ¿Sabes lo que significan?

– Es la confirmación que nunca estamos solos. Que la protección divina nunca falla. Gracias Dios mío...

Fábio ya no podía negar lo que estaba sintiendo y viendo. Esas luces estaban realmente allí.

El perfume también. Los demás no entendían lo que estaba pasando, pero no les importaba no verlo ni sentirlo. Se alegraron y acompañaron a Regina en su agradecimiento.

Las luces, el perfume, la señora Júlia, Ofélia y Victoria se desvanecieron lentamente.

Como no lo vio, Simón dijo, preocupado:

– Yo conducía el auto y vi cuando el otro se nos echó encima. No había forma de evitar el choque. Lo imposible era que no nos hiciéramos daño.

Regina sonrió y dijo:

– Lo importante es que estés bien. Todavía tenemos mucho trabajo por delante.

– Tienes razón – dijo Fabio –. No importa, fue un milagro, eso es todo.

– Ahora tenemos que volver a casa, pero tenemos un problema. En mi auto no entran todos.

Tengo que hacer dos viajes. Me llevaré a las mujeres y a Robertito primero, luego volveré por ustedes dos.

– Espera, Fábio – dijo Robertito – ¡no me voy a ir con las mujeres! También soy un hombre.

– ¡Estás enfermo, Robertito! ¡Ni siquiera deberías estar aquí! – Elías y Pedro llegaron corriendo al hospital.

– ¿Están todos allí? ¡Gracias a Dios! Cuando vi el estado del auto, pensé que no se había salvado nadie.

– Estamos todos aquí, Elias, pero ¿cómo has llegado hasta aquí?

– Don Pedro vino a mi casa, Zeca, me dijo que no habías vuelto y que Fábio había venido a buscarte. Me pidió que lo trajera aquí, pero, aunque no lo hubiera hecho, habría venido de todas maneras.

– Has llegado justo a tiempo. Ahora podemos irnos todos juntos.

– ¡Zeca, iré en el auto con los hombres!

– Bien, Robertito, ¡no te pongas nervioso! ¡Sabes que deberías estar en la cama!

– Si no estuviera aquí, ¿cómo podría contárselo a la gente? – Todos se rieron, se despidieron del médico y se fueron a casa.

La Misión de Cada Uno
Epílogo

Al día siguiente, toda la ciudad comentó sobre lo sucedido. Nadie logró mantener a Robertito en la cama, quien, aunque con un poco de fiebre y un cuerpo lleno de ronchas, fue al bar.

Se quedó allí por un tiempo, hablando y contando a todos lo que había sucedido.

Simón no podía moverse mucho, así que Paulina y Juca asistieron a la parroquia que, esa mañana, estaba llena. Querían asegurarse que él estuviera bien.

Debido a las emociones de la noche anterior y al embarazo arriesgado, esa mañana, Regina se quedó en casa, no fue con Zeca a tomar el café habitual en el bar de Simón. Estaba acostada, leyendo un libro, cuando olió un perfume. Miró hacia la puerta, allí estaba doña Julia sonriéndole.

Se sentó en la cama y dijo:

– Sabía que usted o una de las entidades vendría. Tengo curiosidad por saber todo sobre el accidente.

– Para eso estoy aquí. Te lo diré en pocas palabras. En otros momentos, por codicia y poder, todos han hecho mucho daño a muchas personas. Cuando se desencarnaron y se dieron cuenta de todo el mal hecho, renacieron prometiendo que regresarían y harían solo el bien. Simón, Zeca y Célia nacieron con mucho dinero que debería usarse para este propósito. Paulina, a través del matrimonio, también ganó mucho dinero. Tú y Fábio, se unieron a ellos y cumplieron lo prometido. Durante el viaje, con la facilidad que proporciona el dinero, se distanciaron del compromiso adquirido. Se vieron obligados a aprender el valor justo del dinero y a volver a su compromiso.

– Se conocieron y juntos cumplieron fielmente todo lo que se propusieron hacer.

– Tú, Fábio y Robertito formaron parte de la misma trama pasada. Gracias a Dios, al final, todos juntos, lograron cumplir lo que habían prometido. Se las arreglaron para traer felicidad a toda una ciudad, con la ayuda de Célia, Simón y Paulina, quienes eliminaron el dinero que tenían.

– ¿Qué hay del accidente? ¿Por qué sucedió?

– Estaba previsto. Si no hubieran cumplido el acuerdo, todos morirían, ¡porque el tiempo se habría acabado! Y volverían al plano espiritual. Luego podrían regresar e intentarlo nuevamente, pero eso no era necesario. Todos ahora continuarán en el camino. Siempre encontrarán una manera de ayudar a las personas.

– Arnaldo, ¿dónde está?

– Su error fue muy grave. Se quitó la vida, huyendo de un compromiso anterior.

– Estás en un lugar aprendiendo y preparándose para volver a la Tierra.

– ¿Puedo verlo?

– No sé, lo averiguaré y luego te lo diré.

– Me encantaría, necesito decirle que Paulina no está enferma y que lo ha perdonado de corazón.

– Él lo sabe y está feliz que ella lo perdonó. La mayor culpa que sintió fue que la había traicionado y haber huido de la vida sin explicarlo. Su perdón le hizo mucho bien y mostró la gran obligación que tendrá en una nueva vida en la Tierra.

Después de tomar un café y conversar con amigos por un tiempo, Zeca se fue a su casa. Entró y se dio cuenta que Regina estaba hablando con alguien en sus pensamientos. Se detuvo y se apoyó contra la pared.

Ella no se dio cuenta de su presencia. Doña Julia se despidió y le indicó que desviara la mirada.

La Misión de Cada Uno

Miró y vio a Zeca que estaba estático, sonrió y dijo:

– No vi cuando llegaste, Zeca, ¿has estado allí por mucho tiempo?

– No, acabo de llegar.

Se acercó, la besó y le puso la mano en el vientre. Sintió y vio las luces que cayeron sobre ellos.

– Simón y Paulina fueron en el auto de Elías a Grutón. Aunque no podía caminar muy bien, ambos lo ayudaron. Se sentaron junto a la cascada y miraron con orgullo todo lo que habían hecho por allá

La campaña continuó y, el día de las elecciones, Fábio ganó por mayoría absoluta.

El deseo de Simón se estaba cumpliendo. La ciudad finalmente se liberó del yugo de esa familia que la había estado explorando durante tanto tiempo. Sabía que Fábio sería un buen alcalde y, si no lo fuera, tendría que ver con ellos. Regina tuvo a su hijo, que se llamó José Ricardo, tomando los nombres con los que se conocía a su padre. Clara y Gustavo continuaron estudiando y después de lo sucedido, decidieron que, tan pronto como recibieran su diploma, regresarían a la ciudad y lucharían por un hospital.

Robertito continuó contándoles a todos todo lo que sucedió en la ciudad.

El proyecto Grutón funcionó. La ciudad se hizo conocida como una ciudad turística y creció mucho.

Doña Júlia, Vitória, Ofélia y todas las entidades que estuvieron con ellas en ese viaje, continuaron en el plano espiritual esperando el día en que cada una regresara.

Eran felices, porque al final todo salió según lo planeado.

Mientras no regresaran, continuarían trabajando allí para ellos y para otros que lo necesitaran.

Fin

Elisa Masselli

Libros de Elisa Masselli

Siempre existe una razón
Nada queda sin respuesta
La vida está hecha de decisiones
La Misión de cada uno
Es necesario algo más
El Pasado no importa
El Destino en sus manos
Dios estaba con él
Cuando el pasado no pasa
Apenas comenzando

La Misión de Cada Uno
Grandes Éxitos de Zibia Gasparetto

Con más de 20 millones de títulos vendidos, la autora ha contribuido para el fortalecimiento de la literatura espiritualista en el mercado editorial y para la popularización de la espiritualidad. Conozca más éxitos de la escritora.

Romances Dictados por el Espíritu Lucius

La Fuerza de la Vida
La Verdad de cada uno
La vida sabe lo que hace
Ella confió en la vida
Entre el Amor y la Guerra
Esmeralda
Espinas del Tiempo
Lazos Eternos
Nada es por Casualidad
Nadie es de Nadie
El Abogado de Dios
El Mañana a Dios pertenece
El Amor Venció
Encuentro Inesperado
Al borde del destino
El Astuto
El Morro de las Ilusiones
¿Dónde está Teresa?
Por las puertas del Corazón
Cuando la Vida escoge
Cuando llega la Hora
Cuando es necesario volver

Abriéndose para la Vida
Sin miedo de vivir
Solo el amor lo consigue
Todos Somos Inocentes
Todo tiene su precio
Todo valió la pena
Un amor de verdad
Venciendo el pasado

Elisa Masselli

La Misión de Cada Uno
Libros de Vera Lúcia Marinzeck de Carvalho y Patricia

Violetas en la Ventana
Viviendo en el Mundo de los Espíritus
La Casa del Escritor
El Vuelo de la Gaviota

Vera Lúcia Marinzeck de Carvalho y Antônio Carlos

Amad a los Enemigos
Esclavo Bernardino
la Roca de los Amantes
Rosa, la tercera víctima fatal
Cautivos y Libertos

Elisa Masselli
Libros de Eliana Machado Coelho y Schellida

Corazones sin Destino

El Brillo de la Verdad

El Derecho de Ser Feliz

El Retorno

En el Silencio de las Pasiones

Fuerza para Recomenzar

La Certeza de la Victoria

La Conquista de la Paz

Lecciones que la Vida Ofrece

Más Fuerte que Nunca

Sin Reglas para Amar

Un Diario en el Tiempo

Un Motivo para Vivir

¡Eliana Machado Coelho y Schellida, Romances que cautivan, enseñan, conmueven y pueden cambiar tu vida!

La Misión de Cada Uno
Libros de Mónica de Castro y Leonel

A Pesar de Todo
Con el Amor no se Juega
De Frente con la Verdad
De Todo mi Ser
Deseo
El Precio de Ser Diferente
Gemelas
Giselle, La Amante del Inquisidor
Greta
Hasta que la Vida los Separe
Impulsos del Corazón
Jurema de la Selva
La Actriz
La Fuerza del Destino
Recuerdos que el Viento Trae
Secretos del Alma
Sintiendo en la Propia Piel

Elisa Masselli
Libros de Vera Kryzhanovskaia y JW Rochester

La Pulsera de Cleopatra

La Venganza del Judío

La Monja de los Casamientos

La Hija del Hechicero

La Flor del Pantano

La Ira Divina

La Leyenda del Castillo de Montignoso

La Muerte del Planeta

La Noche de San Bartolomé

La Venganza del Judío

Bienaventurados los pobres de espíritu

Cobra Capela

Dolores

Trilogía del Reino de las Sombras

De los Cielos a la Tierra

Episodios de la Vida de Tiberius

Hechizo Infernal

Herculanum

En la Frontera

Naema, la Bruja

En el Castillo de Escocia (Trilogia 2)

Nueva Era

El Elixir de la larga vida

El Faraón Mernephtah

Los Legisladores

Los Magos

La Misión de Cada Uno
El Terrible Fantasma
El Paraíso sin Adan
Romance de una Reina
Ustedes son Dioses